HSK主催機関認可

新HSK 6級

必ず☆でる単 スピードマスター

吾

副教授

学教授

Jリサーチ出版

はじめに

「HSK 必ず☆でる単」シリーズはHSK に出る語彙を全級別で収録した初の単語帳のシリーズで、本書はそのシリーズの第 6 弾となります。最新のシラバスに対応した 6 級の語句を効率よく覚えることができます。持ち運びが便利なサイズなので、通勤・通学中などのスキマ時間に学習が可能です。

上級レベルの段階になりますと、語彙の量を増やすだけでなく、その使い方をも習得しなければなりません。そのために単語をひとつひとつ記憶していくことはもちろん大切ですが、多義語（複数の意味を持つ単語）や類義語（似た意味を持つ単語）の使い分けを意識しながら覚えることがポイントになってきます。さらに、6 級では約 400 字の要約作文が出題されるため、アウトプットに役立つ語句を効率よく学ぶことも重要です。

なお、本書は学習者の皆さんが語彙の使い分けをより記憶しやすいように、全ての語句に例文を音源つきで入れたほか、文法や中国語特有の表現に関する解説も加えて、工夫しています。とくに、要約作文を対策できる語句、問題文例と要約文例を収録していますので、6 級の作文問題の対策に役立たせてください。

試験対策にも、中国語をうまく話すためにも本書をおすすめいたします。

日本語版監修　楊 達

目次

第 1 章　HSK 指定語句 2500

第 2 章　作文対策語句 100

本書の使い方

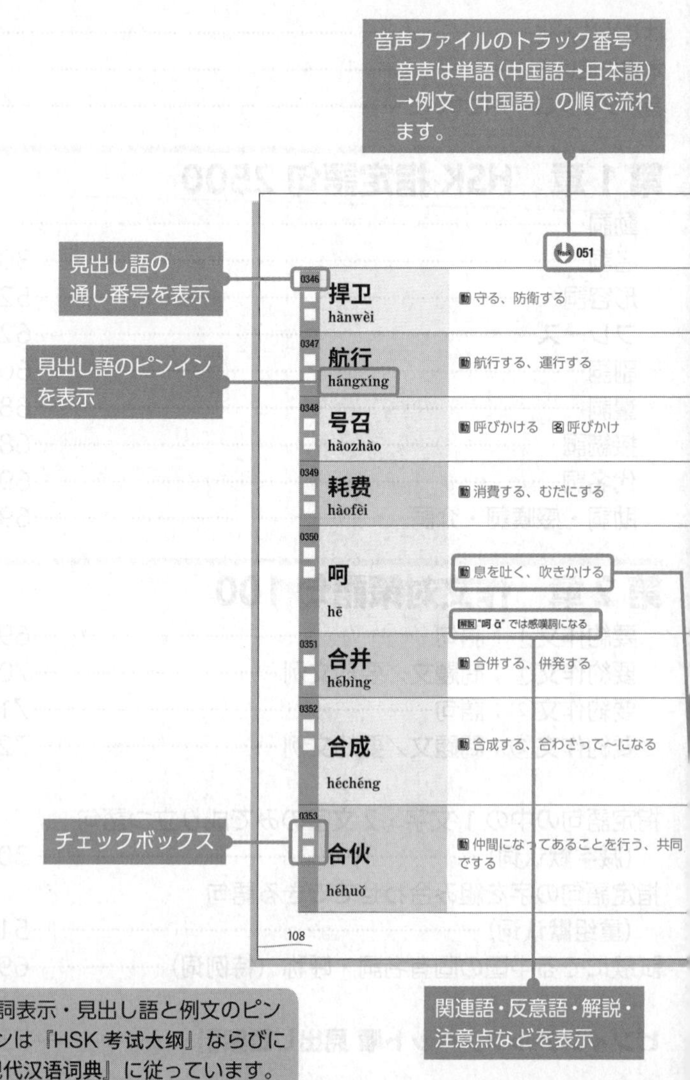

品詞表示・見出し語と例文のピンインは『HSK 考试大纲』ならびに『现代汉语词典』に従っています。

凡例

動 動詞　名 名詞　形 形容詞　副 副詞　助動 助動詞　助 助詞　疑 疑問代名詞　介 介詞
量 量詞　嘆 感嘆詞　方補 方向補語　可補 可能補語　結補 結果補語　接 接続詞　固 固有名詞　接尾 接尾辞　接頭 接頭辞　数量 数量詞　数 数詞　フ フレーズ　↔ 反意語　≒ 同義語
関 関連語　コロ コロケーション　解説 意味などの詳しい解説　⚠ 注意　発音 発音に関する解説

学習を終えた語句の数が一目で分かります。（1コマ100語句）

You are here! 500 1000 1500 2000 2500 2600

第3周/第1天

学習スケジュールの目安を週と日で表示

指定語句　動詞　名詞　ほか　作文対策語句

ページに収録された語句の品詞を表示

他用法律的手段捍卫了自己的名誉。 Tā yòng fǎlǜ de shǒuduàn hànwèile zìjǐ de míngyù.	彼は法的手段で自分の名誉を守りました。
我们坐船航行了一千多公里。 Wǒmen zuò chuán hángxíngle yìqiān duō gōnglǐ.	私たちは船で千キロメートルあまり航海しました。
政府正在号召大家节约用电。 Zhèngfǔ zhèngzài hàozhào dàjiā jiéyuē yòng diàn.	政府はみなに節電を呼びかけています。
为了修建这座房子，他耗费了大量的金钱。 Wèile xiūjiàn zhè zuò fángzi, tā hàofèile dàliàng de jīnqián.	この家を建てるために、彼はたくさんのお金をつぎ込みました。
家里没有火炉，他一边写作业，一边呵手。 Jiā li méiyǒu huǒlú, tā yìbiān xiě zuòyè, yìbiān hē shǒu.	家にはストーブがないので、彼は宿題をしながら、手に息を吹きかけています。
呵，你一点儿都没变啊！ A, nǐ yìdiǎnr dōu méi biàn a!	わあ、あなたはまったく変わっていませんね！
这几个学校合并以后，规模大了很多。 Zhè jǐ ge xuéxiào hébìng yǐhòu, guīmó dàle hěn duō.	この数校の合併後、規模がはるかに大きくなりました。
这个汉字是由两部分合成的。 Zhège Hànzì shì yóu liǎng bùfen héchéng de.	この漢字は2つの部分で構成されています。
这块地基本不使用人工合成化肥。 Zhè kuài dì jīběn bù shǐyòng réngōng héchéng huàféi.	この畑では基本的に人工合成の化学肥料を使用していません。
他们三个人合伙经营，生意不错。 Tāmen sān ge rén héhuǒ jīngyíng, shēngyi búcuò.	彼らは3人で共同経営を行っており、ビジネスは良好です。
我曾经跟他合伙卖过服装，后来单干了。 Wǒ céngjīng gēn tā héhuǒ màiguo fúzhuāng, hòulái dāngàn le.	私は以前、彼と一緒に服を売っていましたが、やがて1人でやるようになりました。

2つの例文とピンインを表示。見出し語は赤く表示。2つの例文に音声がついています。

例文に対応した日本語訳を表示
※中国語の構文や語句の意味が理解しやすいように、直訳風にしています。

109

ノンブル（ページ数）

見出し語訳を表示
※見出し語の別の品詞の意味も表示

赤シートを使用すると見出し語訳が消えます。

音声ダウンロードについて

STEP 1 **商品ページにアクセス！ 方法は次の3通り！**

- QR コードを読み取ってアクセス。 
- https://www.jresearch.co.jp/book/b527870.html に入力してアクセス。
- Ｊリサーチ出版のホームページ（https://www.jresearch.co.jp/）にアクセスして、「キーワード」に書籍名を入れて検索。

STEP 2 **ページ内にある「音声ダウンロード」ボタンをクリック！**

STEP 3 **ユーザー名「1001」、パスワード「24970」を入力！**

STEP 4 **音声の利用方法は２通り！ 学習スタイルに合わせた方法でお聴きください！**

- 「音声ファイル一括ダウンロード」より、ファイルをダウンロードして聴く。
- ▶ボタンを押して、その場で再生して聴く。

※ダウンロードした音声ファイルは、パソコン・スマートフォンなどでお聴きいただくことができます。一括ダウンロードの音声ファイルは .zip 形式で圧縮してあります。解凍してご利用ください。ファイルの解凍が上手く出来ない場合は、直接の音声再生も可能です。

音声ダウンロードについてのお問合せ先：toiawase@jresearch.co.jp
（受付時間：平日９時～18時）

HSK 指定語句 2500

動詞 0001-1043

1 章では『HSK 考试大纲 五级』（HSK 試験シラバス）2015 年版で 6 級の語句として指定されている 2500 語句を品詞・ピンインアルファベット順で掲載しています。

動詞

Track 001

0001
挨
ái
動 受ける、耐える

0002
爱戴
àidài
動 敬愛する

0003
安置
ānzhì
動 適当な場所に配置する

0004
按摩
ànmó
動 マッサージする

0005
暗示
ànshì
動 暗示する

0006
熬
áo
動 煮る、辛抱する
解説 (穀物などを) 長時間煮込むことをさす

我们挨了老师的批评。 Wǒmen áile lǎoshī de pīpíng.	私たちは先生のお叱りを受けました。
苦日子总算挨到头了。 Kǔ rìzi zǒngsuàn áidàotóu le.	辛い日々がやっと終わりました。
他是一位受老百姓爱戴的领导人。 Tā shì yí wèi shòu lǎobǎixìng àidài de lǐngdǎorén.	彼は民衆から敬愛されている指導者です。
人们爱戴他，是因为他有功于他的祖国。 Rénmen àidài tā, shì yīnwèi tā yǒugōngyú tā de zǔguó.	人々が彼を敬愛しているのは、彼が祖国に貢献したからです。
他的主要工作是负责安置外来的移民。 Tā de zhǔyào gōngzuò shì fùzé ānzhì wàilái de yímín.	彼の主な仕事は外から来た移民を割り振ることです。
我的生活和工作都已经安置妥当了。 Wǒ de shēnghuó hé gōngzuò dōu yǐjīng ānzhìtuǒdàng le.	私の生活と仕事はすべてすでに落ち着きました。
如果你脚痛，我建议你去做足部按摩。 Rúguǒ nǐ jiǎo tòng, wǒ jiànyì nǐ qù zuò zúbù ànmó.	もし足が痛いなら、足のマッサージに行くことをおすすめします。
让他给你按摩按摩吧，很快就好。 Ràng tā gěi nǐ ànmó'ànmó ba, hěn kuài jiù hǎo.	彼にマッサージをさせますよ。すぐに良くなります。
他咳嗽了一下，暗示我不要说话了。 Tā késou le yíxià, ànshì wǒ búyào shuōhuà le.	彼が咳払いをするのは、しゃべるなということを暗示しています。
我没懂他的暗示，继续往下说。 Wǒ méi dǒng tā de ànshì, jìxù wǎng xià shuō.	私は彼のサインが分からなかったので話し続けました。
我用骨头熬了一锅汤。 Wǒ yòng gǔtou áole yì guō tāng.	私は骨を使って鍋いっぱいのスープを煮ました。
他从困境中熬出来了。 Tā cóng kùnjìng zhōng áochulai le.	彼は困難を乗り切りました。

0007

巴不得

bābude

動 切望する

発音 "bābudé"も可

0008

巴结

bājie

動 とりいる　形 がんばっている、努力した

0009

扒

bā

動 すがりつく、取り壊す

0010

把关

bǎ//guān

動 関所を守る、きびしく検査する

0011

罢工

bà//gōng

動 ストライキをする

0012

掰

bāi

動 折る、仲たがいをする

解説 (両手でものを) 2つに折ったり、割ることをさす

我巴不得马上见到他。 Wǒ bābude mǎshàng jiàndào tā.	私は彼にすぐに会うことを切望しています。
他们巴不得比赛立刻结束。 Tāmen bābude bǐsài lìkè jiéshù.	彼らは試合がすぐ終わることを願っています。
他拼命巴结权贵，想进入上流社会。 Tā pīnmìng bājie quánguì, xiǎng jìnrù shàngliú shèhuì.	彼は懸命に権力に取り入り、上流社会に入りたいと思っています。
他那副巴结的样子，显得很可笑。 Tā nà fù bājie de yàngzi, xiǎnde hěn kěxiào.	彼のへつらう様子は、とてもおかしかった。
他扒着窗户往外看。 Tā bāzhe chuānghu wǎng wài kàn.	彼は窓にはりついて外を見ました。
他们扒了老房子，准备盖新的。 Tāmen bāle lǎo fángzi, zhǔnbèi gài xīn de.	彼らは古い家を壊し、新しい家を建てようとしています。
这个部门负责对公司的产品质量把关。 Zhège bùmén fùzé duì gōngsī de chǎnpǐn zhìliàng bǎguān.	この部門は会社の製品の品質を厳しく検査する仕事を受け持っています。
我们学校在教育质量方面把关很严。 Wǒmen xuéxiào zài jiàoyù zhìliàng fāngmiàn bǎguān hěn yán.	私たちの学校は教育の質においてしっかりと管理しております。
工作人员多次罢工，要求增加工资。 Gōngzuò rényuán duō cì bàgōng, yāoqiú zēngjiā gōngzī.	会社員は何度もストライキを行い、給料の上昇を求めました。
工人罢了工后，老板答应了他们的要求。 Gōngrén bàle gōng hòu, lǎobǎn dāyingle tāmen de yāoqiú.	工場労働者がストライキをしたのち、社長は彼らの要求に応じました。
孩子太小，掰不动这块巧克力。 Háizi tài xiǎo, bāibudòng zhè kuài qiǎokèlì.	子どもはあまりに小さいので、このチョコレートを割ることができません。
他们原来是好朋友，现在已经掰了。 Tāmen yuánlái shì hǎo péngyou, xiànzài yǐjīng bāi le.	彼らは元々は仲の良い友達でしたが、今は仲たがいをしています。

指定語句 動詞 名詞 ほか 作文対策語句

Track 003

0013
摆脱
bǎituō
動 抜け出す

0014
败坏
bàihuài
動 傷つける 形 乱れている

0015
拜访
bàifǎng
動 (あいさつのために) 訪問する

0016
拜年
bài//nián
動 新年のあいさつをする

0017
拜托
bàituō
動 お願いする

0018
颁布
bānbù
動 発布する、公布する

0019
颁发
bānfā
動 発布する、公布する

他们经过努力，摆脱了困难局面。 Tāmen jīngguò nǔlì, bǎituōle kùnnan júmiàn.	彼は努力によって難しい局面から逃れました。
我始终摆脱不掉失败的烦恼。 Wǒ shǐzhōng bǎituōbudiào shībài de fánnǎo.	私はずっと失敗という悩みから抜け出せません。
他这种行为败坏了集体的荣誉。 Tā zhè zhǒng xíngwéi bàihuàile jítǐ de róngyù.	彼のこのような行いは全体の名誉を傷つけます。
对那些道德败坏的人要进行处理和教育。 Duì nàxiē dàodé bàihuài de rén yào jìnxíng chǔlǐ hé jiàoyù.	道徳が乱れたあの人々には処分と教育を行わなければなりません。
我想去拜访您，不知您是否方便。 Wǒ xiǎng qù bàifǎng nín, bù zhī nín shìfǒu fāngbiàn.	お宅に伺いたいのですが、ご都合はよろしいでしょうか。
他到处拜访名师，得到了很多指导。 Tā dàochù bàifǎng míngshī, dédàole hěn duō zhǐdǎo.	彼は有名な先生をあちこち訪ねて、多くの指導を受けました。
我已经向亲戚朋友拜完年了。 Wǒ yǐjīng xiàng qīnqi péngyou bàiwán nián le.	私はすでに親戚や友人に新年のあいさつを済ませました。
出差这几天，我的小狗拜托给邻居了。 Chūchāi zhè jǐ tiān, wǒ de xiǎo gǒu bàituōgěi línjū le.	この数日出張に行くので、私は子犬を近所に預かってもらいました。
最近政府颁布了一系列法律。 Zuìjìn zhèngfǔ bānbùle yíxìliè fǎlǜ.	最近政府は一連の法律を公布しました。
这方面的管理办法很快就会颁布。 Zhè fāngmiàn de guǎnlǐ bànfǎ hěn kuài jiù huì bānbù.	この方面の管理方法はまもなく公布されます。
这个命令已经颁发两个月了。 Zhège mìnglìng yǐjīng bānfā liǎng ge yuè le.	この命令は既に発布されて2か月になりました。
校长为他颁发了优秀奖。 Xiàozhǎng wèi tā bānfāle yōuxiùjiǎng.	校長は彼に優秀賞を授与しました。

0020 **扮演** bànyǎn
動（劇中の人物に）扮する、役割を果たす

0021 **伴随** bànsuí
動 伴う

0022 **绑架** bǎngjià
動 誘拐する

0023 **包庇** bāobì
動 かばう

0024 **包围** bāowéi
動 取り囲む

0025 **包装** bāozhuāng
動 包装する、イメージ作りをする

0026 **饱和** bǎohé
動 飽和する

他在电影里扮演一名教授。 Tā zài diànyǐng li bànyǎn yì míng jiàoshòu.	彼は映画で教授を演じました。
我担心扮演不好这个角色。 Wǒ dānxīn bànyǎnbuhǎo zhège juésè.	私はこの役が上手く演じられないのではないかと不安です。
伴随着经济的发展，人们的生活水平也提高了。 Bànsuízhe jīngjì de fāzhǎn, rénmen de shēnghuó shuǐpíng yě tígāo le.	経済発展に伴って、人々の生活水準も向上しました。
这个电视节目一直伴随着孩子们成长。 Zhège diànshì jiémù yìzhí bànsuízhe háizimen chéngzhǎng.	このテレビ番組はずっと子どもたちの成長を追っています。
警察很快解救出了被绑架的人质。 Jǐngchá hěn kuài jiějiùchūle bèi bǎngjià de rénzhì.	警察は誘拐された人質を速やかに救出しました。
如果他真的有错，我们不会包庇。 Rúguǒ tā zhēn de yǒu cuò, wǒmen bú huì bāobì.	もし彼が本当に間違っているなら、私たちはかばいはしません。
警察已经包围了这一带。 Jǐngchá yǐjīng bāowéile zhè yídài.	警察はすでにこの一帯を包囲しました。
房屋被一片树林包围着。 Fángwū bèi yí piàn shùlín bāowéizhe.	家屋は林に囲まれています。
礼品包装得很精美。 Lǐpǐn bāozhuāngde hěn jīngměi.	プレゼントはとてもきれいに包装されています。
这种传统形式包装以后，受到了年轻人的喜欢。 Zhè zhǒng chuántǒng xíngshì bāozhuāng yǐhòu, shòudàole niánqīng rén de xǐhuan.	この伝統的な形式はイメージが上がってから若者に人気が出ました。
随着用户的增加，市场逐渐饱和。 Suízhe yònghù de zēngjiā, shìchǎng zhújiàn bǎohé.	ユーザーの増加に伴い、市場はだんだん飽和してきています。
这个城市的容量已经快达到饱和状态了。 Zhège chéngshì de róngliàng yǐjīng kuài dádào bǎohé zhuàngtài le.	この都市の受け入れ量はすでにもうじき飽和状態に達しようとしています。

Track 005

0027 保管 bǎoguǎn

動 保管する　名 保管係

0028 保密 bǎomì

動 秘密を守る

0029 保守 bǎoshǒu

動 守る　形 保守的な

0030 保卫 bǎowèi

動 守る

0031 保养 bǎoyǎng

動 養生する

0032 保障 bǎozhàng

動 保障する

0033 保重 bǎozhòng

動 体を大事にする

解説 他人についていう

你的衣服可以交给我们保管。 Nǐ de yīfu kěyǐ jiāogěi wǒmen bǎoguǎn.	あなたの衣服は私たちが保管しておいてもいいです。
他的职业是仓库保管。 Tā de zhíyè shì cāngkù bǎoguǎn.	彼の職業は倉庫の管理です。
这件事你要替我保密。 Zhè jiàn shì nǐ yào tì wǒ bǎomì.	この件は内緒にしておいてください。
做这个工作，一定要保守机密。 Zuò zhège gōngzuò, yídìng yào bǎoshǒu jīmì.	この仕事をするには、必ず機密を守らなければなりません。
他思想很保守，不想改革。 Tā sīxiǎng hěn bǎoshǒu, bù xiǎng gǎigé.	彼の思想はとても保守的なので、改革を行いたがりません。
战士们日夜保卫着国家。 Zhànshìmen rìyè bǎowèizhe guójiā.	兵士たちは日夜国家を守っています。
无论付出多大牺牲，也要保卫和平。 Wúlùn fùchū duō dà xīshēng, yě yào bǎowèi hépíng.	どんなに多くの犠牲を払っても、平和を守らなければなりません。
她保养得很好，看起来很年轻。 Tā bǎoyǎngde hěn hǎo, kànqilai hěn niánqīng.	彼女は養生しているのでとても若く見えます。
你身体不好，先好好儿保养一段时间吧。 Nǐ shēntǐ bù hǎo, xiān hǎohāor bǎoyǎng yí duàn shíjiān ba.	体調が悪いなら、まずしばらくの間しっかり休んでくださいね。
颁布这部法律就是为了保障妇女的权利。 Bānbù zhè bù fǎlǜ jiù shì wèile bǎozhàng fùnǚ de quánlì.	この法律を発布するのは女性の権利を保障するためです。
民航公司首先要保障乘客的安全。 Mínháng gōngsī shǒuxiān yào bǎozhàng chéngkè de ānquán.	民間航空会社はまず乗客の安全を保障しなければなりません。
一个人在外面要照顾好自己，多保重。 Yí ge rén zài wàimiàn yào zhàogùhǎo zìjǐ, duō bǎozhòng.	1人で外にいるときは、自分の面倒をちゃんと見て、体を大事にしなければなりません。

Track 006

0034	**报仇** bào//chóu	動 かたきをうつ
0035	**报答** bàodá	動 報いる、応える
0036	**报复** bàofù	動 報復する、仕返しをする
0037	**报警** bào//jǐng	動 通報する
0038	**报销** bàoxiāo	動 清算する、(備品を) 廃棄する
0039	**暴露** bàolù	動 暴露する、明るみに出す 解説 (自分のことを) さらけだす、(自然に) 露見するという意もある
0040	**曝光** bào//guāng	動 感光させる、暴露する

他发誓要为死去的父亲报仇。 Tā fāshì yào wèi sǐqù de fùqin bàochóu.	彼は亡くなった父親のために必ずかたきをうつと誓いました。
我要努力学习，报答父母和老师。 Wǒ yào nǔlì xuéxí, bàodá fùmǔ hé lǎoshī.	私は頑張って勉強し、両親と先生に報います。
他出院后，想方设法报答了帮助过他的人。 Tā chūyuàn hòu, xiǎng fāng shè fǎ bàodále bāngzhùguo tā de rén.	彼は退院してから、助けてくれた人にあれこれと手を尽くして恩返ししました。
他害怕被报复，所以没敢说实话。 Tā hàipà bèi bàofù, suǒyǐ méi gǎn shuō shíhuà.	彼は報復されるのを恐れたので、本当のことを言おうとしませんでした。
他常利用手中的权力报复别人。 Tā cháng lìyòng shǒuzhōng de quánlì bàofù biérén.	彼はいつも、手にしている権力を利用してほかの人に報復します。
公安局接到群众报警后，迅速做出了反应。 Gōng'ānjú jiēdào qúnzhòng bàojǐng hòu, xùnsù zuòchūle fǎnyìng.	公安局は民衆の通報を受けた後、迅速に反応しました。
我报销了一部分钱，有些还得自费。 Wǒ bàoxiāole yíbùfen qián, yǒuxiē hái děi zìfèi.	一部のお金を精算しましたが、いくらかは自分で支払わなければなりませんでした。
我看，这台旧电视该报销了。 Wǒ kàn, zhè tái jiù diànshì gāi bàoxiāo le.	私が思うに、この古いテレビは廃棄すべきです。
他的警察身份已经暴露了。 Tā de jǐngchá shēnfèn yǐjīng bàolù le.	彼が警察であることはすでにバレていました。
这次争吵暴露了他们之间的矛盾。 Zhè cì zhēngchǎo bàolùle tāmen zhījiān de máodùn.	この争いによって彼らの間の対立が明るみになりました。
底片完全曝光了，不能用了。 Dǐpiàn wánquán bàoguāng le, bù néng yòng le.	ネガフィルムは完全に感光したので、使えなくなりました。
曝光速度对照片效果有很大影响。 Bàoguāng sùdù duì zhàopiàn xiàoguǒ yǒu hěn dà yǐngxiǎng.	感光速度は写真の出来に大きく影響します。

0041 **爆发** bàofā

動 爆発する、勃発する

0042 **爆炸** bàozhà

動 爆発する

0043 **背叛** bèipàn

動 反逆する

0044 **背诵** bèisòng

動 暗唱する

0045 **奔波** bēnbō

動 奔走する、苦労する

0046 **奔驰** bēnchí

動 疾走する　固名 ベンツ

0047 **崩溃** bēngkuì

動 崩壊する、破綻する

0048 **迸发** bèngfā

動 湧き上がる

由于火山爆发，导致很多航班延误。 Yōuyú huǒshān bàofā, dǎozhì hěn duō hángbān yánwù.	火山が爆発したので、多くのフライトが延期になりました。
他俩多年的矛盾在这一刻爆发了。 Tā liǎ duō nián de máodùn zài zhè yíkè bàofā le.	彼ら2人の長年の対立がこのとき勃発しました。
着了火的汽车很快就爆炸了。 Zháole huǒ de qìchē hěn kuài jiù bàozhà le.	火のついた自動車はすぐに爆発しました。
人口大爆炸带来了一系列问题。 Rénkǒu dà bàozhà dàilaile yíxìliè wèntí.	人口大爆発は一連の問題をもたらしました。
他宁死也不会背叛自己的信仰。 Tā nìng sǐ yě bú huì bèipàn zìjǐ de xìnyǎng.	彼はたとえ死んでも自分の信仰に背きません。
他背诵得非常流利，一字不差。 Tā bèisòngde fēicháng liúlì, yí zì bú chà.	彼は暗唱するのがとても流暢で、一字の違いもありません。
他常年在外奔波，身体出现了一些问题。 Tā chángnián zàiwài bēnbō, shēntǐ chūxiànle yìxiē wèntí.	彼は長年よそで奔走しているので、体にいくらか問題が出てきました。
我骑着马奔驰在草原上，感觉好极了。 Wǒ qízhe mǎ bēnchízài cǎoyuán shang, gǎnjué hǎojí le.	私は馬に乗って草原を疾走し、非常にいい気分でした。
汽车奔驰在乡村的公路上,两边的风景很美。 Qìchē bēnchízài xiāngcūn de gōnglù shang, liǎngbiān de fēngjǐng hěn měi.	自動車で田舎の道を疾走すると、両側の風景がとてもきれいです。
敌人的防线很快就崩溃了。 Dírén de fángxiàn hěn kuài jiù bēngkuì le.	敵の防衛線はすぐに崩壊しました。
他身上迸发的工作热情感染了大家。 Tā shēnshang bèngfā de gōngzuò rèqíng gǎnrǎnle dàjiā.	彼の身に沸き上がった仕事への情熱はみんなに伝染しました。

No.	単語	意味
0049	**蹦** bèng	動 跳ぶ
0050	**逼迫** bīpò	動 圧迫する
0051	**比方** bǐfang	動 喩える
0052	**比喻** bǐyù	動 喩える
0053	**鄙视** bǐshì	動 軽蔑する
0054	**编织** biānzhī	動 編む
0055	**鞭策** biāncè	動 鞭打つ、励ます

孩子高兴得蹦了起来。 Háizi gāoxìng de bèng le qǐlai.	子どもは嬉しくて飛びはねました。
弟弟蹦蹦跳跳地走了。 Dìdi bèngbengtiàotiào de zǒu le.	弟は跳んだりはねたりしながら行ってしまいました。
贫穷的生活逼迫他很早就工作了。 Pínqióng de shēnghuó bīpò tā hěn zǎo jiù gōngzuò le.	貧しい生活のため、彼は早くから働かざるを得ませんでした。
我学过很多种语言，比方说汉语、法语等等。 Wǒ xuéguo hěn duō zhǒng yǔyán, bǐfang shuō Hànyǔ、Fǎyǔ děngděng.	私は多くの言語を勉強したことがあります。例えば中国語、フランス語などです。
他的学问之大可以用大海来比方。 Tā de xuéwen zhī dà kěyǐ yòng dàhǎi lái bǐfang.	彼の知識の広さは大海に喩えることができます。
文学作品中常用狐狸比喻狡猾的人。 Wénxué zuòpǐn zhōng cháng yòng húli bǐyù jiǎohuá de rén.	文学作品の中ではしばしば狡猾な人が狐に喩えられます。
我很喜欢他用的这些比喻，非常形象。 Wǒ hěn xǐhuan tā yòng de zhèxiē bǐyù, fēicháng xíngxiàng.	私は彼が用いるこれらの比喩が大好きです。非常にいきいきとしています。
大家绝没有鄙视老王的意思，可能是他多虑了。 Dàjiā jué méiyǒu bǐshì lǎo Wáng de yìsi, kěnéng shì tā duōlǜ le.	みんな王さんを軽蔑するつもりは絶対にありません。たぶん彼の考えすぎでしょう。
他们用草编织成篮子，卖得很好。 Tāmen yòng cǎo biānzhīchéng lánzi, màide hěn hǎo.	彼らは草で編む籠は、とてもよく売れます。
他用名人的话鞭策自己，努力工作。 Tā yòng míngrén de huà biāncè zìjǐ, nǔlì gōngzuò.	彼は著名人の話で自らを鞭打ち、仕事に励みました。
他的讲话给了我们很大的鼓励和鞭策。 Tā de jiǎnghuà gěile wǒmen hěn dà de gǔlì hé biāncè.	彼の話は私たちに大きな励ましと激励を与えました。

Track 009

0056 **贬低** biǎndī

動 (評価を) 下げる

≒ "贬损 biǎnsǔn"

0057 **变迁** biànqiān

動 移り変わる

0058 **变质** biàn//zhì

動 変わる、変質する

0059 **便于** biànyú

動 ～に便利である

0060 **遍布** biànbù

動 至る所にある

0061 **辨认** biànrèn

動 見分ける、見きわめる

0062 **辩护** biànhù

動 言い訳をする、弁護する

他企图通过贬低别人来抬高自己。 Tā qǐtú tōngguò biǎndī biérén lái táigāo zìjǐ.	彼は人の評価を下げて自分の価値を高めようとしました。
他的贡献是任何人也贬低不了的。 Tā de gòngxiàn shì rènhé rén yě biǎndībuliǎo de.	彼の貢献はどんな人もけなすことができません。
有些动物由于不适应气候变迁而死亡了。 Yǒuxiē dòngwù yóuyú bú shìyìng qìhòu biànqiān ér sǐwáng le.	いくつかの動物は気候の変動に適応できず死にました。
随着历史的变迁，这座宫殿也成了废墟。 Suízhe lìshǐ de biànqiān, zhè zuò gōngdiàn yě chéngle fèixū.	歴史が移り変わるにつれて、この宮殿は廃墟になりました。
这些食物已经变质，不能吃了。 Zhèxiē shíwù yǐjīng biànzhì, bù néng chī le.	これらの食べ物は変質し、食べられなくなりました。
笔记本电脑便于携带。 Bǐjìběn diànnǎo biànyú xiédài.	ノートパソコンは携帯するのに便利です。
当时的佛教寺庙遍布全国各地。 Dāngshí de fójiào sìmiào biànbù quánguó gèdì.	当時の仏教寺院は全国各地至る所にありました。
他从监控录像中已经辨认出嫌疑人了。 Tā cóng jiānkòng lùxiàng zhōng yǐjīng biànrènchū xiányí rén le.	彼は監視カメラの映像ですでに容疑者を見極めました。
我辨认了半天，还是不能确定。 Wǒ biànrènle bàntiān, háishi bù néng quèdìng.	私は長い間見極めようとしましたが、やはり確定できませんでした。
他的过失非常明显，所以我放弃了辩护。 Tā de guòshī fēicháng míngxiǎn, suǒyǐ wǒ fàngqìle biànhù.	彼の過失は明らかだったので、私は弁護するのを諦めました。
被告的辩护律师提出了几点理由。 Bèigào de biànhù lǜshī tíchūle jǐ diǎn lǐyóu.	被告の弁護士はいくつかの理由を挙げました。

Track 010

No.	単語	意味
0063	辩解 biànjiě	動 弁解する
0064	表决 biǎojué	動 表決する、採決する
0065	表态 biǎo//tài	動 立場をしっかり示す、態度を表明する
0066	表彰 biǎozhāng	動 表彰する
0067	憋 biē	動 抑える、我慢する　形 息が詰まる
0068	濒临 bīnlín	動 瀕する
0069	并非 bìngfēi	動 決して～ない
0070	并列 bìngliè	動 並列する

他极力为自己的过失辩解。 Tā jílì wèi zìjǐ de guòshī biànjiě.	彼は自分の過失を精一杯弁解しました。
通过投票表决，会议通过了这项法律。 Tōngguò tóupiào biǎojué, huìyì tōngguòle zhè xiàng fǎlǜ.	投票により採決され、会議ではこの法律が通りました。
这个决定是所有代表表决出来的。 Zhège juédìng shì suǒyǒu dàibiǎo biǎojuéchulai de.	この決定はあらゆる代表が採決したものです。
领导已经表态了，同意这个方案。 Lǐngdǎo yǐjīng biǎotài le, tóngyì zhège fāng'àn.	指導者は既に態度を表明し、この法案に同意しました。
你把事情搞清楚了再表态也不晚。 Nǐ bǎ shìqing gǎoqīngchule zài biǎotài yě bù wǎn.	物事がはっきりしてから態度を示しても遅くはありません。
他工作成绩突出，获得了公司的表彰。 Tā gōngzuò chéngjì tūchū, huòdéle gōngsī de biǎozhāng.	彼の仕事の成績はずば抜けており、会社から表彰されました。
我们要大力表彰这种奉献精神。 Wǒmen yào dàlì biǎozhāng zhè zhǒng fèngxiàn jīngshén.	私たちはこのような奉献精神を大いに表彰しなければなりません。
他实在憋不住了，哈哈大笑起来。 Tā shízài biēbuzhù le, hāhā dàxiàoqilai.	彼はどうにもこらえきれず、大笑いし始めました。
很多珍稀动物正在濒临灭亡，需要加以保护。 Hěn duō zhēnxī dòngwù zhèngzài bīnlín mièwáng, xūyào jiāyǐ bǎohù.	多くの珍しい動物が今絶滅に瀕しており、保護する必要があります。
他并非不了解规则，他是故意的。 Tā bìngfēi bù liǎojiě guīzé, tā shì gùyì de.	彼は決して規則を理解していないのではなく、わざとです。
两条船并列航行，一起前进。 Liǎng tiáo chuán bìngliè hángxíng, yìqǐ qiánjìn.	2つの船は並んで航行し、一緒に前に進みます。

Track 011

0071 拨 bō
動 かきわける、割り当てる

0072 剥削 bōxuē
動 搾取する

0073 播种 bō//zhǒng
動 種をまく

0074 搏斗 bódòu
動 闘う

0075 补偿 bǔcháng
動 補償する

0076 补救 bǔjiù
動 挽回する

0077 补贴 bǔtiē
動（金銭的に）補助する　名 手当

他拨开围拢的人群，冲到了里面。 Tā bōkāi wéilǒng de rénqún, chōngdàole lǐmiàn.	彼は取り囲んでいる人込みをかき分け、中に突き進みました。
我们学校的经费一直都是教育部下拨。 Wǒmen xuéxiào de jīngfèi yìzhí dōu shì jiàoyùbù xiàbō.	私たちの学校の経費はすべて教育部が割り当ててきました。
资本家靠剥削工人的剩余价值赚钱。 Zīběnjiā kào bōxuē gōngrén de shèngyú jiàzhí zhuànqián.	資本家は工場労働者の余剰価値を搾取することでお金を儲けます。
现在正是播种的时间，农民们正抓紧时间播种。 Xiànzài zhèng shì bōzhǒng de shíjiān, nóngmínmen zhèng zhuājǐn shíjiān bōzhǒng.	今はまさに種まきの時期で、農民たちは忙しく種まきをしています。
你不要与他们搏斗，打电话报警就可以了。 Nǐ búyào yǔ tāmen bódòu, dǎ diànhuà bàojǐng jiù kěyǐ le.	あなたは彼らと闘ってはいけません。電話で通報すれば良いのです。
我们要与困难搏斗，争取最后胜利。 Wǒmen yào yǔ kùnnan bódòu, zhēngqǔ zuìhòu shènglì.	私たちは困難と闘い、最後の勝利を勝ち取らなくてはいけません。
保险公司会补偿车辆的部分损失。 Bǎoxiǎn gōngsī huì bǔcháng chēliàng de bùfen sǔnshī.	保険会社は車の一部の損失を補償します。
他犯错误以后及时补救，没有造成更大危害。 Tā fàn cuòwù yǐhòu jíshí bǔjiù, méiyǒu zàochéng gèng dà wēihài.	彼は間違いを犯した後、すぐに埋め合わせをし、それ以上大きな危害は出ませんでした。
他经常给家里寄钱，补贴家用。 Tā jīngcháng gěi jiāli jì qián, bǔtiē jiāyòng.	彼はいつも家にお金を入れて、生活費の足しにしています。
单位给员工们发了福利补贴，保证了利益。 Dānwèi gěi yuángōngmen fāle fúlì bǔtiē, bǎozhèngle lìyì.	会社は従業員に福祉手当を支給し、利益を保証しています。

Track 012

0078 □□ **捕捉** bǔzhuō

動 逮捕する、(チャンスなどを) とらえる

0079 □□ **哺乳** bǔrǔ

動 授乳する

0080 □□ **不敢当** bùgǎndāng

動 恐縮する、恐れ入る

0081 □□ **不顾** búgù

動 かえりみない、かまわない

0082 □□ **不堪** bùkān

動 耐えられない、とても～できない
形 たまらない、やりきれない

0083 □□ **不惜** bùxī

動 惜しまない、いとわない

0084 □□ **布局** bùjú

動 配置する、レイアウトする　名 配置、構図

这种动物靠捕捉一些飞虫生存。 Zhè zhǒng dòngwù kào bǔzhuō yìxiē fēichóng shēngcún.	この動物は飛ぶ昆虫を捕らえて生きています。
他捕捉住了有利时机。 Tā bǔzhuōzhùle yǒulì shíjī.	彼は有利なチャンスをしっかりとらえました。
孩子还在哺乳期，离不开妈妈。 Háizi hái zài bǔrǔqī, líbukāi māma.	子どもはまだ授乳期で、母親から離れられません。
你们这么热情，我真是不敢当。 Nǐmen zhème rèqíng, wǒ zhēnshi bùgǎndāng.	こんなに親切にしていただいて、私は本当に恐れ入ります。
指导不敢当，大家一块儿研究吧。 Zhǐdǎo bùgǎndāng, dàjiā yíkuàir yánjiū ba.	指導なんて恐縮です、みんなで一緒に検討しましょう。
她不顾父母反对，坚持与他结婚。 Tā búgù fùmǔ fǎnduì, jiānchí yǔ tā jiéhūn.	彼女は両親の反対にかまわず、あくまで彼と結婚しようとしています。
后果简直不堪设想。 Hòuguǒ jiǎnzhí bùkān shèxiǎng.	結果はまったく想像できません。
每到上下班的时候，地铁里拥挤不堪。 Měi dào shàngxiàbān de shíhou, dìtiě li yōngjǐ bùkān.	出退勤の時間になるたび、地下鉄は耐えられないほど混雑します。
他不惜牺牲自己，也要救孩子。 Tā bùxī xīshēng zìjǐ, yě yào jiù háizi.	彼は自らの犠牲をいとわず、子どもを救おうとした。
他们对城市布局进行了规划。 Tāmen duì chéngshì bùjú jìnxíngle guīhuà.	彼らは都市の配置について計画を立てました。
我在考虑文章的布局问题。 Wǒ zài kǎolǜ wénzhāng de bùjú wèntí.	私は文章の構造の問題について考慮しています。

0085 **布置** bùzhì

動 配置する、用意する

0086 **部署** bùshǔ

動 配置する、配分する

解説 労働力や戦闘力など、"**布置**"よりも大規模で全面的なものに使う

0087 **裁员** cáiyuán

動 人員を整理する

0088 **采购** cǎigòu

動 購入する、買い付ける　名 仕入れ係

0089 **采集** cǎijí

動 収集する

0090 **采纳** cǎinà

動 受け入れる、採用する

0091 **参谋** cānmóu

動 知恵を貸す　名 参謀役

工作人员下午要布置会场。 Gōngzuò rényuán xiàwǔ yào bùzhì huìchǎng.	従業員は午後に会場のセッティングをします。
老师布置了很多暑假作业。 Lǎoshī bùzhìle hěn duō shǔjià zuòyè.	先生は夏休みの課題をたくさん用意しました。
公司正在部署力量，加强技术创新能力。 Gōngsī zhèngzài bùshǔ lìliàng, jiāqiáng jìshù chuàngxīn nénglì.	会社は能力を配分して、イノベーション能力を強化しています。
完成这个任务需要精心部署，狠抓落实。 Wánchéng zhège rènwù xūyào jīngxīn bùshǔ, hěn zhuā luòshí.	この任務を完成させるには念入りに配置して、全力で実行する必要があります。
由于效益不好，公司不得不裁员。 Yǒuyú xiàoyì bù hǎo, gōngsī bù dé bù cáiyuán.	効果と利益が上がらないため、会社は人員整理せざるをえません。
我们公司的办公用品都是在这个大商场采购。 Wǒmen gōngsī de bàngōng yòngpǐn dōu shì zài zhège dà shāngchǎng cǎigòu.	私たちの会社の事務用品はみなこのショッピングモールで購入しています。
我把装修的材料都采购回来了。 Wǒ bǎ zhuāngxiū de cáiliào dōu cǎigòuhuilaile.	私は修理の材料をみんな購入して戻ってきました。
他到处去采集民歌，回来后整理、创作。 Tā dàochù qù cǎijí míngē, huílai hòu zhěnglǐ、chuàngzuò.	彼はあちこちで民間歌謡を収集して、戻った後に整理して創作しました。
可惜这个建议当时没有被他采纳。 Kěxī zhège jiànyì dāngshí méiyǒu bèi tā cǎinà.	残念ながらこの提案は当時彼に受け入れられませんでした。
这个晚会怎么办，大家帮着参谋参谋吧。 Zhège wǎnhuì zěnme bàn, dàjiā bāngzhe cānmóu cānmóu ba.	このパーティーをどうするか、皆さんお知恵を貸して助けてください。
这件事是他干的，但我是参谋。 Zhè jiàn shì shì tā gàn de, dàn wǒ shì cānmóu.	このことは彼が行いますが、私は参謀役です。

Track 014

0092	**参照** cānzhào	動 参考にする、参照する
0093	**残留** cánliú	動 残る、残留する
0094	**操劳** cāoláo	動 あくせくと働く
0095	**操练** cāoliàn	動 訓練する
0096	**操纵** cāozòng	動 操縦する、操る
0097	**操作** cāozuò	動 操作する、仕事をする
0098	**测量** cèliáng	動 測量する
0099	**策划** cèhuà	動 企画する、画策する

参照这个模型，他制作了一个真的。 Cānzhào zhège móxíng, tā zhìzuòle yí ge zhēn de.	このモデルを参考にして、彼は本物を制作しました。
他的头脑中还残留着旧观念。 Tā de tóunǎo zhōng hái cánliúzhe jiù guānniàn.	彼の頭の中には古い観念がまだ残っています。
他日夜操劳，最后累病了。 Tā rìyè cāoláo, zuìhòu lèibìng le.	彼は日夜あくせくと働き、最後には過労で病気になりました。
部队在操练人马，准备下一场战斗。 Bùduì zài cāoliàn rénmǎ, zhǔnbèi xià yì chǎng zhàndòu.	部隊は人馬を訓練し、次の戦闘に備えています。
他操纵着方向盘，稳稳地前进。 Tā cāozòngzhe fāngxiàngpán, wěnwěn de qiánjìn. **他们在幕后操纵着木材的交易。** Tāmen zài mùhòu cāozòngzhe mùcái de jiāoyì.	彼はハンドルを操作し、ゆっくりと前進しました。 彼らは裏で木材の交易を操っています。
公司要求应聘人员能熟练地操作电脑。 Gōngsī yāoqiú yìngpìn rényuán néng shúliàn de cāozuò diànnǎo. **这种机器结构简单，操作起来很容易。** Zhè zhǒng jīqì jiégòu jiǎndān, cāozuòqilai hěn róngyì.	会社はコンピュータの操作に熟練した人材の招聘を求めています。 この機械の構造は単純で、操作してみればとても簡単です。
气象工作人员正在测量地面温度。 Qìxiàng gōngzuò rényuán zhèngzài cèliáng dìmiàn wēndù.	気象作業員は現在地面の温度を測量しています。
这个广告策划得非常成功。 Zhège guǎnggào cèhuàde fēicháng chénggōng. **我们要策划好这次社会实践活动。** Wǒmen yào cèhuàhǎo zhè cì shèhuì shíjiàn huódòng.	この広告の企画は非常に成功しました。 私たちはこの社会実践活動をしっかり企画しなければなりません。

Track 015

0100 **查获** cháhuò 動 検査して押収する、逮捕する

0101 **岔** chà 動 分かれる 名 事故

0102 **搀** chān 動 体を支える

0103 **缠绕** chánrào 動 絡みつく、つきまとう

0104 **阐述** chǎnshù 動 詳しく述べる

0105 **颤抖** chàndǒu 動 震える

0106 **尝试** chángshì 動 試してみる

0107 **偿还** chánghuán 動 返済する

公安人员查获了他携带的武器。 Gōng'ān rényuán cháhuòle tā xiédài de wǔqì.	警察官は彼の携帯していた武器を押収しました。
他走到三岔路口迷路了。 Tā zǒudào sānchà lùkǒu mílù le.	彼は三差路まで来て道がわからなくなりました。
你放心吧，出不了岔儿。 Nǐ fàngxīn ba, chūbuliǎo chàr.	安心してください、事故なんて起きません。
他搀着老人过了马路。 Tā chānzhe lǎorén guòle mǎlù.	彼はお年寄りを支えて道路を横断しました。
上台阶的时候，你搀着爷爷点儿。 Shàng táijiē de shíhou, nǐ chānzhe yéye diǎnr.	石段を登るとき、あなたはおじいさんを支えてください。
他把缠绕在一起的线分开了。 Tā bǎ chánràozài yìqǐ de xiàn fēnkāi le.	彼はもつれた糸をほぐしました。
很多事情缠绕在一起，搞得他很不开心。 Hěn duō shìqing chánràozài yìqǐ, gǎode tā hěn bù kāixīn.	多くの用事が重なって、彼はとても気が重そうです。
下面我把这个观点具体阐述一下。 Xiàmiàn wǒ bǎ zhège guāndiǎn jùtǐ chǎnshù yíxià.	次に私がこの観点を具体的に詳しく述べます。
他太冷了，身体不停地颤抖着。 Tā tài lěng le, shēntǐ bù tíng de chàndǒuzhe.	彼はとても寒そうで、身体がずっと震えています。
你要敢于尝试，不要怕失败。 Nǐ yào gǎnyú chángshì, búyào pà shībài.	思いきって試してみてください、失敗を恐れないで。
我已经偿还了所有贷款。 Wǒ yǐjīng chánghuánle suǒyǒu dàikuǎn.	私はすでに全てのローンを返済しました。

Track 016

0108	敞开 chǎngkāi	動 大きく広げる 副 思う存分
0109	畅销 chàngxiāo	動 よく売れる
0110	倡导 chàngdǎo	動 先導する
0111	倡议 chàngyì	動 提唱する、呼びかける
0112	超越 chāoyuè	動 超える、超越する
0113	嘲笑 cháoxiào	動 嘲笑する
0114	撤退 chètuì	動 撤退する
0115	撤销 chèxiāo	動 撤回する

大门敞开着，汽车可以开进来。 Dàmén chǎngkāizhe, qìchē kěyǐ kāijinlai.	正門が大きく開かれ、車も入ってくることができます。
目前市场上最畅销的就是这种手机。 Mùqián shìchǎng shang zuì chàngxiāo de jiù shì zhè zhǒng shǒujī.	現在市場で最も売れているのがこの携帯電話です。
中国的一些名酒早就畅销全世界了。 Zhōngguó de yìxiē míngjiǔ zǎojiù chàngxiāo quán shìjiè le.	中国のいくつかの名酒は早くから全世界で売れていました。
他特别注重启发学生，倡导因材施教。 Tā tèbié zhùzhòng qǐfā xuésheng, chàngdǎo yīn cái shī jiào.	彼は特に学生を啓発することを重視し、適材適所の教育を先導しました。
学生会倡议成立一个志愿者组织。 Xuéshēnghuì chàngyì chénglì yí ge zhìyuànzhě zǔzhī.	学生会はボランティア組織の設立を提唱しました。
这份倡议号召为灾区捐款。 Zhè fèn chàngyì hàozhào wéi zāiqū juānkuǎn.	この提唱は被災地への義援金を呼びかけました。
他超越自己的权限，干涉了法律的公正。 Tā chāoyuè zìjǐ de quánxiàn, gānshèle fǎlǜ de gōngzhèng.	彼は自分の権限を超えて、法律の公正さに干渉しました。
我们应该帮助他，不应该嘲笑他。 Wǒmen yīnggāi bāngzhù tā, bù yīnggāi cháoxiào tā.	私たちは彼を助けるべきで、嘲笑すべきではありません。
他无法忍受别人的嘲笑。 Tā wúfǎ rěnshòu biérén de cháoxiào.	彼は他人の嘲笑に耐えられませんでした。
我们撤退到了一个安全的地方。 Wǒmen chètuìdàole yí ge ānquán de dìfang.	私たちは安全な場所へ撤退しました。
公司撤销了设在外地的办事机构。 Gōngsī chèxiāole shèzài wàidì de bànshì jīgòu.	会社は地方への事務機関の設置を撤回しました。

0116
沉淀
chéndiàn
動 沈殿する、蓄積する

0117
沉思
chénsī
動 深く考え込む

0118
陈列
chénliè
動 陳列する

0119
陈述
chénshù
動 述べる　名 陳述

0120
衬托
chèntuō
動 際立たせる

0121
成交
chéngjiāo
動 取引が成立する　名 取引

0122
呈现
chéngxiàn
動 呈する

再沉淀一会儿，水就清了。 Zài chéndiàn yíhuìr, shuǐ jiù qīng le.	もう少し沈殿すると、水が澄んできます。
中华武术中沉淀着优秀的中国传统文化。 Zhōnghuá wǔshù zhōng chéndiànzhe yōuxiù de Zhōngguó chuántǒng wénhuà.	中華武術の中には優れた中国伝統文化が蓄積されています。
他坐在那里沉思，一动不动。 Tā zuòzài nàli chénsī, yí dòng bú dòng.	彼はそこに座って深く考え込み、身動き一つしません。
博物馆里陈列着许多展览品。 Bówùguǎn li chénlièzhe xǔduō zhǎnlǎnpǐn.	博物館には多くの展示品が陳列してあります。
他陈述了自己反对的理由。 Tā chénshùle zìjǐ fǎnduì de lǐyóu.	彼は自分が反対する理由を述べました。
听了他的陈述，我们都觉得有道理。 Tīngle tā de chénshù, wǒmen dōu juéde yǒu dàolǐ.	彼の陳述を聞き、私たちはみんなもっともだと思いました。
在夕阳的衬托下，花朵显得更好看了。 Zài xīyáng de chèntuō xià, huāduǒ xiǎnde gèng hǎokàn le.	夕日に引き立てられ、花はさらにきれいに見えます。
这位画家善于利用对立的事物互相衬托。 Zhè wèi huàjiā shànyú lìyòng duìlì de shìwù hùxiāng chèntuō.	この画家は対立するものが互いに引き立て合うのを利用するのが得意です。
经过艰苦的谈判，这笔买卖终于成交了。 Jīngguò jiānkǔ de tánpàn, zhè bǐ mǎimai zhōngyú chéngjiāo le.	苦しい交渉の末、この取引は遂に成立しました。
他们的成交价格比报价低一些。 Tāmen de chéngjiāo jiàgé bǐ bàojià dī yìxiē.	彼らの取引価格はオファーよりわずかに低いです。
比赛中，运动员呈现了良好的精神状态。 Bǐsài zhōng, yùndòngyuán chéngxiànle liánghǎo de jīngshén zhuàngtài.	試合中、選手は良好な精神状態を示しました。
这里的经济呈现出一派繁荣的景象。 Zhèli de jīngjì chéngxiànchū yí pài fánróng de jǐngxiàng.	ここの経済は繁栄の様子を呈しています。

Track 018

0123 承办 chéngbàn
動 引き受ける

0124 承包 chéngbāo
動 請け負う

0125 承诺 chéngnuò
動 承諾する

0126 乘 chéng
動 乗る

0127 盛 chéng
動 よそう、入れる
関 "盛 shèng" 盛んだ、旺盛だ

0128 惩罚 chéngfá
動 処罰する

我们公司负责承办这项工程。 Wǒmen gōngsī fùzé chéngbàn zhè xiàng gōngchéng.	私たちの会社はこのプロジェクトを引き受けています。
奥委会最终确定了下届奥运会的承办城市。 Àowěihuì zuìzhōng quèdìngle xià jiè Àoyùnhuì de chéngbàn chéngshì.	オリンピック委員会は最終的に次の開催都市を決めました。
公司最近承包了一项大型工程。 Gōngsī zuìjìn chéngbāole yí xiàng dàxíng gōngchéng.	会社は最近大型プロジェクトを請け負いました。
这块土地他承包了30年。 Zhè kuài tǔdì tā chéngbāole sānshí nián.	この土地は彼が請け負って30年になります。
父亲承诺假期带我去中国旅游。 Fùqin chéngnuò jiàqī dài wǒ qù Zhōngguó lǚyóu.	父は休暇に私を中国旅行に連れて行ってくれると約束しました。
他当场兑现了承诺。 Tā dāngchǎng duìxiànle chéngnuò.	彼はその場で承諾しました。
时间太紧了，他选择了乘飞机。 Shíjiān tài jǐn le, tā xuǎnzéle chéng fēijī.	スケジュールが厳しいので、彼は飛行機に乗ることを選びました。
麻烦你帮我盛碗饭。 Máfan nǐ bāng wǒ chéng wǎn fàn.	ご飯をよそってくれませんか。
东西太多，包里盛不下了。 Dōngxi tài duō, bāo li chéngbuxià le.	物があまりに多いので、かばんに入り切りません。
群众要求严厉惩罚这些坏人。 Qúnzhòng yāoqiú yánlì chéngfá zhèxiē huàirén.	民衆はこの悪人たちを厳しく処罰することを求めました。
这次惩罚给他的教训很深刻。 Zhè cì chéngfá gěi tā de jiàoxùn hěn shēnkè.	今回の処罰が彼に与えた教訓は大きい。

0129	澄清 chéngqīng	動 はっきりさせる　形 澄んでいる
0130	吃苦 chī//kŭ	動 苦労する
0131	冲击 chōngjī	動 ぶつかる
0132	冲突 chōngtū	動 衝突する
0133	充当 chōngdāng	動 務める
0134	重叠 chóngdié	動 重なる
0135	崇拜 chóngbài	動 崇拝する

他已经向大家澄清了事实。 Tā yǐjīng xiàng dàjiā chéngqīngle shìshí. **河水澄清，一眼能看到底。** Héshuǐ chéngqīng, yì yǎn néng kàndào dǐ.	彼はすでにみんなに事実を明らかにしました。 川の水は澄み、一目で底まで見えます。
他不怕吃苦，什么困难都经历过。 Tā bú pà chīkǔ, shénme kùnnan dōu jīnglìguo.	彼は苦労をいとわず、どんな困難も経験したことがあります。
海水不断冲击着岩石。 Hǎishuǐ búduàn chōngjīzhe yánshí. **这场金融危机冲击了世界经济。** Zhè cháng jīnróng wēijī chōngjīle shìjiè jīngjì.	海水は絶えず岩にぶつかっています。 この金融危機は世界経済に打撃を与えました。
由于文化差异，双方之间在看法上发生了冲突。 Yóuyú wénhuà chāyì, shuāngfāng zhījiān zài kànfǎ shang fāshēngle chōngtū. **这两门课的考试时间冲突了。** Zhè liǎng mén kè de kǎoshì shíjiān chōngtū le.	文化の違いにより、双方の間で意見が対立しました。 この2つの授業の試験時間は重なっています。
他在那个组织中充当着重要角色。 Tā zài nàge zǔzhī zhōng chōngdāngzhe zhòngyào juésè. **名词常常充当主语。** Míngcí chángcháng chōngdāng zhǔyǔ.	彼はあの組織の中で重要な役を務めています。 名詞はしばしば主語を担います。
这个机构在功能上与那个机构重叠了。 Zhège jīgòu zài gōngnéng shang yǔ nàge jīgòu chóngdié le. **两张相片重叠在一起，他以为是一张。** Liǎng zhāng xiàngpiàn chóngdiézài yìqǐ, tā yǐwéi shì yì zhāng.	この機関は機能上あの機関と重複しています。 2枚の写真が一緒に重なっていたので、彼は1枚だと思い込みました。
他对他的偶像崇拜得不得了。 Tā duì tā de ǒuxiàng chóngbàidebùdéliǎo.	彼は自分のアイドルを崇拝してやみません。

0136
崇敬
chóngjìng
動 あがめ敬う

0137
筹备
chóubèi
動 準備をする

0138
出卖
chūmài
動 売り出す、裏切る

0139
出身
chūshēn
動 ～の出自である、～出身である
名 (生まれた) 階級、出身

0140
出神
chū//shén
動 ぼんやりする

0141
除
chú
動 除く

市长受到了市民的崇敬和爱戴。 Shìzhǎng shòudàole shìmín de chóngjìng hé àidài.	市長は市民の尊敬と敬愛を受けています。
我们怀着无比崇敬的心情拜见了这位老英雄。 Wǒmen huáizhe wúbǐ chóngjìng de xīnqíng bàijiànle zhè wèi lǎo yīngxióng.	私たちはこの上ない尊崇の心を抱きながらこのかつての英雄に謁見しました。
新机构正在筹备中，还没正式成立。 Xīn jīgòu zhèngzài chóubèi zhōng, hái méi zhèngshì chénglì.	新しい機関を準備していますが、まだ正式には成立していません。
目前，开幕式的筹备工作已经完成。 Mùqián, kāimùshì de chóubèi gōngzuò yǐjīng wánchéng.	現在、開幕式準備の仕事はすでに完了しております。
他靠出卖劳动力生活。 Tā kào chūmài láodònglì shēnghuó.	彼は労働力を売って生活しています。
我们太相信他了，结果都被他出卖了。 Wǒmen tài xiāngxìn tā le, jiéguǒ dōu bèi tā chūmài le.	私たちは彼を信じすぎた結果、いつも裏切られました。
他出身于知识分子家庭。 Tā chūshēnyú zhīshi fènzǐ jiātíng.	彼は知識階級の出身です。
家庭出身不能决定一个人的命运。 Jiātíng chūshēn bù néng juédìng yí ge rén de mìngyùn.	家庭や出自は一人の運命を決定づけません。
他望着天空出神，一句话也不说。 Tā wàngzhe tiānkōng chūshén, yí jù huà yě bù shuō.	彼は空を眺めぼんやりとして、何も言いません。
学生们听得出了神，一动也不动。 Xuéshengmen tīngde chūle shén, yí dòng yě bú dòng.	学生たちは聞き惚れて、微動だにしませんでした。
他已经被学校除了名。 Tā yǐjīng bèi xuéxiào chúle míng.	彼はすでに学校を除名されました。
除大卫外，我们都参加这次活动。 Chú Dàwèi wài, wǒmen dōu cānjiā zhè cì huódòng.	デビッドを除いて、私たちはみんな今回の活動に参加します。

Track 021

0142
处分
chǔfèn
動 処分する

0143
处置
chǔzhì
動 処理する、処分する

0144
储存
chǔcún
動 預ける、貯蔵する

0145
触犯
chùfàn
動 犯す

0146
穿越
chuānyuè
動 通り抜ける

0147
传达
chuándá
動 伝える

0148
传授
chuánshòu
動 伝授する

公司处分了一些违反纪律的职工。 Gōngsī chǔfènle yìxiē wéifǎn jìlǜ de zhígōng.	会社は規律に違反した従業員を何人か処分しました。
我们要妥善处置这些问题。 Wǒmen yào tuǒshàn chǔzhì zhèxiē wèntí.	私たちは適切にこれらの問題を処理しなければなりません。
公司处置了一批淘汰的电脑。 Gōngsī chǔzhìle yì pī táotài de diànnǎo.	会社は多くの古くなったパソコンを処分しました。
他把钱都储存在银行里了。 Tā bǎ qián dōu chǔcúnzài yínháng li le.	彼はお金をすべて銀行に預けています。
计算机里储存了大量的销售信息。 Jìsuànjī li chǔcúnle dàliàng de xiāoshòu xìnxī.	コンピューターには大量の販売データが保存されています。
他已经触犯了道德的底线。 Tā yǐjīng chùfànle dàodé de dǐxiàn.	彼はすでに道徳の最低ラインに触れました。
他觉得自己的尊严受到了触犯,所以很生气。 Tā juéde zìjǐ de zūnyán shòudàole chùfàn, suǒyǐ hěn shēngqì.	彼は自分の尊厳をけがされたと思ったのでとても怒っています。
火车一路穿越了很多条隧道。 Huǒchē yílù chuānyuèle hěn duō tiáo suìdào.	汽車は道中多くのトンネルを通り抜けました。
他好像穿越了时空,跟古人进行了一场对话。 Tā hǎoxiàng chuānyuèle shíkōng, gēn gǔrén jìnxíngle yì cháng duìhuà.	彼はまるで時空を飛び越えて、昔の人と話をしたかのようです。
你的意思我已经传达给他了。 Nǐ de yìsi wǒ yǐjīng chuándágěi tā le.	あなたの考えはすでに彼に伝えました、
老师传授我们知识，非常值得尊敬。 Lǎoshī chuánshòu wǒmen zhīshi, fēicháng zhíde zūnjìng.	先生は私たちに知識を伝授してくださり、非常に尊敬に値します。
他把自己多年的心得传授给了这位年轻人。 Tā bǎ zìjǐ duō nián de xīndé chuánshòugěile zhè wèi niánqīng rén.	彼は自分が長年かけて習得したものをこの若者に授けました。

Track 022

0149 喘气 chuǎn//qì 動 呼吸する

0150 创立 chuànglì 動 創立する

0151 创新 chuàngxīn 動 新しいものを生む

0152 创业 chuàngyè 動 創業する

0153 创作 chuàngzuò 動 創作する

0154 吹牛 chuī//niú 動 ほらを吹く

他生病了，连喘气都非常困难。 Tā shēngbìng le, lián chuǎnqì dōu fēicháng kùnnan.	彼は病気になり、呼吸するのも非常に困難でした。
我们不能给敌人喘气的时间。 Wǒmen bù néng gěi dírén chuǎnqì de shíjiān.	私たちは敵に息つく時間を与えてはいけません。
他为这门学科的创立做出了重要贡献。 Tā wèi zhè mén xuékē de chuànglì zuòchūle zhòngyào gòngxiàn.	彼はこの学問の創設に重要な貢献をしました。
公司表示要在以后的发展中创立新的品牌。 Gōngsī biǎoshì yào zài yǐhòu de fāzhǎn zhōng chuànglì xīn de pǐnpái.	会社は今後の発展の中で新しいブランドを創立する必要があることを示しました。
年轻人要有干劲，而且要勇于创新。 Niánqīng rén yào yǒu gànjìn, érqiě yào yǒngyú chuàngxīn.	若者は意気込みを持ち、臆することなく新しいものを作らなければなりません。
这种设计是建筑史上的创新。 Zhè zhǒng shèjì shì jiànzhùshǐ shang de chuàngxīn.	このような設計は建築史上、斬新なものです。
政府鼓励大学生毕业后自主创业。 Zhèngfǔ gǔlì dàxuéshēng bìyè hòu zìzhǔ chuàngyè.	政府は大学生が卒業した後、自分で創業するのを奨励します。
他创作了很多文学形象，有的非常深入人心。 Tā chuàngzuòle hěn duō wénxué xíngxiàng, yǒu de fēicháng shēnrù rénxīn.	彼は多くの文学イメージを作り出し、人の心に深く入り込んだものもありました。
画家创作作品的时候，需要全神贯注。 Huàjiā chuàngzuò zuòpǐn de shíhou, xūyào quán shén guàn zhù.	画家が作品を創作する際は、全神経を集中させる必要があります。
他吹牛说自己打败过世界冠军。 Tā chuīniú shuō zìjǐ dǎbàiguo shìjiè guànjūn.	彼は自分が世界チャンピオンを負かしたことがあると大きなことを言います。
他说自己去过 100 多个国家，纯粹是吹牛。 Tā shuō zìjǐ qùguo yìbǎi duō ge guójiā, chúncuì shì chuīniú.	彼が100余りの国に行ったことがあるというのは、まったくのほらでした。

Track 023

0155	**吹捧** chuīpěng	動 おだてる
0156	**伺候** cì//hòu	動 世話をする
0157	**刺** cì	動 刺す
0158	**凑合** còuhe	動 集まる、間に合わせる
0159	**窜** cuàn	動 走り回る、逃げ回る
0160	**摧残** cuīcán	動 大きな損害を与える
0161	**搓** cuō	動 もむ

他吹捧经理的话显得有些肉麻。 Tā chuīpěng jīnglǐ de huà xiǎnde yǒuxiē ròumá.	彼が社長をおだてる言葉はいくらか歯が浮くようでした。
他们雇了个保姆伺候奶奶。 Tāmen gùle ge bǎomǔ cìhòu nǎinai.	彼らは祖母を世話する家政婦を雇いました。
他被针刺了一下。 Tā bèi zhēn cìle yíxià. **你的话刺得我心痛。** Nǐ de huà cìde wǒ xīn tòng.	彼に針がちょっと刺さりました。 あなたの言葉は私の心に痛いほど刺さりました。
这些孩子总凑合在一块玩儿。 Zhèxiē háizi zǒng còuhezài yíkuài wánr. **没什么好吃的，凑合着吃吧。** Méi shénme hǎochī de, còuhezhe chī ba.	この子どもたちはいつも集まって一緒に遊んでいます。 何も美味しいものはなくて、ありあわせですが食べましょう。
他的怒火窜上窜下，压抑不住了。 Tā de nùhuǒ cuànshàng cuànxià, yāyìbuzhù le. **这伙小偷经常窜到这一带作案。** Zhè huǒ xiǎotōu jīngcháng cuàndào zhè yídài zuò'àn.	彼の怒りは爆発し、抑えきれませんでした。 この泥棒たちはいつもこの一帯をうろついて犯罪行為を行っています。
封建制度严重摧残了妇女的身心健康。 Fēngjiàn zhìdù yánzhòng cuīcánle fùnǚ de shēnxīn jiànkāng. **这座城市不断遭到战争的摧残。** Zhè zuò chéngshì búduàn zāodào zhànzhēng de cuīcán.	封建制度は女性の心身と健康に重大な損害を与えます。 この町は絶えず戦争の被害に遭っています。
他搓了半天才把床单搓干净了。 Tā cuōle bàntiān cái bǎ chuángdān cuōgānjìng le.	彼は長い間もみ洗いしてやっとシーツの汚れを落としました。

No.	単語	拼音	意味
0162	**磋商**	cuōshāng	動 協議する
0163	**搭**	dā	動 乗る
0164	**搭配**	dāpèi	動 組み合わせる
0165	**达成**	dáchéng	動 成立する
0166	**答辩**	dábiàn	動 口頭試問する、答弁する
0167	**答复**	dáfù	動 回答する

经过反复磋商，他们达成了一致。 Jīngguò fǎnfù cuōshāng, tāmen dáchéngle yízhì.	何度か協議をして、彼らはやっと合意に達しました。
这次磋商给下一步谈判创造了有利条件。 Zhè cì cuōshāng gěi xià yí bù tánpàn chuàngzàole yǒulì tiáojiàn.	今回の協議は次の話し合いに有利な条件を生み出しました。
我们同路，你搭我的车吧。 Wǒmen tónglù, nǐ dā wǒ de chē ba.	私たちは行き先が同じだから、私の車にお乗りなさい。
绳子上搭了很多衣服。 Shéngzi shang dāle hěn duō yīfu.	紐に多くの服がかかっています。
他俩搭配得很好，取得了网球双打冠军。 Tā liǎ dāpèide hěn hǎo, qǔdéle wǎngqiú shuāngdǎ guànjūn.	彼ら２人は相性がとてもよく、テニスのダブルスで優勝しました。
这些字有大有小，看起来不搭配。 Zhèxiē zì yǒu dà yǒu xiǎo, kànqilai bù dāpèi.	これらの字は大きいものも小さいものもあり釣り合いが取れていないようです。
他们已经达成共识，彼此不再提过去的事。 Tāmen yǐjīng dáchéng gòngshí, bǐcǐ bú zài tí guòqù de shì.	彼らはすでに意見が一致していて、お互いに過去のことは持ち出しませんでした。
经过谈判，合作协议已经达成了。 Jīngguò tánpàn, hézuò xiéyì yǐjīng dáchéng le.	話し合いを通して、提携協議はすでに合意に達しました。
我的论文答辩已经通过了。 Wǒ de lùnwén dábiàn yǐjīng tōngguò le.	私の論文の口頭試問はすでに通りました。
他感觉时间太短，答辩得不是很理想。 Tā gǎnjué shíjiān tài duǎn, dábiànde bú shì hěn lǐxiǎng.	彼は時間があまりに短く、答弁があまり理想的ではないと感じました。
我们会在三天之内答复你。 Wǒmen huì zài sān tiān zhīnèi dáfù nǐ.	私たちは３日以内に回答します。
他给了我满意的答复。 Tā gěile wǒ mǎnyì de dáfù.	彼は私に満足のいく回答をくれました。

Track 025

0168
打包
dǎ//bāo

動 梱包する、持ち帰る

0169
打击
dǎjī

動 取り締まる、打撃を与える　名 打撃

0170
打架
dǎ//jià

動（殴り合う、つかみ合うなどの）けんかをする
解説 手を出さないけんかは“**吵架 chǎojià**”という

0171
打量
dǎliang

動 じろじろ見る

0172
打猎
dǎ//liè

動 猟をする

0173
打仗
dǎ//zhàng

動 戦争をする

垃圾要用塑料袋打包后扔进垃圾箱。 Lājī yào yòng sùliàodài dǎbāo hòu rēngjìn lājī xiāng.	ゴミはビニール袋で包んでからゴミ箱に捨てます。
我们吃不完，只好打包了。 Wǒmen chībuwán, zhǐhǎo dǎbāo le.	私たちは食べきれないので、持ち帰らざるを得ません。
战士们狠狠打击了侵略者。 Zhànshìmen hěnhěn dǎjīle qīnlüèzhě.	兵士たちは容赦なく侵入者を攻撃しました。
在遭受了打击后，他表现得很顽强。 Zài zāoshòule dǎjī hòu, tā biǎoxiànde hěn wánqiáng.	打撃を受けた後、彼は粘り強さをみせました。
昨天这孩子又跟人打架了。 Zuótiān zhè háizi yòu gēn rén dǎjià le.	昨日この子どもはまたほかの人とけんかをしました。
他打量着来人，一句话也不说。 Tā dǎliangzhe láirén, yí jù huà yě bù shuō.	彼は来た人をじろじろ見たが、一言も言いませんでした。
她打量了女婿一番，感到非常满意。 Tā dǎliangle nǚxù yì fān, gǎndào fēicháng mǎnyì.	彼女は娘婿をじろじろ見て、とても満足しました。
这个少数民族以打猎为生。 Zhège shǎoshù mínzú yǐ dǎliè wéi shēng.	この少数民族は猟で生活しています。
他打了一天猎，什么也没打到。 Tā dǎle yì tiān liè, shénme yě méi dǎdào.	彼は一日狩りをしましたが、何も獲れませんでした。
历史上这两个国家经常打仗。 Lìshǐ shang zhè liǎng ge guójiā jīngcháng dǎzhàng.	歴史上この２つの国はいつも戦争をしています。
他以前打过仗，是名老兵。 Tā yǐqián dǎguo zhàng, shì míng lǎobīng.	彼は以前戦争を経験したことがあり、古参兵です。

0174	代理 dàilǐ	動 代行する
0175	带领 dàilǐng	動 引率する
0176	怠慢 dàimàn	動 冷淡にする、もてなしが行き届かない
0177	逮捕 dàibǔ	動 逮捕する
0178	担保 dānbǎo	動 保証する
0179	诞生 dànshēng	動 生まれる
0180	当选 dāngxuǎn	動 当選する

厂长的工作暂时由副厂长代理。 Chǎngzhǎng de gōngzuò zànshí yóu fùchǎngzhǎng dàilǐ.	工場長の仕事はしばらく副工場長が代行します。
公司法律方面的事情由律师代理。 Gōngsī fǎlǜ fāngmiàn de shìqing yóu lǜshī dàilǐ.	会社の法律分野のことは弁護士が代行します。
导游带领着大家参观。 Dǎoyóu dàilǐngzhe dàjiā cānguān.	ガイドはみんなを引率して見学します。
在经理的带领下,今年的销售业绩有了很大提高。 Zài jīnglǐ de dàilǐng xià, jīnnián de xiāoshòu yèjì yǒule hěn dà tígāo.	経営者の指導の下、今年の販売業績は大きく向上しました。
我们不要怠慢了客人。 Wǒmen búyào dàimànle kèrén.	私たちはお客さんに失礼があってはならない。
招待不周，多有怠慢。 Zhāodài bù zhōu, duō yǒu dàimàn.	おもてなしが行き届かない点が多々あると思います。
他因贪污罪被逮捕了。 Tā yīn tānwūzuì bèi dàibǔ le.	彼は横領罪で逮捕されました。
警察出示了逮捕证后，将他带走了。 Jǐngchá chūshìle dàibǔzhèng hòu, jiāng tā dàizǒu le.	警察は逮捕状を呈示した後、彼を連行していきました。
如果你要办理贷款,需要找个人替你担保。 Rúguǒ nǐ yào bànlǐ dàikuǎn, xūyào zhǎo ge rén tì nǐ dānbǎo.	もしあなたが借り入れ手続きをするなら、あなたの代わりに保証してくれる人が必要です。
父亲诞生在一个知识分子家庭。 Fùqin dànshēngzài yí ge zhīshi fènzǐ jiātíng.	父親はインテリの家庭に生まれました。
他只差一票没有当选上系主任。 Tā zhǐ chà yí piào méiyǒu dāngxuǎnshàng xì zhǔrèn.	彼はたった1票差で学部主任に当選しませんでした。

Track 027

0181	**导航** dǎoháng	動 (レーダーなどで) 航行を誘導する
0182	**捣乱** dǎo//luàn	動 騒動を起こす
0183	**倒闭** dǎobì	動 破産する
0184	**盗窃** dàoqiè	動 窃盗をする
0185	**得罪** dézuì	動 嫌われる、恨みを買う
0186	**登陆** dēng//lù	動 上陸する、(商品などが) 世に出る
0187	**登录** dēnglù	動 登録する、ログインする

有了卫星导航，再也不用怕迷路了。 Yǒule wèixīng dǎoháng, zài yě búyòng pà mílù le.	衛星ナビゲーションができたので、もう道に迷う心配はありません。
现在手机也可以为汽车导航。 Xiànzài shǒujī yě kěyǐ wèi qìchē dǎoháng.	今は携帯も自動車のカーナビができます。
一些球迷在那里捣乱。 yìxiē qiúmí zài nàli dǎoluàn.	一部のファンはあそこで騒動を起こしました。
在市场冲击下，很多小公司濒临倒闭。 Zài shìchǎng chōngjī xià, hěn duō xiǎo gōngsī bīnlín dǎobì.	市場のショックで、多くの小さい企業が倒産に瀕しています。
这幅世界名画曾经被盗窃过两次。 Zhè fú shìjiè mínghuà céngjīng bèi dàoqièguo liǎng cì.	この世界的名画はかつて2度窃盗に遭いました。
这种人我们得罪不起，他会报复的。 Zhè zhǒng rén wǒmen dézuìbuqǐ, tā huì bàofù de.	私たちはこういう人の恨みを買ってはなりません。報復してくるかもしれませんから。
他们计划明天早晨登陆。 Tāmen jìhuà míngtiān zǎochen dēnglù.	彼らの計画は明日の早朝に世へ出ます。
这种新型电脑暂时还没登陆中国市场。 Zhè zhǒng xīnxíng diànnǎo zànshí hái méi dēnglù Zhōngguó shìchǎng.	この新型コンピュータはしばらくの間まだ中国市場には上陸していません。
老师正在登录学生成绩。 Lǎoshī zhèngzài dēnglù xuésheng chéngjì.	先生は学生の成績を登録しています。
同学们可以登录相关网站查询成绩。 Tóngxuémen kěyǐ dēnglù xiāngguān wǎngzhàn cháxún chéngjì.	学生のみなさんは関連するwebサイトにログインして成績を検索することができます。

Track 028

0188	**蹬** dēng	動 踏む、(ペダルを)こぐ、足をかける
0189	**等候** děnghòu	動 待つ
0190	**瞪** dèng	動 目を見張る、にらむ
0191	**敌视** díshì	動 敵視する
0192	**抵达** dǐdá	動 到着する
0193	**抵抗** dǐkàng	動 抵抗する
0194	**抵制** dǐzhì	動 阻止する、ボイコットする
0195	**递增** dìzēng	動 次第に増加する

我很累，蹬不动三轮车了。 Wǒ hěn lèi, dēngbudòng sānlúnchē le.	私はとても疲れていて、三輪車のペダルもこげませんでした。
我得蹬着椅子才够得到房顶。 Wǒ děi dēngzhe yǐzi cái gòudedào fáng dǐng.	私は椅子に足をかけてやっと屋根に届きました。
机场里坐满了等候飞机的旅客。 Jīchǎng li zuòmǎnle děnghòu fēijī de lǚkè.	空港は飛行機を待つ旅行客でいっぱいでした。
观众都瞪大眼睛看他的表演。 Guānzhòng dōu dèng dà yǎnjing kàn tā de biǎoyǎn.	観衆はみんな目を見張って彼の演技を見ています。
她生气地瞪着我。 Tā shēngqì de dèngzhe wǒ.	彼女は怒って私をにらんでいます。
到现在，有些人还在敌视新政权。 Dào xiànzài, yǒuxiē rén hái zài díshì xīn zhèngquán.	現在に至っても、まだ新政権を敵視する人たちがいます。
代表团已于昨日抵达北京。 Dàibiǎotuán yǐ yú zuórì dǐdá Běijīng.	代表団は昨日には北京に到着しています。
群众自发组织起来抵抗侵略者，保卫国家。 Qúnzhòng zìfā zǔzhīqilai dǐkàng qīnlüèzhě, bǎowèi guójiā.	人々は自発的に組織して侵略者に抵抗し、国家を守ります。
对于违反规定的做法，我们有权抵制。 Duìyú wéifǎn guīdìng de zuòfǎ, wǒmen yǒu quán dǐzhì.	規定に違反するやり方に対しては、私たちは阻止する権利があります。
他希望大家抵制享乐主义的生活方式。 Tā xīwàng dàjiā dǐzhì xiǎnglè zhǔyì de shēnghuó fāngshì.	彼はみんなが享楽主義的な生活様式を阻止してほしいと思っています。
来中国学习汉语的人数逐年递增。 Lái Zhōngguó xuéxí Hànyǔ de rénshù zhúnián dìzēng.	中国に来て中国語を学ぶ人の数が年々次第に増加しています。

0196	颠簸 diānbǒ	動 (上下に) 揺れる
0197	颠倒 diāndǎo	動 ひっくり返す、転倒させる
0198	点缀 diǎnzhuì	動 飾りつける
0199	垫 diàn	動 敷く、(金銭を) 立て替える
0200	惦记 diànjì	動 心配する
0201	奠定 diàndìng	動 (基礎を) 固める
0202	叼 diāo	動 (口に) くわえる
0203	雕刻 diāokè	動 彫る　名 彫刻

小船在风浪中颠簸起来。 Xiǎo chuán zài fēnglàng zhōng diānbǒqilai.	小舟は風波の中で揺れ始めました。
这两个字颠倒过来就对了。 Zhè liǎng ge zì diāndǎoguolai jiù duì le.	この2字は逆にすれば正しくなります。
这些花把公园点缀得更漂亮了。 Zhèxiē huā bǎ gōngyuán diǎnzhuìde gèng piàoliang le.	この花々は公園をさらに美しく飾りつけています。
他买了几件工艺品来点缀房间。 Tā mǎile jǐ jiàn gōngyìpǐn lái diǎnzhuì fángjiān.	彼はいくつか工芸品を買って部屋を飾りつけました。
他垫着两个枕头睡觉。 Tā diànzhe liǎng ge zhěntou shuìjiào.	彼は2つの枕を当てて眠ります。
你没钱可以先找人帮着垫一下。 Nǐ méi qián kěyǐ xiān zhǎo rén bāngzhe diàn yíxià.	お金がなければ人を探して立て替えてもらってもよいです。
父母一直惦记着我结婚的事。 Fùmǔ yìzhí diànjìzhe wǒ jiéhūn de shì.	両親はずっと私の結婚のことを心配しています。
我们发展经济是为提高生活水平奠定基础。 Wǒmen fāzhǎn jīngjì shì wèi tígāo shēnghuó shuǐpíng diàndìng jīchǔ.	私たちが経済を発展させるのは生活水準向上のための基礎固めです。
他嘴里叼着一支烟。 Tā zuǐ li diāozhe yì zhī yān.	彼は口に1本の煙草をくわえました。
这个雕像他用了一年时间才雕刻出来。 Zhège diāoxiàng tā yòngle yì nián shíjiān cái diāokèchulai.	この彫像は彼が1年かけて彫りあげました。
他的书架上摆着几件雕刻。 Tā de shūjià shang bǎizhe jǐ jiàn diāokè.	彼の本棚にはいくつかの彫刻が並んでいます。

Track 030

0204	**吊** diào	動 吊るす、吊り上げる
0205	**调动** diàodòng	動 移動する、動かす
0206	**跌** diē	動 転ぶ、落ちる、(物価などが) 下がる
0207	**叮嘱** dīngzhǔ	動 言い聞かせる
0208	**盯** dīng	動 見つめる
0209	**丢人** diū//rén	動 恥をかく
0210	**动身** dòng//shēn	動 出発する

两棵树中间吊起了一张吊床。 Liǎng kē shù zhōngjiān diàoqǐle yì zhāng diàochuáng.	2本の木の間にハンモックが吊るされました。
直升飞机把他吊上去了。 Zhíshēng fēijī bǎ tā diàoshangqu le.	ヘリコプターが彼を吊り上げて行きました。
他被调动到了销售部门。 Tā bèi diàodòngdàole xiāoshòu bùmén.	彼は販売部門へ異動させられました。
观众的情绪很难被调动起来。 Guānzhòng de qíngxù hěn nán bèi diàodòngqilai.	観衆の感情は動かされにくいです。
孩子跌倒后又爬了起来。 Háizi diēdǎo hòu yòu páleqǐlai.	子どもは転んだあとに起き上がりました。
最近美元的汇率又跌了。 Zuìjìn měiyuán de huìlǜ yòu diē le.	最近、米ドルのレートがまた下がりました。
妈妈叮嘱我一定要吃好睡好。 Māma dīngzhǔ wǒ yídìng yào chīhǎo shuìhǎo.	母は私に必ずよく食べてよく寝るように言い聞かせました。
不要长时间盯着电脑，那样对眼睛不好。 Búyào cháng shíjiān dīngzhe diànnǎo, nàyàng duì yǎnjing bù hǎo.	長時間コンピュータを見つめてはいけません、それでは目に良くありません。
我那天可丢人了，说错了很多话。 Wǒ nà tiān kě diūrén le, shuōcuòle hěn duō huà.	私はその日恥をかきました。何回も言い間違いをしたのです。
那种事我不干，我丢不起人。 Nà zhǒng shì wǒ bú gàn, wǒ diūbuqǐ rén.	そういうことは私はできません。恥をかくわけにはいきませんから。
我们明天早晨 5 点动身去机场。 Wǒmen míngtiān zǎochen wǔ diǎn dòngshēn qù jīchǎng.	私たちは明日早朝5時に空港へ出発します。

0211
动手
dòng//shǒu
動 着手する、手を触れる

0212
动员
dòngyuán
動 動員する、働きかける

0213
冻结
dòngjié
動 凍結する

0214
斗争
dòuzhēng
動 闘う、奮闘する

0215
督促
dūcù
動（～するように）促す

解説 納税を促すという意味でなく、日常的な場面で使う

0216
独裁
dúcái
動 独裁する

0217
堵塞
dǔsè
動 渋滞する、詰まる

他动手帮我打扫起屋子来。 Tā dòngshǒu bāng wǒ dǎsǎoqi wūzi lai.	彼は私を手伝って部屋を掃除し始めました。
贵重物品请勿动手触摸。 Guìzhòng wùpǐn qǐng wù dòngshǒu chùmō.	貴重な物品は手で触らないでください。
我们动员了一百人参加这次植树活动。 Wǒmen dòngyuánle yìbǎi rén cānjiā zhè cì zhíshù huódòng.	私たちは百人を動員してこの植樹活動に参加しました。
他一动员，人就都来了。 Tā yí dòngyuán, rén jiù dōu lái le.	彼が働きかけると、人はみんなすぐに来ました。
很多虫子被冻结在冰里。 Hěn duō chóngzi bèi dòngjiézài bīng li.	多くの虫が氷の中に凍結されています。
那笔巨款已经解除了冻结。 Nà bǐ jùkuǎn yǐjīng jiěchúle dòngjié.	その大金はすでに凍結を解除されました。
双方在利益问题上斗争得很激烈。 Shuāngfāng zài lìyì wèntí shang dòuzhēngde hěn jīliè.	双方は利益の問題でとても激しく争いました。
他与困难进行了顽强的斗争。 Tā yǔ kùnnan jìnxíngle wánqiáng de dòuzhēng.	彼は困難と粘り強く闘っています。
家长不停地督促孩子学习。 Jiāzhǎng bù tíng de dūcù háizi xuéxí.	保護者は絶えず子どもに勉強するよう促します。
事情不知道办得怎么样了，你帮我督促督促。 Shìqing bù zhīdào bànde zěnme yàng le, nǐ bāng wǒ dūcùdūcù.	事がどのようになるかわからないので、私に催促してください。
在历史上他是个独裁的君王。 Zài lìshǐ shang tā shì ge dúcái de jūnwáng.	歴史的には、彼は独裁的な君主でした。
上下班高峰时，这里的交通常常堵塞。 Shàng xià bān gāofēng shí, zhèlǐ de jiāotōng chángcháng dǔsè.	通勤・帰宅ラッシュ時に、ここの交通はよく渋滞します。

Track 032

0218	赌博 dǔbó	動 ギャンブルをする
0219	杜绝 dùjué	動 やめさせる、防ぐ
0220	端 duān	動 (両手で平らにして) 持つ、運ぶ 名 端
0221	断定 duàndìng	動 断定する
0222	断绝 duànjué	動 断つ、断絶する
0223	堆积 duījī	動 積もる、堆積する
0224	对付 duìfu	動 対処する、なんとか間に合わせる

他最近迷上了赌博，输了很多钱。 Tā zuìjìn míshàngle dǔbó, shūle hěn duō qián.	彼は最近ギャンブルにはまり、負けて大金を失いました。
他们非法赌博，被抓了起来。 Tāmen fēifǎ dǔbó, bèi zhuāleqǐlai.	彼らは違法ギャンブルをして、捕まりました。
学校号召大家勤俭节约，杜绝浪费。 Xuéxiào hàozhào dàjiā qínjiǎn jiéyuē, dùjué làngfèi.	学校はみんなに勤勉節約を呼びかけ、浪費をやめさせました。
他一手端了一碗面条。 Tā yì shǒu duānle yì wǎn miàntiáo.	彼は片手で麺を運びました。
他抓住绳子的一端用力拉。 Tā zhuāzhù shéngzi de yì duān yònglì lā.	彼は縄の端をつかんで力いっぱい引っぱりました。
警察无法断定他是不是凶手。 Jǐngchá wúfǎ duàndìng tā shìbushì xiōngshǒu.	警察は彼が凶悪犯であるかどうかを断定できませんでした。
他跟儿子断绝了父子关系。 Tā gēn érzi duànjuéle fùzǐ guānxi.	彼は息子と親子の関係を断絶しました。
现在公司的货物堆积如山。 Xiànzài gōngsī de huòwù duījī rú shān.	現在会社の貨物は山のように積まれています。
现在的局面很难对付，要是有经理在就好了。 Xiànzài de júmiàn hěn nán duìfu, yàoshi yǒu jīnglǐ zài jiù hǎo le.	現在の局面は対処するのが難しいです。もし支配人がいればよかったのですが。
这台电脑你就对付着用吧。 Zhè tái diànnǎo nǐ jiù duìfuzhe yòng ba.	このコンピュータはあなたがなんとか使ってみてください。

0225
对抗
duìkàng
動 抵抗する、反抗する

0226
对立
duìlì
動 対立する

0227
对应
duìyìng
動 対応する

0228
对照
duìzhào
動 対照する

0229
兑现
duìxiàn
動 現金に換える

0230
哆嗦
duōsuo
動 震える

0231
堕落
duòluò
動 堕落する

儿子总是跟我对抗，一点儿也不听话。 Érzi zǒngshì gēn wǒ duìkàng, yìdiǎnr yě bù tīnghuà.	子どもはいつも私に反抗して、まったく話を聞きません。
他还是主张谈判，不主张对抗。 Tā háishi zhǔzhāng tánpàn, bù zhǔzhāng duìkàng.	彼はやはり話し合いを主張し、抵抗は主張しませんでした。
事业和爱情不是完全对立的关系。 Shìyè hé àiqíng bú shì wánquán duìlì de guānxi.	事業と愛情は完全に対立する関係ではありません。
他站在了大多数人的对立面。 Tā zhànzàile dàduōshù rén de duìlìmiàn.	彼は多くの人と対立する側に立っています。
如果发生问题，他们会采取对应的方案。 Rúguǒ fāshēng wèntí, tāmen huì cǎiqǔ duìyìng de fāng'àn.	もし問題が発生したら、彼らはしかるべき方策を取るでしょう。
中国农历中的节气与季节相对应。 Zhōngguó nónglì zhōng de jiéqì yǔ jìjié xiāng duìyìng.	中国の旧暦の節気は季節と対応しています。
他对照英语原文又看了一遍。 Tā duìzhào Yīngyǔ yuánwén yòu kànle yí biàn.	彼は英語の原文と対照してもう1回読みました。
请帮我兑现这张支票。 Qǐng bāng wǒ duìxiàn zhè zhāng zhīpiào.	私のこの小切手を現金と交換してください。
他气得浑身哆嗦。 Tā qìde húnshēn duōsuo.	彼は怒りで身を震わせました。
他哆哆嗦嗦地掏出了钱包。 Tā duōduosuōsuo de tāochūle qiánbāo.	彼はごそごそと財布を取り出しました。
他从一名劳动模范堕落成了一个罪犯。 Tā cóng yì míng láodòng mófàn duòluòchéngle yí ge zuìfàn.	彼は模範的労働者から犯罪者へと身を落としました。
真没想到，他会堕落到天天赌博的地步。 Zhēn méi xiǎngdào, tā huì duòluòdào tiāntiān dǔbó de dìbù.	彼が毎日ギャンブルをするところまで堕落するとは思いもしませんでした。

Track 034

0232	**恶化** èhuà	動 悪化する、悪化させる
0233	**遏制** èzhì	動 抑える
0234	**发布** fābù	動 発表する、公布する
0235	**发财** fā//cái	動 儲ける、金を稼ぐ
0236	**发呆** fā//dāi	動 ぼーっとする
0237	**发动** fādòng	動 起こす、(行動を) 呼びかける
0238	**发觉** fājué	動 気づく、発覚する
0239	**发射** fāshè	動 発射する

他的病情在逐渐恶化。 Tā de bìngqíng zài zhújiàn èhuà.	彼の病状は次第に悪化しています。
他遏制住了自己的情绪，没有发火。 Tā èzhìzhùle zìjǐ de qíngxù, méiyǒu fāhuǒ.	彼は自分の感情を抑えて、かんしゃくを起こしませんでした。
气象台发布了大风警告。 Qìxiàngtái fābùle dàfēng jǐnggào.	気象台は強風警報を発表しました。
他不希望发多大财，只希望过平静的生活。 Tā bù xīwàng fā duō dà cái, zhǐ xīwàng guò píngjìng de shēnghuó.	彼は大金を稼ぐことは望まず、ただ平穏な生活をするのを望んでいます。
他坐在那里，看着远处发呆。 Tā zuòzài nàli, kànzhe yuǎnchù fādāi. **我当时什么也没想，只是静静地发呆。** Wǒ dāngshí shénme yě méi xiǎng, zhǐshì jìngjìng de fādāi.	彼はそこに座り、遠くをみながらぼんやりしています。 私は当時は何も考えず、ただ静かにぼーっとしていました。
历史上该国发动过两次战争。 Lìshǐ shang gāi guó fādòngguo liǎng cì zhànzhēng. **他对着大家发动了半天，也没有人响应。** Tā duìzhe dàjiā fādòngle bàntiān, yě méiyǒu rén xiǎngyìng.	歴史上この国は２回戦争を起こしています。 彼はみんなにしばらく呼びかけましたが、誰も反応しませんでした。
我发觉自己讲错了话。 Wǒ fājué zìjǐ jiǎngcuòle huà. **当我走近他的时候，他并没有发觉。** Dāng wǒ zǒujìn tā de shíhou, tā bìng méiyǒu fājué.	私は自分で言い間違えたのに気づきました。 私が彼に近づいたとき、彼はまったく気づいていませんでした。
人造卫星发射成功了，大家欢呼起来。 Rénzào wèixīng fāshè chénggōng le, dàjiā huānhūqilai.	人工衛星の発射が成功し、人々は歓呼の声をあげました。

指定語句 動詞 名詞 ほか 作文対策語句

0240	**发誓** fā//shì	動 誓う
0241	**发行** fāxíng	動 発行する
0242	**发炎** fāyán	動 炎症を起こす
0243	**发扬** fāyáng	動 発揮する、伸ばして提唱する
0244	**发育** fāyù	動 発達する、育つ
0245	**繁殖** fánzhí	動 繁殖する、繁殖させる
0246	**反驳** fǎnbó	動 反駁する

他发誓说，自己没做亏心事。 Tā fāshì shuō, zìjǐ méi zuò kuīxīn shì.	彼は誓って、自分は良心に背くことはしていないと言いました。
邮局发行了一套国庆纪念邮票。 Yóujú fāxíngle yí tào guóqìng jìniàn yóupiào.	郵便局は国慶節記念切手を発行しました。
他们想尽各种办法，扩大报纸的发行量。 Tāmen xiǎngjìn gè zhǒng bànfǎ, kuòdà bàozhǐ de fāxíngliàng.	彼らは様々な方法を考えつくして、新聞の発行量を拡大しました。
我嗓子发炎了，很疼。 Wǒ sǎngzi fāyán le, hěn téng.	喉が炎症を起こして、痛みます。
他的肺部已经发炎了，需要住院治疗。 Tā de fèibù yǐjīng fāyán le, xūyào zhùyuàn zhìliáo.	彼の肺はすでに炎症を起こしており、入院して治療する必要があります。
他发扬锲而不舍的精神，追逐自己的梦想。 Tā fāyáng qiè ér bù shě de jīngshén, zhuīzhú zìjǐ de mèngxiǎng.	彼は根気強さを発揮して、自身の夢を追求しました。
这种民主的作风我们会继续发扬下去。 Zhè zhǒng mínzhǔ de zuòfēng wǒmen huì jìxù fāyángxiaqu.	私たちはこの民主的なやり方を引き続き宣揚していきます。
孩子的大脑发育很健全，不用担心。 Háizi de dànǎo fāyù hěn jiànquán, búyòng dānxīn.	お子さんの大脳は健全に発達してきているので、心配はいりません。
孩子的四肢发育正常。 Háizi de sìzhī fāyù zhèngcháng.	子どもの手足の発育は正常です。
如果鸟类灭绝，昆虫等就会大量繁殖。 Rúguǒ niǎolèi mièjué, kūnchóng děng jiù huì dàliàng fánzhí.	鳥が絶滅すると昆虫が繁殖します。
我当时就反驳了他的错误观点。 Wǒ dāngshí jiù fǎnbóle tā de cuòwù guāndiǎn.	そのとき私は彼の間違った見解に反駁した。
他反驳时观点鲜明，有理有据，很多人都支持他。 Tā fǎnbó shí guāndiǎn xiānmíng, yǒu lǐ yǒu jù, hěn duō rén dōu zhīchí tā.	彼は反駁するとき観点が明らかで、論理が通っていて根拠があるので、多くの人々が彼を支持しています。

Track 036

0247 反抗 fǎnkàng 動 反抗する、逆らう

0248 反馈 fǎnkuì 動 フィードバックする、返す

0249 反射 fǎnshè 動 反射する

0250 反思 fǎnsī 動 反省する、改めて考える

0251 反问 fǎnwèn 動 反問する　名 反語

0252 泛滥 fànlàn 動 氾濫する、はびこる

我们必须联合起来反抗他们的侵权行为。 Wǒmen bìxū liánhéqilai fǎnkàng tāmen de qīnquán xíngwéi.	私たちは団結して彼らの権利侵害行為に反抗しなければいけません。
他们经过多次反抗,终于取得了最后的胜利。 Tāmen jīngguò duō cì fǎnkàng, zhōngyú qǔdéle zuìhòu de shènglì.	彼らは幾多の反抗を経て，ついに最後の勝利を収めました。
学生们反馈了很多有价值的教学建议。 Xuéshengmen fǎnkuìle hěn duō yǒu jiàzhí de jiàoxué jiànyì.	学生たちは価値のある多くの教学提案をフィードバックしました。
我们希望得到进一步的反馈,以便把工作做好。 Wǒmen xīwàng dédào jìnyíbù de fǎnkuì, yǐbiàn bǎ gōngzuò zuòhǎo.	私たちはさらなるフィードバックを得て、仕事をうまくやりたいと思っています。
月亮是靠反射太阳光而发亮的。 Yuèliang shì kào fǎnshè tàiyángguāng ér fāliàng de.	月は日光を反射することで光っています。
很多人利用条件反射原理训练动物。 Hěn duō rén lìyòng tiáojiàn fǎnshè yuánlǐ xùnliàn dòngwù.	多くの人は、条件反射の原理を使用して動物をトレーニングしています。
我们要进一步反思工作中的失误。 Wǒmen yào jìnyíbù fǎnsī gōngzuò zhōng de shīwù.	私たちは仕事のミスをさらに反省しなければいけません。
他对这个问题的反思还不够深刻。 Tā duì zhège wèntí de fǎnsī hái búgòu shēnkè.	この問題についての彼の再考はまだ十分に深くありません。
孩子不断反问父亲，让父亲觉得很生气。 Háizi búduàn fǎnwèn fùqin, ràng fùqin juéde hěn shēngqì.	子どもは絶えず父親に反問し続けて、父親を怒らせました。
连续的降雨让很多河流泛滥成灾。 Liánxù de jiàngyǔ ràng hěn duō héliú fànlàn chéngzāi.	継続的な降雨により、多くの河川が氾濫して災害をもたらしました。
毒品泛滥会给国家带来巨大损失。 Dúpǐn fànlàn huì gěi guójiā dàilai jùdà sǔnshī.	麻薬の広がりは国に大きな損失をもたらすでしょう。

0253	贩卖 fànmài	動 売りさばく、まき散らす
0254	防守 fángshǒu	動 守る、守衛する
0255	防御 fángyù	動 防御する
0256	防止 fángzhǐ	動 防止する、防ぐ
0257	防治 fángzhì	動（病気などの）予防と治療をする、（災害などの）予防と処理をする
0258	访问 fǎngwèn	動 訪問する、訪ねて話をする

他靠贩卖服装赚了不少钱。 Tā kào fànmài fúzhuāng zhuànle bù shǎo qián.	彼は服を売りさばいてたくさんのお金を稼ぎました。
无论在哪个国家，贩卖人口都是犯罪行为。 Wúlùn zài nǎge guójiā, fànmài rénkǒu dōu shì fànzuì xíngwéi.	どの国でも、人身売買は犯罪行為です。
各个路口都已经派人去防守了。 Gègè lùkǒu dōu yǐjīng pài rén qù fángshǒu le.	すべての交差点に人を派遣し、警備をさせています。
修建长城最初是为了防御北方少数民族的侵犯。 Xiūjiàn Chángchéng zuìchū shì wèile fángyù běifāng shǎoshù mínzú de qīnfàn.	万里の長城は、もともと北部の少数民族の侵略を防ぐために建てられました。
对这种传染病应当积极防御，抓紧治疗。 Duì zhè zhǒng chuánrǎnbìng yīngdāng jījí fángyù, zhuājǐn zhìliáo.	この感染症を積極的に予防し、治療に細心の注意を払うべきです。
我们要提高警惕，防止被骗。 Wǒmen yào tígāo jǐngtì, fángzhǐ bèi piàn.	私たちは警戒を強め、だまされないようにする必要があります。
伤口要及时处理，防止发炎。 Shāngkǒu yào jíshí chǔlǐ, fángzhǐ fāyán.	傷口はすぐに処理をして、炎症を防ぐ必要があります。
据说吃这种食品可以防治很多疾病。 Jùshuō chī zhè zhǒng shípǐn kěyǐ fángzhì hěn duō jíbìng.	この食べ物を食べることで多くの病気を予防できると言われています。
农民们及时采取措施，加强了病虫害的防治。 Nóngmínmen jíshí cǎiqǔ cuòshī, jiāqiángle bìngchónghài de fángzhì.	農民らはその都度対策を講じて、病虫害の予防を強化しました。
最近市长到很多城市访问，收获很大。 Zuìjìn shìzhǎng dào hěn duō chéngshì fǎngwèn, shōuhuò hěn dà.	最近市長は多くの都市を訪れ、大きな収穫を得ました。

0259	**纺织** fǎngzhī	動 糸を紡ぐ、布を織る、紡績を行う
0260	**放大** fàngdà	動 大きくする、引き伸ばす
0261	**放射** fàngshè	動 放射する、放出する
0262	**飞翔** fēixiáng	動（旋回して）飛び回る
0263	**飞跃** fēiyuè	動 空中に躍り上がる、飛躍する
0264	**诽谤** fěibàng	動 誹謗する、中傷する
0265	**废除** fèichú	動 撤廃する、廃棄する

这些棉花很快就纺织成了布匹。 Zhèxiē miánhuā hěn kuài jiù fǎngzhīchéngle bùpǐ.	これらの綿花はすぐに紡いで、織られました。
现在都是机械纺织，节省了大量人力成本。 Xiànzài dōu shì jīxiè fǎngzhī, jiéshěngle dàliàng rénlì chéngběn.	現在、すべてが機械紡績であり、大量の人件費を節約しています。
这张照片放大了一倍，清楚多了。 Zhè zhāng zhàopiàn fàngdàle yí bèi, qīngchuduō le.	この画像は2倍に拡大されて、かなりクリアになっています。
这种石头放射出的物质对人体有害。 Zhè zhǒng shítou fàngshèchū de wùzhì duì réntǐ yǒu hài.	この石から放出される物質は人体に有害です。
不合格的油漆会放射出有毒气体。 Bù hégé de yóuqī huì fàngshèchū yǒu dú qìtǐ.	規格に合わないペンキは、有毒なガスを放出します。
鸟儿在天空中自由自在地飞翔。 Niǎor zài tiānkōng zhōng zìyóu zìzài de fēixiáng.	鳥は空を自由気ままに飛びます。
他骑摩托车飞跃了这条河流。 Tā qí mótuōchē fēiyuèle zhè tiáo héliú.	彼はバイクで川を飛び越えました。
地区经济正以惊人的速度飞跃发展。 Dìqū jīngjì zhèng yǐ jīngrén de sùdù fēiyuè fāzhǎn.	地域経済は驚異的な速度で発展しています。
他恶意诽谤别人，被起诉了。 Tā èyì fěibàng biérén, bèi qǐsù le.	彼は悪意を持って他人を中傷し、訴えられました。
他因为诽谤罪而受到了法律的制裁。 Tā yīnwèi fěibàngzuì ér shòudàole fǎlǜ de zhìcái.	彼は名誉毀損罪のために法律の制裁を受けました。
我们废除了那份不平等条约。 Wǒmen fèichúle nà fèn bù píngděng tiáoyuē.	私たちはあの不平等な条約を撤廃しました。

0266
沸腾
fèiténg
動 沸騰する、沸き立つ

0267
分辨
fēnbiàn
動 見分ける、識別する
関 "分辩 fēnbiàn" 言い訳をする

0268
分红
fēn//hóng
動 収益を配分する、配当・ボーナスをもらう

0269
分解
fēnjiě
動 分解する、ばらばらになる

0270
分裂
fēnliè
動 分裂する

0271
分泌
fēnmì
動 分泌する

饺子要放在沸腾的水中煮。 Jiǎozi yào fàngzài fèiténg de shuǐzhōng zhǔ.	餃子は沸騰した湯に入れてゆでないといけません。
那个电影明星一出场，观众们就沸腾了起来。 Nàge diànyǐng míngxīng yì chūchǎng, guānzhòngmen jiù fèiténgleqǐlai.	あの映画スターが登場したとたん、観客たちはわっと沸き立ちました。
请你分辨一下这两个词的区别。 Qǐng nǐ fēnbiàn yíxià zhè liǎng ge cí de qūbié.	この2つの単語の違いを弁別してください。
你要分辨是非，避免上当受骗。 Nǐ yào fēnbiàn shìfēi, bìmiǎn shàngdàng shòupiàn.	善悪を区別して、だまされないようにする必要があります。
今年公司效益好，职工可以多分点儿红。 Jīnnián gōngsī xiàoyì hǎo, zhígōng kěyǐ duō fēn diǎnr hóng.	今年は会社の利益がよく、従業員はボーナスを多めに受け取ることができます。
食物的营养物质都要在这里消化分解。 Shíwù de yíngyǎng wùzhì dōu yào zài zhèli xiāohuà fēnjiě.	食べ物の栄養物質はここで消化され、分解されます。
他们的协会分解成了三个小团体。 Tāmen de xiéhuì fēnjiěchéngle sān ge xiǎo tuántǐ.	彼らの協会は3つの小さな団体に分かれました。
原来的一个国家分裂成了三个小国。 Yuánlái de yí ge guójiā fēnlièchéngle sān ge xiǎo guó.	元々1つだった国は3つの小さな国に分裂しました。
董事长不希望公司内部产生分裂。 Dǒngshìzhǎng bù xīwàng gōngsī nèibù chǎnshēng fēnliè.	会長は会社の内部分裂が起こることを望んでいません。
人饥饿时一看到食物，就会分泌唾液。 Rén jī'è shí yí kàndào shíwù, jiù huì fēnmì tuòyè.	お腹がすいているときに食べ物を見ると、唾液が分泌されます。
通过体内的分泌物可以检验多种疾病。 Tōngguò tǐnèi de fēnmìwù kěyǐ jiǎnyàn duō zhǒng jíbìng.	体内の分泌物を通じて多種の病気を検査することができます。

0272 分散 fēnsàn
動 分散する　形 まばらな

0273 吩咐 fēnfù
動 言いつける、指図する

0274 粉碎 fěnsuì
動 粉砕する、粉々にする

0275 丰收 fēngshōu
動 豊作になる

0276 封闭 fēngbì
動 封鎖する、閉じる

0277 封锁 fēngsuǒ
動 封鎖する、遮断する

外面的比赛分散了他的注意力。 Wàimiàn de bǐsài fēnsànle tā de zhùyìlì.	外でやっている試合で彼は注意力が散漫になりました。
山里的居民住得很分散。 Shān li de jūmín zhùde hěn fēnsàn.	山の住民は点在して住んでいます。
修电脑的事领导吩咐过两遍了，我们抓紧办吧。 Xiū diànnǎo de shì lǐngdǎo fēnfùguo liǎng biàn le, wǒmen zhuājǐn bàn ba.	コンピューターの修理をリーダーに2度言いつけられています、急いでやりましょう。
他早把妈妈的吩咐忘到脑后了。 Tā zǎo bǎ māma de fēnfù wàngdào nǎo hòu le.	彼は母親の言いつけをすっかり忘れていました。
这些草粉碎以后，可以制成饲料。 Zhèxiē cǎo fěnsuì yǐhòu, kěyǐ zhìchéng sìliào.	これらの草は細かくした後、飼料にすることができます。
他气得把那封信撕得粉碎。 Tā qìde bǎ nà fēng xìn sīde fěnsuì.	彼は怒りで手紙をばらばらに引き裂きました。
农民们连续三年获得丰收。 Nóngmínmen liánxù sān nián huòdé fēngshōu.	農家たちは3年連続で豊作に恵まれました。
今年的国产电影创作获得了大丰收。 Jīnnián de guóchǎn diànyǐng chuàngzuò huòdéle dà fēngshōu.	今年の国内映画制作は、大きな成果を得ました。
由于大雾，高速公路已经封闭了。 Yóuyú dà wù, gāosù gōnglù yǐjīng fēngbì le.	濃霧のため、高速道路が閉鎖されています。
他有些自我封闭，不愿意跟人打交道。 Tā yǒuxiē zìwǒ fēngbì, bú yuànyì gēn rén dǎ jiāodào.	彼は自分だけの世界に閉じこもるところがあって、人と付き合いたがりません。
由于交通事故，警察暂时封锁了进山的道路。 Yóuyú jiāotōng shìgù, jǐngchá zànshí fēngsuǒle jìn shān de dàolù.	交通事故のため、警察は山に入る道を一時的に封鎖しました。
他们封锁了所有消息，我们什么都不知道。 Tāmen fēngsuǒle suǒyǒu xiāoxi, wǒmen shénme dōu bù zhīdào.	彼らはすべての情報を遮断していたので、私たちは何も知りませんでした。

0278
逢
féng
動 出会う、出くわす

0279
奉献
fèngxiàn
動 捧げる、差し上げる 名 貢献

0280
否决
fǒujué
動 否決する

0281
敷衍
fūyǎn
動 お茶を濁して取り繕う、いい加減にあしらう

0282
服从
fúcóng
動 服従する、従属する

0283
服气
fúqì
動 納得する、腑に落ちる

逢年过节，家里的人就会聚在一起。 Féng nián guò jié, jiāli de rén jiù huì jùzài yìqǐ.	新年や祭日のたびに家族で集まります。
我盼望着我们再次相逢的那一天。 Wǒ pànwàngzhe wǒmen zài cì xiāngféng de nà yì tiān.	また会える日を楽しみにしています。
他为国家奉献了自己的青春。 Tā wèi guójiā fèngxiànle zìjǐ de qīngchūn.	彼は国に自らの青春を捧げました。
他对科学所做的奉献是无法用金钱来衡量的。 Tā duì kēxué suǒ zuò de fèngxiàn shì wúfǎ yòng jīnqián lái héngliáng de.	科学に対する彼の献身は、金銭ではかることができません。
每一位代表都有否决方案的权利。 Měi yí wèi dàibiǎo dōu yǒu fǒujué fāng'àn de quánlì.	どの代表も草案を否決する権利を持っています。
他没想到这个提议遭到了大家的否决。 Tā méi xiǎngdào zhège tíyì zāodàole dàjiā de fǒujué.	彼は、この提案がみなから否決されるとは思っていませんでした。
记者采访时，他敷衍了几句就离开了。 Jìzhě cǎifǎng shí, tā fūyǎnle jǐ jù jiù líkāi le.	記者が取材したとき、彼は二言三言適当にあしらって立ち去りました。
他敷衍不过去了，只好说了实话。 Tā fūyǎnbu guòqùle, zhǐhǎo shuōle shíhuà.	彼はいい加減にあしらうことができず、真実を語るほかありませんでした。
我们的办法是，少数服从多数。 Wǒmen de bànfǎ shì, shǎoshù fúcóng duōshù.	私たちのアプローチは、少数派が多数派に従うというものです。
作为一名司机，当然要服从交通警察的指挥。 Zuòwéi yì míng sījī, dāngrán yào fúcóng jiāotōng jǐngchá de zhǐhuī.	1人の運転手として、当然ながら交通警察の指示に従わなければなりません。
输了几次以后，他终于服气了。 Shūle jǐ cì yǐhòu, tā zhōngyú fúqì le.	何度か負けた後、彼はついに納得しました。
他没拿到冠军，心里不服气得很。 Tā méi nádào guànjūn, xīnli bù fúqìde hěn.	彼は1位になることができず、非常に不満でした。

0284	**俘虏** fúlǔ	動 生け捕る、捕虜にとる 名 捕虜、とりこ
0285	**辐射** fúshè	動 放射する
0286	**抚摸** fǔmō	動 なでる、さする
0287	**抚养** fǔyǎng	動 扶養する、育てる
0288	**俯视** fǔshì	動 高いところから見下ろす
0289	**辅助** fǔzhù	動 補助する、助ける
0290	**腐烂** fǔlàn	動 腐乱する、腐る 形 腐敗している、乱れている

我们俘虏了敌人的高级指挥官。 Wǒmen fúlǔle dírén de gāojí zhǐhuīguān.	敵の上級指揮官を捕虜にしました。
他宁愿死，也不愿意当俘虏。 Tā nìngyuàn sǐ, yě bú yuànyì dāng fúlǔ.	彼は捕虜になるくらいなら、死にたいと思っています。
他们的销售策略是从市中心向郊区辐射。 Tāmen de xiāoshòu cèlüè shì cóng shì zhōngxīn xiàng jiāoqū fúshè.	彼らの販売戦略は、市内中心部から郊外に向けて広げることです。
中午的时候，阳光辐射很厉害。 Zhōngwǔ de shíhou, yángguāng fúshè hěn lìhai.	正午になると、太陽放射は非常に強くなります。
妈妈抚摸着儿子的头，眼睛里充满了爱意。 Māma fǔmōzhe érzi de tóu, yǎnjing li chōngmǎnle ài yì.	母親は息子の頭を撫でていて、瞳は愛に満ちていました。
爷爷抚养了我五年，我得报答他。 Yéye fǔyǎngle wǒ wǔ nián, wǒ děi bàodá tā.	祖父は私を５年間養ってくれたので、私は恩返ししなくてはいけません。
登上楼顶花园，可以俯视整个城市。 Dēngshàng lóudǐng huāyuán, kěyǐ fǔshì zhěnggè chéngshì.	屋上庭園に登ると、街全体を一望できます。
护士辅助医生完成了手术。 Hùshi fǔzhù yīshēng wánchéngle shǒushù.	看護師は医師を補助して、手術が完了しました。
由于大雨，这些桃子都腐烂了。 Yóuyú dàyǔ, zhèxiē táozi dōu fǔlàn le.	大雨でこれらの桃はすべて腐ってしまいました。
腐烂的社会制度被推翻了。 Fǔlàn de shèhuì zhìdù bèi tuīfān le.	腐敗した社会システムは打倒されました。

Track 043

0291 **腐蚀** fǔshí
動 腐食する、堕落させる

0292 **负担** fùdān
動 負担する　名 負担、苦労

0293 **附和** fùhè
動 調子を合わせる

0294 **复活** fùhuó
動 復活する、復活させる

0295 **复兴** fùxīng
動 復興する、復興させる

0296 **赋予** fùyǔ
動 授ける、与える

这种液体对皮肤有腐蚀作用。 Zhè zhǒng yètǐ duì pífū yǒu fǔshí zuòyòng.	この液体は皮膚に腐食作用があります。
物质上的诱惑腐蚀不了我的灵魂。 Wùzhì shang de yòuhuò fǔshíbuliǎo wǒ de línghún.	物質的な誘惑は私の魂を蝕むことはできません。
这么贵的房子我负担不起。 Zhème guì de fángzi wǒ fùdānbuqi.	こんなに高い家は払いきれません。
我想打工交学费，减轻家里的负担。 Wǒ xiǎng dǎgōng jiāo xuéfèi, jiǎnqīng jiāli de fùdān.	私はアルバイトをして授業料を払い、家族の負担を減らしたいです。
别人说什么，他都附和。 Biérén shuō shénme, tā dōu fùhè.	彼は他の人の言うことになんでも迎合します。
我们要防止封建思想复活。 Wǒmen yào fángzhǐ fēngjiàn sīxiǎng fùhuó.	私たちは封建主義の復活を防ぐ必要があります。
两支球队还要进行一场复活赛。 Liǎng zhī qiúduì hái yào jìnxíng yì chǎng fùhuósài.	2つの球技チームはまだ復活試合も行います。
要想实现民族复兴，必须发展科技。 Yào xiǎng shíxiàn mínzú fùxīng, bìxū fāzhǎn kējì.	国の復興を実現するためには、科学技術を発展させなければなりません。
如果能复兴这些传统，对于文化保护很有意义。 Rúguǒ néng fùxīng zhèxiē chuántǒng, duìyú wénhuà bǎohù hěn yǒu yìyì.	これらの伝統を復興させることができれば、文化の保護にとって意義があります。
战士们对于完成祖国赋予的任务充满信心。 Zhànshìmen duìyú wánchéng zǔguó fùyǔ de rènwù chōngmǎn xìnxīn.	兵士たちは祖国から与えられた任務の遂行に自信満々です。
他认为这种能力是上天赋予的。 Tā rènwéi zhè zhǒng nénglì shì shàngtiān fùyǔ de.	彼はこの能力が神によって授けられたものだと信じています。

0297	腹泻 fùxiè	動 下痢をする
0298	覆盖 fùgài	動 覆う、かぶさる
0299	改良 gǎiliáng	動 改良する
0300	干扰 gānrǎo	動 邪魔をする、かき乱す
0301	干涉 gānshè	動 干渉する
0302	干预 gānyù	動 関与する、干渉する
0303	感慨 gǎnkǎi	動 身に染みて感じる、感慨を覚える

他腹泻得厉害，只好住院治疗。 Tā fùxiède lìhài, zhǐhǎo zhùyuàn zhìliáo.	彼は下痢がひどく、入院して治療しなければなりませんでした。
晚上千万别冻着肚子，否则容易引起腹泻。 Wǎnshang qiānwàn bié dòngzhe dùzi, fǒuzé róngyì yǐnqǐ fùxiè.	くれぐれも夜はお腹を冷やさないでください、でないと下痢になりやすくなってしまいます。
屋子里的家具上覆盖了一层灰尘。 Wūzi li de jiājù shang fùgàile yì céng huīchén.	部屋の家具はうっすらとほこりをかぶっていました。
工厂改良了生产工具后，效率提高了很多。 Gōngchǎng gǎiliángle shēngchǎn gōngjù hòu, xiàolǜ tígāole hěn duō.	工場が生産器具を改善したあと、効率は大幅に向上しました。
外面的声音干扰我学习。 Wàimiàn de shēngyīn gānrǎo wǒ xuéxí.	外の音が私の勉強の邪魔をしました。
我们从来没干扰过他的正常生活。 Wǒmen cónglái méi gānrǎoguo tā de zhèngcháng shēnghuó.	私たちは彼の普段の生活に干渉したことはありません。
父母不能干涉儿女的婚姻自由。 Fùmǔ bù néng gānshè érnǚ de hūnyīn zìyóu.	両親は子どもの結婚の自由に干渉できません。
两国交往的原则是互相尊重，互不干涉内政。 Liǎng guó jiāowǎng de yuánzé shì hùxiāng zūnzhòng, hù bù gānshè nèizhèng.	二国間交流の原則は、お互いを尊重し、お互いの内政に干渉しないことです。
那时候宗教对政治干预得很厉害。 Nà shíhou zōngjiào duì zhèngzhì gānyùde hěn lìhai.	当時、宗教は政治に大きく関与していました。
只要不触犯法律，没人会干预你们的经营行为。 Zhǐyào bú chùfàn fǎlǜ, méi rén huì gānyù nǐmen de jīngyíng xíngwéi.	法律に違反しない限り、誰もあなたのビジネスに干渉しません。
回首这些年走过的路，我不禁感慨万千。 Huíshǒu zhèxiē nián zǒuguo de lù, wǒ bùjīn gǎnkǎi wànqiān.	ここ数年間歩んできた道を振り返ると、感慨無量です。

Track 045

No.	単語	意味
0304	感染 gǎnrǎn	動 感染する、影響を与える
0305	高涨 gāozhǎng	動 騰貴する、発展する
0306	告辞 gàocí	動 別れを告げる、告別する
0307	告诫 gàojiè	動 訓戒を与える、たしなめる
0308	搁 gē	動 置く、入れる、放っておく
0309	割 gē	動 切る、刈る
0310	歌颂 gēsòng	動 謳歌する、たたえる

他感染上了这种流行病。 Tā gǎnrǎnshàngle zhè zhǒng liúxíngbìng. **我受到他的感染，也报名参加了汉语班。** Wǒ shòudào tā de gǎnrǎn, yě bàomíng cānjiāle Hànyǔbān.	彼はこの流行病にかかりました。 彼に感化されて、私も中国語のクラスにも参加しました。
比赛前队员们士气高涨，有信心夺取胜利。 Bǐsài qián duìyuánmen shìqì gāozhǎng, yǒu xìnxīn duóqǔ shènglì.	試合前に選手らは士気が上がって、勝利をつかめる自信がありました。
他没有向主人告辞就走了。 Tā méiyǒu xiàng zhǔrén gàocí jiù zǒu le.	彼は主人に別れを告げることなく立ち去りました。
领导反复告诫我们要谦虚谨慎。 Lǐngdǎo fǎnfù gàojiè wǒmen yào qiānxū jǐnshèn.	リーダーは私たちに謙虚で慎重になるよう、繰り返したしなめました。
我把自行车搁楼下了。 Wǒ bǎ zìxíngchē gē lóu xià le. **炒菜的时候别忘了搁盐。** Chǎocài de shíhou bié wàngle gē yán.	私は自転車を階下に置きました。 野菜を炒めるときは、塩をふるのを忘れないでください。
他不小心把手割破了。 Tā bù xiǎoxīn bǎ shǒu gē pòle. **血缘关系是割不断的。** Xuèyuán guānxi shì gē bu duàn de.	彼はうっかりして手を切ってしまいました。 血縁関係は断ち切ることのできないものです。
这首歌歌颂了他对改革开放的贡献。 Zhè shǒu gē gēsòngle tā duì gǎigé kāifàng de gòngxiàn.	この歌は、改革開放に対する彼の貢献をたたえています。

Track 046

0311	**革命** gé//mìng	動 革命を起こす　形 革命的な
0312	**隔离** gélí	動 隔てる、分離する
0313	**跟随** gēnsuí	動 あとについて行く、人のあとにつき従う
0314	**跟踪** gēnzōng	動 追跡する、尾行する
0315	**更新** gēngxīn	動 更新する
0316	**更正** gēngzhèng	動 改正する、改める
0317	**耕地** gēng//dì	動 耕作する　名 耕地 解説 例文に掲載されている「ムー」は面積を表す中国の伝統的な単位で、1ムーが約666.7平方メートル

被压迫的人民革了暴君的命。 Bèi yāpò de rénmín géle bàojūn de mìng.	抑圧された人々は暴君に対して革命を起こしました。
人民起来闹革命了。 Rénmín qǐlái nào gémìng le.	人々は立ち上がり、革命を起こしました。
为了防止传染，这些病人需要被隔离。 Wèile fángzhǐ chuánrǎn, zhèxiē bìngrén xūyào bèi gélí.	感染を防ぐため、この患者たちは隔離されるべきです。
他从小跟随父母到过很多国家。 Tā cóngxiǎo gēnsuí fùmǔ dàoguo hěn duō guójiā.	彼は小さい頃から両親に従って多くの国に行きました。
我发现有人跟踪，于是放慢了脚步。 Wǒ fāxiàn yǒu rén gēnzōng, yúshì fàngmànle jiǎobù.	尾行されていることに気が付いたので、私は足取りを緩めました。
我们对产品进行了跟踪调查。 Wǒmen duì chǎnpǐn jìnxíngle gēnzōng diàochá.	我々は製品の追跡調査を実施しました。
这些电器都太老了，应该更新了。 Zhèxiē diànqì dōu tài lǎo le, yīnggāi gēngxīn le.	これらの電気器具は古すぎるため、新調する必要があります。
我们都要更新观念，接受新鲜事物。 Wǒmen dōu yào gēngxīn guānniàn, jiēshòu xīnxiān shìwù.	私たちはみな、考えを改めて、新しいものを受け入れるべきです。
报社已经更正了昨天的印刷错误。 Bàoshè yǐjīng gēngzhèngle zuótiān de yìnshuā cuòwù.	新聞社は昨日の印刷ミスをすでに修正しました。
我爷爷耕了十亩地了。 Wǒ yéye gēngle shí mǔ dì le.	私の祖父は10ムーの土地を耕作することに成功しました。
耕地面积逐渐减少，让人非常担忧。 Gēngdì miànjī zhújiàn jiǎnshǎo, ràng rén fēicháng dānyōu.	耕地面積がだんだん減ってきて、非常に心配です。

0318

公告
gōnggào

動 公示する　名 公告、公表

0319

公认
gōngrèn

動 みなが認める、公認する

0320

公证
gōngzhèng

動 公証をする

0321

攻击
gōngjī

動 攻撃する、非難する

0322

攻克
gōngkè

動 攻め落とす、攻略する

0323

供给
gōngjǐ

動 供給する、提供する
与 **"供应 gōngyìng"** 供給する　解説 **"供给"** は物資・資金・資料などに対し広く用いられるのに対し、**"供应"** は通常、物資について用いられる

0324

巩固
gǒnggù

動 強固なものにする、強化する
形 強固な、しっかりしている

领导已经公告了大家八点钟开会。 Lǐngdǎo yǐjīng gōnggàole dàjiā bā diǎn zhōng kāihuì.	リーダーは8時に会議を行うことをすでに発表しました。
政府发布了关于限制燃放烟花爆竹的公告。 Zhèngfǔ fābùle guānyú xiànzhì ránfàng yānhuā bàozhú de gōnggào.	政府は花火と爆竹を制限する公告を発布しました。
大家公认他的汉语水平最高。 Dàjiā gōngrèn tā de Hànyǔ shuǐpíng zuìgāo.	彼の中国語の水準が最高レベルであることをみなが認めています。
他们对婚前财产进行了公证。 Tāmen duì hūnqián cáichǎn jìnxíngle gōngzhèng.	彼らは結婚する前に財産を公証しました。
这份公证书你要保存好，千万别丢失了。 Zhè fèn gōngzhèng shū nǐ yào bǎocún hǎo, qiān wàn bié diūshīle.	この公正証書はきちんと保存しておく必要があります。くれぐれも失くさないでください。
你们从正面攻击，我们掩护。 Nǐmen cóng zhèngmiàn gōngjī, wǒmen yǎnhù.	あなたたちは正面から攻撃して、私たちは援護します。
我们反对任何形式的人身攻击。 Wǒmen fǎnduì rènhé xíngshì de rénshēn gōngjī.	私たちはあらゆる形式の人身攻撃に反対します。
我军攻克了敌人的指挥所。 Wǒ jūn gōngkèle dírén de zhǐhuīsuǒ.	我が軍は敵の指揮所を攻め落としました。
我们会设法供给灾民生活用品。 Wǒmen huì shèfǎ gōngjǐ zāimín shēnghuó yòngpǐn.	私たちは方法を講じて、被災者に生活用品を提供します。
我语法方面的知识还不太巩固。 Wǒ yǔfǎ fāngmiàn de zhīshi hái bú tài gǒnggù.	私の文法に関する知識はまだしっかりしていません。
经过这件事情，他们的感情得到了进一步巩固。 Jīngguò zhè jiàn shìqing, tāmen de gǎnqíng dédàole jìnyíbù gǒnggù.	この件の後、彼らの仲はさらに強固なものになりました。

Track 048

0325 **共计** gòngjì

動 合計する、合わせて〜である

0326 **共鸣** gòngmíng

動 共鳴する、共感する

0327 **勾结** gōujié

動 ぐるになる、結託する

0328 **构思** gòusī

動 構想する

0329 **辜负** gūfù

動 背く、無にする

0330 **鼓动** gǔdòng

動 奮起させる、扇動する

0331 **雇佣** gùyōng

動 雇用する、雇う

这些包裹共计两百公斤。 Zhèxiē bāoguǒ gòngjì liǎngbǎi gōngjīn.	これらの小包は合わせて200キログラムです。
我不能共鸣他的思想和作品。 Wǒ bù néng gòngmíng tā de sīxiǎng hé zuòpǐn.	私は彼の考えや作品に共感することができません。
正是这种共鸣，让他喜欢上了京剧艺术。 Zhèng shì zhè zhǒng gòngmíng, ràng tā xǐhuan shàngle jīngjù yìshù.	まさにこの共感により、彼は京劇という芸術が好きになったのです。
他们互相勾结，坑害消费者。 Tāmen hùxiāng gōujié, kēnghài xiāofèizhě.	彼らはぐるになって、消費者に害を及ぼします。
我发现他们早就暗中勾结了。 Wǒ fāxiàn tāmen zǎo jiù ànzhōng gōujié le.	私は彼らが密かに共謀していたことに気づきました。
这篇文章他构思了一个星期了。 Zhè piān wénzhāng tā gòusīle yí ge xīngqī le.	この文章は彼が1週間構想しました。
这篇文章的构思非常独特，很吸引读者。 Zhè piān wénzhāng de gòusī fēicháng dútè, hěn xīyǐn dúzhě.	この文章の構想は非常にユニークで、読者を引きつけます。
我不会辜负老师的一片好心。 Wǒ bú huì gūfù lǎoshī de yí piàn hǎoxīn.	先生の善意を裏切ることはしません。
他鼓动我参加校足球队。 Tā gǔdòng wǒ cānjiā xiào zúqiúduì.	彼は私をあおって学校のサッカーチームに加わらせました。
我鼓动过他好几次了，但没有效果。 Wǒ gǔdòngguo tā hǎojǐ cì le, dàn méiyǒu xiàoguǒ.	私は何度か彼を激励しましたが、効果はありませんでした。
我们需要雇佣一些人做这个工作。 Wǒmen xūyào gùyōng yìxiē rén zuò zhège gōngzuò.	私たちは何人かの人々を雇って、この仕事をやる必要があります。

0332 **关怀** guānhuái
動 配慮する、気にかける

0333 **关照** guānzhào
動 面倒をみる、世話をする

0334 **观光** guānguāng
動 観光する、見物する

0335 **管辖** guǎnxiá
動 管轄する、管理する

0336 **贯彻** guànchè
動 貫徹する、徹底的に実行する

0337 **灌溉** guàngài
動 灌漑する

我们都应该关怀下一代的成长。 Wǒmen dōu yīnggāi guānhuái xià yí dài de chéngzhǎng.	私たちは皆、次世代の成長を気にかけるべきです。
老师对他的关怀，让他很感动。 Lǎoshī duì tā de guānhuái, ràng tā hěn gǎndòng.	彼への先生の思いやりは、彼を深く感動させました。
我刚来，请大家多关照。 Wǒ gāng lái, qǐng dàjiā duō guānzhào.	私は来たばかりなので、みなさんどうぞよろしくお願いします。
请你关照一下客人，我马上就回来。 Qǐng nǐ guānzhào yíxià kèrén, wǒ mǎshàng jiù huílai.	ゲストのお世話をしてください。私はすぐに戻ってきます。
他退休后想到世界各地观光游览。 Tā tuìxiū hòu xiǎngdào shìjiè gèdì guānguāng yóulǎn.	引退後、彼は世界各地を観光しようと思い立ちました。
每年到这里观光的人数都会超过五百万。 Měinián dào zhèli guānguāng de rénshù dōu huì chāoguò wǔbǎi wàn.	毎年ここを訪れる観光客の数は500万人を超えています。
这个地区由中央政府直接管辖。 Zhège dìqū yóu zhōngyāng zhèngfǔ zhíjiē guǎnxiá.	この地域は中央政府が直接管轄しています。
在比赛中我会把这种拼搏精神贯彻到底。 Zài bǐsài zhōng wǒ huì bǎ zhè zhǒng pīnbó jīngshén guànchè dàodǐ.	試合中、私はこの奮闘精神を最後まで貫き通します。
上级的指示得到了很好的贯彻。 Shàngjí de zhǐshì dédàole hěn hǎo de guànchè.	上司の指示はしっかり実行されました。
这片农田都是用河里的水灌溉的。 Zhè piàn nóngtián dōu shì yòng hé li de shuǐ guàngài de.	この農地は川の水で灌漑しています。
如果灌溉不及时，就会影响产量。 Rúguǒ guàngài bù jíshí, jiù huì yǐngxiǎng chǎnliàng.	灌漑のタイミングが悪いと、生産量に影響を与えます。

0338	归还 guīhuán	動 返却する、返還する
0339	规划 guīhuà	動 計画を立てる、企画する　名 計画 解説 "计划"より長期的な計画について言うことが多い
0340	跪 guì	動 ひざまずく
0341	过渡 guòdù	動 移行する　形 過渡の
0342	过奖 guòjiǎng	動 過分にほめる
0343	过滤 guòlǜ	動 濾過(ろか)する、こす
0344	过问 guòwèn	動 口出しする、関与する
0345	寒暄 hánxuān	動 時候のあいさつをする

他把钱包归还给了失主。 Tā bǎ qiánbāo guīhuángěile shīzhǔ.	彼は財布を落とし主に返しました。
他对城市规划和建设都提出了建议。 Tā duì chéngshì guīhuà hé jiànshè dōu tíchūle jiànyì.	彼は都市計画と建設について提案書を提出しました。
我们要好好儿规划下一步的工作。 Wǒmen yào hǎohāor guīhuà xià yí bù de gōngzuò.	私たちは次の仕事をきちんと計画する必要があります。
他跪着向女朋友求婚。 Tā guìzhe xiàng nǚ péngyou qiúhūn.	彼はひざまずいて彼女にプロポーズしました。
上高中了，他们将过渡到一个新的学习阶段。 Shàng gāozhōng le, tāmen jiāng guòdùdào yí ge xīn de xuéxí jiēduàn.	高校に入学して、彼らは新しい学習段階に移行するでしょう。
他正处在一个过渡期，过一段时间就好了。 Tā zhèng chùzài yí ge guòdùqī, guò yí duàn shíjiān jiù hǎo le.	彼はまさに過渡期にあり、しばらくしたら落ち着くでしょう。
您太过奖了，实在不敢当。 Nín tài guòjiǎng le, shízài bù gǎndāng.	過分のお褒めに預かりまして、誠に恐れ入ります。
他把油中的杂质过滤掉了。 Tā bǎ yóu zhōng de zázhì guòlǜdiào le.	彼は油の中の不純物を濾過して取り除きました。
他很少过问孩子的学习情况。 Tā hěn shǎo guòwèn háizi de xuéxí qíngkuàng.	彼はめったに子どもの学習状況について口を出しません。
客人们一见面就寒暄起来。 Kèrénmen yí jiànmiàn jiù hánxuānqilai.	ゲストたちは会うとすぐに挨拶を交わしました。
寒暄过后，谈判就开始了。 Hánxuān guòhòu, tánpàn jiù kāishǐ le.	挨拶のあと、交渉がすぐ始まりました。

No.	単語	ピンイン	意味
0346	捍卫	hànwèi	動 守る、防衛する
0347	航行	hángxíng	動 航行する、運行する
0348	号召	hàozhào	動 呼びかける　名 呼びかけ
0349	耗费	hàofèi	動 消費する、むだにする
0350	呵	hē	動 息を吐く、吹きかける 解説 "呵 ā" では感嘆詞になる
0351	合并	hébìng	動 合併する、併発する
0352	合成	héchéng	動 合成する、合わさって～になる
0353	合伙	héhuǒ	動 仲間になってあることを行う、共同でする

他用法律的手段捍卫了自己的名誉。 Tā yòng fǎlǜ de shǒuduàn hànwèile zìjǐ de míngyù.	彼は法的手段で自分の名誉を守りました。
我们坐船航行了一千多公里。 Wǒmen zuò chuán hángxíngle yìqiān duō gōnglǐ.	私たちは船で千キロメートルあまり航海しました。
政府正在号召大家节约用电。 Zhèngfǔ zhèngzài hàozhào dàjiā jiéyuē yòng diàn.	政府はみなに節電を呼びかけています。
为了修建这座房子，他耗费了大量的金钱。 Wèile xiūjiàn zhè zuò fángzi, tā hàofèile dàliàng de jīnqián.	この家を建てるために、彼はたくさんのお金をつぎ込みました。
家里没有火炉，他一边写作业，一边呵手。 Jiā li méiyǒu huǒlú, tā yìbiān xiě zuòyè, yìbiān hē shǒu. **呵，你一点儿都没变啊！** Hē, nǐ yìdiǎnr dōu méi biàn a!	家にはストーブがないので、彼は宿題をしながら、手に息を吹きかけています。 わあ、あなたはまったく変わっていませんね！
这几个学校合并以后，规模大了很多。 Zhè jǐ ge xuéxiào hébìng yǐhòu, guīmó dàle hěn duō.	この数校の合併後、規模がはるかに大きくなりました。
这个汉字是由两部分合成的。 Zhège Hànzì shì yóu liǎng bùfen héchéng de. **这块地基本不使用人工合成化肥。** Zhè kuài dì jīběn bù shǐyòng réngōng héchéng huàféi.	この漢字は2つの部分で構成されています。 この畑では基本的に人工合成の化学肥料を使用していません。
他们三个人合伙经营，生意不错。 Tāmen sān ge rén héhuǒ jīngyíng, shēngyi búcuò. **我曾经跟他合伙卖过服装，后来单干了。** Wǒ céngjīng gēn tā héhuǒ màiguo fúzhuāng, hòulái dāngàn le.	彼らは3人で共同経営を行っており、ビジネスは良好です。 私は以前、彼と一緒に服を売っていましたが、やがて1人でやるようになりました。

0354	和解 héjiě	動 和解する、仲直りする
0355	恨不得 hènbude	動 ～したくてたまらない
0356	哼 hēng	動 苦しんでうなる、鼻歌を歌う
0357	横 héng	動 横にする、横たわる 形 水平方向の
0358	轰动 hōngdòng	動 沸き立たせる、センセーションを巻き起こす
0359	烘 hōng	動 あぶる、乾かす
0360	哄 hǒng	動 だます、あやす

夫妻吵完架后，很快就和解了。 Fūqī chǎowán jià hòu, hěn kuài jiù héjiě le.	喧嘩の後、夫婦はすぐに仲直りしました。
我恨不得让时间停下来。 Wǒ hènbude ràng shíjiān tíngxialai.	時間を止めてしまいたくてたまりません。
病人痛苦地哼着。 Bìngrén tòngkǔ de hēngzhe.	患者は苦しそうにうなっています。
他一边开车，一边哼着歌。 Tā yìbiān kāichē, yìbiān hēngzhe gē.	彼は運転しながら、鼻歌を歌っています。
你把这个三脚架横过来放在这儿。 Nǐ bǎ zhè ge sānjiǎojià héngguolai fàngzài zhèr.	この三脚を横にして、ここに置いてください。
村子前边横着流过一条小河。 Cūnzi qiánbian héngzhe liúguò yì tiáo xiǎo hé.	村の前には一筋の小川が横に流れていました。
他一出现，人群立刻轰动起来。 Tā yì chūxiàn, rénqún lìkè hōngdòngqilai.	彼が現れると、群衆はすぐに沸き立ちます。
鞋子湿了，快烘一烘吧。 Xiézi shī le, kuài hōngyihōng ba.	靴が湿ってしまったので、すぐに乾かしましょう。
我家的洗衣机带烘干功能。 Wǒ jiā de xǐyījī dài hōnggān gōngnéng.	うちの洗濯機には、ドライ機能がついています。
她哄了一会儿，孩子就不哭了。 Tā hǒngle yíhuìr, háizi jiù bù kū le.	彼女がちょっとあやすと、子どもはすぐ泣きやみました。

0361	吼 hǒu	動 ほえる、どなる
0362	候选 hòuxuǎn	動 立候補する 関 “候选人 hòuxuǎnrén” 立候補者
0363	呼唤 hūhuàn	動 呼びかける、叫ぶ、呼び寄せる
0364	呼啸 hūxiào	動 鋭くて長い音を立てる
0365	呼吁 hūyù	動 呼びかける、アピールする
0366	忽略 hūlüè	動 なおざりにする、おろそかにする
0367	化验 huàyàn	動 化学検査・分析をする
0368	化妆 huà//zhuāng	動 化粧する

我听到了狮子的吼声。 Wǒ tīngdàole shīzi de hǒushēng.	ライオンの吠え声が聞こえました。
他吼了半天了，没力气了。 Tā hǒule bàntiān le, méi lìqi le.	彼は長い間怒鳴り続けて、疲れ果てています。
这些人都是公司领导的候选对象。 Zhèxiē rén dōu shì gōngsī lǐngdǎo de hòuxuǎn duìxiàng.	これらの人々はみな会社役員の候補対象者です。
临终之际，他不断呼唤着爱人的名字。 Línzhōng zhī jì, tā búduàn hūhuànzhe àiren de míngzi.	臨終前に、彼は妻の名を呼び続けていました。
这篇文章呼唤人们要懂得感恩。 Zhè piān wénzhāng hūhuàn rénmen yào dǒngde gǎn'ēn.	この文章は感謝をわかる必要があると人々に呼びかけます。
大风呼啸了一个晚上。 Dàfēng hūxiàole yí ge wǎnshang.	強い風が一晩中吹き荒れていました。
他呼吁家长们重视孩子的心理健康。 Tā hūyù jiāzhǎngmen zhòngshì háizi de xīnlǐ jiànkāng.	彼は保護者に対して、子どもの精神面の健康を重視するよう呼びかけました。
这些意见很重要，不能忽略过去。 Zhèxiē yìjiàn hěn zhòngyào, bù néng hūlüèguoqu.	これらの意見はとても重要であり、見過ごすことはできません。
他们对水果表面的农药成分进行了化验。 Tāmen duì shuǐguǒ biǎomiàn de nóngyào chéngfèn jìnxíngle huàyàn.	彼らは果物の表面の農薬の成分について化学分析を行いました。
他来之前没来得及化妆。 Tā lái zhīqián méi láidejí huàzhuāng.	彼が来る前に化粧をする時間がありませんでした。

Track 054

0369 划分 huàfēn
動 分ける、区別する

0370 还原 huán//yuán
動 元の状態に戻る

0371 缓和 huǎnhé
動 緩和させる、和らげる 形 緩和している、和らいでいる

0372 晃 huàng
動 揺り動かす、揺れる
解説 "晃 huǎng"では「まぶしい、一瞬見える」という意味になる

0373 挥霍 huīhuò
動 金銭を湯水のように使う

0374 回报 huíbào
動 報告する、報いる、仕返しする

这块土地划分成了四份。 Zhè kuài tǔdì huàfēnchéngle sì fèn.	この土地は4つの部分に分類されました。
这两种语法现象很难划分清楚。 Zhè liǎng zhǒng yǔfǎ xiànxiàng hěn nán huàfēnqīngchu.	これら2つの文法の現象は明確に区別するのが困難です。
屋子里的摆设还原成二十年前的样子了。 Wūzi li de bǎishè huányuánchéng èrshí nián qián de yàngzi le.	部屋の装飾は20年前の状態に復元されました。
他紧张的心情已经缓和下来了。 Tā jǐnzhāng de xīnqíng yǐjīng huǎnhéxialai le.	彼の張りつめた気持ちはすでに和らぎ始めました。
他们之间的矛盾已经开始缓和了。 Tāmen zhījiān de máodùn yǐjīng kāishǐ huǎnhé le.	彼らの間の対立はすでに和らぎ始めています。
他一边跑，一边朝她晃着手里的花。 Tā yìbiān pǎo, yìbiān cháo tā huàngzhe shǒu li de huā.	彼は走りながら、手に握った花を彼女に向かって振りました。
地震了，床晃得很厉害。 Dìzhèn le, chuáng huàngde hěn lìhai.	地震があり、ベッドがひどく揺れました。
父亲有多少钱，也经不起儿子挥霍。 Fùqin yǒu duōshao qián, yě jīngbuqǐ érzi huīhuò.	父親がどれだけお金を持っていても、息子が金銭を湯水のように使うことには耐えられません。
他把家里的钱财都挥霍光了。 Tā bǎ jiāli de qiáncái dōu huīhuò guāngle.	彼は家にある金銭のすべてを使ってしまいました。
我会加倍回报那些帮助过我的人。 Wǒ huì jiābèi huíbào nàxiē bāngzhùguo wǒ de rén.	私を助けてくれたあの人たちに、倍にして恩返しをします。
父母给了我这么多，我觉得无以回报。 Fùmǔ gěile wǒ zhème duō, wǒ juéde wú yǐ huíbào.	両親がたくさんのものを与えてくれたのに、自分には報いる手立てがないように感じています。

Track 055

0375	**回避** huíbì	動 回避する、逃げる
0376	**回顾** huígù	動 振り向く、回顧する
0377	**回收** huíshōu	動 回収して利用する、リサイクルする
0378	**悔恨** huǐhèn	動 悔やむ
0379	**毁灭** huǐmiè	動 壊滅する、隠滅する
0380	**汇报** huìbào	動（資料や情報をまとめて上役あるいは大衆に）報告する

他们从来不回避困难，而是想办法克服。 Tāmen cónglái bù huíbì kùnnan, ér shì xiǎng bànfǎ kèfú.	彼らはこれまで困難を避けないで、方法を考えて克服しました。
请你不要回避问题的实质。 Qǐng nǐ búyào huíbì wèntí de shízhì.	どうか問題の本質を避けないでください。
回顾一年的留学生活，我觉得收获很多。 Huígù yì nián de liúxué shēnghuó, wǒ juéde shōuhuò hěn duō.	1年間の留学生活を振り返ると、収穫は大きかったです。
回顾起少年时代，他显得很激动。 Huígùqǐ shàonián shídài, tā xiǎnde hěn jīdòng.	少年時代を振り返り始めると、彼はとても興奮しているようでした。
这些塑料袋是可以回收的。 Zhèxiē sùliàodài shì kěyǐ huíshōu de.	これらのビニール袋はリサイクル可能です。
这个公司专门回收废旧电池。 Zhège gōngsī zhuānmén huíshōu fèijiù diànchí.	この会社は使用済み電池のリサイクルを専門としています。
对于给你们带来的伤害，我悔恨至极。 Duìyú gěi nǐmen dàilai de shānghài, wǒ huǐhèn zhìjí.	あなた方を傷つけてしまい、激しく後悔しています。
他非常悔恨上学时没好好儿读书。 Tā fēicháng huǐhèn shàngxué shí méi hǎohāor dúshū.	彼は在学中にきちんと勉強しなかったことを非常に後悔しました。
他们想毁灭犯罪的证据。 Tāmen xiǎng huǐmiè fànzuì de zhèngjù.	彼らは犯罪の証拠を隠滅したいと考えています。
这座城市两千年前毁灭于一场天灾。 Zhè zuò chéngshì liǎngqiān nián qián huǐmièyú yì cháng tiānzāi.	この都市は、二千年前に天災によって壊滅しました。
这件事我们已经向领导汇报过了。 Zhè jiàn shì wǒmen yǐjīng xiàng lǐngdǎo huìbàoguo le.	この件は私たちがすでにリーダーに報告しました。
我们最近要举办汉语学习汇报演出。 Wǒmen zuìjìn yào jǔbàn Hànyǔ xuéxí huìbào yǎnchū.	私たちは近日中に中国語の学習成果発表会を開催する予定です。

0381	会晤 huìwù	動（首脳が）会見する、会談する
0382	贿赂 huìlù	動 賄賂を贈る 名 賄賂
0383	昏迷 hūnmí	動 意識不明になる
0384	混合 hùnhé	動 混合する、混ぜ合わせる
0385	混淆 hùnxiáo	動 入り混じる、混ぜ合わせる
0386	活该 huógāi	動 当たり前だ、いい気味だ
0387	讥笑 jīxiào	動 あざける、あざ笑う
0388	激发 jīfā	動 呼び起こす、奮起させる

总理亲切会晤了各国来宾。 Zǒnglǐ qīnqiè huìwùle gèguó láibīn.	総理は各国の来賓と親しく会談しました。
他承认了曾经贿赂过那位局长。 Tā chéngrènle céngjīng huìlùguo nà wèi júzhǎng.	彼はあの局長に賄賂を贈ったことを認めました。
他从来没接受过任何贿赂。 Tā cónglái méi jiēshòuguo rènhé huìlù.	彼はこれまでどんな賄賂も受け取ったことがありません。
病人昏迷了两天后，终于醒了。 Bìngrén hūnmíle liǎng tiān hòu, zhōngyú xǐng le.	患者は2日間意識不明でしたが、ついに目を覚ましました。
这一地区有很多民族混合居住。 Zhè yí dìqū yǒu hěn duō mínzú hùnhé jūzhù.	この地域には多くの民族が混ざり合って暮らしています。
他经常混淆是非，影响我们的判断。 Tā jīngcháng hùnxiáo shìfēi, yǐngxiǎng wǒmen de pànduàn.	彼はよく是非を一緒くたにしてしまって、私たちの判断に影響を与えます。
这两个词的意思很容易混淆。 Zhè liǎng ge cí de yìsi hěn róngyì hùnxiáo.	これら2つの単語の意味は混同されやすいです。
做坏事被抓，活该！ Zuò huàishì bèi zhuā, huógāi!	悪事を働いて捕まるなんて、当たり前です！
这道题你不会，活该！谁让你不去上课了？ Zhè dào tí nǐ bú huì, huógāi! Shéi ràng nǐ bú qù shàngkèle?	この問題が解けないのは当たり前です！ 誰が授業に出るなとあなたに言いましたか。
他很懂得尊重别人，从来不讥笑任何人。 Tā hěn dǒngde zūnzhòng biérén, cónglái bù jīxiào rènhé rén.	彼は他人を尊重することをよく理解していて、どんな人もこれまであざ笑ったことはありません。
奖励政策极大激发了群众的热情和干劲。 Jiǎnglì zhèngcè jí dà jīfāle qúnzhòng de rèqíng hé gànjìn.	奨励政策は大衆の情熱と意欲を大いに呼び起こしました。

0389 **激励** jīlì	動 激励する、励ます
0390 **嫉妒** jídù	動 嫉妬する、ねたむ
0391 **给予** jǐyǔ	動 与える 解説 抽象的な意味の２音節の名詞を目的語にとる場合が多い ≒ **"给与 jǐyǔ"**
0392 **计较** jìjiào	動 あれこれ計算してこだわる、言い争う、もくろむ
0393 **记载** jìzǎi	動 記載する、書き記す　名 記載・記録
0394 **忌讳** jìhuì	動 忌む、断つ、忌み嫌う　名 タブー
0395 **继承** jìchéng	動 相続する、(伝統・文化などを) 受け継ぐ

优秀的文学作品可以激励人们的精神和斗志。 Yōuxiù de wénxué zuòpǐn kěyǐ jīlì rénmen de jīngshén hé dòuzhì.	優れた文学作品は、人々の精神と闘志を燃え上がらせることができます。
我的羡慕已经发展到嫉妒的地步了。 Wǒ de xiànmù yǐjīng fāzhǎndào jídù de dìbù le.	私の羨望はもう嫉妬の域にまで発展してエスカレートしてしまいました。
对这种行为，他给予了高度评价。 Duì zhè zhǒng xíngwéi, tā jǐyǔle gāodù píngjià.	この振る舞いについて、彼は高い評価を与えました。
他不是个爱计较个人得失的人。 Tā bú shì ge ài jìjiào gèrén déshī de rén.	彼は個人の損得を気にする人ではありません。
他们又为钱的事计较起来了。 Tāmen yòu wèi qián de shì jìjiàoqilai le.	彼らはお金のことでまたあれこれ算盤をはじき始めました。
他的事迹都记载在这本书里了。 Tā de shìjì dōu jìzǎizài zhè běn shū li le.	彼の事績はこの本に記録されています。
我相信上面的记载都是真实的。 Wǒ xiāngxìn shàngmiàn de jìzǎi dōu shì zhēnshí de.	上記の記録はすべて真実のものだと信じています。
我最忌讳"13"这个数字。 Wǒ zuì jìhuì shí zhège shùzì.	私は「13」という数字を最も忌み嫌っています。
我们别犯了这里的忌讳。 Wǒmen bié fànle zhèli de jìhuì.	私たちはここのタブーを犯してはいけません。
他继承了父亲的全部财产。 Tā jìchéngle fùqin de quánbù cáichǎn.	彼は父親の財産をすべて相続しました。
他把师傅的手艺都继承下来了。 Tā bǎ shīfu de shǒuyì dōu jìchéngxialai le.	彼は師匠の技術をすべて受け継ぎました。

Track 058

0396	**寄托** jìtuō	動 預ける、託する
0397	**加工** jiā//gōng	動 加工する、仕上げをする
0398	**加剧** jiājù	動 激化する、激化させる
0399	**夹杂** jiāzá	動 入り混じる
0400	**监督** jiāndū	動 監督する　名 監督者
0401	**监视** jiānshì	動 監視する、見張る
0402	**煎** jiān	動 鍋に少量の油を入れて焼く

这首诗歌寄托了诗人的社会理想。 Zhè shǒu shīgē jìtuōle shīrén de shèhuì lǐxiǎng.	この詩には詩人の社会的理想を託しています。
他好像已经失去了精神寄托。 Tā hǎoxiàng yǐjīng shīqùle jīngshén jìtuō.	彼は精神的支柱をすでに失ったようです。
这家工厂主要从事食品加工业。 Zhè jiā gōngchǎng zhǔyào cóngshì shípǐn jiāgōngyè. **我的文章还不成熟，还需要加工。** Wǒ de wénzhāng hái bù chéngshú, hái xūyào jiāgōng.	この工場は主に食品加工業を扱っています。 私の文章はまだまとまっておらず、仕上げを行う必要があります。
他的病情加剧了，需要抓紧治疗。 Tā de bìngqíng jiājù le, xūyào zhuājǐn zhìliáo.	彼の病状が急変したので、緊急治療が必要です。
他把大米中夹杂的沙子都拣了出去。 Tā bǎ dàmǐ zhōng jiāzá de shāzi dōu jiǎnlechūqu.	彼は米に混ざった砂をすべて選び出しました。
这名负责人因监督不力被问责了。 Zhè míng fùzérén yīn jiāndū búlì bèi wènzé le. **我想找工程监督谈一些情况。** Wǒ xiǎng zhǎo gōngchéng jiāndū tán yìxiē qíngkuàng.	この責任者は、監督不行届きで責任を問われました。 工事監督を見つけて、いくつかの状況についてお話ししたいと思います。
警察已经开始监视这伙人的行动。 Jǐngchá yǐjīng kāishǐ jiānshì zhè huǒ rén de xíngdòng.	警察はすでにこのグループの行動を監視し始めました。
我最爱吃用油煎的包子。 Wǒ zuì ài chī yòng yóu jiān de bāozi.	私は揚げ焼きした中華マンを食べるのが大好きです。

Track 059

0403
拣
jiǎn
動 選ぶ、拾う

0404
检讨
jiǎntǎo
動 自己批判をする、調査し検討する
名 自己批判、反省

0405
检验
jiǎnyàn
動 検査する、検証する

0406
剪彩
jiǎn//cǎi
動 テープカットをする

0407
简化
jiǎnhuà
動 簡素化する、簡略化する

0408
间隔
jiàngé
動 隔絶する、途絶える 名 間隔、へだたり

0409
践踏
jiàntà
動 踏む、踏みにじる

这些菜都是别人拣剩下的了。 Zhèxiē cài dōu shì biérén jiǎnshèngxià de le. **这些鸡蛋有破的，我得先拣一拣。** Zhèxiē jīdàn yǒu pò de, wǒ děi xiān jiǎnyijiǎn.	これらの料理はすべて他人が選び残したものです。 この卵には割れているものがあるので、先に選び出さなければなりません。
他对自己犯的错误进行了检讨。 Tā duì zìjǐ fàn de cuòwù jìnxíngle jiǎntǎo. **你得写个检讨说清楚这些问题。** Nǐ děi xiě ge jiǎntǎo shuōqīngchu zhèxiē wèntí.	彼は自らが犯した間違いについて自己批判を行いました。 反省文を書いて、これらの問題をはっきり説明しなければなりません。
产品要经过检验才能出厂。 Chǎnpǐn yào jīngguò jiǎnyàn cái néng chūchǎng. **理论要放在实践中去检验，才能知道是否正确。** Lǐlùn yào fàngzài shíjiàn zhōng qù jiǎnyàn, cái néng zhīdao shìfǒu zhèngquè.	製品は検査を経てはじめて出荷することができます。 理論は実際に検証をしてみて、はじめてそれが正しいかどうか知ることができます。
市长在孔子学院成立仪式上剪了彩。 Shìzhǎng zài Kǒngzǐ xuéyuàn chénglì yíshì shang jiǎnle cǎi.	市長は孔子学院の創設式でテープカットをしました。
报到手续简化了，半小时就可以办完。 Bàodào shǒuxù jiǎnhuà le, bàn xiǎoshí jiù kěyǐ bànwán.	登録手続きは簡略化されて、30分で完了できます。(到着手続きは簡略化されて、30分で完了できます。)
两场比赛间隔了一个小时。 Liǎng chǎng bǐsài jiàngéle yí ge xiǎoshí. **四颗星排成一列，间隔差不多。** Sì kē xīng páichéng yí liè, jiàngé chàbuduō.	2つの試合は1時間間隔があいています。 4つの星は1列に並んでいて、間隔もほとんど変わりません。
不要践踏花草。 Búyào jiàntà huācǎo. **法律是庄严的，不允许任何人践踏。** Fǎlǜ shì zhuāngyán de, bù yǔnxǔ rènhé rén jiàntà.	草花を踏みつけてはいけません。 法律は厳格であり、誰もそれを踏みにじることは許可されていません。

0410	**溅** jiàn	動 (液体が) はね上がる
0411	**鉴别** jiànbié	動 鑑別する、識別する
0412	**鉴定** jiàndìng	動 (人物を) 評定する、鑑定する 名 評定、鑑定
0413	**将就** jiāngjiu	動 間に合わせる、我慢する
0414	**奖励** jiǎnglì	動 奨励する、褒賞を与える
0415	**奖赏** jiǎngshǎng	動 褒美を与える、褒賞する
0416	**降临** jiànglín	動 訪れる、来る

小心锅里的油溅出来。 Xiǎoxīn guō li de yóu jiànchulai.	鍋の油がはね上がるのに注意してください。
墨水溅到他身上了。 Mòshuǐ jiàndào tā shēn shang le.	墨汁が彼の身体にかかりました。
通过燃烧，能鉴别衣服的材料是不是羊毛的。 Tōngguò ránshāo, néng jiànbié yīfu de cáiliào shìbushì yángmáo de.	燃焼することで、衣服の素材が羊毛かどうかを鑑別できます。
那块化石我们已经送到有关机构进行鉴定。 Nà kuài huàshí wǒmen yǐjīng sòngdào yǒuguān jīgòu jìnxíng jiàndìng.	あの化石は私たちがすでに関係機関に送って鑑定しています。
我还没拿到鉴定结果。 Wǒ hái méi nádào jiàndìng jiéguǒ.	私はまだ鑑定結果が得られていません。
这个房间条件不太好，你将就着住吧。 Zhège fángjiān tiáojiàn bú tài hǎo, nǐ jiāngjiuzhe zhù ba.	この部屋の条件はよくないですが、我慢して住んでください。
一旦有将就心理，人就容易懒惰和懈怠。 Yídàn yǒu jiāngjiu xīnlǐ, rén jiù róngyì lǎnduò hé xièdài.	ひとたび妥協しはじめると、人はだらけて怠惰になってしまいがちです。
由于工作出色，他受到了奖励。 Yóuyú gōngzuò chūsè, tā shòudàole jiǎnglì.	群を抜いた仕事ぶりで、彼は褒賞を受けました。
即使得不到奖励，我也会照样努力。 Jíshǐ débudào jiǎnglì, wǒ yě huì zhàoyàng nǔlì.	褒賞がもらえないとしても、私は普段通り努力するでしょう。
他们承诺对提供线索的人予以奖赏。 Tāmen chéngnuò duì tígōng xiànsuǒ de rén yǔyǐ jiǎngshǎng.	彼らは手がかりを提供する人々に報酬を与えることに承諾しています。
他将这笔奖赏捐给了福利机构。 Tā jiāng zhè bǐ jiǎngshǎng juāngěile fúlì jīgòu.	彼は福祉施設に賞金を寄付しました。
他没想到，幸福很快就降临了。 Tā méi xiǎngdào, xìngfú hěn kuài jiù jiànglín le.	彼は幸福がすぐに訪れるとは思っていませんでした。

0417	**交叉** jiāochā	動 交差する、部分的に同じである、入り交じる
0418	**交代** jiāodài	動 引き継ぐ、言いつける、説明する、釈明する、白状する
0419	**交涉** jiāoshè	動 交渉する、掛け合う
0420	**交易** jiāoyì	動 交易する、取引する 名 交易、取引
0421	**搅拌** jiǎobàn	動 かき混ぜる、かき乱す
0422	**缴纳** jiǎonà	動 納める

前面是一个交叉路口。 Qiánmiàn shì yí ge jiāochā lùkǒu.	前方は交差点です。
颁奖和表演活动交叉进行。 Bānjiǎng hé biǎoyǎn huódòng jiāochā jìnxíng.	褒賞とパフォーマンス活動を代わる代わる進めています。
他给我交代完任务后就走了。 Tā gěi wǒ jiāodàiwán rènwù hòu jiù zǒu le.	彼は私に仕事を引き継ぐと、すぐに去りました。
他一再交代孩子不要跟陌生人走。 Tā yízài jiāodài háizi búyào gēn mòshēng rén zǒu.	彼は、知らない人についていかないよう子どもに繰り返し言いつけました。
我方积极交涉，提出了一系列解决办法。 Wǒ fāng jījí jiāoshè, tíchūle yíxìliè jiějué bànfǎ.	私たちは前向きに交渉し、一連の解決策を提案しました。
经过几次交涉，他们已经有所让步。 Jīngguò jǐ cì jiāoshè, tāmen yǐjīng yǒu suǒ ràngbù.	何回かの交渉のあと、彼らはすでにいくらか譲歩しました。
我们成功交易了这笔买卖。 Wǒmen chénggōng jiāoyìle zhè bǐ mǎimai.	この売買の取引に成功しました。
交易的双方对价格都很满意。 Jiāoyì de shuāngfāng duì jiàgé dōu hěn mǎnyì.	取引している双方は共に価格に満足しました。
你把馅儿搅拌一下吧。 Nǐ bǎ xiànr jiǎobàn yíxià ba.	あんをちょっとかき混ぜてください。
那个大型搅拌机已经运来了。 Nàge dàxíng jiǎobànjī yǐjīng yùnlai le.	あの大型ミキサーはもう運ばれてきました。
我已经到税务局缴纳了税金。 Wǒ yǐjīng dào shuìwùjú jiǎonàle shuìjīn.	私はすでに税務署に税金を納めました。

Track 062

0423	较量 jiàoliàng	動 腕を比べる、勝負する
0424	揭露 jiēlù	動 暴き出す、指摘する
0425	节制 jiézhì	動 指揮する、制限する
0426	结算 jiésuàn	動 決算する
0427	截止 jiézhǐ	動 締め切る、打ち切る
0428	截至 jiézhì	動 ～までで締め切る、～で期限を切る
0429	解除 jiěchú	動 解除する、取り除く
0430	解放 jiěfàng	動 解放する、自由にする

一百多名优秀选手将在这里展开较量。 Yìbǎi duō míng yōuxiù xuǎnshǒu jiāng zài zhèli zhǎnkāi jiàoliàng.	100人余りの優れた選手がここで競争をします。
产品的竞争实际上是技术的较量。 Chǎnpǐn de jìngzhēng shíjì shang shì jìshù de jiàoliàng.	製品の競争は、実際には技術比べです。
他大胆揭露了这伙人的诈骗手段。 Tā dàdǎn jiēlùle zhè huǒ rén de zhàpiàn shǒuduàn.	彼はこのグループの詐欺の手口を大胆にも暴露しました。
如果人类不加节制，地球资源终将会枯竭。 Rúguǒ rénlèi bù jiā jiézhì, dìqiú zīyuán zhōng jiāng huì kūjié.	人類が節制しないと、最後には地球資源が枯渇してしまうでしょう。
他没什么不良嗜好，生活很有节制。 Tā méi shénme bùliáng shìhào, shēnghuó hěn yǒu jiézhì.	彼には悪い嗜好は何もなく、生活も節制されています。
所有的账目都已经结算清楚了。 Suǒyǒu de zhàngmù dōu yǐjīng jiésuànqīngchu le.	すべての勘定はすでにきちんと決済されました。
比赛报名日期将于本月25日截止。 Bǐsài bàomíng rìqī jiāng yú běn yuè èrshiwǔ rì jiézhǐ.	試合の登録は今月の25日に締め切られます。
截至三月底，报名人数是两千人。 Jiézhì sān yuèdǐ, bàomíng rénshù shì liǎngqiān rén.	3月末現在で、応募者は2,000名です。
我跟公司的劳动关系已经解除了。 Wǒ gēn gōngsī de láodòng guānxi yǐjīng jiěchú le.	会社との労働関係はすでに解除しました。
他的做法完全解除了大家的担心。 Tā de zuòfǎ wánquán jiěchúle dàjiā de dānxīn.	彼のやり方はみなの心配を完全に取り除きました。
机器让工人们从繁重的劳动中解放出来了。 Jīqì ràng gōngrénmen cóng fánzhòng de láodòng zhōng jiěfàngchulai le.	機械が労働者たちを重労働から解放しました。

0431 **解雇** jiěgù

動 解雇する、首にする

0432 **解剖** jiěpōu

動 解剖する、細かく吟味する

0433 **解散** jiěsàn

動 散らばる、解散する

0434 **解体** jiětǐ

動 解体する、分解する

0435 **戒备** jièbèi

動 警備する、警戒心をもつ

0436 **借鉴** jièjiàn

動 参考にする、手本にする

0437 **借助** jièzhù

動 助けを借りる

由于效益不好，公司解雇了一批工人。 Yóuyú xiàoyì bù hǎo, gōngsī jiěgùle yì pī gōngrén.	利益が良くないので、会社は労働者たちを解雇しました。
解剖课是医学院的必修课。 Jiěpōu kè shì yīxuéyuàn de bìxiū kè. **专家对每个问题都解剖得很深入。** Zhuānjiā duì měi ge wèntí dōu jiěpōude hěn shēnrù.	解剖学は医学部の必修科目です。 専門家はひとつひとつの問題を深く、細かく吟味しています。
游行的队伍已经解散了。 Yóuxíng de duìwu yǐjīng jiěsàn le. **由于资金不足，合唱团解散了。** Yóuyú zījīn bùzú, héchàngtuán jiěsàn le.	パレードの隊列はすでにばらばらになっています。 資金不足のために、合唱団は解散しました。
这艘船运回船厂解体了。 Zhè sōu chuán yùnhuí chuánchǎng jiětǐ le. **我们的协会没维持多长时间就解体了。** Wǒmen de xiéhuì méi wéichí duō cháng shíjiān jiù jiětǐ le.	この船は造船所に戻され、解体されました。 私たちの協会はいくらももたず解体されました。
随着节日的到来，这里加强了安全戒备。 Suízhe jiérì de dàolái, zhèli jiāqiángle ānquán jièbèi. **他对人有很强的戒备心理。** Tā duì rén yǒu hěn qiáng de jièbèi xīnlǐ.	祭日が近づくにつれて、このあたりは警戒が強化されました。 彼は人に対して警戒心が強いです。
别人好的方法我们也可以借鉴。 Biérén hǎo de fāngfǎ wǒmen yě kěyǐ jièjiàn. **古人积累的经验至今仍有一定的借鉴意义。** Gǔrén jīlěi de jīngyàn zhìjīn réng yǒu yídìng de jièjiàn yìyì.	他の人の良い方法から私たちも学ぶことができます。 昔の人が蓄積した経験は、いまだにある程度学ぶべき意義を持っています。
借助合作的企业，他们得到了迅速发展。 Jièzhù hézuò de qǐyè, tāmen dédàole xùnsù fāzhǎn.	提携企業の助けを借りて、彼らは急速に発展してきました。

0438	进攻 jìngōng	動 進撃する、攻勢に出る
0439	进化 jìnhuà	動 進化する ↔ "退化"
0440	晋升 jìnshēng	動 昇進する、昇進させる
0441	浸泡 jìnpào	動 液体に浸す
0442	惊动 jīngdòng	動 騒がす、驚かす
0443	精简 jīngjiǎn	動 簡素化する、節減する
0444	精通 jīngtōng	動 精通する、～によく通じている
0445	警告 jǐnggào	動 警告する、戒告する

他们调集 20 万大军进攻这座城市。 Tāmen diàojí èrshí wàn dàjūn jìngōng zhè zuò chéngshì.	彼らは20万の大軍を寄せ集めて、この街に進撃しました。
动物在进化的过程中,大脑的重量在不断增加。 Dòngwù zài jìnhuà de guòchéng zhōng, dànǎo de zhòngliàng zài búduàn zēngjiā.	動物の進化の過程で、大脳の重量は絶えず増えています。
经过上千年的进化,兔子的尾巴变成现在这么短了。 Jīngguò shàng qiān nián de jìnhuà, tùzi de wěiba biànchéng xiànzài zhème duǎn le.	千年の進化を経て、ウサギの尻尾は現在のように短くなりました。
他已经晋升为副市长了。 Tā yǐjīng jìnshēngwéi fùshìzhǎng le.	彼はすでに副市長に昇進しました。
脏衣服洗之前可以浸泡一段时间。 Zāng yīfu xǐ zhīqián kěyǐ jìnpào yí duàn shíjiān.	汚れた衣服は洗う前に、しばらくつけ置きしておくほうがいいです。
我不想惊动你们，所以就悄悄来了。 Wǒ bù xiǎng jīngdòng nǐmen, suǒyǐ jiù qiāoqiāo lái le.	あなたたちを騒がせたくなかったので、こっそりと来ました。
政府精简了机构，提高了办事效率。 Zhèngfǔ jīngjiǎnle jīgòu, tígāole bànshì xiàolǜ.	政府は組織を合理化し、業務効率を向上させました。
这篇文章有些地方还可以进一步精简。 Zhè piān wénzhāng yǒuxiē dìfang hái kěyǐ jìnyíbù jīngjiǎn.	この文章は、いくつかの箇所でさらに簡素化を進めることができます。
爸爸不仅精通英语，而且会说多种语言。 Bàba bùjǐn jīngtōng Yīngyǔ, érqiě huì shuō duō zhǒng yǔyán.	お父さんは英語に堪能であるだけでなく、多種類の言語を話すことができます。
他警告大家不要靠近那里。 Tā jǐnggào dàjiā búyào kàojìn nàli.	彼はあそこに近づかないようにみなに警告しました。
他受到了学校的警告处分。 Tā shòudàole xuéxiào de jǐnggào chǔfèn.	彼は学校から警告処分を受けました。

Track 065

0446	**警惕** jǐngtì	動 警戒する、用心する
0447	**竞赛** jìngsài	動 競技する、競争する
0448	**竞选** jìngxuǎn	動 選挙活動をする
0449	**敬礼** jìng//lǐ	動 敬礼する、礼をする　名 敬具
0450	**敬业** jìngyè	動（学業や職務に）一生懸命打ち込む
0451	**纠正** jiūzhèng	動 是正する、正す、直す
0452	**救济** jiùjì	動 救済する
0453	**就业** jiù//yè	動 就職する、就業する

夏季要特别注意警惕火灾。 Xiàjì yào tèbié zhùyì jǐngtì huǒzāi.	夏季は特に火災に警戒してください。
双方水平相当，竞赛十分激烈。 Shuāngfāng shuǐpíng xiāngdāng, jìngsài shífēn jīliè.	両者のレベルは拮抗していて、競争は相当激しいです。
现在有两个人竞选这个职位。 Xiànzài yǒu liǎng ge rén jìngxuǎn zhège zhíwèi.	現在、この職位に立候補している人が2人います。
他面对国旗敬礼，眼睛里含着泪。 Tā miànduì guóqí jìnglǐ, yǎnjing li hánzhe lèi. **他向观众敬过礼后，就开始了报告。** Tā xiàng guānzhòng jìngguo lǐ hòu, jiù kāishǐle bàogào.	彼は国旗に向かって敬礼し、目には涙を浮かべています。 観衆に礼をしたあと、彼は報告を始めました。
大家都觉得张经理是个非常敬业的人。 Dàjiā dōu juéde Zhāng jīnglǐ shì ge fēicháng jìngyè de rén.	みんな張マネージャーは非常に仕事熱心な人だと思っています。
教练纠正了我的错误动作。 Jiàoliàn jiūzhèngle wǒ de cuòwù dòngzuò. **我都纠正他好几遍了，他就是改不过来。** Wǒ dōu jiūzhèng tā hǎojǐ biàn le, tā jiùshì gǎibuguòlai.	コーチは私の間違った動きを直してくれました。 私は彼に何度も直すように言いましたが、彼はなかなか直せません。
我们正在筹集物资救济灾民。 Wǒmen zhèngzài chóují wùzī jiùjì zāimín.	私たちは物資を集め、被災者を助けている最中です。
他已经就业了，自己有了收入。 Tā yǐjīng jiùyè le, zìjǐ yǒule shōurù.	彼はすでに就職したので、自分自身の収入ができました。

0454 **就职** jiù//zhí
動 就任する
解説 比較的高い役職につくことをいう

0455 **拘留** jūliú
動 拘置する

0456 **居住** jūzhù
動 居住する、住まう

0457 **鞠躬** jū//gōng
動 お辞儀をする、頭を下げて礼をする
形 敬い慎む

0458 **局限** júxiàn
動 限定する、限る

0459 **咀嚼** jǔjué
動 咀嚼する、かみ砕く

0460 **据悉** jùxī
動 知るところでは~である

0461 **觉醒** juéxǐng
動 目覚める

0462 **绝望** jué//wàng
動 絶望する、望みがない

新总统下个月就要就职了。 Xīn zǒngtǒng xià ge yuè jiù yào jiùzhí le.	新しい総統は来月就任します。
他被公安机关拘留了。 Tā bèi gōng'ān jīguān jūliú le.	彼は公安機関に拘留されました。
他在美国取得了永久居住权。 Tā zài Měiguó qǔdéle yǒngjiǔ jūzhùquán.	彼はアメリカで永住権を取得しました。
他不停地鞠躬，弄得我很不好意思。 Tā bù tíng de jūgōng, nòngde wǒ hěn bù hǎoyìsi.	彼が何度もお辞儀をするので、私はとてもきまりが悪くなりました。
他鞠完躬，慢慢走下台去。 Tā jūwán gōng, mànmàn zǒuxia tái qù.	彼はお辞儀をした後、ゆっくりとステージから降りていきました。
如果销售局限在这个地区，那不会有太大发展。 Rúguǒ xiāoshòu júxiànzài zhège dìqū, nà bú huì yǒu tài dà fāzhǎn.	もし販売がこの地区に限られるなら、あまり大きくは発展しないでしょう。
他不停地咀嚼着口中的食物。 Tā bù tíng de jǔjuézhe kǒu zhōng de shíwù.	彼はしきりに口の中の食べ物を咀嚼しています。
他反复咀嚼着这句话的意思。 Tā fǎnfù jǔjuézhe zhè jù huà de yìsi.	彼は何度もこの話の意味をかみしめました。
据悉，目前全世界学汉语的人数超过了一亿。 Jùxī, mùqián quánshìjiè xué Hànyǔ de rénshù chāoguòle yí yì.	聞く所では、現在全世界で中国語を学ぶ人は1億を超えています。
他们的民族意识开始觉醒。 Tāmen de mínzú yìshí kāishǐ juéxǐng.	彼らの民族意識が目覚めはじめました。
多年的穷困使他对生活已经绝望。 Duō nián de qióngkùn shǐ tā duì shēnghuó yǐjīng juéwàng.	長年の貧困によって彼は暮らしにすでに絶望しています。

Track 067

0463	**开采** kāicǎi	動（鉱物を）採掘する
0464	**开除** kāichú	動 除名する、除籍する
0465	**开辟** kāipì	動 切り開く
0466	**开拓** kāituò	動 開拓する、発掘の準備作業を行う
0467	**开展** kāizhǎn	動 展開する、発展する　名 発展、展開
0468	**刊登** kāndēng	動 掲載する
0469	**勘探** kāntàn	動 探査する
0470	**砍伐** kǎnfá	動（木を）伐採する

他们去年开采了上千万吨天然气。 Tāmen qùnián kāicǎile shàng qiān wàn dūn tiānránqì.	彼らは去年1000万トンにのぼる天然ガスを採掘しました。
谁都没有权利随便开除工人。 Shéi dōu méiyǒu quánlì suíbiàn kāichú gōngrén.	誰も勝手に労働者を解雇する権利はありません。
这条航线是去年夏天新开辟的。 Zhè tiáo hángxiàn shì qùnián xiàtiān xīn kāipì de. **报纸最近开辟的新栏目很受欢迎。** Bàozhǐ zuìjìn kāipì de xīn lánmù hěn shòu huānyíng.	この航路は去年の夏に新しく開設されました。 新聞で最近始まった新コラムはとても人気があります。
这项政策为经济发展开拓出了新的空间。 Zhè xiàng zhèngcè wèi jīngjì fāzhǎn kāituòchūle xīn de kōngjiān. **公司决定放弃现有的产品，开拓新的市场。** Gōngsī juédìng fàngqì xiàn yǒu de chǎnpǐn, kāituò xīn de shìchǎng.	この政策は経済発展のために新しい分野を開拓しました。 会社はあり合わせの製品を捨て、新しい市場を開拓することを決めました。
公司内部开展了技术竞赛活动。 Gōngsī nèibù kāizhǎnle jìshù jìngsài huódòng. **由于各方面的阻力，这项工作开展不下去了。** Yǒuyú gè fāngmiàn de zǔlì, zhè xiàng gōngzuò kāizhǎnbuxiàqù le.	会社の内部で技術競争が展開されました。 各方面の抵抗により、この仕事は進められなくなりました。
这篇文章刊登在了显著的位置。 Zhè piān wénzhāng kāndēngzàile xiǎnzhù de wèizhì.	この文章は目立つ位置に掲載しました。
他们常年在野外进行勘探。 Tāmen chángnián zài yěwài jìnxíng kāntàn.	彼らは1年中野外で調査します。
为了保护环境，这一带早就禁止砍伐树木了。 Wèile bǎohù huánjìng, zhè yídài zǎo jiù jìnzhǐ kǎnfá shùmù le.	環境保護のために、ここ一帯では樹木の伐採が禁止されていました。

Track 068

0471	看待 kàndài	動 扱う
0472	扛 káng	動 担ぐ、(責任を) 担う
0473	抗议 kàngyì	動 抗議する
0474	考察 kǎochá	動 調査する、考察する
0475	考古 kǎogǔ	動 考古学に取り組む 名 考古学
0476	考核 kǎohé	動 審査する、考査する

老师把我们当自己的孩子看待。 Lǎoshī bǎ wǒmen dāng zìjǐ de háizi kàndài.	先生は私たちを自分の子どものように扱います。
这么重的东西，我扛不动。 Zhème zhòng de dōngxi, wǒ kángbudòng.	こんなに重いものは私には担げません。
有什么困难你就说，别硬扛着。 Yǒu shénme kùnnan nǐ jiù shuō, bié yìng kángzhe.	何か困ったことがあれば言ってください。自分だけで抱え込まないで。
我抗议你们降低工人工资。 Wǒ kàngyì nǐmen jiàngdī gōngrén gōngzī.	私はあなたたちが労働者の給料を下げたことに抗議します。
对于政府的这种行为，大家提出了抗议。 Duìyú zhèngfǔ de zhè zhǒng xíngwéi, dàjiā tíchūle kàngyì.	政府のこのような行為に対し、みんなは抗議しました。
我们过几天去国外考察，学习经验。 Wǒmen guò jǐ tiān qù guówài kǎochá, xuéxí jīngyàn.	私たちは何日かかけて国外に調査に行き、経験を積みます。
我们再考察一下吧，也许会有新发现。 Wǒmen zài kǎochá yíxià ba, yěxǔ huì yǒu xīn fāxiàn.	私たちはまた考察しなおしましょう。恐らく新しい発見があるでしょうから。
他 20 多年来一直从事考古工作。 Tā èrshíduō niánlái yìzhí cóngshì kǎogǔ gōngzuò.	彼は20年余りずっと考古学に関する仕事に従事しています。
这些成果是考古研究的新发现。 Zhèxiē chéngguǒ shì kǎogǔ yánjiū de xīn fāxiàn.	これらの成果は考古学研究の新発見です。
我们需要先考核他的技术水平。 Wǒmen xūyào xiān kǎohé tā de jìshù shuǐpíng.	私たちはまず彼の技術レベルを審査しなければなりません。
学校制定了对教师的考核标准。 Xuéxiào zhìdìngle duì jiàoshī de kǎohé biāozhǔn.	学校は教師の評価基準を定めました。

Track 069

0477	**考验** kǎoyàn	動 試練を与える、試す
0478	**靠拢** kàolǒng	動 近寄る、接近する
0479	**磕** kē	動 ぶつかる、ぶつける
0480	**渴望** kěwàng	動 渇望する
0481	**克制** kèzhì	動 抑える、抑制する
0482	**啃** kěn	動 かじる、かじりつく、取り組む
0483	**空想** kōngxiǎng	動 空想する

艰苦的环境最能考验一个人的意志。 Jiānkǔ de huánjìng zuì néng kǎoyàn yí ge rén de yìzhì.	苦しい環境では人の意志が最も試されます。
考验还没结束，他就已经坚持不住了。 Kǎoyàn hái méi jiéshù, tā jiù yǐjīng jiānchíbuzhùle.	試練はまだ終わっていませんが、彼はもう耐えられなくなりました。
请大家向我靠拢。 Qǐng dàjiā xiàng wǒ kàolǒng.	みなさん、私のほうに寄ってください。
我们要向先进的管理方式靠拢。 Wǒmen yào xiàng xiānjìn de guǎnlǐ fāngshì kàolǒng.	私たちは先進的な管理方式を目指さなければなりません。
我的膝盖磕破了。 Wǒ de xīgài kēpò le.	私は膝を擦りむきました。
鸡蛋在碗边一磕就开了。 Jīdàn zài wǎnbiān yì kē jiù kāi le.	卵はお碗の縁にぶつけると割れました。
毕业生都渴望找到一份好工作。 Bìyèshēng dōu kěwàng zhǎodào yí fèn hǎo gōngzuò.	卒業生はみな良い仕事を見つけるのを切に願っています。
我刚才想发脾气，但还是克制住了。 Wǒ gāngcái xiǎng fā píqi, dàn háishì kèzhìzhù le.	私は先程怒りたかったですが、やはり抑えました。
那条狗在啃骨头。 Nà tiáo gǒu zài kěn gǔtou.	あの犬は骨をかじっています。
他终于啃下了这个难题。 Tā zhōngyú kěnxiàle zhège nántí.	彼はついにこの難題に取り組みました。
他天天在家空想，什么也不做。 Tā tiāntiān zài jiā kōngxiǎng, shénme yě bú zuò.	彼は毎日家で空想にふけり、何もしません。
这是个无法实现的空想。 Zhè shì ge wúfǎ shíxiàn de kōngxiǎng.	これは実現しようのない空想です。

Track 070

0484 **恐吓** kǒnghè
動 脅迫する、脅す

0485 **扣** kòu
動 掛ける、伏せる

0486 **哭泣** kūqì
動 しくしく泣く

0487 **枯萎** kūwěi
動 枯れしぼむ、枯れる

0488 **挎** kuà
動 腕に提げる、肩や腰に掛ける

0489 **跨** kuà
動 跨ぐ

0490 **宽容** kuānróng
動 罪を許す、大目に見る

他向警方报案说，他受到了恐吓。 Tā xiàng jǐngfāng bào'àn shuō, tā shòudàole kǒnghè.	彼は警察に通報して、脅迫されたと言いました。
昨天老王收到了一封恐吓信。 Zuótiān lǎo Wáng shōudàole yì fēng kǒnghè xìn.	昨日王さんは脅迫状を受け取りました。
妈妈替孩子扣上了纽扣。 Māma tì háizi kòushàngle niǔkòu.	お母さんは子どものボタンを留めてあげました。
每次喝完茶，她习惯把茶杯扣在桌子上。 Měi cì hēwán chá, tā xíguàn bǎ chábēi kòuzài zhuōzi shang.	毎回お茶を飲み終わると、彼女は茶碗を机の上に伏せておくのが習慣になっています。
那晚，她伤心地一直哭泣到天明。 Nà wǎn, tā shāngxīn de yìzhí kūqìdào tiānmíng.	あの夜、彼女は悲しくて空が明るくなるまでずっとしくしく泣きました。
由于干旱，这些树木都枯萎了。 Yóuyú gānhàn, zhèxiē shùmù dōu kūwěi le.	日照りのため、これらの樹木はすべて枯れました。
妈妈挎着个篮子去买菜了。 Māma kuàzhe ge lánzi qù mǎi cài le.	母はかごを腕に提げて野菜を買いに行きます。
他喜欢把照相机挎在胸前。 Tā xǐhuan bǎ zhàoxiàngjī kuàzài xiōng qián.	彼はカメラを胸の前に掛けるのが好きです。
太远了，我跨不过去。 Tài yuǎn le, wǒ kuàbuguòqù.	距離がありすぎて、私は跨いで越えることができません。
这座大桥横跨长江两岸。 Zhè zuò dàqiáo héngkuà Chángjiāng liǎng'àn.	この大橋は長江の両岸に跨っています。
公司一再宽容，而他却越来越过分了。 Gōngsī yízài kuānróng, ér tā què yuè lái yuè guòfèn le.	会社は何度も大目に見ましたが、彼はますますひどくなりました。
父亲很善良，对人也很宽容。 Fùqin hěn shànliáng, duì rén yě hěn kuānróng.	父はとても善良で、他人に対してとても寛容です。

Track 071

0491	**款待** kuǎndài	動 歓待する
0492	**旷课** kuàng//kè	動 授業をサボる
0493	**亏待** kuīdài	動 冷遇する、つらい思いをさせる
0494	**亏损** kuīsǔn	動 欠損する、身体が衰弱する、赤字になる、(経済的) 欠損を出す
0495	**捆绑** kǔnbǎng	動 縛る；まとめる、セットにする
0496	**扩充** kuòchōng	動 拡充する、増強する
0497	**扩散** kuòsàn	動 広める、拡散する

我们要用最好的酒款待他们。 Wǒmen yào yòng zuì hǎo de jiǔ kuǎndài tāmen.	私たちは最もよい酒を使って彼らを歓待しなければなりません。
对不起，我旷了一天课。 Duìbuqǐ, wǒ kuàngle yì tiān kè.	すみません、一日授業をサボってしまいました。
父母再苦再累，也不愿亏待孩子。 Fùmǔ zài kǔ zài lèi, yě bú yuàn kuīdài háizi.	両親はどんなに苦労してでも、子どもにつらい思いをさせたくありません。
今年我们公司亏损了一个亿。 Jīnnián wǒmen gōngsī kuīsǔnle yí ge yì. **他挽救了这个濒临亏损的小企业。** Tā wǎnjiùle zhège bīnlín kuīsǔn de xiǎo qǐyè.	今年私たちの会社は1億の損失を出しました。 彼はこの赤字寸前の小企業を救いました。
警察松开了那个被捆绑的小姑娘。 Jǐngchá sōngkāile nàge bèi kǔnbǎng de xiǎo gūniang. **这两件商品是捆绑销售的。** Zhè liǎng jiàn shāngpǐn shì kǔnbǎng xiāoshòu de.	警察はその縛られた少女を解放しました。 この2つの商品はまとめて販売されています。
公司扩充了销售人员的队伍。 Gōngsī kuòchōngle xiāoshòu rényuán de duìwu. **我们工厂正在准备扩充生产规模。** Wǒmen gōngchǎng zhèngzài zhǔnbèi kuòchōng shēngchǎn guīmó.	会社は販売員の人数を拡充しました。 私たちの工場は現在生産規模を拡充する準備をしています。
这种谣言扩散出去对我们很不利。 Zhè zhǒng yáoyán kuòsànchuqu duì wǒmen hěn búlì. **没想到这种病毒扩散得这么快。** Méi xiǎngdào zhè zhǒng bìngdú kuòsànde zhème kuài.	このようなデマが拡散されるのは私たちにとってはとても不利です。 この種のウイルスがこんなに速く拡散するとは思いもしませんでした。

Track 072

0498	**扩张** kuòzhāng	動 広げる、拡張する
0499	**捞** lāo	動 すくい上げる、拾い上げる、不正に得る
0500	**唠叨** láodao	動 くどくど言う
0501	**类似** lèisì	動 似る、類似する
0502	**冷落** lěngluò	動 冷遇する　形 さびれた
0503	**冷却** lěngquè	動 冷める、冷却する
0504	**愣** lèng	動 ぼうっとする　形 強引な
0505	**理睬** lǐcǎi	動 目をくれる、注意を払う

企业扩张得太快，会带来很多问题。 Qǐyè kuòzhāngde tài kuài, huì dàilai hěn duō wèntí.	企業の拡大が速すぎると、多くの問題をもたらす可能性があります。
他把眼镜从游泳池里捞出来了。 Tā bǎ yǎnjìng cóng yóuyǒngchí li lāochulai le.	彼は眼鏡をプールからすくい上げました。
他从项目运行中捞了一把钱。 Tā cóng xiàngmù yùnxíng zhōng lāole yì bǎ qián.	彼はプロジェクトの進行中に不正に儲けていました。
我都知道了，你就别唠叨了。 Wǒ dōu zhīdao le, nǐ jiù bié láodao le.	私はみんな知っているので、くどくど話さないでください。
他见了我们就唠唠叨叨没个完。 Tā jiànle wǒmen jiù láolaodāodāo méi ge wán.	彼は私たちを見るとくどくど言ってきりがありません。
他俩的性格中有很多类似的地方。 Tā liǎ de xìnggé zhōng yǒu hěn duō lèisì de dìfang.	彼ら２人の性格には多くの似たところがあります。
他觉得自己受到了冷落，所以闷闷不乐。 Tā juéde zìjǐ shòudàole lěngluò, suǒyǐ mèn mèn bú lè.	彼は自らが冷遇を受けたと感じたので、憂鬱です。
码头过去很繁华，现在是一派冷落景象。 Mǎtóu guòqù hěn fánhuá, xiànzài shì yí pài lěngluò jǐngxiàng.	埠頭は以前にぎわっていましたが、現在はさびれた様子です。
开水过一会儿就冷却了。 Kāishuǐ guò yíhuìr jiù lěngquèle.	お湯はしばらくたつと冷めました。
当时我愣了半天，一句话也没说出来。 Dāngshí wǒ lèngle bàntiān, yí jù huà yě méi shuōchulai.	当時私はしばらくぼうっとしていて、一言も話しませんでした。
你做事前要多考虑考虑，别愣干。 Nǐ zuòshì qián yào duō kǎolǜkǎolǜ, bié lèng gàn.	あなたは事前によく考えて、強引にやらないでください。
他走过去的时候，没有理睬我们。 Tā zǒuguoqu de shíhou, méiyǒu lǐcǎi wǒmen.	彼が歩いて来たとき、私たちには目もくれませんでした。

Track 073

0506	**力求** lìqiú	動 ～するよう努力する
0507	**力争** lìzhēng	動 できるだけ努力する、大いに論争する
0508	**立足** lìzú	動 立脚する
0509	**连年** liánnián	動 何年か毎年続く
0510	**联欢** liánhuān	動 交歓する
0511	**联络** liánluò	動 連絡する
0512	**联想** liánxiǎng	動 思い出す、連想する
0513	**谅解** liàngjiě	動 了承する、了解する

我们会尽最大努力，力求成功。 Wǒmen huì jìn zuìdà nǔlì, lìqiú chénggōng.	私たちは最大の努力を尽くして、成功するように努力します。
我们会力争挽回这次事故的影响。 Wǒmen huì lìzhēng wǎnhuí zhè cì shìgù de yǐngxiǎng. **今年的销售额要力争突破一亿元。** Jīnnián de xiāoshòu'é yào lìzhēng tūpò yí yì yuán.	私たちはこの事故の影響を挽回するように努力します。 今年の売上額が1億元を突破するよう努力しなければなりません。
有了这份工作，我们就有了立足点。 Yǒule zhè fèn gōngzuò, wǒmen jiù yǒule lìzúdiǎn. **我们要立足现实，考虑未来。** Wǒmen yào lìzú xiànshí, kǎolǜ wèilái.	この仕事を得たことで、私たちは立脚点ができました。 私たちは現実に立脚して、未来を考える必要があります。
来华留学人数连年上升。 Lái Huá liúxué rénshù liánnián shàngshēng.	中国に留学に来る人数は年々増加しています。
这次联欢会上我认识了很多新朋友。 Zhè cì liánhuānhuì shang wǒ rènshile hěn duō xīn péngyou.	今回のパーティーで私は多くの新しい友人と知り合いました。
他们秘密联络过很多次。 Tāmen mìmì liánluòguo hěnduō cì.	彼らは秘密裏に何度も連絡していました。
看到这位老人，我联想起了自己的父亲。 Kàndào zhè wèi lǎorén, wǒ liánxiǎngqǐle zìjǐ de fùqin.	この老人を見ると、私は自分の父親を思い出します。
我们不能给每个人提问的机会，请大家谅解。 Wǒmen bù néng gěi měi ge rén tíwèn de jīhuì, qǐng dàjiā liàngjiě.	すべての方に質問の機会はさしあげられません。ご了解ください。

0514
晾 liàng
動 干す、乾かす

0515
列举 lièjǔ
動 列挙する

0516
临床 línchuáng
動 実際に患者の診療に当たる

0517
淋 lín
動 (液体を) 注ぐ、かける、ぬらす

0518
领会 lǐnghuì
動 理解する、把握する
解説 **"体会"** は「体得する」ことに重点があり、**"领会"** は「悟る」「理解する」ことに重点がある

0519
领悟 lǐngwù
動 理解する

0520
领先 lǐng//xiān
動 先頭に立つ、リードする

0521
溜 liū
動 滑る、抜け出す

这条毛巾已经晾干了。 Zhè tiáo máojīn yǐjīng liàng gānle.	このタオルはすでに乾きました。
粥太热了，晾凉了再喝吧。 Zhōu tài rè le, liàngliángle zài hē ba.	お粥は熱いので、冷ましてから食べてください。
这样的例子有很多，我就不一一列举了。 Zhèyàng de lìzi yǒu hěn duō, wǒ jiù bù yīyī lièjǔle.	このような例は多くあるので、私はいちいち列挙しません。
这位大夫临床多年，有丰富的医疗经验。 Zhè wèi dàifu línchuáng duō nián, yǒu fēngfù de yīliáo jīngyàn.	この医師は長年臨床しており、豊富な医療経験があります。
那天看比赛，我们淋了一个多小时。 Nà tiān kàn bǐsài, wǒmen línle yí ge duō xiǎoshí.	その日試合を見て、私たちは1時間ちょっと雨に濡れてしまいました。
我被雨淋了，得赶快换件衣服。 Wǒ bèi yǔ línle, děi gǎnkuài huàn jiàn yīfu.	私は雨で濡れてしまい、すぐに服を着替えなければいけません。
文件的精神需要大家好好儿领会。 Wénjiàn de jīngshén xūyào dàjiā hǎohāor lǐnghuì.	文書の主旨はみんながしっかり理解する必要があります。
我领悟出了这篇文章的含义。 Wǒ lǐngwùchūle zhè piān wénzhāng de hányì.	私はこの文章に含まれた意味を理解しました。
在三千米跑的过程中，他一直领先。 Zài sānqiān mǐ pǎo de guòchéng zhōng, tā yìzhí lǐngxiān.	3000m走の間じゅう、彼はずっと先頭に立っていました。
我们的技术在世界上处于领先水平。 Wǒmen de jìshù zài shìjiè shang chǔyú lǐngxiān shuǐpíng.	私たちの技術は世界でもトップレベルに位置しています。
冬天的时候，他每天都去溜冰。 Dōngtiān de shíhou, tā měitiān dōu qù liūbīng.	冬の時期に、彼は毎日スケートをしに行きます。
还没到下班时间，他就溜了。 Hái méi dào xiàbān shíjiān, tā jiù liū le.	まだ退勤時間になっていないのに、彼は抜け出しました。

Track 075

0522	**留恋** liúliàn	動 名残を惜しむ
0523	**留念** liúniàn	動 記念に残す
0524	**留神** liú//shén	動 気をつける
0525	**流浪** liúlàng	動 ふらふらする、放浪する
0526	**流露** liúlù	動 にじみ出る、おのずと現す
0527	**流通** liútōng	動 流れる、流通する
0528	**垄断** lǒngduàn	動 独占する
0529	**笼罩** lǒngzhào	動 覆う、包み込む
0530	**搂** lǒu	動 抱く、抱きしめる 解説 "**搂 lōu**"では「(手で) かき集める」という意味になる

我很留恋在中国的日子。 Wǒ hěn liúliàn zài Zhōngguó de rìzi.	私は中国での日々がとても名残惜しいです。
我们拍张照片做留念吧。 Wǒmen pāi zhāng zhàopiàn zuò liúniàn ba.	私たちは写真を撮って記念に残しましょう。
这个戒指是妈妈给女儿的结婚留念。 Zhège jièzhi shì māma gěi nǚ'ér de jiéhūn liúniàn.	この指輪は母が娘に贈った結婚の記念です。
请留神脚下的台阶。 Qǐng liúshén jiǎoxià de táijiē.	足元にある石段に気をつけてください。
他们是一群四处流浪的人。 Tāmen shì yì qún sìchù liúlàng de rén.	彼らはあちこちを放浪している人たちです。
他无意中流露出了想离职的想法。 Tā wúyì zhōng liúlùchūle xiǎng lízhí de xiǎngfǎ.	彼は退職したいという考えを無意識ににじませています。
他的这些话可以说是真实感情的流露。 Tā de zhèxiē huà kěyǐ shuō shì zhēnshí gǎnqíng de liúlù.	かれのこの話は偽りのない感情がにじみ出たものといえます。
门窗关得太严，空气流通不了。 Ménchuāng guānde tài yán, kōngqì liútōngbuliǎo.	ドアも窓も固く閉められ、空気が流れません。
我们实行市场竞争，反对垄断。 Wǒmen shíxíng shìchǎng jìngzhēng, fǎnduì lǒngduàn.	私たちは市場競争を行い、独占に反対します。
一种不祥的预感笼罩着我的心。 Yì zhǒng bùxiáng de yùgǎn lǒngzhàozhe wǒ de xīn.	不吉な予感が私の心を覆っています。
妈妈把孩子搂在了怀里。 Māma bǎ háizi lǒuzàile huái li.	母親は子どもを懐に抱きしめました。

0531 履行 lǚxíng
動 実行する、履行する

0532 掠夺 lüèduó
動 奪う、略奪する

0533 论证 lùnzhèng
動 論証する　名 論拠

0534 落成 luòchéng
動 完成する、落成する

0535 落实 luòshí
動 着実になる、実行する　形 落ち着いている

0536 麻痹 mábì
動 麻痺する、油断する

0537 麻醉 mázuì
動 麻酔をかける、(感覚を) 麻痺させる、だます

他们有协议，但双方都没有履行。 Tāmen yǒu xiéyì, dàn shuāngfāng dōu méiyǒu lǚxíng.	彼らには合意がありますが、双方とも実行していません。
敌人掠夺了我们的土地。 Dírén lüèduóle wǒmen de tǔdì.	敵は私たちの土地を奪いました。
他在文章里充分论证了自己的观点。 Tā zài wénzhāng li chōngfèn lùnzhèngle zìjǐ de guāndiǎn.	彼は文章で十分に自分の観点を論証しました。
这篇文章观点鲜明，但缺乏论证。 Zhè piān wénzhāng guāndiǎn xiānmíng, dàn quēfá lùnzhèng.	この文章の観点ははっきりしていますが、論拠がありません。
新的教学楼将于明年落成。 Xīn de jiàoxuélóu jiāng yú míngnián luòchéng.	新しい教室棟は来年完成します。
我们要把责任落实到每个人身上。 Wǒmen yào bǎ zérèn luòshídào měi ge rén shēnshang.	私たちは責任を全ての人に割り振る必要があります。
公司的这笔投资终于落实了。 Gōngsī de zhè bǐ tóuzī zhōngyú luòshí le.	会社のこの投資はついに実行されました。
这种药可以麻痹人的神经。 Zhè zhǒng yào kěyǐ mábì rén de shénjīng.	この薬は人の神経を麻痺させることができます。
对待困难，千万不能麻痹大意。 Duìdài kùnnan, qiānwàn bù néng mábì dàyì.	困難に対してはくれぐれも油断してはいけません。
手术前要麻醉病人，以便减轻疼痛。 Shǒushù qián yào mázuì bìngrén, yǐbiàn jiǎnqīng téngtòng.	手術前に患者に麻酔をかけて、痛みを和らげる必要があります。
你不要被他几句好听的话麻醉了。 Nǐ búyào bèi tā jǐ jù hǎotīng de huà mázuìle.	彼の耳ざわりのよい話にだまされてはいけません。

Track 077

0538
埋伏
máifú
動 待ち伏せする、潜伏する

0539
埋没
máimò
動 埋める、埋もれる、埋没する

0540
埋葬
máizàng
動 埋葬する、取り除く

0541
迈
mài
動 足を踏み出す、跨ぐ　量 マイル

0542
埋怨
mányuàn
動 恨む、不満を持つ

0543
蔓延
mànyán
動 広がる、蔓延する

0544
冒充
màochōng
動 ～と偽る、～になりすます

0545
冒犯
màofàn
動 気分を害する、無礼なことをする

一个团的兵力埋伏在村庄里。 Yí ge tuán de bīnglì máifú zài cūnzhuāng lǐ.	1組の兵力が村で待ち伏せしています。
你们要小心，不要中了敌人的埋伏。 Nǐmen yào xiǎoxīn, búyào zhòngle dírén de máifú.	注意して、敵の待ち伏せに遭遇しないようにしてください。
他们找到了被埋没的珍宝。 Tāmen zhǎodàole bèi máimò de zhēnbǎo.	彼らは埋もれていた財宝を探し出しました。
我们不能埋没了他的才华。 Wǒmen bùnéng máimòle tā de cáihuá.	私たちは彼の才能を埋もれさせてはいけません。
他把父亲埋葬在家乡了。 Tā bǎ fùqin máizàngzài jiāxiāng le.	彼は父親を故郷に埋葬しました。
他一边埋葬心爱的宠物，一边流泪。 Tā yìbiān máizàng xīn'ài de chǒngwù, yìbiān liú lèi.	彼は可愛がっていたペットを埋葬しながら、涙を流しています。
士兵们迈着整齐的步伐前进着。 Shìbīngmen màizhe zhěngqí de bùfá qiánjìnzhe.	兵士たちは足並みをそろえて前進しています。
我的腿迈不动了。 Wǒ de tuǐ màibudòng le.	私は足を踏み出せませんでした。
这次不是他的错，你就别埋怨他了。 Zhè cì bú shì tā de cuò, nǐ jiù bié mányuàn tā le.	今回は彼のミスではないので、彼を恨まないでください。
可怕的流感正蔓延全城。 Kěpà de liúgǎn zhèng mànyán quánchéng.	おそろしいインフルエンザが街中に広がっています。
他冒充我哥哥打电话，我没听出来。 Tā màochōng wǒ gēge dǎ diànhuà, wǒ méi tīngchulai.	彼は私の兄になりすまして電話をかけてきましたが、私は聞いてわかりませんでした。
我这样说话，是不是会冒犯别人？ Wǒ zhèyàng shuōhuà, shìbushì huì màofàn biérén?	私がこのような言い方をすると、他人の気分を害するのではありませんか？

0546	萌芽 méngyá	動 発芽する、芽生える
0547	眯 mī	動 目を細める、まどろむ
0548	弥补 míbǔ	動 補う
0549	弥漫 mímàn	動 満ちる、充満する
0550	迷信 míxìn	動 迷信を信じる、妄信する 名 迷信
0551	密封 mìfēng	動 密封する
0552	免疫 miǎnyì	動 免疫になる
0553	勉励 miǎnlì	動 励ます

他们的爱情正处在萌芽状态。 Tāmen de àiqíng zhèng chǔzài méngyá zhuàngtài. **山野中花草生出的萌芽标志着春天到来了。** Shānyě zhōng huācǎo shēngchū de méngyá biāozhìzhe chūntiān dàoláile.	彼らの愛情は現在芽生えつつあります。 山野の中の草花の芽生えは春が来たことを示しています。
他笑起来的时候，眼睛眯成了一条缝儿。 Tā xiàoqilai de shíhou, yǎnjing mīchéngle yì tiáo fèngr.	彼が笑い出した時、目が縫い目のように細まりました。
他的错误给公司造成了不可弥补的损失。 Tā de cuòwù gěi gōngsī zàochéngle bùkě míbǔ de sǔnshī.	彼のミスが会社に補填(ほてん)できないほどの損失をもたらしました。
那里烟雾弥漫，不知道发生了什么事情。 Nàlǐ yānwù mímàn, bù zhīdào fāshēngle shénme shìqing.	あそこに煙が充満しています。何が起こったかわかりません。
千万别盲目迷信书本上的内容。 Qiānwàn bié mángmù míxìn shūběn shang de nèiróng. **我们要提倡科学，反对迷信。** Wǒmen yào tíchàng kēxué, fǎnduì míxìn.	くれぐれも盲目的に本の内容を信じないようにしてください。 私たちは科学を提唱し、迷信に反対しなければなりません。
袋子用胶条密封上了。 Dàizi yòng jiāotiáo mìfēngshàng le.	袋は粘着テープで密封しました。
经常锻炼，可以增强身体免疫力。 Jīngcháng duànliàn, kěyǐ zēngqiáng shēntǐ miǎnyìlì.	いつもトレーニングをすれば、身体の免疫力を高めることができます。
父母经常勉励我好好儿读书。 Fùmǔ jīngcháng miǎnlì wǒ hǎohāor dúshū.	両親はいつも私によく勉強するように励まします。

0554
描绘
miáohuì
動 描写する、描く

0555
瞄准
miáo//zhǔn
動 照準を定める、狙いをつける

0556
藐视
miǎoshì
動 蔑視する、見下げる

0557
灭亡
mièwáng
動 滅亡する

0558
蔑视
mièshì
動 蔑視する

0559
命名
mìng//míng
動 命名する

这本小说里有很多描绘大自然景色的内容。 Zhè běn xiǎoshuō li yǒu hěn duō miáohuì dà zìrán jǐngsè de nèiróng.	この小説の中には大自然の景色を描写した内容が多くあります。
作家描绘的农民形象非常生动。 Zuòjiā miáohuì de nóngmín xíngxiàng fēicháng shēngdòng.	作家が描いた農民のイメージは非常に生き生きとしています。
小伙子瞄准靶心，一箭就命中了。 Xiǎohuǒzi miáozhǔn bǎxīn, yí jiàn jiù mìngzhòng le.	若者は的の中心に狙いを定め、一発で命中させました。
网络公司把客户市场瞄准了年轻人。 Wǎngluò gōngsī bǎ kèhù shìchǎng miáozhǔnle niánqīng rén.	ネット会社はクライアント市場を若者に狙いを定めました。
要敢于藐视困难，而不要被困难吓倒。 Yào gǎnyú miǎoshì kùnnan, ér búyào bèi kùnnan xiàdǎo.	困難をあえて軽視し、それにおびえてはいけません。
很多曾经藐视过他的人，现在还不如他。 Hěn duō céngjīng miǎoshìguo tā de rén, xiànzài hái bùrú tā.	かつて彼を軽視していた多くの人は、今では彼に及びません。
有些稀有动物现在已经快灭亡了。 Yǒuxiē xīyǒu dòngwù xiànzài yǐjīng kuài mièwángle.	今では絶滅してしまった珍しい動物もいます。
这个封建帝国已经灭亡很久了。 Zhège fēngjiàn dìguó yǐjīng mièwáng hěn jiǔ le.	この封建的な帝国はすでに滅亡して久しくなりました。
他对这些不义之财露出了蔑视的目光。 Tā duì zhèxiē bú yì zhī cái lùchūle mièshì de mùguāng.	彼はこれらの不正な利益に対し軽蔑を示しました。
这项任务被命名为“特别行动”。 Zhè xiàng rènwu bèi mìngmíngwéi “tèbié xíngdòng”.	この任務は「特別行動」と名付けられます。

Track 080

0560	**摸索** mōsuǒ	動 手探りで進む
0561	**摩擦** mócā	動 摩擦する　名 あつれき、摩擦
0562	**磨合** móhé	動 慣らし運転をする、協議し調整する
0563	**抹杀** mǒshā	動 抹殺する、否定する
0564	**谋求** móuqiú	動 はかる、追求する
0565	**目睹** mùdǔ	動 自らの目でみる

他们还在森林中摸索回去的路。 Tāmen hái zài sēnlín zhōng mōsuǒ huíqu de lù.	彼らはまだ森の中で帰り道を模索しています。
关于教学方法，大家还需要摸索摸索。 Guānyú jiàoxué fāngfǎ, dàjiā hái xūyào mōsuǒmōsuǒ.	教授法については、みんなまだ模索していく必要があります。
天气太冷，他用两只手互相摩擦着取暖。 Tiānqì tài lěng, tā yòng liǎng zhī shǒu hùxiāng mócāzhe qǔnuǎn.	あまりに寒いので、彼は両手をこすり合わせ暖をとっています。
这两个党派之间有很多摩擦。 Zhè liǎng ge dǎngpài zhījiān yǒu hěn duō mócā.	この2つの党の間には多くの軋轢があります。
两个单位刚合并，现正处在磨合时期。 Liǎng ge dānwèi gāng hébìng, xiàn zhèng chǔzài móhé shíqī.	2つの会社は合併したばかりなので、今調整の時期です。
篮球队的新老队员需要不断地磨合才能配合好。 Lánqiúduì de xīn lǎo duìyuán xūyào búduàn de móhé cái néng pèihéhǎo.	バスケットボールチームの新旧メンバーは絶えず調整しあうことでチームワークが取れます。
谁也不能抹杀她的成绩。 Shéi yě bù néng mǒshā tā de chéngjì.	誰も彼女の成績を否定できません。
我们要客观评价，不能随便抹杀别人的功劳。 Wǒmen yào kèguān píngjià, bù néng suíbiàn mǒshā biérén de gōngláo.	私たちは客観的に評価する必要があります。軽々しく他人の功績を否定してはいけません。
他总是想办法为工人谋求更多的福利。 Tā zǒngshì xiǎng bànfǎ wèi gōngrén móuqiú gèng duō de fúlì.	彼はいつも労働者がより多くの福利を得られる方法を考えています。
我有幸目睹了奥运会开幕的盛况。 Wǒ yǒuxìng mùdǔle Àoyùnhuì kāimù de shèngkuàng.	私は幸運なことにオリンピック開幕の盛り上がりを目の当たりにしました。
报纸上的说法与我目睹的情况有很大不同。 Bàozhǐ shang de shuōfǎ yǔ wǒ mùdǔ de qíngkuàng yǒu hěn dà bùtóng.	新聞での伝え方と私が目の当たりにした状況は大きく違います。

Track 081

0566	**沐浴** mùyù	動 入浴する
0567	**纳闷儿** nà//mènr	動 合点がいかない、腑におちない
0568	**拟定** nǐdìng	動 制定する、推定する
0569	**逆行** nìxíng	動 逆行する、逆の方向に向かう
0570	**捏** niē	動 つまむ、握る
0571	**凝固** nínggù	動 凝固する、変化がない
0572	**凝聚** níngjù	動（気体が）液化する、凝集する

古人沐浴的方法与现代有很大不同。 Gŭrén mùyù de fāngfă yŭ xiàndài yŏu hĕn dà bùtóng.	昔の人の入浴方法は現代とは大きく異なりました。
春天，小草沐浴在阳光里。 Chūntiān, xiăo căo mùyùzài yángguāng li.	春、小さい草は太陽の光を浴びます。
这件事情，让我纳闷儿了很久。 Zhè jiàn shìqing, ràng wŏ nàmènrle hĕn jiŭ.	このことに、私は長い間納得がいきませんでした。
见他一句话也没说，我就纳起闷儿来了。 Jiàn tā yí jù huà yĕ méi shuō, wŏ jiù nàqĭ mènr lái le.	彼が一言も話さないのを見て、私はいらだち始めました。
教学大纲拟定得非常详细。 Jiàoxué dàgāng nĭdìngde fēicháng xiángxì.	指導要領は非常に詳細に作成されています。
我已经看过了你们拟定的计划。 Wŏ yĭjīng kànguole nĭmen nĭdìng de jìhuà.	私はすでにあなたが定めた計画を見ました。
逆行非常危险，极易引起事故发生。 Nìxíng fēicháng wēixiăn, jí yì yĭnqĭ shìgù fāshēng.	逆走は非常に危険で、極めて事故を引き起こしやすいです。
孩子紧紧捏着那枚硬币。 Háizi jĭnjĭn niēzhe nà méi yìngbì.	子どもはあの硬貨をしっかりと握りしめています。
孩子喜欢捏橡皮泥。 Háizi xĭhuan niē xiàngpíní.	子どもはゴムの粘土をこねるのが好きです。
这种东西遇冷就会凝固。 Zhè zhŏng dōngxi yù lĕng jiù huì nínggù.	この種のものは寒さにさらされると凝固します。
天气很冷，滴下来的水都凝固成冰了。 Tiānqì hĕn lĕng, dīxialai de shuĭ dōu nínggùchéng bīngle.	寒いので、滴った水がすべて凝固して氷になっています。
这个工程凝聚了大家的智慧。 Zhège gōngchéng níngjùle dàjiā de zhìhuì.	このプロジェクトはみんなの知恵を凝集したものです。

指定語句 動詞 名詞 ほか 作文対策語句

0573	凝视 níngshì	動 凝視する
0574	拧 nǐng	動 ひねる
0575	扭转 niǔzhuǎn	動 回す、ひっくり返す
0576	虐待 nüèdài	動 虐待する
0577	挪 nuó	動 動かす
0578	殴打 ōudǎ	動 殴打する
0579	呕吐 ǒutù	動 嘔吐する
0580	趴 pā	動 腹ばいになる、もたれる

他久久地凝视着孩子的照片。 Tā jiǔjiǔ de níngshìzhe háizi de zhàopiàn.	彼はしばらく子どもの写真をじっと見つめていました。
这个瓶盖我拧不开。 Zhège pínggài wǒ nǐngbukāi.	この瓶のふたを私は開けられません。
他轻轻地拧了拧孩子的鼻子。 Tā qīngqīng de nǐngle nǐng háizi de bízi.	彼は子どもの鼻を軽くつまみました。
他的身体慢慢向左扭转过去。 Tā de shēntǐ mànmàn xiàng zuǒ niǔzhuǎnguòqu.	彼の体はゆっくりと左に向きました。
我们扭转了目前的不利局势。 Wǒmen niǔzhuǎnle mùqián de búlì júshì.	私たちは現在の不利な情勢を逆転させました。
你们不能虐待这些小动物。 Nǐmen bù néng nüèdài zhèxiē xiǎo dòngwù.	あなたたちはこれらの小動物を虐待してはいけません。
他的脚受伤了，一步一步地挪到了这里。 Tā de jiǎo shòushāng le, yí bù yí bù de nuódàole zhèli.	彼は足を負傷していたので、一歩一歩ここまで移動してきました。
警察顺利解决了这起殴打事件。 Jǐngchá shùnlì jiějuéle zhè qǐ ōudǎ shìjiàn.	警察は滞りなくこの殴打事件を解決しました。
他可能吃了不干净的食物，呕吐得很厉害。 Tā kěnéng chīle bù gānjìng de shíwù, ǒutùde hěn lìhai.	彼はおそらく清潔でない食べ物を食べたのでしょう。嘔吐がとてもひどいです。
地上趴着一个小狗。 Dìshang pāzhe yí ge xiǎo gǒu.	地面に子犬が一匹寝そべっています。
他俩趴在窗台上聊天儿呢。 Tā liǎ pāzài chuāngtái shang liáotiānr ne.	彼ら2人は窓台にもたれかかっておしゃべりをしています。

0581
排斥
páichì
動 排斥する

0582
排除
páichú
動 排除する

0583
排放
páifàng
動 排出する、(動物が) 排卵・射精する

0584
排练
páiliàn
動 (芝居の) リハーサルをする

0585
徘徊
páihuái
動 ぶらぶらする、躊躇する

0586
派遣
pàiqiǎn
動 派遣する

你不能排斥不同的意见。 Nǐ bù néng páichì bùtóng de yìjiàn.	あなたは異なる意見を排斥してはいけません。
这两种物质相互排斥得很厉害。 Zhè liǎng zhǒng wùzhì xiānghù páichìde hěn lìhai.	この2種類の物質は互いに退け合うのがとても激しいです。
我们要排除困难，勇敢前进。 Wǒmen yào páichú kùnnan, yǒnggǎn qiánjìn.	私たちは困難を排除し、勇敢に前進します。
这个故障排除得很及时。 Zhège gùzhàng páichúde hěn jíshí.	この故障はすぐに解決されました。
废水排放到河里会造成严重污染。 Fèishuǐ páifàngdào hé li huì zàochéng yánzhòng wūrǎn.	廃水を河川へ排出すると、深刻な汚染を引き起こす可能性があります。
这些排放出来的物质可以再加工利用。 Zhèxiē páifàng chūlái de wùzhì kěyǐ zài jiāgōng lìyòng.	これらの排出された物質は再加工して利用することができます。
这个节目正式演出前还需要排练排练。 Zhège jiémù zhèngshì yǎnchū qián hái xūyào páiliàn pailian.	この番組は正式に本番を行う前にリハーサルが必要です。
下午的排练又取消了，我们只好等通知。 Xiàwǔ de páiliàn yòu qǔxiāo le, wǒmen zhǐhǎo děng tōngzhī.	午後のリハーサルはまた取り消されました。私たちは知らせを待つしかありません。
他不知道去哪儿，在路边徘徊了很久。 Tā bù zhīdào qù nǎr, zài lùbiān páihuáile hěnjiǔ.	彼はどこへ行くのか分からず、道ばたを長い間彷徨っていました。
走还是不走，她徘徊了半天。 Zǒu háishi bù zǒu, tā páihuáile bàntiān.	行くか行かないか、彼女は長い間躊躇していました。
他们秘密派遣人员执行这个任务。 Tāmen mìmì pàiqiǎn rényuán zhíxíng zhège rènwù.	彼らは秘密裏に人員を派遣し、この任務を実行しました。

0587 攀登 pāndēng

動 よじ登る、(高い目標に) 到達する

0588 盘旋 pánxuán

動 旋回する、ぶらぶらする

0589 判决 pànjué

動 判決を下す、判断する

0590 抛弃 pāoqì

動 捨てる、捨てて顧みない

0591 培育 péiyù

動 育成する、飼育する

0592 配备 pèibèi

動 配備する、配置する

0593 配套 pèi//tào

動 組み合わせてセットにする

天还没亮，登山队员们就开始攀登了。 Tiān hái méi liàng, dēngshān duìyuánmen jiù kāishǐ pāndēng le.	空がまだ暗いうちに、登山隊員たちは登り始めました。
他们在努力地攀登科学高峰。 Tāmen zài nǔlì de pāndēng kēxué gāofēng.	彼らは科学の最高峰に登ろうと努力しています。
这架飞机在机场上空久久地盘旋。 Zhè jià fēijī zài jīchǎng shàngkōng jiǔjiǔ de pánxuán.	この飛行機は空港の上空で長い間旋回しています。
今年法院判决了很多类似的案件。 Jīnnián fǎyuàn pànjuéle hěn duō lèisì de ànjiàn.	今年裁判所は多くの似たような訴訟事件に判決を下しました。
球迷认为这个球裁判员判决得不公正。 Qiúmí rènwéi zhège qiú cáipànyuán pànjuéde bù gōngzhèng.	球技ファンはこの審判の判定は不公正だと思いました。
在危险时刻，我不能抛弃朋友。 Zài wēixiǎn shíkè, wǒ bù néng pāoqì péngyou.	危ないとき、私は友達を見捨てることはできません。
他完全抛弃了自己的错误观点。 Tā wánquán pāoqìle zìjǐ de cuòwù guāndiǎn.	彼は完全に自分の間違った見方を捨てました。
他们正在精心培育一种新的花卉品种。 Tāmen zhèngzài jīngxīn péiyù yì zhǒng xīn de huāhuì pǐnzhǒng.	彼らは新しい草花の品種を丹精こめて育てています。
这个学校培育出来的学生素质很高。 Zhège xuéxiào péiyùchulai de xuésheng sùzhì hěn gāo.	この学校が育成した学生の素養は高いです。
公司给他配备的助手很有能力。 Gōngsī gěi tā pèibèi de zhùshǒu hěn yǒu nénglì.	会社が彼に配属した助手はとても能力があります。
这个锅盖太大，跟锅不配套。 Zhège guōgài tài dà, gēn guō bú pèitào.	この鍋のふたは大きすぎて、鍋とセットになりません。
你最好配套使用这些化妆品。 Nǐ zuìhǎo pèitào shǐyòng zhèxiē huàzhuāngpǐn.	あなたはこれらの化粧品をセットで使用した方がいいでしょう。

Track 085

0594	**烹饪** pēngrèn	動 料理を作る
0595	**捧** pěng	動 捧げ持つ
0596	**批发** pīfā	動 卸す、卸売りする
0597	**批判** pīpàn	動 批判する、批評する
0598	**劈** pī	動（刀や斧で縦に）割る、裂ける、雷が落ちる
0599	**譬如** pìrú	動 例えば～だ

这位厨师是专门烹饪法国菜的。 Zhè wèi chúshī shì zhuānmén pēngrèn Fǎguócài de.	こちらの料理人はフランス料理を専門に作っています。
他没学过烹饪，可做的饭菜却非常好吃。 Tā méi xuéguo pēngrèn, kě zuò de fàncài què fēicháng hǎochī.	彼は料理を学んだことがありませんが、作るご飯とおかずは非常に美味しいです。
他捧的那束花是红玫瑰。 Tā pěng de nà shù huā shì hóng méigui.	彼が捧げ持つあの束の花は赤いバラです。
这个演员很快就被捧红了。 Zhège yǎnyuán hěn kuài jiù bèi pěnghóng le.	この俳優はたちまち人気を博しました。
这家商店只批发，不零售。 Zhè jiā shāngdiàn zhǐ pīfā, bù língshòu.	この店はただ卸売りするだけで、小売りはしません。
我们不要随便批判别人的观点。 Wǒmen búyào suíbiàn pīpàn biérén de guāndiǎn.	私たちは軽々しく他人の観点を批判してはいけません。
他的错误行为受到了大家的批判。 Tā de cuòwù xíngwéi shòudàole dàjiā de pīpàn.	彼の間違った行為はみんなの批判を受けました。
他劈了很多木柴。 Tā pīle hěn duō mùchái.	彼は多くの薪を割りました。
雷电把这棵大树劈成了两半。 Léidiàn bǎ zhè kē dà shù pīchéngle liǎng bàn.	雷はこの大きな木を真っ二つにしました。
我喜欢很多运动，譬如足球、游泳什么的。 Wǒ xǐhuan hěn duō yùndòng, pìrú zúqiú, yóuyǒng shénme de.	私はたくさんのスポーツが好きです。例えばサッカーや水泳などです。
这里的家具有很多种，譬如桌子、沙发、床等等。 Zhèli de jiājù yǒu hěn duō zhǒng, pìrú zhuōzi、shāfā、chuáng děngděng.	ここの家具はいろいろな種類があります。例えばテーブル、ソファー、ベッドなどです。

0600 漂浮 piāofú
動 漂う、浮かぶ　形 浮ついている、深い考えがない

0601 飘扬 piāoyáng
動 はためく、風に翻る

0602 撇 piě
動 投げる、(口を) への字に曲げる
名 漢字の筆画の左はらい (「丿」)

コロ "撇嘴 piě//zuǐ" 口をへの字に曲げる
解説 "撇 piē" だと「捨て去る、(液体の表面から) すくい取る」という意味になる

0603 拼搏 pīnbó
動 力いっぱい戦って勝利や栄誉などを勝ち取る

0604 拼命 pīn//mìng
動 命がけでやる、必死にやる　副 必死に、命がけで

0605 品尝 pǐncháng
動 味を見る、吟味する

一些花瓣在水面上漂浮着。 Yìxiē huābàn zài shuǐmiàn shang piāofúzhe.	いくつかの花びらが水面に浮かんでいます。
他工作漂浮，所以上级给了他不太高的评价。 Tā gōngzuò piāofú, suǒyǐ shàngjí gěile tā bú tài gāo de píngjià.	彼は仕事がうわついているので、上司は彼にあまりいい評価を与えません。
飘扬的雪花像一片片鹅毛。 Piāoyáng de xuěhuā xiàng yí piànpiàn émáo.	風に舞う雪はガチョウの羽毛のようです。
我早就把同事求的那件事撇到脑后去了。 Wǒ zǎo jiù bǎ tóngshì qiú de nà jiàn shì piědào nǎohòu qu le.	同僚に頼まれたあの件が、すっかり頭から抜け落ちていました。
我一看她撇嘴，就知道她不喜欢这件东西。 Wǒ yí kàn tā piězuǐ, jiù zhīdao tā bù xǐhuan zhè jiàn dōngxi.	私は彼女が口をへの字に曲げるのを見て、彼女はこれが好きではないことがわかりました。
他们顽强拼搏，终于战胜了困难。 Tāmen wánqiáng pīnbó, zhōngyú zhànshèngle kùnnan.	彼らは粘り強く戦い、ついに困難に打ち勝ちました。
为了这点儿财产，我没必要跟他拼命。 Wèile zhè diǎnr cáichǎn, wǒ méi bìyào gēn tā pīnmìng.	これっぽっちの財産のために、私は彼と命がけでやりあう必要はありません。
为了按时完成任务，他拼命地工作。 Wèile ànshí wánchéng rènwu, tā pīnmìng de gōngzuò.	時間通りに仕事を完成させるため、彼は必死に仕事します。
请你品尝品尝这种红酒。 Qǐng nǐ pǐnchángpǐncháng zhè zhǒng hóngjiǔ.	この赤ワインを味見してみてください。
我品尝不出这两种苹果的区别。 Wǒ pǐnchángbuchū zhè liǎng zhǒng píngguǒ de qūbié.	私はこの2種類のリンゴの違いを吟味できません。

Track 087

0606	评估 píngū	動 評価する
0607	评论 pínglùn	動 評論する　名 評論、論評
0608	泼 pō	動 まく、ぶっかける
0609	迫害 pòhài	動 迫害する
0610	破例 pò//lì	動 慣例を破る、いつもと違う
0611	扑 pū	動 飛びかかる、飛びこむ、軽くたたく、はたく
0612	铺 pū	動 敷く、のばす、広げる 解説 "铺 pù"だと「板がけの寝台」という意味になる

教育局评估了这所学校的教学质量。 Jiàoyùjú pínggūle zhè suǒ xuéxiào de jiàoxué zhìliàng.	教育局はこの学校の教育の質を評価しました。
我们对本公司的资产进行了评估。 Wǒmen duì běn gōngsī de zīchǎn jìnxíngle pínggū.	私たちはこの会社の資産について評価をしました。
我们刚才在评论昨天的电视节目。 Wǒmen gāngcái zài pínglùn zuótiān de diànshì jiémù.	私たちはさっき昨日のテレビ番組を評論していました。
外交部发言人对该事件发表了评论。 Wàijiāobù fāyánrén duì gāi shìjiàn fābiǎole pínglùn.	外交部のスポークスマンはこの事件について論評を発表しました。
他把洗完衣服的水泼到院子里了。 Tā bǎ xǐwán yīfu de shuǐ pōdào yuànzi li le.	彼は服を洗い終わった水を中庭に撒きました。
在历史上，很多科学家都遭到过迫害。 Zài lìshǐ shang, hěn duō kēxuéjiā dōu zāodàoguo pòhài.	歴史上、多くの科学者が迫害を受けています。
这个制度执行很多年了，谁也不能破例。 Zhège zhìdù zhíxíng hěn duō nián le, shéi yě bù néng pòlì.	この制度はとても長い間実施され、誰も破ることはできませんでした。
不管怎样，我们不能破这个例。 Bùguǎn zěnyàng, wǒmen bù néng pò zhège lì.	どのような場合にもかかわらず、私たちはこの慣例を破ることはできません。
孩子一下子扑进了妈妈的怀里。 Háizi yíxiàzi pūjìnle māma de huái li.	子どもはすぐに母親の懐に飛びこみました。
她出门前往脸上扑了点儿粉。 Tā chūmén qián wǎng liǎn shang pūle diǎnr fěn.	彼女は家を出る前に顔に少しフェイスパウダーをはたきました。
今晚有客人来住，他铺上了一条新床单。 Jīnwǎn yǒu kèrén lái zhù, tā pūshàngle yí tiáo xīn chuángdān.	今晩泊まりに来るお客さんがいるので、彼は新しいシーツを敷きました。

0613	**普及** pǔjí	動 広まる、普及する、普及させる
0614	**期望** qīwàng	動 期待する　名 期待、希望
0615	**欺负** qīfu	動 いじめる
0616	**欺骗** qīpiàn	動 だます
0617	**歧视** qíshì	動 差別視する
0618	**企图** qǐtú	動 企む　名 企み、もくろみ
0619	**启程** qǐchéng	動 (旅に) 出発する

普通话已在全国越来越普及。 Pǔtōnghuà yǐ zài quánguó yuè lái yuè pǔjí.	普通話はすでに全国にますます普及しています。
这本杂志很受欢迎，是普及读物。 Zhè běn zázhì hěn shòu huānyíng, shì pǔjí dúwù.	この雑誌はとても人気があり、普及した読み物です。
我们期望你取得好成绩。 Wǒmen qīwàng nǐ qǔdé hǎo chéngjì.	私たちはあなたがよい成績をあげると期待しています。
他怀着美好的期望坐上了去美国的飞机。 Tā huáizhe měihǎo de qīwàng zuòshàngle qù Měiguó de fēijī.	彼はすばらしい希望を抱いてアメリカ行きの飛行機に乗りました。
他从来不欺负别人。 Tā cónglái bù qīfu biérén.	彼はこれまで他人をいじめたことはありません。
他说爱我，可他欺骗了我。 Tā shuō ài wǒ, kě tā qīpiànle wǒ.	彼は私を好きだと言ったのに、私をだましました。
在一些国家和地区，还存在种族歧视。 Zài yìxiē guójiā hé dìqū, hái cúnzài zhǒngzú qíshì.	一部の国家と地域では、人種差別がまだ存在します。
这个小偷企图藏起来，躲避警察的抓捕。 Zhège xiǎotōu qǐtú cángqilai, duǒbì jǐngchá de zhuābǔ.	このこそどろは隠れようと企み、警察の逮捕を逃れました。
他骗人的企图被我看出来了。 Tā piàn rén de qǐtú bèi wǒ kànchulai le.	彼が人を騙そうとする企みは私が見破りました。
等启程日期定下来，我再准备也不晚。 Děng qǐchéng rìqī dìngxialai, wǒ zài zhǔnbèi yě bù wǎn.	出発の期日が決まるのを待ってから、私が準備しても遅くはありません。

0620
启蒙
qǐméng
動 基礎を教える、啓蒙する、目覚めさせる

0621
启示
qǐshì
動 啓発する　名 啓示

0622
起草
qǐ//cǎo
動 起草する、文案をつくる

0623
起伏
qǐfú
動 上がり下がりする、(感情・状態などが) 波がある

0624
起哄
qǐ//hòng
動 (大勢で) 騒ぐ、(大勢で) はやし立てる

0625
掐
qiā
動 つかむ、つねる、締めつける

0626
洽谈
qiàtán
動 協議する、面談する

《三字经》是中国古代的一本启蒙读物。 《Sānzìjīng》 shì Zhōngguó gǔdài de yì běn qǐméng dúwù.	『三字経』は中国古代の啓蒙書です。
中国近代科学、民主思想启蒙于西方。 Zhōngguó jìndài kēxué、mínzhǔ sīxiǎng qǐméngyú xīfāng.	中国近代の科学的・民主的思想は西洋に啓蒙されました。
这件事启示我们，做人要诚实。 Zhè jiàn shì qǐshì wǒmen, zuòrén yào chéngshí.	このことが私たちに啓発したのは、人として誠実であるべきだということです。
这部电影给我的启示很多。 Zhè bù diànyǐng gěi wǒ de qǐshì hěn duō.	この映画が私に与えた啓示はとても多いです。
我起草了一个讲话稿，你看看。 Wǒ qǐcǎole yí ge jiǎnghuàgǎo, nǐ kànkan.	私は講演の原稿を起草したので、ちょっと見てください。
你先起个草，然后大家修改。 Nǐ xiān qǐ ge cǎo, ránhòu dàjiā xiūgǎi.	あなたがまず起草してください、その後でみんなで修正します。
这一带群山起伏，气势壮观。 Zhè yídài qún shān qǐfú, qìshì zhuàngguān.	この一帯は多くの山がうねり連なっていて壮観です。
他这两天情绪起伏不定。 Tā zhè liǎng tiān qíngxù qǐfú búdìng.	彼はここ数日、感情に波があり安定しません。
你别老跟着他们起哄。 Nǐ bié lǎo gēnzhe tāmen qǐhòng.	あなたは彼らと騒いでばかりいてはいけません。
同学们起哄，让他唱歌。 Tóngxuémen qǐhòng, ràng tā chànggē.	クラスメイトたちがはやし立てて、彼に歌わせました。
我用力掐了一下自己。 Wǒ yònglì qiāle yíxià zìjǐ.	私は力を込めて自分をつねりました。
千万不要这么掐别人。 Qiānwàn búyào zhème qiā biérén.	決してこのように他人をつねってはいけません。
公司的项目洽谈得很顺利。 Gōngsī de xiàngmù qiàtánde hěn shùnlì.	会社のプロジェクトは順調に協議されました。

0627	迁就 qiānjiù	動 譲る、妥協する
0628	迁徙 qiānxǐ	動 移住する
0629	牵 qiān	動 (人や家畜を) 引く、引っ張る
0630	牵扯 qiānchě	動 関係する
0631	牵制 qiānzhì	動 牽制する
0632	签署 qiānshǔ	動 署名する、サインする
0633	潜水 qiánshuǐ	動 潜水する
0634	谴责 qiǎnzé	動 強く非難する、激しく批判する
0635	强制 qiángzhì	動 強制する

你太迁就孩子了，这样不好。 Nǐ tài qiānjiù háizile, zhèyàng bù hǎo.	あなたは子どもに遠慮しすぎています、このようなことはよくありません。
这些鸟冬天会迁徙到南方。 Zhèxiē niǎo dōngtiān huì qiānxǐdào nánfāng. **战争造成了人口大规模迁徙。** Zhànzhēng zàochéngle rénkǒu dà guīmó qiānxǐ.	これらの鳥は冬は南方に渡ります。 戦争は人口の大規模な移住をもたらしました。
她牵着男朋友的手走了。 Tā qiānzhe nán péngyou de shǒu zǒu le. **他牵过一匹马来让我们骑上去。** Tā qiānguò yì pǐ mǎ lái ràng wǒmen qíshangqu.	彼女はボーイフレンドの手を引っ張って行ってしまいました。 彼は一頭の馬を引っ張ってきて私たちに乗らせました。
这项工程牵扯到很多人的利益。 Zhè xiàng gōngchéng qiānchědào hěn duō rén de lìyì.	このプロジェクトは多くの人の利益に関係します。
这次行动有效地牵制了敌人。 Zhè cì xíngdòng yǒuxiào de qiānzhìle dírén.	今回の行動は効果的に敵を牽制しました。
两国总统共同签署了联合公报。 Liǎng guó zǒngtǒng gòngtóng qiānshǔle liánhé gōngbào.	二国の大統領はともに共同声明に署名しました。
这种潜艇可以潜水两个星期以上。 Zhè zhǒng qiántǐng kěyǐ qiánshuǐ liǎng ge xīngqī yǐshàng.	この種類の潜水艦は2週間以上潜水することができます。
人们强烈谴责一切恐怖活动。 Rénmen qiángliè qiǎnzé yíqiè kǒngbù huódòng.	人々は一切のテロ活動を強く非難します。
警察强制他离开了会场。 Jǐngchá qiángzhì tā líkāile huìchǎng.	警察は強制的に彼を会場から離れさせました。

Track 091

0636	**抢劫** qiǎngjié	動 強盗する、強奪する
0637	**抢救** qiǎngjiù	動 (緊急で) 救助する
0638	**强迫** qiǎngpò	動 強く迫る、強要する
0639	**翘** qiào	動 (人体や物の一部が) 跳ねる、跳ね上がる
0640	**钦佩** qīnpèi	動 敬服する、尊敬する
0641	**侵犯** qīnfàn	動 (人の権利を) 侵す、(他国の領土を) 侵す
0642	**侵略** qīnlüè	動 侵略する

他们在抢劫银行的时候被抓住了。 Tāmen zài qiǎngjié yínháng de shíhou bèi zhuāzhù le.	彼らは銀行強盗しているときに捕まりました。
医生把他抢救过来了。 Yīshēng bǎ tā qiǎngjiùguolai le.	医者は彼を応急手当をしました。
经过大力抢救，国家保住了这批文物。 Jīngguò dàlì qiǎngjiù, guójiā bǎozhùle zhè pī wénwù.	強力な緊急措置を経て、国家はこの文化財を無事保ちました。
父母强迫我学习弹钢琴。 Fùmǔ qiǎngpò wǒ xuéxí tán gāngqín.	両親は私にむりやりピアノを習わせます。
小狗翘着尾巴欢迎我们。 Xiǎo gǒu qiàozhe wěiba huānyíng wǒmen.	子犬はしっぽをふって私たちを歓迎しています。
爸爸翘起大拇指夸赞孩子。 Bàba qiàoqǐ dàmǔzhǐ kuāzàn háizi.	父親は親指を立てて子どもをほめました。
人们用钦佩的目光看着这位英雄。 Rénmen yòng qīnpèi de mùguāng kànzhe zhè wèi yīngxióng.	人々は尊敬のまなざしでこの英雄を見ています。
他知识丰富，受到同事们的钦佩。 Tā zhīshi fēngfù, shòudào tóngshìmen de qīnpèi.	彼は知識が豊富で、同僚たちから尊敬を受けています。
职工的合法权利不能受到侵犯。 Zhígōng de héfǎ quánlì bù néng shòudào qīnfàn.	従業員の合法的な権利は侵害されてはいけません。
我们坚决反对侵犯别国领土的行为。 Wǒmen jiānjué fǎnduì qīnfàn bié guó lǐngtǔ de xíngwéi.	私たちは他国の領土を侵略する行為に断固として反対します。
我们反对任何侵略行为。 Wǒmen fǎnduì rènhé qīnlüè xíngwéi.	私たちはあらゆる侵略行為に反対します。

0643	亲热 qīnrè	動 親しくする 形 親しい、温かい、仲が良い
0644	倾听 qīngtīng	動 耳を傾ける
0645	倾向 qīngxiàng	動 (一方に)傾く、肩を持つ 名 傾向
0646	倾斜 qīngxié	動 傾斜する、偏向する
0647	清除 qīngchú	動 一掃する、粛正する
0648	清理 qīnglǐ	動 片付ける、整理する
0649	请教 qǐngjiào	動 教えを請う

他亲热的话语让我十分感动。 Tā qīnrè de huàyǔ ràng wǒ shífēn gǎndòng.	彼の温かい言葉は私を非常に感動させました。
他俩亲亲热热的，好像一刻也分不开。 Tā liǎ qīnqīnrèrè de, hǎoxiàng yíkè yě fēnbukāi.	彼ら２人は仲が良く、まるで片時も離れられないようです。
校长经常倾听学生对学校的反映。 Xiàozhǎng jīngcháng qīngtīng xuésheng duì xuéxiào de fǎnyìng.	校長はいつも学校についての学生の意見に耳を傾けています。
我倾向让年轻人做这些事。 Wǒ qīngxiàng ràng niánqīng rén zuò zhèxiē shì.	私は若者がこういうことをするのに肩入れします。
我们要纠正生活中的不良倾向。 Wǒmen yào jiūzhèng shēnghuó zhōng de bùliáng qīngxiàng.	私たちは生活の中の悪い傾向を改めなければなりません。
这座楼已经倾斜了，很危险。 Zhè zuò lóu yǐjīng qīngxié le, hěn wēixiǎn.	この建物はすでに傾いていて、危険です。
这棵树被风刮得倾斜了。 Zhè kē shù bèi fēng guāde qīngxié le.	この木は風に吹かれて傾きました。
工人们正在清除马路上的冰块。 Gōngrénmen zhèngzài qīngchú mǎlù shang de bīng kuài.	従業員たちは現在道路上の氷の塊を片付けています。
我们要彻底清除懒惰的思想。 Wǒmen yào chèdǐ qīngchú lǎnduò de sīxiǎng.	私たちは怠惰な考えを徹底的に一掃しなければなりません。
他在清理东西时发现了这张照片。 Tā zài qīnglǐ dōngxi shí fāxiànle zhè zhāng zhàopiàn.	彼は片付けをしていたときにこの写真を発見しました。
他很好学，有不懂的问题就向人请教。 Tā hěn hàoxué, yǒu bù dǒng de wèntí jiù xiàng rén qǐngjiào.	彼は勉強家で、わからない問題があるとすぐに人に教えを請います。

0650	**请示** qǐngshì	動 指示を仰ぐ
0651	**区分** qūfēn	動 区別する、区分する
0652	**驱逐** qūzhú	動 追い出す、駆逐する
0653	**屈服** qūfú	動 屈服する
0654	**取缔** qǔdì	動 取り締まる
0655	**权衡** quánhéng	動 はかる、比較判断する
0656	**缺席** quē//xí	動 欠席する
0657	**瘸** qué	動 足が不自由である、足を引きずる 関 **"瘸子"** 足が不自由な人

我不能做主，得请示领导。 Wǒ bù néng zuòzhǔ, děi qǐngshì lǐngdǎo.	私は決定できないので、上の指示を仰がなければなりません。
我们已经请示过多次，但还没有得到答复。 Wǒmen yǐjīng qǐngshìguo duō cì, dàn hái méiyǒu dédào dáfù.	私たちはすでに数回指示を仰ぎましたが、まだ返答は得られていません。
我们先把不同颜色的球区分出来。 Wǒmen xiān bǎ bùtóng yánsè de qiú qūfēnchulai.	私たちはまず違った色の球を区別します。
他们驱逐了那些非法入境的人。 Tāmen qūzhúle nàxiē fēifǎ rùjìng de rén.	彼らはその違法入国した人たちを追い出しました。
他屈服于外界的压力，选择了逃避。 Tā qūfúyú wàijiè de yālì, xuǎnzéle táobì.	彼は外部からの圧力に屈服して、逃げることを選びました。
他们取缔了那些非法摊位。 Tāmen qǔdìle nàxiē fēifǎ tānwèi.	彼らはそれらの違法屋台を取り締まりました。
我反复权衡了自己的处境，做出了辞职决定。 Wǒ fǎnfù quánhéngle zìjǐ de chǔjìng, zuòchūle cízhí juédìng.	私はくりかえし自分の立場を判断して、辞職するという決定を出しました。
他上课从来没缺席过。 Tā shàngkè cónglái méi quēxíguo.	彼は授業を欠席したことがありません。
他哥哥走路有点儿瘸，但不影响干活儿。 Tā gēge zǒulù yǒudiǎnr qué, dàn bù yǐngxiǎng gànhuór.	彼の兄は足を引きずって歩きますが、それは仕事には影響しません。
我的腿摔瘸了，不知道能不能好。 Wǒ de tuǐ shuāiqué le, bù zhīdào néngbunéng hǎo.	転んで足が不自由になり、よくなるかどうかわかりません。

指定語句 動詞 名詞 ほか 作文対策語句

Track 094

0658	**确保** quèbǎo	動 確保する、確実に保証する
0659	**确立** quèlì	動 確立する、打ち立てる
0660	**确信** quèxìn	動 固く信じる、確信する　名 確かな情報
0661	**染** rǎn	動 染色する、（悪習に）染まる、感染する
0662	**嚷** rǎng	動 大声で叫ぶ、けんかする
0663	**让步** ràng//bù	動 譲歩する、歩み寄る
0664	**饶恕** ráoshù	動 許す、大目に見る

我们要确保孩子们的安全。 Wǒmen yào quèbǎo háizimen de ānquán.	私たちは子どもたちの安全を確保する必要があります。
春节期间，各类食品确保供应充足。 Chūnjié qījiān, gè lèi shípǐn quèbǎo gōngyìng chōngzú.	春節の期間、さまざまな種類の食品は十分に供給されるよう確保されています。
公司确立了新的发展战略。 Gōngsī quèlìle xīn de fāzhǎn zhànlüè.	企業は新しい発展戦略を確立しました。
我们确信最后能够成功。 Wǒmen quèxìn zuìhòu nénggòu chénggōng.	最後には成功できると私たちは確信しています。
我们确信，事故原因一定会查明。 Wǒmen quèxìn, shìgù yuányīn yídìng huì chámíng.	事故の原因は必ず究明できると私たちは確信しています。
她把头发染成了黄色。 Tā bǎ tóufa rǎnchéngle huángsè.	彼女は髪を黄色に染めました。
他染上了吸烟的习惯。 Tā rǎnshàngle xīyān de xíguàn.	彼は喫煙の習慣がついてしまいました。
他生气了，大声嚷着。 Tā shēngqìle, dàshēng rǎngzhe.	彼は怒って、大声で叫んでいます。
他嚷了一嗓子，那些人立刻不说话了。 Tā rǎngle yì sǎngzi, nàxiē rén lìkè bù shuōhuà le.	彼が大声で叫ぶと、あの人々はすぐに話すのをやめました。
双方都让点儿步，事情就很容易解决。 Shuāngfāng dōu ràng diǎnr bù, shìqing jiù hěn róngyì jiějué.	双方が少しずつ妥協すれば、物事は簡単に解決できます。
丈夫向妻子保证不再喝酒，妻子饶恕了他。 Zhàngfu xiàng qīzi bǎozhèng bú zài hē jiǔ, qīzi ráoshùle tā.	夫が妻に二度とお酒を飲まないと約束したので、妻は彼を許しました。
请你饶恕我这一次，以后我肯定改。 Qǐng nǐ ráoshù wǒ zhè yí cì, yǐhòu wǒ kěndìng gǎi.	今回はご容赦ください。今後は必ず改めます。

0665	**扰乱** rǎoluàn	動 乱す、妨害する
0666	**惹祸** rě//huò	動 災いを招く、トラブルを引き起こす
0667	**忍耐** rěnnài	動 忍耐する、我慢する
0668	**忍受** rěnshòu	動 耐え忍ぶ、我慢する
0669	**认定** rèndìng	動 はっきりと定める、認定する
0670	**认可** rènkě	動 認可する、評価する
0671	**任命** rènmìng	動 任命する

这伙人抬高物价的行为严重扰乱了市场。 Zhè huǒ rén táigāo wùjià de xíngwéi yánzhòng rǎoluànle shìchǎng.	この人たちの、物価をつり上げる行動が市場を大きく混乱させました。
这件事情扰乱了我平静的心情。 Zhè jiàn shìqing rǎoluànle wǒ píngjìng de xīnqíng.	この出来事が私の穏やかな気分を乱しました。
我惹祸了，把花瓶打碎了。 Wǒ rěhuòle, bǎ huāpíng dǎsuì le.	私はトラブルを起こし、花瓶を粉々に割ってしまいました。
你别到外面去惹祸，待在家里看书吧。 Nǐ bié dào wàimiàn qù rěhuò, dāizài jiāli kàn shū ba.	外に出てトラブルを起こさないで、家で本を読みなさいよ。
遇到生气的事，要学会忍耐。 Yùdào shēngqì de shì, yào xuéhuì rěnnài.	怒るようなことがあったとき、我慢することを学ばなければなりません。
这种痛苦简直无法忍受。 Zhè zhǒng tòngkǔ jiǎnzhí wúfǎ rěnshòu.	この苦痛は全く耐えられません。
他认定这种做法一定可以成功。 Tā rèndìng zhè zhǒng zuòfǎ yídìng kěyǐ chénggōng.	彼はこのやり方できっと成功できると認めています。
根据这些，我们可以认定他就是嫌疑人。 Gēnjù zhèxiē, wǒmen kěyǐ rèndìng tā jiù shì xiányírén.	これらに基づいて、彼が容疑者であると認定できます。
大家一致认可这个方案。 Dàjiā yízhì rènkě zhège fāng'àn.	誰もが一致してこの計画を評価しています。
父母认可了我和男朋友的关系。 Fùmǔ rènkěle wǒ hé nán péngyou de guānxi.	両親は私と彼氏との関係を認めました。
以前干部都是任命的，现在都要经过选举。 Yǐqián gànbù dōu shì rènmìng de, xiànzài dōu yào jīngguò xuǎnjǔ.	以前幹部はみな任命されていましたが、今は選挙を経なくてはいけません。

Track 096

0672	**容纳** róngnà	動 収容する、(意見などを)受け入れる
0673	**容忍** róngrěn	動 容赦する、我慢する
0674	**溶解** róngjiě	動 溶解する、溶ける
0675	**融化** rónghuà	動 溶解する、溶ける
0676	**揉** róu	動 もむ、こする、こねる
0677	**撒谎** sā//huǎng	動 うそをつく
0678	**散布** sànbù	動 散布する、散らす
0679	**散发** sànfā	動 (香りなどを)放つ、配る、まく

这个电影院能容纳一千人。 Zhège diànyǐngyuàn néng róngnà yìqiān rén.	この映画館は1000人を収容することができます。
口袋里容纳不了这么多东西。 Kǒudài li róngnàbuliǎo zhème duō dōngxi.	ポケットにはこんなに多くのものは入りません。
我们不能容忍这种不道德的行为。 Wǒmen bù néng róngrěn zhè zhǒng bú dàodé de xíngwéi.	私たちはこのような非道徳的な行動を容認することはできません。
他不是故意的，所以我采取了容忍的态度。 Tā bú shì gùyì de, suǒyǐ wǒ cǎiqǔle róngrěn de tàidù.	彼はわざとではなかったので、私は寛容な態度をとりました。
不一会儿，糖就在水里溶解了。 Bù yíhuìr, táng jiù zài shuǐ li róngjiě le.	まもなく、砂糖は水に溶けてしまいました。
温暖的阳光融化了冰雪。 Wēnnuǎn de yángguāng rónghuàle bīngxuě.	暖かい日差しが氷と雪を溶かしました。
他揉了揉眼睛才看清楚。 Tā róule róu yǎnjing cái kànqīngchu.	彼が目をちょっとこすると、ようやくはっきり見えました。
他把泥巴揉成了一团。 Tā bǎ níba róuchéngle yì tuán.	彼は泥をこねて泥だんごにしました。
我发现这孩子有时候撒谎。 Wǒ fāxiàn zhè háizi yǒu shíhou sāhuǎng.	私はこの子が時々嘘をつくことに気づきました。
还没有正式的消息，不要到处散布。 Hái méiyǒu zhèngshì de xiāoxi, búyào dàochù sànbù.	まだ公式のニュースはないので、どこにでも広めるのはやめてください。
鲜花散发出香气。 Xiānhuā sànfāchū xiāngqì.	生花からいい香りがしています。
他把这些书都散发给了行人。 Tā bǎ zhèxiē shū dōu sànfàgěile xíngrén.	彼はこれらの本をすべて道行く人に配りました。

0680
丧失
sàngshī
動 丧失する、失う

0681
骚扰
sāorǎo
動 騒動を起こす、動揺する

0682
刹车
shā//chē
動 ブレーキをかける、機械を止める、制止する 名 ブレーキ

0683
筛选
shāixuǎn
動 ふるいにかけて選別する、選び出す

0684
闪烁
shǎnshuò
動 (光や星が) ちらちらする、言葉を濁す

0685
擅长
shàncháng
動 堪能である、たけている

0686
上进
shàngjìn
動 向上する、進歩する

我们不能做丧失原则的事情。 Wǒmen bù néng zuò sàngshī yuánzé de shìqing.	原則を失うようなことはできません。
面对困难，他没有丧失斗争的勇气。 Miànduì kùnnan, tā méiyǒu sàngshī dòuzhēng de yǒngqì.	困難に直面しても、彼は戦う勇気を失いませんでした。
即使你们有矛盾，也不能骚扰别人的正常生活。 Jíshǐ nǐmen yǒu máodùn, yě bù néng sāorǎo biérén de zhèngcháng shēnghuó.	あなた方が対立していても、他人の日常生活に波風を立ててはいけません。
自从那次战争以后，敌人就再也不敢来骚扰了。 Zìcóng nà cì zhànzhēng yǐhòu, dírén jiù zài yě bù gǎn lái sāorǎo le.	あの戦争以来、敵は騒動を起こすことは二度とありませんでした。
开慢点儿，有情况就刹车。 Kāi màn diǎnr, yǒu qíngkuàng jiù shāchē.	スピードを少し落として、何かあればすぐブレーキをかけて。
这辆车刹车有问题，该修了。 Zhè liàng chē shāchē yǒu wèntí, gāi xiū le.	この車のブレーキには問題があります、修理すべきです。
他们严格筛选了参加展览的企业和产品。 Tāmen yángé shāixuǎnle cānjiā zhǎnlǎn de qǐyè hé chǎnpǐn.	彼らは展覧会に参加する会社と製品を厳しく選別しました。
我们筛选出了两名条件优秀的应聘者。 Wǒmen shāixuǎnchūle liǎng míng tiáojiàn yōuxiù de yìngpìnzhě.	条件の良い求人応募者を2名選別しました。
大厅里的灯光忽明忽暗地闪烁着。 Dàtīng li de dēngguāng hū míng hū àn de shǎnshuòzhe.	ホールの明かりが明るくなったり暗くなったりとチラチラしています。
他说话时闪闪烁烁的，我就知道有问题。 Tā shuōhuà shí shǎnshǎnshuòshuò de, wǒ jiù zhīdao yǒu wèntí.	彼が話したとき言葉を濁していて、私は問題があることを知りました。
我们找到了一位擅长书法的老师。 Wǒmen zhǎodàole yí wèi shàncháng shūfǎ de lǎoshī.	書道が上手な先生を見つけました。
这些学生都很上进，学习特别刻苦。 Zhèxiē xuésheng dōu hěn shàngjìn, xuéxí tèbié kèkǔ.	これらの学生はみな向上していて、特に一生懸命勉強しています。

0687	**上任** shàng//rèn	動 就任する、赴任する　名 前任者
0688	**上瘾** shàng//yǐn	動 病みつきになる、夢中になる
0689	**捎** shāo	動 ついでに持って行く(来る)、ことづける
0690	**设立** shèlì	動 (組織・機構などを)設立する、設ける
0691	**设想** shèxiǎng	動 想像する、想定する、～の立場になって考える
0692	**设置** shèzhì	動 設立する、設置する
0693	**涉及** shèjí	動 触れる、関係する

他刚刚上任，对很多情况还不熟悉。 Tā gānggāng shàngrèn, duì hěn duō qíngkuàng hái bù shúxi.	彼は就任したばかりで、多くのものごとにまだ詳しくありません。
他短时间内还上不了任。 Tā duǎn shíjiān nèi hái shàngbuliǎo rèn.	彼は短時間で任に就くことはできません。
孩子最近玩儿网络游戏上瘾了。 Háizi zuìjìn wánr wǎngluò yóuxì shàngyǐn le.	子どもは最近、オンラインゲームに夢中になっています。
我玩儿什么都上不了瘾。 Wǒ wánr shénme dōu shàngbuliǎo yǐn.	私はなにをしても夢中になれません。
这是你父母让我捎给你的东西。 Zhè shì nǐ fùmǔ ràng wǒ shāogěi nǐ de dōngxi.	これはご両親からあなたに渡すようことづかったものです。
你给他捎个话，叫他不要想家。 Nǐ gěi tā shāo ge huà, jiào tā búyào xiǎng jiā.	家を恋しがらないよう、彼にことづけてください。
学校设立了奖学金，鼓励学生勤奋学习。 Xuéxiào shèlìle jiǎngxuéjīn, gǔlì xuésheng qínfèn xuéxí.	学校は奨学金を設立して、学生が一生懸命勉強するよう促しました。
幸亏医生来得及时，否则后果不堪设想。 Xìngkuī yīshēng láide jíshí, fǒuzé hòuguǒ bùkān shèxiǎng.	幸いにも医者は間に合いましたが、さもなければ結果はどうなっていたかわかりません。
他大胆地提出了自己的设想。 Tā dàdǎn de tíchūle zìjǐ de shèxiǎng.	彼は大胆にも自分の構想を提案しました。
他们在路上设置了障碍。 Tāmen zài lùshang shèzhìle zhàng'ài.	彼らは道路に障害物を設置しました。
政府决定设置特别行政区。 Zhèngfǔ juédìng shèzhì tèbié xíngzhèngqū.	政府は特別行政区の設置を決定しました。
我们最好不要做涉及别人隐私的事情。 Wǒmen zuìhǎo búyào zuò shèjí biérén yǐnsī de shìqing.	他人のプライバシーに触れることはしない方がいいです。
这件事涉及他的前途问题。 Zhè jiàn shì shèjí tā de qiántú wèntí.	この件は彼の将来に関係しています。

Track 099

0694	**申报** shēnbào	動 申告する、届け出る
0695	**呻吟** shēnyín	動 苦しみうめく、呻吟（しんぎん）する
0696	**审查** shěnchá	動 審査する、適格であるか判断する
0697	**审理** shěnlǐ	動 審理する
0698	**审美** shěnměi	動 美を理解する
0699	**审判** shěnpàn	動 裁判する、審理と判決をする
0700	**渗透** shèntòu	動 しみ通る、（事物・勢力などが）浸透する

学院举办大型活动要提前向学校申报。 Xuéyuàn jǔbàn dàxíng huódòng yào tíqián xiàng xuéxiào shēnbào.	大規模なイベントを行う学部は、事前に学校に申告する必要があります。
病人在床上痛苦地呻吟着。 Bìngrén zài chuángshang tòngkǔ de shēnyínzhe.	患者はベッドの上で苦しそうにうめいています。
他呻吟了一会儿，就睡着了。 Tā shēnyínle yíhuìr, shuìzháo le.	彼はしばらくうめいていましたが、まもなく眠りに落ちました。
我们对运动员的资格进行了审查。 Wǒmen duì yùndòngyuán de zīgé jìnxíngle shěnchá.	私たちはスポーツ選手の資格を審査しました。
这份预算需要经过大会审查批准。 Zhè fèn yùsuàn xūyào jīngguò dàhuì shěnchá pīzhǔn.	この予算は大会で審査・承認される必要があります。
今年审理了两起这种案件。 Jīnnián shěnlǐle liǎng qǐ zhè zhǒng ànjiàn.	今年はこのような訴訟が2件審理されました。
他在审美方面有很高的修养。 Tā zài shěnměi fāngmiàn yǒu hěn gāo de xiūyǎng.	彼は審美眼の面で高い素養を持っています。
通过学习，他的审美能力提高了很多。 Tōngguò xuéxí, tā de shěnměi nénglì tígāole hěn duō.	勉強することで、彼の審美眼は大きく向上しました。
法院公开审判了这起案件。 Fǎyuàn gōngkāi shěnpànle zhè qǐ ànjiàn.	裁判所はこの訴訟を公開裁判にしました。
雨水渗透到土壤中了。 Yǔshuǐ shèntòudào tǔrǎng zhōngle.	雨水が土壌に浸透しました。
他的思想都渗透到这部作品中了。 Tā de sīxiǎng dōu shèntòudào zhè bù zuòpǐn zhōngle.	彼の思想はすべてこの作品中に浸透しています。

Track 100

0701	**生存** shēngcún	動 生存する、生きていく ↔ "死亡"
0702	**生效** shēng//xiào	動 効力が発生する
0703	**生锈** shēng//xiù	動 さびがつく、さびる
0704	**生育** shēngyù	動 お産をする、子どもを産む
0705	**声明** shēngmíng	動 表明する、声明を出す　名 声明
0706	**盛产** shèngchǎn	動 豊富に産出する
0707	**盛开** shèngkāi	動 満開に咲いている、盛りになる
0708	**盛行** shèngxíng	動 盛んに行われる、流行する

在恶劣的条件下，他们顽强地生存下来了。 Zài èliè de tiáojiàn xià, tāmen wánqiáng de shēngcúnxialai le.	劣悪な条件下で、彼らは粘り強く生き残りました。
我们的合同已经生效了。 Wǒmen de hétóng yǐjīng shēngxiàole.	私たちの契約はすでに効力が発生しています。
这把刀生锈了，切不动东西。 Zhè bǎ dāo shēngxiù le, qiēbudòng dōngxi. **那把锁早就生锈了，打不开了。** Nà bǎ suǒ zǎo jiù shēngxiù le, dǎbukāi le.	このナイフは錆びていて、何も切ることができません。 あの錠はとっくに錆びていて、開けられなくなっています。
我妈妈生育了我们三个子女。 Wǒ māma shēngyùle wǒmen sān ge zǐnǚ.	私の母は3人の子どもを産みました。
许多作家公开声明，支持出版社的做法。 Xǔduō zuòjiā gōngkāi shēngmíng, zhīchí chūbǎnshè de zuòfǎ. **这份声明的内容是关于知识产权方面的。** Zhè fèn shēngmíng de nèiróng shì guānyú zhīshi chǎnquán fāngmiàn de.	多くの作家は出版社のアプローチを支持することを公に表明しています。 この声明の内容は、知的財産権に関するものです。
这里盛产西瓜，而且又大又甜。 Zhèli shèngchǎn xīguā, érqiě yòu dà yòu tián. **从前这里盛产丝绸，后来被别的工业取代了。** Cóngqián zhèli shèngchǎn sīchóu, hòulái bèi bié de gōngyè qǔdài le.	ここではスイカが豊富に採れます、しかも大きくて甘いです。 以前はここでは絹織物の生産が盛んでしたが、その後他の工業に取って代わられました。
春天是百花盛开的季节。 Chūntiān shì bǎihuā shèngkāi de jìjié. **盛开的桃花散发出阵阵香气。** Shèngkāi de táohuā sànfāchū zhènzhèn xiāngqì.	春は種々の花が咲き誇る季節です。 満開に咲いている桃の花が、いい香りを発しています。
在网络上谈恋爱越来越盛行。 Zài wǎngluò shang tán liàn'ài yuè lái yuè shèngxíng.	ネット恋愛はますます盛んに行われるようになっています。

0709	**失事** shī//shì	動 不幸な事故を起こす
0710	**失踪** shī//zōng	動 失踪する、行方不明になる
0711	**施加** shījiā	動（圧力や影響などを）加える
0712	**施展** shīzhǎn	動（能力や威力を）発揮する
0713	**识别** shíbié	動 識別する、見分ける
0714	**实施** shíshī	動（政策や政令などを）実施する
0715	**实行** shíxíng	動（綱領・政策・計画などを）実行する
0716	**拾** shí	動 拾う、拾い上げる　数 十の別表記 解説 契約書・証書類の数字や金額を書くのに用いる

台风是造成这次飞机失事的主要原因。 Táifēng shì zàochéng zhè cì fēijī shīshì de zhǔyào yuányīn.	台風が今回の飛行機事故を引き起こした主な原因です。
孩子失踪了，家长非常着急。 Háizi shīzōng le, jiāzhǎng fēicháng zháojí.	子どもが行方不明になり、親は非常に焦っています。
家长给孩子施加了很大压力。 Jiāzhǎng gěi háizi shījiāle hěn dà yālì.	親は子どもに多くのプレッシャーを与えました。
他终于找到了一个可以施展才能的工作。 Tā zhōngyú zhǎodàole yí ge kěyǐ shīzhǎn cáinéng de gōngzuò.	彼はついに才能を発揮できる仕事を見つけました。
他很快就识别出了我的声音。 Tā hěn kuài jiù shíbiéchūle wǒ de shēngyīn. **考古学家已经识别出了这件文物的年代。** Kǎogǔxuéjiā yǐjīng shíbiéchūle zhè jiàn wénwù de niándài.	彼はすぐに私の声を聞き分けました。 考古学者はこの文化財の年代を識別しています。
公司实施了新的管理制度。 Gōngsī shíshīle xīn de guǎnlǐ zhìdù. **这个方案的实施效果很好。** Zhège fāng'àn de shíshī xiàoguǒ hěn hǎo.	会社は新しい管理制度を実施しました。 このプランの実施効果は上々です。
中国实行了改革开放的政策。 Zhōngguó shíxíngle gǎigé kāifàng de zhèngcè.	中国は改革開放の政策を実行しました。
他在海边拾了很多贝壳。 Tā zài hǎibiān shíle hěn duō bèiké. **他把地上的垃圾拾起来，扔到了垃圾箱。** Tā bǎ dìshang de lājī shíqilai, rēngdàole lājīxiāng.	彼は海辺でたくさんの貝がらを拾いました。 彼は地面の上のごみを拾い上げて、ごみ箱に捨てました。

Track 102

0717	**示范** shìfàn	動 模範を示す、手本を示す
0718	**示威** shìwēi	動 デモをする、相手に自分の力を見せる
0719	**示意** shìyì	動（表情・身ぶり・図形などで）意図を示す
0720	**试图** shìtú	動 たくらむ、～しようと試みる
0721	**试验** shìyàn	動（効果や性能を知るために）試験する、テストする　名 実験、テスト
0722	**逝世** shìshì	動 逝去する
0723	**释放** shìfàng	動 釈放する、放出する
0724	**收藏** shōucáng	動 しまい込む、収蔵する

教练给大家示范了游泳的姿势。 Jiàoliàn gěi dàjiā shìfànle yóuyǒng de zīshì.	コーチはみなに泳ぐ姿勢の手本を示しました。
大街上一些人在游行示威。 Dàjiē shang yìxiē rén zài yóuxíng shìwēi.	大通りで人々がデモ行進をしています。
警察拦住了示威的群众。 Jǐngchá lánzhùle shìwēi de qúnzhòng.	警察はデモをしている民衆を遮りました。
如果大家有问题，可以举手示意。 Rúguǒ dàjiā yǒu wèntí, kěyǐ jǔ shǒu shìyì.	みなさん質問がある場合は、手を挙げて教えてください。
他试图通过自己的努力，闯出一条成功的道路。 Tā shìtú tōngguò zìjǐ de nǔlì, chuǎngchū yì tiáo chénggōng de dàolù.	彼は自分の努力によって成功の道を切り開こうとしています。
通过试验，我们得出了这个结论。 Tōngguò shìyàn, wǒmen déchūle zhège jiélùn.	実験を通じて、私たちはこの結論を引き出しました。
谁也不敢保证这次试验一定能成功。 Shéi yě bù gǎn bǎozhèng zhè cì shìyàn yídìng néng chénggōng.	この実験が成功することを誰も保証しようとしません。
那位艺术家因病逝世了。 Nà wèi yìshùjiā yīn bìng shìshìle.	あの芸術家は病気で逝去しました。
他两年前被捕，现在已经被释放出来了。 Tā liǎng nián qián bèi bǔ, xiànzài yǐjīng bèi shìfàngchulai le.	彼は2年前に逮捕され、現在すでに釈放されています。
火山释放出的灰尘弥漫了天空。 Huǒshān shìfàngchū de huīchén mímànle tiānkōng.	火山が放出した灰が空に立ちこめています。
这幅画他收藏 20 多年了。 Zhè fú huà tā shōucáng èrshí duō nián le.	この絵を彼は20年以上収蔵しています。

0725 收缩 shōusuō
動 収縮する、（規模を）縮小する

0726 守护 shǒuhù
動 番をする、見守る、介抱する

0727 受罪 shòu//zuì
動 ひどい目にあう、苦しめられる

0728 授予 shòuyǔ
動（勲章・賞状・肩書きなどを）授ける、授与する

0729 疏忽 shūhu
動 おろそかにする、うっかりする

0730 疏远 shūyuǎn
動 疎遠にする、遠ざける　形 疎遠な、親しくない

0731 束缚 shùfù
動 束縛する

0732 树立 shùlì
動 樹立する、打ち立てる

这种布洗过之后就会收缩。 Zhè zhǒng bù xǐguo zhīhòu jiù huì shōusuō.	この種類の布は洗濯をすると縮みます。
最近公司的开支进一步收缩了。 Zuìjìn gōngsī de kāizhī jìnyíbù shōusuō le.	最近、会社の支出はさらに縮減しています。
我受伤的日子里，妻子一直守护着我。 Wǒ shòushāng de rìzi li, qīzi yìzhí shǒuhùzhe wǒ.	私が怪我をしていたとき、妻はずっと私を介抱し続けました。
他们日夜守护着祖国的边疆。 Tāmen rìyè shǒuhùzhe zǔguó de biānjiāng.	彼らは日夜祖国の国境地帯を守っています。
在这么热的天气里干活儿，真受罪。 Zài zhème rè de tiānqì li gànhuór, zhēn shòuzuì.	こんなに暑い中仕事をするなんて、本当に大変です。
他通过了论文答辩，被授予博士学位。 Tā tōngguòle lùnwén dábiàn, bèi shòuyǔ bóshì xuéwèi.	彼は論文の口頭試問を通過して、博士号を授与されました。
刚才我们都疏忽了这个问题。 Gāngcái wǒmen dōu shūhūle zhège wèntí.	さっき私たちはこの問題を見過ごしました。
我一时疏忽，把他的名字写错了。 Wǒ yìshí shūhu, bǎ tā de míngzi xiěcuò le.	うっかりして、彼の名前を書き間違えました。
听了这些话，他就与往日的朋友疏远了起来。 Tīngle zhèxiē huà, tā jiù yǔ wǎngrì de péngyou shūyuǎnleqǐlai.	これらの言葉を聞いて、彼は彼の古い友人と疎遠になってしまいました。
他们的关系变得疏远以后，误会也越来越深了。 Tāmen de guānxi biànde shūyuǎn yǐhòu, wùhuì yě yuè lái yuè shēn le.	彼らの関係が疎遠になるにつれて、誤解もますます深くなっています。
封建观念束缚了人们的创造精神，所以必须破除。 Fēngjiàn guānniàn shùfùle rénmen de chuàngzào jīngshén, suǒyǐ bìxū pòchú.	封建的な考え方が人々の創造的な精神を縛っていたので、それらは打破しなければなりません。
他通过努力，在群众中树立了威信。 Tā tōngguò nǔlì, zài qúnzhòng zhōng shùlìle wēixìn.	彼は努力で大衆の間に信望を打ち立てました。

Track 104

0733
耍
shuǎ
動 遊ぶ、(才能や技術などを) 発揮する、(悪い癖や態度を) あらわにする

0734
衰退
shuāituì
動 (身体・意志・能力などが) 衰退する、衰える

0735
率领
shuàilǐng
動 (軍隊や集団を) 率いる、統率する

0736
司法
sīfǎ
動 (裁判所などが) 法に則って訴訟事件を処理する

0737
思念
sīniàn
動 懐かしむ、思い慕う

0738
思索
sīsuǒ
動 思索する

0739
死亡
sǐwáng
動 死亡する
⇔ "生存"

0740
饲养
sìyǎng
動 飼育する、飼う

他从小就喜欢耍杂技。 Tā cóngxiǎo jiù xǐhuan shuǎ zájì.	彼は子どもの頃から曲芸をやるのが好きです。
她爱耍小脾气，动不动就生气。 Tā ài shuǎ xiǎo píqi, dòngbudòng jiù shēngqì.	彼女は怒りっぽくて、ともすればすぐに癇癪を起こします。
近年来我的记忆力衰退了好多。 Jìnniánlái wǒ de jìyìlì shuāituìle hǎoduō.	近年私の記憶力はかなり衰えています。
经济衰退导致了社会动荡。 Jīngjì shuāituì dǎozhìle shèhuì dòngdàng.	景気後退は社会の激動をもたらしました。
他率领的代表团多次访问中国。 Tā shuàilǐng de dàibiǎotuán duō cì fǎngwèn Zhōngguó.	彼が率いる代表団は何度も中国を訪れました。
这起纠纷已经进入司法程序，等待法院判决。 Zhè qǐ jiūfēn yǐjing jìnrù sīfǎ chéngxù, děngdài fǎyuàn pànjué.	このいざこざは、すでに司法プロセスに入っていて、裁判所の判決を待っているところです。
很多年没见到儿子，妈妈思念得不得了。 Hěn duō nián méi jiàndào érzi, māma sīniàn de bùdéliǎo.	長年息子に会っていないので、母はひどく気にかけています。
他边低头走路，边思索着人生和哲学问题。 Tā biān dītóu zǒulù, biān sīsuǒzhe rénshēng hé zhéxué wèntí.	彼はうつむいて歩きながら、人生と哲学に関する問題について思索をしています。
病人已经于昨夜死亡了。 Bìngrén yǐjīng yú zuóyè sǐwáng le.	患者はすでに昨夜死亡しました。
现在讲究科学饲养，不能用老办法了。 Xiànzài jiǎngjiu kēxué sìyǎng, bù néng yòng lǎo bànfǎ le.	今は科学的な飼育を重視していて、古い方法は使用できません。

0741	**耸** sǒng	動 そびえる、そびえ立つ、(体の一部を)立てる、そば立てる
0742	**苏醒** sūxǐng	動 よみがえる、蘇生する
0743	**诉讼** sùsòng	動 訴訟を起こす、訴える
0744	**塑造** sùzào	動 形作る、(文字で人物のイメージを)描き出す、目標に達するまで育てる
0745	**算数** suàn//shù	動 確認する、有効と認める、～としたことになる
0746	**损坏** sǔnhuài	動 壊す、損なう
0747	**索取** suǒqǔ	動 (具体的なものを) 請求する、取り立てる

这里高耸着一座纪念塔。 Zhèli gāosǒngzhe yí zuò jìniàntǎ.	ここには1つの記念塔がそびえ立っています。
他耸了耸肩，显出无可奈何的样子。 Tā sǒngle sǒng jiān, xiǎnchū wú kě nài hé de yàngzi.	彼は肩をすくめて、どうすることもできないことを示しました。
他躺了两天后终于苏醒了。 Tā tǎngle liǎng tiān hòu zhōngyú sūxǐngle.	彼は2日間寝たままでしたが、ようやく息を吹き返しました。
检察院对他依法提起了诉讼。 Jiǎncháyuàn duì tā yīfǎ tíqǐle sùsòng.	検察院は法に則って彼を起訴しました。
在这场诉讼中，我们有充分的证据。 Zài zhè chǎng sùsòng zhōng, wǒmen yǒu chōngfèn de zhèngjù.	この訴訟では、私たちには十分な証拠があります。
艺术家们精心塑造了这些塑像。 Yìshùjiāmen jīngxīn sùzàole zhèxiē sùxiàng.	芸術家たちはこれらの彫像を丁寧に形作りました。
他的小说中塑造的人物在生活中是可以见到的。 Tā de xiǎoshuō zhōng sùzào de rénwù zài shēnghuó zhōng shì kěyǐ jiàndào de.	彼の小説で描かれている登場人物は生活の中で見ることができます。
我说话算数，你就放心吧。 Wǒ shuōhuà suànshù, nǐ jiù fàngxīn ba.	私は言ったことを守ります、安心してください。
你可不要随便答应别人，说话是要算数的。 Nǐ kě búyào suíbiàn dāying biérén, shuōhuà shì yào suànshù de.	安請け合いしてはいけません、言ったことは守らなくてはいけませんよ。
你损坏了人家的玻璃，应该赔偿。 Nǐ sǔnhuàile rénjia de bōli, yīnggāi péicháng.	人の家のガラスを壊したら、あなたは弁償すべきです。
这台机器被他们损坏了，已经不能用了。 Zhè tái jīqì bèi tāmen sǔnhuàile, yǐjīng bù néng yòngle.	この機械は彼らが壊したので、もう使えなくなっています。
工人们有权利向工厂索取应得的报酬。 Gōngrénmen yǒu quánlì xiàng gōngchǎng suǒqǔ yīng dé de bàochou.	労働者たちには工場に正当な報酬を請求する権利があります。

0748	塌 tā	動 崩れる、くぼむ、(気を) 落ち着ける
0749	贪污 tānwū	動 汚職行為をする、賄賂を受け取る
0750	摊 tān	動 (平らに) 広げる、分担する 量 広がった液体やのり状のものを数える
0751	瘫痪 tānhuàn	動 半身不随になる、麻痺状態になる
0752	坦白 tǎnbái	動 告白する、白状する 形 率直な、正直な
0753	叹气 tàn//qì	動 ため息をつく
0754	探测 tàncè	動 探測する、測定する
0755	探索 tànsuǒ	動 探索する、探求する

地震后，很多房子都塌了。 Dìzhèn hòu, hěn duō fángzi dōu tā le.	地震のあと、多くの家屋が倒壊しました。
道路塌下去了一个坑。 Dàolù tāxiaqule yí ge kēng.	道が陥没して穴が開きました。
政府一直在加强措施，整顿贪污。 Zhèngfǔ yìzhí zài jiāqiáng cuòshī, zhěngdùn tānwū.	政府はずっと措置を強化して、汚職行為を粛正しています。
地方太小，这张图纸摊不开。 Dìfang tài xiǎo, zhè zhāng túzhǐ tānbukāi.	スペースが小さすぎて、この図面を広げることができません。
地上撒了一摊水。 Dìshang sǎle yì tān shuǐ.	地面に水をまきました。
他左半身瘫痪了。 Tā zuǒbànshēn tānhuàn le.	彼は左半身が麻痺してしまいました。
一场大雪让交通完全瘫痪了。 Yì cháng dàxuě ràng jiāotōng wánquán tānhuàn le.	大雪で交通が完全に麻痺しました。
他向警察坦白了犯罪经过。 Tā xiàng jǐngchá tǎnbáile fànzuì jīngguò.	彼は犯した罪のいきさつを警察に自白しました。
他坦白的态度让我们很放心。 Tā tǎnbái de tàidù ràng wǒmen hěn fàngxīn.	彼の率直な態度が私たちを安心させました。
他考得不太好，所以不停地叹气。 Tā kǎode bú tài hǎo, suǒyǐ bù tíng de tànqì.	彼はテストであまりうまくいかなかったので、絶えずため息をついています。
他们探测到了地下的石油。 Tāmen tàncèdàole dìxià de shíyóu.	彼らは地下の石油を探し当てました。
科学家们一直都在探索宇宙的奥秘。 Kēxuéjiāmen yìzhí dōu zài tànsuǒ yǔzhòu de àomì.	科学者たちはずっと宇宙の謎を探究しています。

Track 107

0756	**探讨** tàntǎo	動 詳細に研究する、詳しく討議する
0757	**探望** tànwàng	動 はるばる見舞いに行く、首を伸ばしてのぞく
0758	**掏** tāo	動（手か道具で）ほじくり出す、取り出す
0759	**陶醉** táozuì	動 陶酔する コロ "陶醉于～" "被～陶醉" "为～而陶醉" "陶醉在～" ～に陶酔する
0760	**淘汰** táotài	動 失格させる、淘汰する
0761	**讨好** tǎo//hǎo	動 機嫌を取る、よい結果を得る
0762	**提拔** tíbá	動 抜擢する、引き立てる
0763	**提炼** tíliàn	動 抽出する、精製する

他最喜欢探讨婚姻与家庭问题。 Tā zuì xǐhuan tàntǎo hūnyīn yǔ jiātíng wèntí.	彼は結婚と家族の問題を研究するのが最も好きです。
他生病期间，很多朋友曾去探望。 Tā shēngbìng qījiān, hěn duō péngyou céng qù tànwàng. **他不停地探望着窗外的情况。** Tā bù tíng de tànwàngzhe chuāngwài de qíngkuàng.	彼が病気の間、多くの友人がはるばる見舞いに行きました。 彼は首を伸ばして、窓の外の状況をずっと伺っています。
他从包里掏出了身份证。 Tā cóng bāo li tāochūle shēnfènzhèng.	彼は身分証明書をバッグから取り出しました。
这么美的艺术作品简直令人陶醉。 Zhème měi de yìshù zuòpǐn jiǎnzhí lìng rén táozuì.	このような美しい芸術作品には全くうっとりさせられます。
这支篮球队很可能被淘汰。 Zhè zhī lánqiúduì hěn kěnéng bèi táotài. **如果不学习，就会被时代淘汰。** Rúguǒ bù xuéxí, jiù huì bèi shídài táotài.	このバスケットボールチームは、失格になる可能性があります。 もし勉強しなければ、時代遅れになります。
为了自己的发展前途，他常常讨好上司。 Wèile zìjǐ de fāzhǎn qiántú, tā chángcháng tǎohǎo shàngsi.	自身の有望な将来のために、彼はよく上司のご機嫌取りをします。
这些年轻干部都是他提拔起来的。 Zhèxiē niánqīng gànbù dōu shì tā tíbáqilai de.	これらの若い幹部はみな彼が抜擢しました。
这种草可以用来提炼药物。 Zhè zhǒng cǎo kěyǐ yònglái tíliàn yàowù. **这些材料可以提炼成一篇好文章。** Zhèxiē cáiliào kěyǐ tíliànchéng yì piān hǎo wénzhāng.	この種の草は、薬を抽出するのに使用できます。 これらのデータを抽出して、優れた文章を作ることができます。

Track 108

0764	提示 tíshì	動 ヒントを与える、注意を促す
0765	提议 tíyì	動 提議する 名 提議、提案
0766	体谅 tǐliàng	動 思いやる
0767	舔 tiǎn	動 なめる
0768	挑剔 tiāoti	動 けちをつける、文句を言う
0769	调和 tiáohé	動 和解させる、妥協する 形 調和している、適度である

老师反复提示我们，注意重点内容。 Lǎoshī fǎnfù tíshì wǒmen, zhùyì zhòngdiǎn nèiróng.	先生は繰り返し私たちにヒントを与えて、重要な内容に気を配るよう注意しました。
他的提示让我一下子想起了答案。 Tā de tíshì ràng wǒ yíxiàzi xiǎngqǐle dá'àn.	彼のヒントで私はすぐに答えが思い浮かびました。
学生们提议增加两个小时的课程。 Xuéshēngmen tíyì zēngjiā liǎng ge xiǎoshí de kèchéng.	生徒たちはさらに授業を2時間増やしたカリキュラムにするよう提案しました。
我们都在保护环境的提议上签了名。 Wǒmen dōu zài bǎohù huánjìng de tíyì shang qiānle míng.	私たちはみな、環境保護の提議書に署名しました。
学校体谅他的实际困难，免除了他的学费。 Xuéxiào tǐliàng tā de shíjì kùnnan, miǎnchúle tā de xuéfèi.	学校は彼の実際的な困難を考慮して、授業料を免除しました。
大家应该互相体谅，而不是互相指责。 Dàjiā yīnggāi hùxiāng tǐliàng, ér bú shì hùxiāng zhǐzé.	みながお互いに思いやりを持つべきで、お互いを非難しあうべきでもありません。
小猫把碟子舔得干干净净。 Xiǎo māo bǎ diézi tiǎnde gàn gān jìngjìng.	子猫は小皿をきれいに舐めました。
他对人很和气，从不挑剔什么。 Tā duì rén hěn héqi, cóng bù tiāoti shénme.	彼はとても人にやさしく、これまで人に文句を言ったことはありません。
他很会调和家庭成员之间的关系。 Tā hěn huì tiáohé jiātíng chéngyuán zhījiān de guānxi.	彼は家庭関係の間に立って丸く収めるのが非常に得意です。
他们之间的问题我恐怕调和不了。 Tāmen zhījiān de wèntí wǒ kǒngpà tiáohébuliǎo.	彼らの間の問題は、私ではおそらく解決させることができないと思います。

0770	**调剂** tiáojì	動 調整する、調剤する
0771	**调节** tiáojié	動 調節する、整える
0772	**调解** tiáojiě	動 仲裁する、調停する
0773	**挑拨** tiǎobō	動（仲たがいをさせようと）双方をけしかける、そそのかす
0774	**挑衅** tiǎoxìn	動 挑発する、けんかを売る
0775	**跳跃** tiàoyuè	動 跳躍する、ジャンプする
0776	**停泊** tíngbó	動（船が）停泊する

根据工作需要，公司把他调剂到了广告部。 Gēnjù gōngzuò xūyào, gōngsī bǎ tā tiáojìdàole guǎnggàobù. **他平时爱打球，算是调剂生活。** Tā píngshí ài dǎqiú, suànshì tiáojì shēnghuó.	業務上のニーズに基づき、会社は彼を広告部門に移しました。 彼は普段球技をやるのが好きで、それは生活の息抜きになっています。
老师调节了课程进度，以适应学生水平。 Lǎoshī tiáojiéle kèchéng jìndù, yǐ shìyìng xuésheng shuǐpíng. **他在比赛前调节好了自己的情绪。** Tā zài bǐsài qián tiáojiéhǎole zìjǐ de qíngxù.	教師は生徒のレベルに合わせることで、カリキュラムの進度を調整しました。 彼は試合前に自分の感情をうまくコントロールしました。
他经常给别人调解家庭矛盾。 Tā jīngcháng gěi biérén tiáojiě jiātíng máodùn.	彼はしばしば他人の家族間の対立を仲裁します。
我们的感情很深，谁也挑拨不了。 Wǒmen de gǎnqíng hěn shēn, shéi yě tiǎobōbuliǎo. **你不要相信别人的挑拨。** Nǐ búyào xiāngxìn biérén de tiǎobō.	私たちは互いに強く想い合っているので、誰も双方をけしかけることはできません。 あなたは他人の挑発を真に受けてはいけません。
他这么做是公开挑衅，我们必须回应。 Tā zhème zuò shì gōngkāi tiǎoxìn, wǒmen bìxū huíyìng.	彼がこうしたのは大っぴらな挑発です、私たちはきっちりお返しをしないといけません。
他高兴得一下子跳跃起来。 Tā gāoxìngde yíxiàzi tiàoyuèqilai.	彼は喜んでたちまちジャンプしました。
这艘轮船要在这里停泊三天。 Zhè sōu lúnchuán yào zài zhèli tíngbó sān tiān.	この船はここに3日間停泊します。

0777	**停顿** tíngdùn	動 中断する、(話・朗読などの) 間をとる
0778	**停滞** tíngzhì	動 停滞する、滞る
0779	**通缉** tōngjī	動 指名手配する
0780	**通用** tōngyòng	動 通用する、(発音が同じ2つの漢字が、ある意味に限って) 互いに通じる
0781	**统计** tǒngjì	動 統計をとる、まとめて計算する
0782	**统治** tǒngzhì	動 統治する、支配する
0783	**投机** tóujī	動 投機をする　形 気が合う、馬が合う

由于缺乏原料，生产停顿了。 Yǒuyú quēfá yuánliào, shēngchǎn tíngdùnle.	原材料が不足しているため、生産が中断しました。
老师讲着讲着，突然停顿下来。 Lǎoshī jiǎngzhe jiǎngzhe, tūrán tíngdùnxialai.	先生は話しているうちに、突然話を中断しました。
最近他的成绩停滞不前了。 Zuìjìn tā de chéngjì tíngzhì bù qián le.	彼の成績は最近停滞しています。
警方正在通缉他，估计他很快就会落网。 Jǐngfāng zhèngzài tōngjī tā, gūjì tā hěn kuài jiù huì luòwǎng.	警察は現在彼を指名手配していて、じきに逮捕されると読んでいます。
英语是一种通用的国际语言。 Yīngyǔ shì yì zhǒng tōngyòng de guójì yǔyán.	英語は共通の世界言語です。
你统计一下今天来了多少人。 Nǐ tǒngjì yíxià jīntiān láile duōshao rén.	今日は何人が来たか統計してください。
今年全国要进行大规模的人口统计。 Jīnnián quánguó yào jìnxíng dà guīmó de rénkǒu tǒngjì.	今年は全国で大規模な人口統計を取る予定です。
他统治了这个国家很多年。 Tā tǒngzhìle zhège guójiā hěn duō nián.	彼は長年この国を統治していました。
这种观念一直统治着人们的思想。 Zhè zhǒng guānniàn yìzhí tǒngzhìzhe rénmen de sīxiǎng.	この観念はずっと人の思想を支配してきました。
他靠投机赚了不少钱。 Tā kào tóujī zhuànle bù shǎo qián.	彼は投機で多額のお金を稼ぎました。
我们看法一致，聊得很投机。 Wǒmen kànfǎ yízhì, liáode hěn tóujī.	私たちの考え方は一致していて、話が合います。

0784	**投票** tóu//piào	動 投票する
0785	**投诉** tóusù	動 (関係筋に) 訴え出る
0786	**投降** tóuxiáng	動 投降する、降参する
0787	**投掷** tóuzhì	動 投げ飛ばす、投げつける
0788	**透露** tòulù	動 (秘密などを) 漏らす、(意志・感情などを) 現す
0789	**突破** tūpò	動 突破する、乗り越える
0790	**涂抹** túmǒ	動 塗る、思いつくままに書く
0791	**团结** tuánjié	動 団結する、結束する 形 仲がよい

对这次改革，我投赞成票。 Duì zhè cì gǎigé, wǒ tóu zànchéng piào.	この改革に私は賛成票を投じました。
不知道为什么，他没参加这次投票。 Bù zhīdào wèi shénme, tā méi cānjiā zhè cì tóupiào.	理由はわかりませんが、彼はこの投票に参加しませんでした。
他已经就不公正的待遇问题投诉了接待人员。 Tā yǐjīng jiù bù gōngzhèng de dàiyù wèntí tóusùle jiēdài rényuán.	彼は不公平な待遇の問題について、受付係に訴え出ました。
敌人全部投降了。 Dírén quánbù tóuxiáng le.	敵は全員降伏しました。
我军不停地向敌人投掷炸弹。 Wǒ jūn bù tíng de xiàng dírén tóuzhì zhàdàn.	私の軍はしきりに敵に向けて爆弾を投げました。
他把球投掷出去了。 Tā bǎ qiú tóuzhì chūqùle.	彼はボールを投げました。
他不让我们向外透露准备结婚的事情。 Tā bú ràng wǒmen xiàng wài tòulù zhǔnbèi jiéhūn de shìqing.	彼は結婚する予定について外に漏らさないよう私たちに言いました。
我军成功地突破了敌人的封锁。 Wǒ jūn chénggōng de tūpòle dírén de fēngsuǒ.	私たちの軍は敵の封鎖を首尾よく突破しました。
我们突破了很多技术难题。 Wǒmen tūpòle hěn duō jìshù nántí.	私たちは多くの技術的な難題を突破しました。
这面墙被涂抹成了黄色。 Zhè miàn qiáng bèi túmǒchéngle huángsè.	この壁は黄色く塗られています。
大家应该团结起来，战胜困难。 Dàjiā yīnggāi tuánjiéqilai, zhànshèng kùnnan.	みなが団結して、困難に打ち勝つべきです。
如果你们不团结，比赛肯定会输。 Rúguǒ nǐmen bù tuánjié, bǐsài kěndìng huì shū.	あなたたちが団結しなければ、試合は間違いなく負けます。

0792 **团圆** tuányuán

動 再会する、いっしょになる 形 円形の、丸型の

0793 **推测** tuīcè

動 推測する、推し量る

0794 **推翻** tuī//fān

動 (支配・政権を) 覆す、(計画・決定などを) ひっくり返す

0795 **推理** tuīlǐ

動 推理する

0796 **推论** tuīlùn

動 推論する 名 推論

0797 **推销** tuīxiāo

動 販路を広める、売りさばく

0798 **托运** tuōyùn

動 (輸送機関に) 託送する、輸送を委託する

他们一家现在团圆了。 Tāmen yì jiā xiànzài tuányuán le. **父母就盼着过年能吃顿团圆饭。** Fùmǔ jiù pànzhe guònián néng chī dùn tuányuánfàn.	彼ら一家は、今再会しました。 両親は新年の一家団らんの食事を楽しみにしています。
我推测他这次实验可能会失败。 Wǒ tuīcè tā zhè cì shíyàn kěnéng huì shībài. **根据我的推测，他路上可能堵车了。** Gēnjù wǒ de tuīcè, tā lùshang kěnéng dǔchē le.	私は彼がこの実験に失敗するかもしれないと推測しています。 私の推測では、彼は道が渋滞している可能性があります。
那次革命推翻了封建统治。 Nà cì gémìng tuīfānle fēngjiàn tǒngzhì. **我们推翻了原来的设计方案。** Wǒmen tuīfānle yuánlái de shèjì fāng'àn.	あの革命は封建的な支配を覆させました。 私たちはオリジナルのデザイン案を覆しました。
可惜你这只是推理，缺乏证据。 Kěxī nǐ zhè zhǐshì tuīlǐ, quēfá zhèngjù. **事实证明，他的推理是正确的。** Shìshí zhèngmíng, tā de tuīlǐ shì zhèngquè de.	残念ながら、あなたのこれはただの推理で、証拠が不足しています。 彼の推理が正しいことを事実が証明しています。
我们推论这是两百年前的作品。 Wǒmen tuīlùn zhè shì liǎngbǎi nián qián de zuòpǐn. **这个推论是否可靠目前还说不准。** Zhège tuīlùn shìfǒu kěkào mùqián hái shuōbuzhǔn.	これは200年前の作品だと私たちは推論します。 この推論が信頼できるかどうかは現時点では言えません。
工厂派人到商店推销自己的产品。 Gōngchǎng pài rén dào shāngdiàn tuīxiāo zìjǐ de chǎnpǐn.	工場は商店に人を送って、自らの製品の販路を広めました。
您只能免费托运 20 公斤的行李。 Nín zhǐ néng miǎnfèi tuōyùn èrshí gōngjīn de xíngli.	20kgの荷物のみ無料で託送できます。

0799
拖延 tuōyán
動 引き延ばす、遅らせる

0800
脱离 tuōlí
動 離脱する、関係を断つ

0801
妥协 tuǒxié
動 妥協する、歩み寄る

0802
唾弃 tuòqì
動 軽蔑する、唾棄する

0803
挖掘 wājué
動 掘り出す、掘り起こす

0804
瓦解 wǎjiě
動 瓦解する、崩れる

0805
歪曲 wāiqū
動 歪曲する

他们故意拖延比赛时间。 Tāmen gùyì tuōyán bǐsài shíjiān. **别再拖延了，我们耽误不起。** Bié zài tuōyán le, wǒmen dānwubuqǐ.	彼らは故意に試合時間を遅らせました。 これ以上引き延ばさないでください。私たちは遅らせるわけにはいきません。
理论一旦脱离了实际，就失去了它的意义。 Lǐlùn yídàn tuōlíle shíjì, jiù shīqùle tā de yìyì. **父子俩曾经脱离过父子关系。** Fùzǐ liǎ céngjīng tuōlíguo fùzǐ guānxi.	理論が一旦現実から離れると、その意味が失われます。 父と息子はかつて縁を断っていました。
在原则问题上，我们是不可能妥协的。 Zài yuánzé wèntí shang, wǒmen shì bù kěnéng tuǒxié de. **为了合作，我们已经做了很大的妥协。** Wèile hézuò, wǒmen yǐjīng zuòle hěn dà de tuǒxié.	原則の問題について、私たちは妥協できません。 協力のために、私たちはすでに大きく妥協しています。
这个竞选者因为社会丑闻而被选民唾弃。 Zhège jìngxuǎnzhě yīnwèi shèhuì chǒuwén ér bèi xuǎnmín tuòqì.	この候補者は、社会的スキャンダルで有権者から軽蔑されています。
他们从地下挖掘出来很多文物。 Tāmen cóng dìxià wājuéchulai hěn duō wénwù. **他很注意挖掘大家的潜力。** Tā hěn zhùyì wājué dàjiā de qiánlì.	彼らは地下から多くの文化財を掘り起こしました。 彼は皆の潜在能力を引き出すことに気を回しています。
这个组织很快就瓦解了。 Zhège zǔzhī hěn kuài jiù wǎjiě le. **这个政权只存在了两年就瓦解了。** Zhège zhèngquán zhǐ cúnzàile liǎng nián jiù wǎjiě le.	この組織はすぐに崩壊してしまいました。 この政権は、わずか2年しかもたずに崩壊しました。
这篇文章严重歪曲了事实。 Zhè piān wénzhāng yánzhòng wāiqūle shìshí.	この文章は事実をひどく歪曲しています。

0806	完毕 wánbì	動 終了する、完了する
0807	玩弄 wánnòng	動 いじくる、弄する、もてあそぶ
0808	挽回 wǎnhuí	動 挽回する、打開する、取り戻す
0809	挽救 wǎnjiù	動（危険な状態から）救う、助ける
0810	妄想 wàngxiǎng	動 妄想する、とんでもないことを考える 名 妄想
0811	为期 wéiqī	動 期間を～とする
0812	违背 wéibèi	動 背く、違反する

他出国的各种手续已经办理完毕。 Tā chūguó de gè zhǒng shǒuxù yǐjīng bànlǐ wánbì.	彼の各種出国手続きはすべて完了しました。
他玩弄着手里的小球。 Tā wánnòngzhe shǒu li de xiǎo qiú.	彼は手でボールをいじくっています。
这些人又在玩弄骗人的手段了。 Zhèxiē rén yòu zài wánnòng piàn rén de shǒuduàn le.	この人々はまた詐欺の手口を弄しています。
我们会尽量挽回事故的影响。 Wǒmen huì jǐnliàng wǎnhuí shìgù de yǐngxiǎng.	私たちは事故の影響を取り戻すために最善を尽くします。
失败的局面恐怕很难挽回了。 Shībài de júmiàn kǒngpà hěn nán wǎnhuí le.	失敗の局面を挽回するのはおそらく難しいです。
医生挽救了他的生命。 Yīshēng wǎnjiùle tā de shēngmìng.	医者は彼の命を救いました。
敌人妄想打败我们，这是不可能的。 Dírén wàngxiǎng dǎbài wǒmen, zhè shì bù kěnéng de.	敵は私たちを打ち負かすことを妄想していますが、これは不可能です。
抛开那些妄想，踏踏实实工作吧。 Pāokāi nàxiē wàngxiǎng, tātāshíshí gōngzuò ba.	それらのとんでもない考えを捨てて、着実に働いてください。
为期两周的会议结束了。 Wéiqī liǎng zhōu de huìyì jiéshù le.	2週間の会議が終了しました。
我们要去美国培训，为期三个月。 Wǒmen yào qù Měiguó péixùn, wéiqī sān ge yuè.	私たちは米国に行ってトレーニングを行います。期間は3か月間です。
他违背了我们当初的约定。 Tā wéibèile wǒmen dāngchū de yuēdìng.	彼は私たちの当初の約束に違反しました。

0813	维持 wéichí	動 維持する、保護する
0814	维护 wéihù	動 守る、擁護する
0815	伪造 wěizào	動 偽造する
0816	委托 wěituō	動 委託する、仕事を頼む
0817	畏惧 wèijù	動 恐れる
0818	喂 wèi	動（人に）食べさせる、えさをやる
0819	慰问 wèiwèn	動 見舞う、慰問する

我们要想办法维持当前的和平局势。 Wǒmen yào xiǎng bànfǎ wéichí dāngqián de hépíng júshì.	現在の平和な情勢を維持する方法を見つける必要があります。
我们的粮食还可以维持一个月。 Wǒmen de liángshi hái kěyǐ wéichí yí ge yuè.	私たちの食料はあとまだ1カ月もちます。
他们采取各种办法，维护产品的信誉。 Tāmen cǎiqǔ gè zhǒng bànfǎ, wéihù chǎnpǐn de xìnyù.	彼らは様々な方法を採って、製品の信頼と名誉を維持しています。
这幅画是伪造的，跟真的有很大差距。 Zhè fú huà shì wěizào de, gēn zhēn de yǒu hěn dà chājù.	この絵は偽造されたもので、本物とはかけ離れています。
身份证是很难伪造出来的。 Shēnfènzhèng shì hěn nán wěizàochulai de.	身分証明書は偽造するのが困難です。
我委托他买一张飞机票。 Wǒ wěituō tā mǎi yì zhāng fēijī piào.	私は飛行機の切符を1枚買うよう彼に頼みました。
他畏惧困难，不敢接受挑战。 Tā wèijù kùnnan, bù gǎn jiēshòu tiǎozhàn.	彼は困難を恐れて、挑戦を受け入れる勇気がありませんでした。
父亲很严格，儿子有些畏惧。 Fùqin hěn yángé, érzi yǒuxiē wèijù.	父親はとても厳しく、息子は少し怖がっています。
孩子可以自己吃饭了，不用妈妈喂了。 Háizi kěyǐ zìjǐ chī fàn le, búyòng māma wèi le.	子どもが自分で食べられるようになったので、母親が食べさせる必要はなくなりました。
你给这头牛喂点儿草吧。 Nǐ gěi zhè tóu niú wèi diǎnr cǎo ba.	この牛に草を少し食べさせてください。
总理慰问了受灾的群众。 Zǒnglǐ wèiwènle shòuzāi de qúnzhòng.	総理は被災した民衆を見舞いました。
他给灾民们带去了很多慰问品。 Tā gěi zāimínmen dàiqùle hěn duō wèiwènpǐn.	彼は被災者たちのために多くの慰問品を持参しました。

0820
问世
wènshì
動 世に出る、発表される

0821
污蔑
wūmiè
動 中傷する、けがす
≒ "诬蔑 wūmiè" 中傷する

0822
诬陷
wūxiàn
動 嘘をついて罪に陥れる

0823
无比
wúbǐ
動 比べるものがない

0824
武装
wǔzhuāng
動 武装する　名 武装力、武装

0825
侮辱
wǔrǔ
動 侮辱する、辱める

0826
误解
wùjiě
動 誤解する、思い違いをする　名 誤解

我们期待已久的作品终于问世了。 Wǒmen qīdài yǐ jiǔ de zuòpǐn zhōngyú wènshì le.	私たちが長らく待望していた作品がついに世に出ました。
新产品的问世，给市场带来了不小的冲击。 Xīn chǎnpǐn de wènshì, gěi shìchǎng dàilai le bù xiǎo de chōngjī.	新製品の発表は市場に大きな衝撃を与えました。
他到处说我的坏话，污蔑我。 Tā dàochù shuō wǒ de huàihuà, wūmiè wǒ.	彼はいたるところで私の悪口を言って、私を中傷しています。
他在网上诬陷别人，后来因此付出了代价。 Tā zài wǎngshang wūxiàn biérén, hòulái yīncǐ fùchūle dàijià.	彼はネット上で人を陥れましたが、あとで代償を支払うことになりました。
结婚后，她感到无比幸福。 Jiéhūn hòu, tā gǎndào wúbǐ xìngfú.	結婚して、彼女はこの上ない幸せを感じました。
青年人要用文化知识武装头脑。 Qīngnián rén yào yòng wénhuà zhīshi wǔzhuāng tóunǎo.	若者は教養で頭脳を武装するべきです。
反对派拥有自己的武装。 Fǎnduìpài yōngyǒu zìjǐ de wǔzhuāng.	反対派は独自の軍隊を保有しています。
任何情况下，都不要侮辱别人。 Rènhé qíngkuàng xià, dōu búyào wǔrǔ biérén.	いかなる状況においても他人を侮辱してはいけません。
文章中不要使用侮辱性的语言。 Wénzhāng zhōng búyào shǐyòng wǔrǔ xìng de yǔyán.	文中では侮蔑性のある言葉を使用しないでください。
对不起，我误解你的意思了。 Duìbuqǐ, wǒ wùjiě nǐ de yìsile.	すみません、私はあなたの言っていることを誤解していました。
他们因为误解发生了矛盾。 Tāmen yīnwèi wùjiě fāshēngle máodùn.	彼らは思い違いのためにわだかまりが生まれました。

0827	**牺牲** xīshēng	動 犠牲となる、犠牲にする 名 犠牲
0828	**熄灭** xīmiè	動（火を）消す、消滅する
0829	**袭击** xíjī	動 襲撃する、ふいうちする
0830	**掀起** xiānqǐ	動 剥がす、わき返る、巻き起こす
0831	**衔接** xiánjiē	動 つながる、関連している
0832	**嫌** xián	動 嫌う、気に入らない

他为保护国家财产不幸牺牲了。 Tā wèi bǎohù guójiā cáichǎn búxìng xīshēng le.	国の財産を守るため、彼は不運にも犠牲になりました。
王老师牺牲了休息时间为我们补课。 Wáng lǎoshī xīshēngle xiūxi shíjiān wèi wǒmen bǔkè.	王先生は休憩時間を犠牲にして私たちに補習をしてくれました。
爸爸熄灭了炉子里的火。 Bàba xīmièle lúzi li de huǒ.	お父さんはストーブの火を消しました。
突然停电了，灯光一下子都熄灭了。 Tūrán tíngdiàn le, dēngguāng yíxiàzi dōu xīmiè le.	突然停電して、明かりが一斉に消えました。
我们要做好防御准备，防止敌人袭击。 Wǒmen yào zuòhǎo fángyù zhǔnbèi, fángzhǐ dírén xíjī.	私たちは防御の準備をして、敵の襲撃を防がなくてはいけません。
昨天，暴雨袭击了这座城市。 Zuótiān, bàoyǔ xíjīle zhè zuò chéngshì.	昨日、大雨がこの街を襲いました。
他掀起盖子一看，里面什么都没有。 Tā xiānqǐ gàizi yí kàn, lǐmiàn shénme dōu méiyǒu.	彼がふたを剥がして見ると、中には何も入っていませんでした。
海风一吹，掀起巨大的波浪。 Hǎifēng yì chuī, xiānqǐ jùdà de bōlàng.	海風が吹いて、大きな波が起こりました。
文章前后两部分衔接得很紧密。 Wénzhāng qiánhòu liǎng bùfen xiánjiēde hěn jǐnmì.	文章の前後の２カ所は密接に関連しています。
学校实现了从教育到就业的紧密衔接。 Xuéxiào shíxiànle cóng jiàoyù dào jiùyè de jǐnmì xiánjiē.	学校は教育から就職まで密接なつながりを築き上げました。
我嫌房间太吵就出去了。 Wǒ xián fángjiān tài chǎo jiù chūqu le.	部屋がうるさいのを嫌って私は外に出ました。

0833	陷害 xiànhài	動 (人を) 陥れる
0834	陷入 xiànrù	動 (不利な状況に) 陥る、物思いにふける
0835	相差 xiāngchà	動 差がある、異なっている 名 双方の違い
0836	相等 xiāngděng	動 等しい、同じである
0837	相应 xiāngyìng	動 呼応する、相応する
0838	镶嵌 xiāngqiàn	動 象眼を施す、埋め込む
0839	响应 xiǎngyìng	動 こだまする、賛意を示す

被他们陷害的那些人终于得到了平反。 Bèi tāmen xiànhài de nàxiē rén zhōngyú dédàole píngfǎn.	彼らに陥れられたあの人々はついに無実を晴らしました。
我们要小心，防止他们的陷害。 Wǒmen yào xiǎoxīn, fángzhǐ tāmen de xiànhài.	私たちは注意して、彼らの詐欺を防がなくてはいけません。
内战使这个城市陷入一片混乱。 Nèizhàn shǐ zhège chéngshì xiànrù yí piàn hùnluàn.	内戦により都市は混乱に陥りました。
看到这些，他陷入了对往事的回忆之中。 Kàndào zhèxiē, tā xiànrùle duì wǎngshì de huíyì zhīzhōng.	これらを見て、彼は昔の追憶にふけりました。
他们说的时间不一致，前后相差了十分钟。 Tāmen shuōde shíjiān bù yízhì, qiánhòu xiāngchàle shí fēnzhōng.	彼らが言った時間は一致していません。前後10分開いています。
他们俩的年龄相差有 20 多岁。 Tāmen liǎ de niánlíng xiāngchà yǒu èrshí duō suì.	彼らの年齢の差は20歳あまりです。
不管用哪种方法计算，得数总是相等。 Bùguǎn yòng nǎ zhǒng fāngfǎ jìsuàn, déshù zǒngshì xiāngděng.	計算にどの方法を使っても、得る数値は常に同じです。
我们对市场的波动做出了相应的反应。 Wǒmen duì shìchǎng de bōdòng zuòchūle xiāngyìng de fǎnyìng.	私たちは市場の変動に対応した反応を示しました。
物价上涨了，工资收入也相应地增加了。 Wùjià shàngzhǎng le, gōngzī shōurù yě xiāngyìng de zēngjiā le.	物価が上昇し、賃金収入はそれに応じて増加しました。
这座塔就像镶嵌在大地上的一颗明珠。 Zhè zuò tǎ jiù xiàng xiāngqiànzài dàdì shang de yì kē míngzhū.	この塔は、大地に埋め込まれた真珠のようなものです。
他提的方案没有任何人响应。 Tā tí de fāng'àn méiyǒu rènhé rén xiǎngyìng.	彼が出した提案に誰も賛成しませんでした。

0840	向往 xiàngwǎng	動 憧れる、思いをはせる
0841	削 xiāo	動 削る、むく
0842	消除 xiāochú	動 (不利な事物を) 取り除く
0843	消毒 xiāo//dú	動 消毒する
0844	消防 xiāofáng	動 消火する
0845	消耗 xiāohào	動 消耗する、消耗させる
0846	消灭 xiāomiè	動 消滅させる、なくす
0847	销毁 xiāohuǐ	動 処分する、廃棄する

他从小就向往东方的文化，后来就学习了中文。 Tā cóngxiǎo jiù xiàngwǎng dōngfāng de wénhuà, hòulái jiù xuéxíle Zhōngwén.	彼は小さいときから東洋の文化にあこがれていて、のちに中国語を学びました。
这支铅笔写不出字了，该削一削了。 Zhè zhī qiānbǐ xiěbuchū zì le, gāi xiāoyixiāo le. **这把刀削苹果皮特别好用。** Zhè bǎ dāo xiāo píngguǒ pí tèbié hǎoyòng.	この鉛筆は文字を書くことができなくなっています、少し削ったほうがよいでしょう。 このナイフは、リンゴの皮をむくのに特に役立ちます。
这种坏的影响不是短期内可以消除的。 Zhè zhǒng huài de yǐngxiǎng bú shì duǎnqī nèi kěyǐ xiāochú de.	この悪影響は短期で取り除くことはできません。
手术室每天都会严格消毒。 Shǒushùshì měitiān dōu huì yángé xiāodú.	手術室は毎日厳重に消毒されています。
消防队员们在火灾发生时冲在了最前面。 Xiāofáng duìyuánmen zài huǒzāi fāshēng shí chōngzàile zuì qiánmiàn.	消防隊員たちは、火災が発生すると最前線に駆けつけました。
写这本书消耗了他大量的精力。 Xiě zhè běn shū xiāohàole tā dàliàng de jīnglì. **他的力量都消耗完了，快支持不住了。** Tā de lìliàng dōu xiāohàowán le, kuài zhīchíbuzhù le.	この本を書くことに彼は多くの精力を費やしました。 彼の力は使い果たされ、もう持ちこたえられなさそうです。
在战争中，他们消灭了大量的敌人。 Zài zhànzhēng zhōng, tāmen xiāomièle dàliàng de dírén. **这种民族歧视的思想应该被消灭。** Zhè zhǒng mínzú qíshì de sīxiǎng yīnggāi bèi xiāomiè.	戦争中、彼らは多くの敵を一掃しました。 この種の民族蔑視の考え方はなくすべきです。
他们销毁了大量证据。 Tāmen xiāohuǐle dàliàng zhèngjù. **这些资料已经被他们销毁了。** Zhèxiē zīliào yǐjīng bèi tāmen xiāohuǐ le.	彼らは大量の証拠品を処分しました。 これらの資料は彼らによって廃棄されました。

0848	协商 xiéshāng	動 協議する、相談する
0849	协调 xiétiáo	動 (意見を) 調整する、調和させる 形 調和している
0850	协助 xiézhù	動 協力する、助ける
0851	携带 xiédài	動 (ものを) 携帯する、(人を) 伴う
0852	泄露 xièlòu	動 (秘密や情報などを) 漏らす
0853	泄气 xiè//qì	動 気が抜ける、気を落とす　形 情けない、だらしがない

有了问题，我们都是协商解决。 Yǒule wèntí, wǒmen dōu shì xiéshāng jiějué.	問題があれば、すべて話し合って解決します。
他们最近有些矛盾，你去协调一下吧。 Tāmen zuìjìn yǒuxiē máodùn, nǐ qù xiétiáo yíxià ba.	彼らは最近いくらかぶつかっているので、あなたが仲を取り持ってください。
身体部位协调了，动作才会好看。 Shēntǐ bùwèi xiétiáo le, dòngzuò cái huì hǎokàn.	体の部位が調和してこそ、動きがきれいになります。
请你多协助他们，帮他们出主意想办法。 Qǐng nǐ duō xiézhù tāmen, bāng tāmen chū zhǔyi xiǎng bànfǎ.	もっと彼らに協力して、アイデアを出すのを助けてあげてください。
多亏了他们的大力协助,我们才渡过了难关。 Duōkuīle tāmen de dàlì xiézhù, wǒmen cái dùguòle nánguān.	彼らの大きな協力のおかげで、私たちは困難を乗り切ることができました。
禁止携带危险品上车。 Jìnzhǐ xiédài wēixiǎnpǐn shàng chē.	車に危険物を持ち込むのは禁止されています。
他携带老婆出国去了。 Tā xiédài lǎopo chūguó qù le.	彼は妻を連れて外国に行きました。
他泄露了这次行动的计划。 Tā xièlòule zhè cì xíngdòng de jìhuà.	彼は今回の行動計画を漏らしました。
这件事情千万不能泄露出去。 Zhè jiàn shìqing qiānwàn bù néng xièlòuchuqu.	この件はくれぐれも外に漏らしてはいけません。
听到失败的消息，他泄气地坐在了地上。 Tīngdào shībài de xiāoxi, tā xièqì de zuòzàile dìshang.	失敗の知らせを聞いて、彼は気落ちした様子で地面に座りました。
他遇到点儿困难就泄了气。 Tā yùdào diǎnr kùnnan jiù xièle qì.	彼は少し困難にぶつかるとすぐに気がくじけます。

0854

谢绝

xièjué

動 謝絶する、断る

0855

心疼

xīnténg

動 かわいがる、惜しむ

0856

信赖

xìnlài

動 信頼する、信用し頼りにする

0857

信仰

xìnyǎng

動 信仰する、信奉する 名 信奉するもの

解説 日本語の「信仰」は宗教にのみ用いる一方、“**信仰**”は「信奉する」の意味があり主義・主張・学説などについても広く用いる

0858

汹涌

xiōngyǒng

動（水や波が）湧き上がる、逆巻く

0859

修复

xiūfù

動 修復する、回復する

对不起，这里谢绝参观。 Duìbuqǐ, zhèli xièjué cānguān.	申し訳ありませんが、こちらは見学をお断りしています。
他谢绝了记者采访的要求。 Tā xièjuéle jìzhě cǎifǎng de yāoqiú.	彼は記者のインタビューの要請を断りました。
他对女儿心疼得不得了。 Tā duì nǚ'ér xīnténgde bùdéliǎo.	彼は娘をこの上なくかわいがっています。
前两天刚买的手机被我弄丢了，心疼死了。 Qián liǎng tiān gāng mǎi de shǒujī bèi wǒ nòngdiū le, xīnténgsǐ le.	2日前に買ったばかりの携帯電話をなくしてしまい、残念で仕方ありません。
我们是老朋友，我对他信赖得很。 Wǒmen shì lǎo péngyou, wǒ duì tā xìnlàide hěn.	私たちは古くからの友人で、私は彼をとても信頼しています。
我们一定不要辜负了他的信赖。 Wǒmen yídìng búyào gūfùle tā de xìnlài.	私たちは絶対に彼の信用に背くことはできません。
任何人都有信仰宗教的自由。 Rènhé rén dōu yǒu xìnyǎng zōngjiào de zìyóu.	誰もが宗教を信仰する自由を持っています。
我很佩服他那种坚定的信仰。 Wǒ hěn pèifú tā nà zhǒng jiāndìng de xìnyǎng.	私は彼の揺るがない信仰を尊敬しています。
黄河水汹涌咆哮，一路向东入海。 Huánghé shuǐ xiōngyǒng páoxiāo, yīlù xiàng dōng rùhǎi.	黄河の水は咆哮するかのように逆巻きながら、東の海に向かっていきます。
过去这个地区雨季时总是河水泛滥，水势汹涌。 Guòqù zhège dìqū yǔjì shí zǒngshì héshuǐ fànlàn, shuǐshì xiōngyǒng.	かつてこの地域は雨期になると河川は常に氾濫し、水の勢いはすさまじいものでした。
这幅画经过修复以后，又与观众见面了。 Zhè fú huà jīngguò xiūfù yǐhòu, yòu yǔ guānzhòng jiànmiàn le.	この絵画は修復された後、再び顔見せを行いました。
经过一段时间的修复，他们的关系慢慢变好了。 Jīngguò yí duàn shíjiān de xiūfù, tāmen de guānxi màn man biànhǎo le.	一定の修復期間をへて、彼らの関係はゆっくりと改善されました。

0860
修建
xiūjiàn
動 建造する、建設する

0861
绣
xiù
動 刺繍する、縫い取りをする

0862
许可
xǔkě
動 許す、許可する

0863
酗酒
xùjiǔ
動 酒におぼれる、大酒をむさぼる

0864
宣誓
xuān//shì
動 宣誓する、誓う

0865
宣扬
xuānyáng
動 宣揚する、吹聴する

新火车站正在修建中，明年就可以使用了。 Xīn huǒchēzhàn zhèngzài xiūjiàn zhōng, míngnián jiù kěyǐ shǐyòngle.	新しい駅は現在建設中で、来年には利用可能となる予定です。
两地之间修建了一条铁路，大大方便了交通。 Liǎng de zhījiān xiūjiànle yì tiáo tiělù, dàdà fāngbiànle jiāotōng.	2つの陸地の間に鉄道が建設され、交通の便が大幅によくなりました。
他把名字绣在了衣服上。 Tā bǎ míngzi xiùzàile yīfu shang.	彼は服に名前を刺繍しました。
我们决不许可类似的事情再发生。 Wǒmen jué bù xǔkě lèisì de shìqing zài fāshēng.	私たちは同じようなことが再び起こることを絶対に許しません。
我们得到了老师的许可，下午可以不上课。 Wǒmen dédàole lǎoshī de xǔkě, xiàwǔ kěyǐ bú shàngkè.	私たちは先生の許可を得て、午後は授業に出なくてよいことになりました。
由于精神空虚，他开始酗酒。 Yóuyú jīngshén kōngxū, tā kāishǐ xùjiǔ.	心がむなしく感じて、彼は酒におぼれるようになりはじめました。
她丈夫经常酗酒闹事，为此她很烦恼。 Tā zhàngfu jīngcháng xùjiǔ nàoshì, wèi cǐ tā hěn fánnǎo.	彼女の夫は大酒を飲んでは騒動を起こしていて、彼女は悩んでいます。
他们宣誓，一定要相爱一生。 Tāmen xuānshì, yídìng yào xiāng'ài yìshēng.	必ず一生愛し合うと、彼らは誓いました。
这件事情暂时不要宣扬出去。 Zhè jiàn shìqing zànshí búyào xuānyángchuqu.	この件はしばらく吹聴しないでください。
我可以替你们宣扬宣扬这些新产品。 Wǒ kěyǐ tì nǐmen xuānyángxuānyáng zhèxiē xīn chǎnpǐn.	あなたたちに代わって、これらの新製品を宣伝できます。

0866
喧哗
xuānhuá
動 騒ぐ　形 やかましい、騒がしい

0867
悬挂
xuánguà
動 掛ける、掲げる

0868
旋转
xuánzhuǎn
動 回転する、ぐるぐる回る

0869
选拔
xuǎnbá
動（人材を）選び出す

0870
选举
xuǎnjǔ
動 選挙する

0871
炫耀
xuànyào
動 光り輝く、ひけらかす

图书馆内，任何人不得大声喧哗。 Túshūguǎn nèi, rènhé rén bùdé dàshēng xuānhuá.	図書館の中では、誰も大声で騒いではいけません。
大厅里静悄悄的，听不到往日喧哗的声音。 Dàtīng li jìng qiāoqiāo de, tīngbudào wǎngrì xuānhuá de shēngyīn.	ホールの中は静まり返っていて、以前のやかましい音は聞こえません。
风筝悬挂在了电线上，很危险。 Fēngzheng xuánguàzàile diànxiàn shang, hěn wēixiǎn.	たこが電線にかかっていて、とても危険です。
地球是围绕太阳旋转的。 Dìqiú shì wéirào tàiyáng xuánzhuǎn de.	地球は太陽を巡ってぐるぐる回っています。
这个餐厅是可以旋转的，可以看到不同的景色。 Zhège cāntīng shì kěyǐ xuánzhuǎn de, kěyǐ kàndào bùtóng de jǐngsè.	このレストランは回転するので、違った景色を見ることができます。
优秀人才已经被他们选拔走了。 Yōuxiù réncái yǐjīng bèi tāmen xuǎnbázǒu le.	優秀な人材はすでに彼らに選抜されていってしまいました。
这个问题要进行全民选举才能决定。 Zhège wèntí yào jìnxíng quánmín xuǎnjǔ cái néng juédìng.	この問題は全人民の選挙を行ってようやく決定することができます。
我们正在安排明天的选举活动。 Wǒmen zhèngzài ānpái míngtiān de xuǎnjǔ huódòng.	私たちは明日の選挙活動を手配しているところです。
城市的夜景灯光炫耀得真美。 Chéngshì de yèjǐng dēngguāng xuànyàode zhēn měi.	街の夜景の明かりが光り輝いていて、とても美しいです。
他到处炫耀自己过去是一个特别有钱的人。 Tā dàochù xuànyào zìjǐ guòqù shì yí ge tèbié yǒu qián de rén.	彼は以前彼が特に裕福だったことを至るところでひけらかしています。

Track 124

0872	削弱 xuēruò	動 弱める、弱まる
0873	熏陶 xūntáo	動 薫陶を受ける、よい影響を与える
0874	寻觅 xúnmì	動 探し求める、探す
0875	巡逻 xúnluó	動 パトロールする、巡邏する
0876	循环 xúnhuán	動 循環する　名 循環
0877	压迫 yāpò	動 抑圧する、服従させる

这次攻击进一步削弱了敌人的实力。 Zhè cì gōngjī jìnyíbù xuēruòle dírén de shílì.	今回の攻撃は、敵の実力をさらに一歩弱めました。
我们要进一步削弱他手中的权力。 Wǒmen yào jìnyíbù xuēruò tā shǒuzhōng de quánlì.	彼の手の中にある権力をさらに弱めなくてはいけません。
她爸爸是画家，她从小就受到艺术熏陶。 Tā bàba shì huàjiā, tā cóngxiǎo jiù shòudào yìshù xūntáo.	彼女の父親は画家で、小さい頃より芸術から影響を受けてきました。
这位文人的思想熏陶了一大批青年学生。 Zhè wèi wénrén de sīxiǎng xūntáole yí dàpī qīngnián xuésheng.	この文人の思想は、若い学生の一大グループに影響を与えました。
她想通过上电视征婚节目寻觅结婚对象。 Tā xiǎng tōngguò shàng diànshì zhēnghūn jiémù xúnmì jiéhūn duìxiàng.	彼女はテレビの結婚相手募集番組に出ることで結婚相手を探したいと思っています。
他们在巡逻中发现了这个可疑的人。 Tāmen zài xúnluó zhōng fāxiànle zhège kěyí de rén.	彼らはパトロール中に不審者を見つけました。
这是重要的军事基地，每天都有人巡逻。 Zhè shì zhòngyào de jūnshì jīdì, měitiān dōu yǒu rén xúnluó.	これは重要な軍事基地で、毎日パトロールしている人がいます。
血液在人体内不断循环流动。 Xuèyè zài réntǐ nèi búduàn xúnhuán liúdòng.	血液は人の体内を循環して流れ続けます。
那首歌正不停地循环播放。 Nà shǒu gē zhèng bù tíng de xúnhuán bōfàng.	その曲は止まることなくループ再生されています。
这伙人总是想办法压迫工人，获取更大利益。 Zhè huǒ rén zǒngshì xiǎng bànfǎ yāpò gōngrén, huòqǔ gèng dà lìyì.	この人々は常に労働者を抑圧する方法を考えて、より大きな利益を得ています。
他们再也受不了这样的压迫，起来反抗了。 Tāmen zài yě shòubuliǎo zhèyàng de yāpò, qǐlái fǎnkàngle.	彼らはもはやそのような抑圧に耐えることができず、立ち上がって抵抗しました。

Track 125

0878 **压缩** yāsuō

動 圧縮する、（人員・経費などを）減らす

0879 **压抑** yāyì

動 抑えつける　形 重苦しい

0880 **压榨** yāzhà

動 圧搾する、搾取する

0881 **压制** yāzhì

動 抑圧する、抑えつける

0882 **淹没** yānmò

動 水浸しになる、埋もれる

0883 **延期** yán//qī

動 延期する

这种食品是经过压缩了的。 Zhè zhǒng shípǐn shì jīngguò yāsuōle de.	この食品は圧縮されています。
最近财政紧张，我们不得不压缩开支。 Zuìjìn cáizhèng jǐnzhāng, wǒmen bùdébù yāsuō kāizhī.	最近、財政が圧迫しているので、支出を減らさざるを得ません。
他压抑着这份感情，没有表达出来。 Tā yāyìzhe zhè fèn gǎnqíng, méiyǒu biǎodáchulai.	彼はこの感情を抑えつけて、それを表現しませんでした。
这种压抑的环境对孩子成长没有好处。 Zhè zhǒng yāyì de huánjìng duì háizi chéngzhǎng méiyǒu hǎochù.	この重苦しい環境は、子どもの成長にいいことがありません。
我们压榨了三斤花生油。 Wǒmen yāzhàle sān jīn huāshēngyóu.	私たちはピーナッツオイルを1.5キログラム搾りました。
封建社会，统治者残酷地压榨劳动人民。 Fēngjiàn shèhuì, tǒngzhìzhě cánkù de yāzhà láodòng rénmín.	封建社会では、統治者は残酷に労働人民を搾取しました。
我们球队一直被对方压制着,无法主动进攻。 Wǒmen qiúduì yìzhí bèi duìfāng yāzhìzhe, wúfǎ zhǔdòng jìngōng.	私たちのチームは、絶え間なく相手側に抑えつけられて、積極的に攻めることができませんでした。
这种做法在某种程度上压制了大家的积极性。 Zhè zhǒng zuòfǎ zài mǒu zhǒng chéngdù shang yāzhìle dàjiā de jījíxìng.	このやり方は、みなの積極性をある程度抑圧しました。
地里的庄稼完全被淹没了。 Dì li de zhuāngjia wánquán bèi yānmòle.	畑の農作物は完全に水没しました。
他的身影很快就淹没在人群中了 。 Tā de shēnyǐng hěn kuài jiù yānmòzài rénqún zhōng le.	彼の姿はすぐに人ごみの中に消えてしまいました。
会议延期了，改到下个月了。 Huìyì yánqī le, gǎidào xià ge yuè le.	会議は延期されて、来月に変更となりました。

0884 延伸 yánshēn
動 延びる、延ばす

0885 延续 yánxù
動（状況・活動などが）続く、引き続く

0886 严禁 yánjìn
動 固く禁じる、厳禁にする

0887 掩盖 yǎngài
動 覆う、隠す

0888 掩护 yǎnhù
動 援護する、かくまう 名 遮蔽物

0889 掩饰 yǎnshì
動 ごまかす、隠す

0890 演变 yǎnbiàn
動 発展しながら変化する

≒“衍变 yǎnbiàn”

绿色的叶子延伸到了屋顶。 Lǜsè de yèzi yánshēndàole wūdǐng.	緑の葉が屋根まで伸びています。
这条铁路线一直延伸到北京。 Zhè tiáo tiělùxiàn yìzhí yánshēndào Běijīng.	この鉄道路線は北京までずっと伸びています。
这一争论一直延续到去年才结束。 Zhè yì zhēnglùn yìzhí yánxùdào qùnián cái jiéshù.	この論争は昨年までずっと続き、ようやく終わりました。
这种天气可能还要延续几天。 Zhè zhǒng tiānqì kěnéng hái yào yánxù jǐ tiān.	この天気はあと数日間続くかもしれません。
加油站内严禁吸烟。 Jiāyóuzhàn nèi yánjìn xīyān.	ガソリンスタンド内での喫煙は固く禁じられています。
他用草掩盖着那个洞口。 Tā yòng cǎo yǎngàizhe nàge dòngkǒu.	彼は草であのほら穴の入り口を覆いました。
真相是掩盖不住的，早晚大家都会知道。 Zhēnxiàng shì yǎngàibuzhù de, zǎowǎn dàjiā dōu huì zhīdao.	真相を隠しとおすことはできません、遅かれ早かれみな知ることになります。
他指挥部队，掩护群众转移到了安全的地方。 Tā zhǐhuī bùduì, yǎnhù qúnzhòng zhuǎnyídàole ānquán de dìfang.	彼は軍隊を指揮して、大衆をかくまい安全な場所に移動させました。
他毫不掩饰对那个姑娘的好感，向她表白了。 Tā háo bù yǎnshì duì nàge gūniang de hǎogǎn, xiàng tā biǎobái le.	彼はその女の子への好意を少しも隠さず、彼女に告白しました。
你想把错误掩饰过去，那是不可能的。 Nǐ xiǎng bǎ cuòwù yǎnshìguoqu, nà shì bù kěnéng de.	あなたはミスを隠しとおそうとしていますが、それは不可能です。
这场改革运动最后演变成了一场战争。 Zhè cháng gǎigé yùndòng zuìhòu yǎnbiànchéngle yì cháng zhànzhēng.	この改革運動は発展する途中で最終的に戦争になりました。
这个演变过程经历了上千年。 Zhège yǎnbiàn guòchéng jīnglìle shàng qiān nián.	この発展と変化のプロセスは千年以上も続いています。

0891
演习
yǎnxí
動 演習をする

0892
演绎
yǎnyì
動 推し広げる、演繹する

0893
演奏
yǎnzòu
動 演奏する

0894
厌恶
yànwù
動 (人や物事を) 嫌悪する、反感をもつ

0895
验收
yànshōu
動 検査の上引き取る

0896
验证
yànzhèng
動 検証する

消防员们每天都要进行演习。 Xiāofángyuánmen měitiān dōu yào jìnxíng yǎnxí.	消防士たちは毎日演習を行っています。
全体人员都参加了这次大规模演习活动。 Quántǐ rényuán dōu cānjiāle zhè cì dà guīmó yǎnxí huódòng.	すべての関係者が今回の大規模な演習活動に参加しました。
他在平凡的岗位上演绎出了不平凡的人生。 Tā zài píngfán de gǎngwèi shang yǎnyìchūle bù píngfán de rénshēng.	彼は平凡なポストで非凡な人生を展開しました。
他运用演绎推理找出了答案。 Tā yùnyòng yǎnyì tuīlǐ zhǎochūle dá'àn.	彼は演繹を活用した推理で答えを見つけました。
用这些瓶子，他也可以演奏出动听的音乐。 Yòng zhèxiē píngzi, tā yě kěyǐ yǎnzòuchū dòngtīng de yīnyuè.	これらのボトルを使って、彼は感動的な音楽を演奏することもできます。
他的演奏技巧非常高，观众掌声不断。 Tā de yǎnzòu jìqiǎo fēicháng gāo, guānzhòng zhǎngshēng búduàn.	彼の演奏スキルは非常に高く、観客の拍手は止みませんでした。
他已经厌恶了这种无所事事的生活。 Tā yǐjing yànwùle zhè zhǒng wú suǒ shì shì de shēnghuó.	何もせずにぶらぶらするこの生活に、彼はすでに嫌気がさしていました。
他对乱扔垃圾的行为感到很厌恶。 Tā duì luàn rēng lājī de xíngwéi gǎndào hěn yànwù.	彼はポイ捨ての行為に嫌悪感をもっています。
他们验收得非常仔细，每一处都要检查。 Tāmen yànshōude fēicháng zǐxì, měi yí chù dōu yào jiǎnchá.	彼らは綿密な検査の上で引き取ります。あらゆる箇所の検査を行う必要があります。
技术人员按照程序对设备进行了验收。 Jìshù rényuán ànzhào chéngxù duì shèbèi jìnxíngle yànshōu.	技術者は段取りに従って設備を検査し、引き取りました。
这件事进一步验证了我的判断是正确的。 Zhè jiàn shì jìnyíbù yànzhèngle wǒ de pànduàn shì zhèngquè de.	この件は私の判断が正しいことをさらに検証しました。
这项新技术通过了专家的验证。 Zhè xiàng xīn jìshù tōngguòle zhuānjiā de yànzhèng.	この新技術は専門家の検証を経ています。

0897
揺摆
yáobǎi
動 揺れ動く

0898
遥控
yáokòng
動 遠隔操作をする　名 遠隔操作
コロ "遥控器 yáokòng", "远距离操纵 yuǎn jùlí cāozòng" リモコン

0899
要命
yào//mìng
動 命を奪う　形 ～でたまらない、ひどく～だ

0900
依靠
yīkào
動 頼る　名 頼り、よりどころ

0901
依赖
yīlài
動 すがる、依存する
解説 けなす文脈で使用される

0902
依托
yītuō
動 頼る、～を名目にする

0903
遗传
yíchuán
動 遺伝する

风一吹，小树不停地摇摆。 Fēng yì chuī, xiǎo shù bù tíng de yáobǎi.	風が吹くと、小さな木が絶えず揺れます。
在这件事上，他的态度摇摆不定。 Zài zhè jiàn shì shang, tā de tàidù yáobǎi búdìng.	この件では、彼の態度はふらふらとして定まりません。
他在屋子里遥控着外面的飞机。 Tā zài wūzi li yáokòngzhe wàimiàn de fēijī.	彼は屋内から外の飛行機を遠隔操作しています。
电视机的遥控器失灵了。 Diànshìjī de yáokòngqì shīlíng le.	テレビのリモコンが故障を起こしました。
那次车祸差点儿要了他的命。 Nà cì chēhuò chàdiǎnr yàole tā de mìng.	その自動車事故で彼は命を落としかけました。
我工作了一天，累得要命。 Wǒ gōngzuòle yì tiān, lèide yàomìng.	私は一日働いて、疲れ果てました。
依靠大家的帮助，我取得了一点儿成绩。 Yīkào dàjiā de bāngzhù, wǒ qǔdéle yìdiǎnr chéngjì.	みなのサポートのおかげで、ちょっとした成果を上げました。
老人觉得子女就是他们的依靠。 Lǎorén juéde zǐnǚ jiù shì tāmen de yīkào.	お年寄りは子どもだけが彼らのよりどころだと感じています。
这个国家的粮食完全依赖进口。 Zhège guójiā de liángshi wánquán yīlài jìnkǒu.	この国の食品は完全に輸入に依存しています。
我们要紧紧依托重点企业，发展经济。 Wǒmen yào jǐnjǐn yītuō zhòngdiǎn qǐyè, fāzhǎn jīngjì.	私たちは主要な企業に大きく依存して、経済を発展させなくてはいけません。
她把丈夫当成了自己终身的依托。 Tā bǎ zhàngfu dàngchéngle zìjǐ zhōngshēn de yītuō.	彼女は夫を生涯頼っていくことにしました。
这种病不会遗传给下一代。 Zhè zhǒng bìng bú huì yíchuángěi xià yídài.	この病気は次世代に遺伝しません。

0904	**遗留** yíliú	動 残していく、残す
0905	**遗失** yíshī	動（ものを）失う、紛失する、遺失する
0906	**意料** yìliào	動 予想する、予測する
0907	**意味着** yìwèizhe	動 ～を意味している、～と理解してよい
0908	**引导** yǐndǎo	動 案内する、～するように導く
0909	**引用** yǐnyòng	動（他人の言葉や文章を）引用する、任用する
0910	**隐蔽** yǐnbì	動 隠れる、隠す 形 非公開の、隠された
0911	**隐瞒** yǐnmán	動 隠しごまかす

古人遗留下来的文化遗产十分丰富。 Gǔrén yíliúxialai de wénhuà yíchǎn shífēn fēngfù.	古代人が残した文化遺産は非常に豊富です。
他遗失了重要文件，非常着急。 Tā yíshīle zhòngyào wénjiàn, fēicháng zháojí. **这些东西要保管好，防止遗失。** Zhèxiē dōngxi yào bǎoguǎnhǎo, fángzhǐ yíshī.	彼は重要な文書を紛失して、非常に焦っています。 これらのものはきちんと保管して、紛失を防止してください、
他俩离婚是意料之中的事情。 Tā liǎ líhūn shì yìliào zhīzhōng de shìqing. **果然不出我的意料，会议延期了。** Guǒrán bù chū wǒ de yìliào, huìyì yánqī le.	彼らの離婚は予想していたことです。 私の予想通り、会議は延期になりました。
大学毕业就意味着我们该独立了。 Dàxué bìyè jiù yìwèizhe wǒmen gāi dúlì le.	大学卒業は、すなわち私たちが自立するべきであることを意味しています。
他引导着我们进了山洞。 Tā yǐndǎozhe wǒmen jìnle shāndòng. **妈妈引导孩子独立思考问题。** Māma yǐndǎo háizi dúlì sīkǎo wèntí.	彼は私たちを案内して洞窟に入りました。 母親は子どもが自主的に問題を考えるようにさせます。
他引用了真实事例说明安全的重要性。 Tā yǐnyòngle zhēnshí shìlì shuōmíng ānquán de zhòngyàoxìng.	彼は実際の事例を引用して、安全の重要性を説明しました。
敌人就在前面，大家注意隐蔽。 Dírén jiù zài qiánmiàn, dàjiā zhùyì yǐnbì. **我们隐蔽得很好，他们不会发现的。** Wǒmen yǐnbìde hěn hǎo, tāmen bú huì fāxiàn de.	敵は目の前にいます、みなさん見つからないように注意してください。 私たちは隠れるのがうまいので、彼らは見つけられるはずがありません。
家属希望医生暂时隐瞒病人的病情。 Jiāshǔ xīwàng yīshēng zànshí yǐnmán bìngrén de bìngqíng.	家族は医者が患者の病状を一時的に隠すことを望んでいます。

0912	应酬 yìngchou	動 交際する、応対する 名 付き合い、私的な宴会
0913	应邀 yìngyāo	動 招待に応じる
0914	拥护 yōnghù	動（指導者・政党・制作などを）擁護する、支持する
0915	拥有 yōngyǒu	動（土地・人口・財産などを）擁する、もつ
0916	勇于 yǒngyú	動 ～するだけの勇気がある、～するのに尻込みしない
0917	涌现 yǒngxiàn	動 大量に出現する
0918	优先 yōuxiān	動 優先する
0919	犹如 yóurú	動 ～のようである

他每天要应酬很多来访者。 Tā měitiān yào yìngchou hěn duō láifǎngzhě.	彼は毎日多くの来訪者を応対しています。
客人太多了，我们应酬不过来了。 Kèrén tài duō le, wǒmen yìngchoubuguòlai le.	お客さんが多すぎて、応対できなくなってしまいました。
美国总统应邀对我国进行了访问。 Měiguó zǒngtǒng yìngyāo duì wǒguó jìnxíngle fǎngwèn.	アメリカの大統領は招待に応じて、我が国を訪問しました。
这项政策得到了广大群众的拥护。 Zhè xiàng zhèngcè dédàole guǎngdà qúnzhòng de yōnghù.	この政策は大衆の支持を得ています。
他已经拥有了公司的大部分股份。 Tā yǐjīng yōngyǒule gōngsī de dàbùfen gǔfèn.	彼はすでに会社の株式のほとんどを所有しています。
他不怕风险，勇于承担责任。 Tā bú pà fēngxiǎn, yǒngyú chéngdān zérèn.	彼はリスクを恐れず、責任を取る勇気があります。
我们要学习他勇于创新的精神。 Wǒmen yào xuéxí tā yǒngyú chuàngxīn de jīngshén.	私たちは新しいものを果敢に創造していく彼の精神を学ばなければなりません。
一批又一批的年轻作家涌现了出来。 Yì pī yòu yì pī de niánqīng zuòjiā yǒngxiànlechūlai.	若い作家のグループが次から次へと大量に出現しました。
他们采取了优先发展工业的方针。 Tāmen cǎiqǔle yōuxiān fāzhǎn gōngyè de fāngzhēn.	彼らは工業開発を優先する方針を採りました。
老人和孩子可以优先，其他人必须排队。 Lǎorén hé háizi kěyǐ yōuxiān, qítā rén bìxū páiduì.	高齢者や子供は優先してもよいですが、他の人は列に並ぶ必要があります。
他那样子，犹如吃了兴奋剂一样。 Tā nà yàngzi, yóurú chīle xīngfènjì yíyàng.	彼のあの様子は、まるで興奮剤を飲んだようです。

0920

诱惑

yòuhuò

動 誘惑する、魅惑する

0921

预料

yùliào

動 予想する　名 予測

0922

预期

yùqī

動 予期する、予想する

0923

预言

yùyán

動 予言する　名 予言

0924

冤枉

yuānwang

動 無実の罪を着せる、罪をなすりつける　形 無念な、くやしい

0925

约束

yuēshù

動 束縛する、制限する

这些钱诱惑不了那位科学家。 Zhèxiē qián yòuhuòbuliǎo nà wèi kēxuéjiā.	こんなお金では、あの科学者を誘惑することはできません。
一名合格的干部要经得起各种诱惑。 Yì míng hégé de gànbù yào jīngdeqǐ gè zhǒng yòuhuò.	資格をもつ幹部は、あらゆる種類の誘惑に耐えられなくてはいけません。
谁也无法预料 20 年后的事情。 Shéi yě wúfǎ yùliào èrshí nián hòu de shìqing.	20年後のことは誰にも予測できません。
这件事情出乎所有人的预料。 Zhè jiàn shìqing chūhū suǒyǒu rén de yùliào.	この件はみなの予想を超えています。
人们预期黄金的价格还会上涨。 Rénmen yùqī huángjīn de jiàgé hái huì shàngzhǎng.	金の価格がまだ上がると人々は予想しています。
我不相信地球毁灭的预言。 Wǒ bù xiāngxìn dìqiú huǐmiè de yùyán.	私は地球壊滅の予言を信じていません。
科学家预言，未来将会出现能源危机。 Kēxuéjiā yùyán, wèilái jiāng huì chūxiàn néngyuán wéijī.	科学者たちは、将来エネルギー危機が起こると予言しています。
我们会调查清楚的，不会冤枉任何人。 Wǒmen huì diàocháqīngchu de, bú huì yuānwang rènhé rén.	私たちはしっかりと調査します、無実の罪を人に着せるようなことはしません。
我太冤枉了，我什么都没做。 Wǒ tài yuānwang le, wǒ shénme dōu méi zuò.	私はあまりにも無念で、何もしませんでした。
他善于控制情绪，约束自己的言行。 Tā shànyú kòngzhì qíngxù, yuēshù zìjǐ de yánxíng.	彼は感情をコントロールするのが得意で、自分の言動をきちんと制御できます。
这些规定在实际工作中起不到约束作用。 Zhèxiē guīdìng zài shíjì gōngzuò zhōng qǐbudào yuēshù zuòyòng.	これらの規定は、実際の仕事において制限的な役割を果たすことはできません。

0926	**孕育** yùnyù	動 妊娠して子どもを産む、育む
0927	**运算** yùnsuàn	動 演算する、計算する
0928	**运行** yùnxíng	動（星や列車、船などが）運行する、飛行する
0929	**酝酿** yùnniàng	動（酒を）醸造する、下準備をする、たくらむ
0930	**蕴藏** yùncáng	動 埋蔵する、～を潜ませている
0931	**熨** yùn	動（アイロンやこてを）かける
0932	**杂交** zájiāo	動 交雑する

她的肚子里孕育着一个新生命。 Tā de dùzi li yùnyùzhe yí ge xīn shēngmìng. **这个公司是孕育电影明星的摇篮。** Zhège gōngsī shì yùnyù diànyǐng míngxīng de yáolán.	彼女のお腹には新しい生命が宿っています。 この会社は映画スターを育むゆりかごです。
我已经运算过两次，结果完全相同。 Wǒ yǐjīng yùnsuànguo liǎng cì, jiéguǒ wánquán xiāngtóng.	すでに2回計算しましたが、結果はまったく同じです。
地球围绕太阳运行一周就是一年。 Dìqiú wéirào tàiyáng yùnxíng yì zhōu jiùshì yì nián. **这条地铁线明天下午开始正式运行。** Zhè tiáo dìtiěxiàn míngtiān xiàwǔ kāishǐ zhèngshì yùnxíng.	地球が太陽の周りを1周回ると1年になります。 明日の午後、この地下鉄の電車が正式に運行を開始します。
演员在表演以前，要先酝酿感情。 Yǎnyuán zài biǎoyǎn yǐqián, yào xiān yùnniàng gǎnqíng. **经过充分酝酿，他们制订了这个计划。** Jīngguò chōngfèn yùnniàng, tāmen zhìdìngle zhège jìhuà.	役者は演じる前に、まず感情を作り上げる必要があります。 十分な下準備をへて、彼らはこの計画を立案しました。
这些石油在海底蕴藏了几万年。 Zhèxiē shíyóu zài hǎidǐ yùncángle jǐ wàn nián. **他身上蕴藏着一股潜在的反抗力量。** Tā shēnshang yùncángzhe yì gǔ qiánzài de fǎnkàng lìliàng.	これらの石油は何万年もの間、海底に埋蔵されていました。 彼の身体には潜在的な反抗の力が隠れています。
他洗完衣服后，又帮我熨平了。 Tā xǐwán yīfu hòu, yòu bāng wǒ yùnpíng le.	彼は服を洗った後、アイロンもかけてくれました。
去年杂交的水稻大幅度增产。 Qùnián zájiāo de shuǐdào dàfúdù zēngchǎn.	ハイブリッド米は昨年大幅に増産しました。

0933	砸 zá	動 打つ、突く、(重いものが) 落ちる
0934	栽培 zāipéi	動 栽培する、育成する、抜擢する
0935	宰 zǎi	動 (家畜・家禽を) 殺す、暴利をむさぼる
0936	在意 zài//yì	動 意に介する、気にかける
0937	攒 zǎn	動 蓄える、ためる
0938	赞叹 zàntàn	動 賛嘆する、大いに感心してほめる
0939	赞助 zànzhù	動 援助する、賛同し助成する

他把自行车上的锁砸开了。 Tā bǎ zìxíngchē shang de suǒ zákāi le.	彼は自転車の鍵を壊しました。
她的脚被石头砸了一下。 Tā de jiǎo bèi shítou zále yíxià.	彼女は足を石にぶつけました。
前几年我栽培了一批果树，今年该结果了。 Qián jǐ nián wǒ zāipéile yì pī guǒshù, jīnnián gāi jiēguǒ le.	数年前に果樹を植えました、今年は実がなるはずです。
他正在学习新的栽培技术。 Tā zhèngzài xuéxí xīn de zāipéi jìshù.	彼は今まさに新しい栽培技術を学んでいます。
我担心他们会宰掉这些小动物。 Wǒ dānxīn tāmen huì zǎidiào zhèxiē xiǎo dòngwù.	彼らがこれらの小動物を殺すのではないかと私は心配しています。
这个市场从来没发生过宰顾客的事情。 Zhège shìchǎng cónglái méi fāshēngguo zǎi gùkè de shìqing.	この市場では、顧客を食い物にするようなことは起きたことがありません。
我刚才是开玩笑，你别在意啊。 Wǒ gāngcái shì kāi wánxiào, nǐ bié zàiyì a.	今冗談を言ってたから、気にしないでね。
我得攒钱结婚，不能乱花。 Wǒ děi zǎn qián jiéhūn, bù néng luàn huā.	結婚するためにお金をためなくてはいけないので、むやみに使うことができません。
观众都赞叹这个演员的精彩表演。 Guānzhòng dōu zàntàn zhège yǎnyuán de jīngcǎi biǎoyǎn.	観客はみなこの役者の素晴らしい演技を賞賛しました。
面对这美丽的风景，他不由得发出赞叹。 Miànduì zhè měilì de fēngjǐng, tā bùyóude fāchū zàntàn.	この美しい風景を目の当たりにして、彼は思わず賛嘆せずにはいられませんでした。
我们公司可以赞助学校一批电脑。 Wǒmen gōngsī kěyǐ zànzhù xuéxiào yì pī diànnǎo.	私たちの会社は、学校のコンピューター一式を援助できます。
这个项目完全是由赞助单位出资的。 Zhège xiàngmù wánquán shì yóu zànzhù dānwèi chūzī de.	このプロジェクトは完全に援助団体が出資しています。

0940 遭受 zāoshòu
動（不幸または損害を）受ける、被る

0941 遭殃 zāo//yāng
動 災禍を被る、災いが降りかかる

0942 遭遇 zāoyù
動 出遭う、ぶつかる 名 境遇、不遇

0943 糟蹋 zāotà
動 粗末にする、侮辱する、暴行する

0944 责怪 zéguài
動 とがめる

0945 增添 zēngtiān
動 増やす、加える

0946 赠送 zèngsòng
動 贈る、贈呈する

0947 扎 zhā
動 刺す、突き刺す

失恋让她遭受了巨大打击。 Shīliàn ràng tā zāoshòule jùdà dǎjī.	失恋で彼女は大きなショックを受けました。
生态环境受到破坏，许多野生动植物都遭了殃。 Shēngtài huánjìng shòudào pòhuài, xǔduō yěshēng dòng zhíwù dōu zāole yāng.	生態環境が破壊されて、多くの野生動植物が災禍を被りました。
他的一生遭遇了很多不幸。 Tā de yìshēng zāoyùle hěn duō búxìng.	彼は一生のうちに多くの不幸に見舞われました。
大家都对他的不幸遭遇表示同情。 Dàjiā dōu duì tā de búxìng zāoyù biǎoshì tóngqíng.	みな彼の不幸な境遇に同情しました。
要爱惜粮食，不要随意糟蹋。 Yào àixī liángshi, búyào suíyì zāotà.	食べ物を大切にしてください、むやみに粗末にしてはいけません。
他这么做，无疑是糟蹋我们的感情。 Tā zhème zuò, wúyí shì zāotà wǒmen de gǎnqíng.	彼がこのようにすることで、間違いなく私たちの気持ちを踏みにじっています。
我没把工作做好，受到责怪也是应该的。 Wǒ méi bǎ gōngzuò zuòhǎo, shòudào zéguài yě shì yīnggāi de.	自分の仕事をうまくやれなかったので、非難を受けるのも当然です。
红灯笼给节日增添了不少喜庆气氛。 Hóng dēnglong gěi jiérì zēngtiānle bù shǎo xǐqìng qìfēn.	赤い提灯はお祭りにおめでたい雰囲気を追加しました。
想得太多，容易给自己增添烦恼。 Xiǎngde tài duō, róngyì gěi zìjǐ zēngtiān fánnǎo.	考えすぎると、悩みごとを増やしてしまいがちです。
我们想给她赠送个礼物，但不知道送什么合适。 Wǒmen xiǎng gěi tā zèngsòng ge lǐwù, dàn bù zhīdào sòng shénme héshì.	私たちは彼女に贈り物をあげたいのですが、何がふさわしいのかわかりません。
护士正在给病人扎针。 Hùshi zhèngzài gěi bìngrén zhāzhēn.	看護師が患者に注射をしています。
你扎到人群里面，谁也发现不了。 Nǐ zhā dào rénqún lǐmiàn, shéi yě fāxiànbuliǎo.	あなたが人ごみに突っ込んでいったら、誰も見つけられなくなります。

0948	**眨** zhǎ	動 まばたきをする、目をしばたたく
0949	**诈骗** zhàpiàn	動 だまし取る、詐取する
0950	**沾光** zhān//guāng	動 恩恵を受ける、便宜を得る
0951	**瞻仰** zhānyǎng	動 うやうやしく眺める、仰ぎ見る
0952	**展示** zhǎnshì	動 展示する、明らかに示す、はっきり表現する
0953	**展望** zhǎnwàng	動 (遠くを) 見る、眺める
0954	**展现** zhǎnxiàn	動 (目の前に) 現れる、展開する

他眼睛一眨也不眨地看着我。 Tā yǎnjing yì zhǎ yě bù zhǎ de kànzhe wǒ.	彼はまばたきもせずに私を見ています。
一眨眼的工夫，孩子就不见了。 Yì zhǎyǎn de gōngfu, háizi jiù bújiàn le.	ほんのわずかの間に子どもがいなくなりました。
他以公司的名义到处诈骗钱财。 Tā yǐ gōngsī de míngyì dàochù zhàpiàn qiáncái.	彼は会社の名義で、至るところで金銭をだまし取っています。
如果你当了老板，我们也能沾光。 Rúguǒ nǐ dāngle lǎobǎn, wǒmen yě néng zhānguāng.	あなたが店主になれば、私たちも恩恵を受けることができます。
来烈士陵园瞻仰的人络绎不绝。 Lái lièshì língyuán zhānyǎng de rén luò yì bù jué.	殉教者の公園墓地を訪れて仰ぎ見る人々はあとを絶ちません。
博物馆里展示的雕塑吸引了大量观众。 Bówùguǎn li zhǎnshì de diāosù xīyǐnle dàliàng guānzhòng. **他的才华在这次竞赛中得到了展示。** Tā de cáihuá zài zhè cì jìngsài zhōng dédàole zhǎnshì.	博物館に展示されている彫刻が多くの観客を惹きつけています。 彼の才能がこの競技で明らかに示されました。
他站在山顶，向远处展望。 Tā zhànzài shāndǐng, xiàng yuǎnchù zhǎnwàng. **她满怀信心地展望未来新生活，内心充满喜悦。** Tā mǎnhuái xìnxīn de zhǎnwàng wèilái xīn shēnghuó, nèixīn chōngmǎn xǐyuè.	彼は山の頂上に立って、遠くを眺めています。 彼女は自信満々に将来の新しい生活を見ていて、心の中は喜びに満ちています。
小说展现了一群普通人的生活。 Xiǎoshuō zhǎnxiànle yìqún pǔtōng rén de shēnghuó. **这幅美术作品展现出了独特的艺术手法。** Zhè fú měishù zuòpǐn zhǎnxiànchūle dútè de yìshù shǒufǎ.	小説は一般の人々の生活を展開しています。 この美術作品にはユニークな芸術技法が表れています。

0955
占据
zhànjù
動 占拠する、占領する

0956
占领
zhànlǐng
動 占領する、占有する

0957
战斗
zhàndòu
動 戦う、戦闘する 名 戦い

0958
招标
zhāo//biāo
動 入札を募集する

0959
招收
zhāoshōu
動（学生や従業員を）募集する

0960
着迷
zháo//mí
動 夢中になる

0961
照耀
zhàoyào
動 照り輝く、照らす

我们占据着有利位置，不怕他们进攻。 Wǒmen zhànjùzhe yǒulì wèizhì, búpà tāmen jìngōng.	私たちは有利な位置を占領しているので、彼らの攻撃を恐れていません。
他占据了领导地位多年，就是不肯让位。 Tā zhànjùle lǐngdǎo dìwèi duō nián, jiùshì bù kěn ràng wèi.	彼は長年指導者の地位を独占していて、その椅子を譲ることを拒否しています。
经过激烈战斗，我军占领了这个高地。 Jīngguò jīliè zhàndòu, wǒ jūn zhànlǐngle zhège gāodì.	激しい戦闘をへて、わが軍はこの高地を占領しました。
我们的产品要逐步占领国际市场。 Wǒmen de chǎnpǐn yào zhúbù zhànlǐng guójì shìchǎng.	我々の製品は次第に国際市場を占有するようになります。
士兵们勇敢地与敌人战斗。 Shìbīngmen yǒnggǎn de yǔ dírén zhàndòu.	兵士たちは敵と勇敢に戦っています。
医务人员战斗在抗震救灾第一线。 Yīwù rényuán zhàndòuzài kàngzhèn jiùzāi dì yī xiàn.	医療関係者が地震救援の最前線で戦っています。
在招标工作中，我们公司做了认真准备。 Zài zhāobiāo gōngzuò zhōng, wǒmen gōngsī zuòle rènzhēn zhǔnbèi.	入札業務では、弊社が真剣に準備を行いました。
公司计划招收十名新员工。 Gōngsī jìhuà zhāoshōu shí míng xīn yuángōng.	会社は10人の新入社員を募集する予定です。
我没见过像他这么对电脑着迷的。 Wǒ méi jiànguo xiàng tā zhème duì diànnǎo zháomí de.	彼のようにこんなにコンピューターに夢中な人を見たことがありません。
阳光照耀在大地上，一片金色。 Yángguāng zhàoyàozài dàdì shang, yí piàn jīnsè.	太陽が大地を照らしていて、辺り一面が金色です。

0962

折腾

zhēteng

動 ごろごろと寝返りをうつ、動作を繰り返す

0963

遮挡

zhēdǎng

動 さえぎる、よける　名 障害物

0964

折

zhé

動 折る、回る、折りたたむ

0965

折磨

zhémó

動 痛めつける、苦しめる

発音 "zhémo" とも。

0966

斟酌

zhēnzhuó

動 (物事や用語の適否を) 見計らう、考慮する

0967

振奋

zhènfèn

動 奮い立たせる　形 奮起している

他心里有事，折腾到半夜才睡。 Tā xīn li yǒu shì, zhētengdào bànyè cái shuì.	彼は内心に心配事があり、夜半まで寝返りをうってようやく寝ることができました。
他在家就折腾那几盆花。 Tā zài jiā jiù zhēteng nà jǐ pén huā.	彼は家でそれらの鉢植えの花に水を何度もあげました。
她用围巾遮挡着脸，谁也看不清她是谁。 Tā yòng wéijīn zhēdǎngzhe liǎn, shéi yě kànbuqīng tā shì shéi.	彼女は顔をマフラーで覆っていて、彼女が何者なのか誰も判別できません。
你就用这块布做遮挡吧。 Nǐ jiù yòng zhè kuài bù zuò zhēdǎng ba.	この布を使ってカバーしてください。
他用力一折，筷子就断了。 Tā yònglì yì zhé, kuàizi jiù duàn le.	彼が力を込めて一折りすると、箸はすぐに折れました。
她把铁丝折成了个四方形。 Tā bǎ tiěsī zhéchéngle ge sìfāngxíng.	彼女は鉄のワイヤーを折って正方形にしました。
失恋折磨得他睡不着觉。 Shīliàn zhémóde tā shuìbuzháo jiào.	失恋で彼は眠れないほど苦しみました。
这种精神折磨是平常人难以忍受的。 Zhè zhǒng jīngshén zhémó shì píngcháng rén nányǐ rěnshòu de.	この精神的苦痛は一般の人々にはとても耐えられません。
他每个词语都斟酌过，所以文章才写得这么好。 Tā měi ge cíyǔ dōu zhēnzhuóguo, suǒyǐ wénzhāng cái xiěde zhème hǎo.	彼はすべての語いを吟味したので、文章はこんなにもよく書けているのです。
你再斟酌斟酌，不要马上做出决定。 Nǐ zài zhēnzhuó zhēnzhuó, búyào mǎshàng zuòchū juédìng.	もう一度考えてみて、すぐに決断しないでください。
听到这个好消息，大家都很振奋。 Tīngdào zhège hǎo xiāoxi, dàjiā dōu hěn zhènfèn.	この良い知らせを聞いて、みながとても興奮しました。
在挫折面前，希望你能振奋起来。 Zài cuòzhé miànqián, xīwàng nǐ néng zhènfènqilai.	挫折に直面しても、あなたが奮い立つことができるよう願っています。

Track 138

0968 振兴 zhènxīng
動 振興する、盛んにする

0969 震撼 zhènhàn
動 揺り動かす

0970 震惊 zhènjīng
動 驚愕させる、びっくりさせる

0971 争夺 zhēngduó
動 争奪する、奪い取る

0972 争气 zhēng//qì
動（人に負けまいと）頑張る

0973 争议 zhēngyì
動 言い争う、議論を戦わす

职工们团结一心，决心振兴这个老企业。 Zhígōngmen tuánjié yìxīn, juéxīn zhènxīng zhège lǎo qǐyè.	従業員が一致団結し、この古い企業を振興すると決意しています。
一引进外资，这个城市就全面振兴起来了。 Yì yǐnjìn wàizī, zhège chéngshì jiù quánmiàn zhènxīngqilai le.	ひとたび外国の資本を導入すると、たちまちこの街は全面的に活性化しました。
那场恐怖袭击震撼了整个世界。 Nà cháng kǒngbù xíjī zhènhànle zhěnggè shìjiè.	そのテロ攻撃は全世界を震撼させました。
消息宣布时，在场的人都震惊得说不出话来。 Xiāoxi xuānbù shí, zàichǎng de rén dōu zhènjīngde shuōbuchū huà lai.	ニュースが発表されたとき、その場にいた人全員がびっくりして、言葉を失いました。
局势的突然变化让人感到非常震惊。 Júshì de tūrán biànhuà ràng rén gǎndào fēicháng zhènjīng.	形勢の突然の変化は人を驚愕させました。
为了争夺市场，他们使出了各种办法。 Wèile zhēngduó shìchǎng, tāmen shǐchūle gè zhǒng bànfǎ.	市場を奪い取るために、彼らはあらゆる方法を取りました。
这些孩子都很争气，个个都非常优秀。 Zhèxiē háizi dōu hěn zhēngqì, gègè dōu fēicháng yōuxiù.	この子どもたちはみな人に負けじと努力していて、一人一人非常に優秀です。
他考上了名牌大学，为父母争了气。 Tā kǎoshàngle míngpái dàxué, wèi fùmǔ zhēngle qì.	彼は名門大学に合格して、両親のために頑張りました。
谈到具体的分配办法，双方争议起来了。 Tándào jùtǐ de fēnpèi bànfǎ, shuāngfāng zhēngyìqilai le.	具体的な配布方法について話が及ぶと、双方が言い争いはじめました。
你们之间的争议应尽早解决。 Nǐmen zhjiān de zhēngyì yīng jǐnzǎo jiějué.	あなたたちの間の議論はできるだけ早く解決されるべきです。

0974
征服
zhēngfú
動 征服する、感服させる

0975
征收
zhēngshōu
動（政府が法律によって）徴収する

0976
挣扎
zhēngzhá
動 必死になる、懸命にもがく

0977
蒸发
zhēngfā
動 蒸発する、突然いなくなる

0978
整顿
zhěngdùn
動 正す、立て直す

0979
证实
zhèngshí
動 実証する、間違いないと証明する

历史上他们征服过很多国家。
Lìshǐ shang tāmen zhēngfúguo hěn duō guójiā.

歴史上、彼らは多くの国を征服してきました。

登山队员们终于征服了这座世界高峰。
Dēngshān duìyuánmen zhōngyú zhēngfúle zhè zuò shìjiè gāofēng.

登山隊員たちはついにこの世界有数の高峰を攻略しました。

过了征收日期还未交税，就必须缴纳罚款。
Guòle zhēngshōu rìqī hái wèi jiāo shuì, jiù bìxū jiǎonà fákuǎn.

徴収日を過ぎても税金をまだ支払わなければ、罰金を納付する必要があります。

一切税款都是由税务局负责征收的。
Yíqiè shuìkuǎn dōu shì yóu shuìwùjú fùzé zhēngshōu de.

すべての税金は税務局が徴収を担当しています。

他在洪水中挣扎了好久，终于被救了上来。
Tā zài hóngshuǐ zhōng zhēngzhále hǎojiǔ, zhōngyú bèi jiùleshànglai.

彼は洪水で長い間懸命にもがき続けて、ついに救出されました。

水分在阳光的照耀下蒸发了。
Shuǐfèn zài yángguāng de zhàoyào xià zhēngfā le.

水分は太陽光に照らされて蒸発しました。

他贪污了公司30万元后人间蒸发了。
Tā tānwūle gōngsī sānshí wàn yuán hòu rénjiān zhēngfā le.

彼は会社の30万元を横領し、世の中から突然消えました。

公司正在整顿纪律，不能随便请假了。
Gōngsī zhèngzài zhěngdùn jìlǜ, bù néng suíbiàn qǐngjià le.

会社は規律を正している最中で、好き勝手に休みを取ることができません。

从下月起，北京市要全面整顿交通秩序。
Cóng xià yuè qǐ, Běijīngshì yào quánmiàn zhěngdùn jiāotōng zhìxù.

来月から、北京市は交通秩序を全面的に立て直します。

我们的研究证实了这一规律。
Wǒmen de yánjiū zhèngshíle zhè yì guīlǜ.

私たちの研究はこの規律を実証しました。

0980	**支撑** zhīchēng	動 支える、我慢する
0981	**支出** zhīchū	動 支出する　名 支出
0982	**支配** zhīpèi	動 割り振る、支配する
0983	**支援** zhīyuán	動 支援する、助ける
0984	**执行** zhíxíng	動 執行する、実施する
0985	**直播** zhíbō	動 生放送をする、直播きをする
0986	**值班** zhí//bān	動 当番にあたる
0987	**指定** zhǐdìng	動 指定する、指名する

他用力支撑着身体，才没倒下。 Tā yònglì zhīchēngzhe shēntǐ, cái méi dǎo xià. **这个公司每年都亏损，无法支撑下去了。** Zhège gōngsī měinián dōu kuīsǔn, wúfǎ zhīchēngxiaqu le.	彼は力を入れて身体を支えたので、かろうじて転倒しませんでした。 この会社は毎年損をしていて、もはや持ちこたえることができません。
我们比预算多支出了一万多元。 Wǒmen bǐ yùsuàn duō zhīchūle yī wàn duō yuán. **这个月收入大于支出。** Zhège yuè shōurù dàyú zhīchū.	私たちは予算より1万元以上多く使いました。 今月の収入は支出より多いです。
他们科学地支配了财力，保证了生产。 Tāmen kēxué de zhīpèile cáilì, bǎozhèngle shēngchǎn.	彼らは科学的に財力を支配し、生産を保証しました。
两个村子相互支援，共同战胜了很多困难。 Liǎng ge cūnzi xiānghù zhīyuán, gòngtóng zhànshèngle hěn duō kùnnan.	2つの村は互いに支えあって、一緒に多くの困難を克服しました。
我们正在执行任务，请你配合一下。 Wǒmen zhèngzài zhíxíng rènwu, qǐng nǐ pèihé yíxià.	現在任務を執行しております。ご協力ください。
由于技术故障，电视台取消了这次直播。 Yóuyú jìshù gùzhàng, diànshìtái qǔxiāole zhè cì zhíbō.	技術的な障害により、テレビ局は今回の生放送を取り消しました。
我今天晚上值班，不在家。 Wǒ jīntiān wǎnshang zhíbān, bú zàijiā.	今夜私は当番で、家にいません。
老师给指定的参考书，你们一定要看。 Lǎoshī gěi zhǐdìng de cānkǎoshū, nǐmen yídìng yào kàn.	先生が指定した参考書をあなたたちは必ず読んでください。

0988	**指示** zhǐshì	動 (人に) 指し示す、指示する 名 指示、指図
0989	**指望** zhǐwàng	動 一心に期待する 名 望み、期待 発音 "zhǐwang" とも。
0990	**指责** zhǐzé	動 非難する、指弾する
0991	**制裁** zhìcái	動 制裁を加える
0992	**制约** zhìyuē	動 制約する
0993	**制止** zhìzhǐ	動 制止する、阻止する

经理指示我们必须按时完成任务。 Jīnglǐ zhǐshì wǒmen bìxū ànshí wánchéng rènwu.	マネージャーは、タスクを時間どおりに必ず完了するよう指示しています。
我们必须服从上级的指示，不能自作主张。 Wǒmen bìxū fúcóng shàngjí de zhǐshì, bù néng zìzuò zhǔzhāng.	私たちは上司の指示に従う必要があり、独断では決められません。
他就指望放假能好好儿休息几天。 Tā jiù zhǐwàng fàngjià néng hǎohāor xiūxi jǐ tiān.	彼は休みをとって数日間よく休めることばかりを期待しています。
他中奖的指望落空了，感到很灰心。 Tā zhòngjiǎng de zhǐwàng luòkōng le, gǎndào hěn huīxīn.	くじに当選するという彼の期待はついえて、非常に落胆しました。
出了问题，你们不要相互指责。 Chūle wèntí, nǐmen búyào xiānghù zhǐzé.	問題が起こっても、互いに非難しあうのはやめてください。
他没有帮助我们，而是对我们的做法大加指责。 Tā méiyǒu bāngzhù wǒmen, ér shì duì wǒmen de zuòfǎ dàjiā zhǐzé.	彼は私たちを助けず、私たちのやり方を大きく非難しました。
我们必须严厉制裁那些犯罪分子。 Wǒmen bìxū yánlì zhìcái nàxiē fànzuì fènzǐ.	私たちはあの犯罪分子たちに厳しい制裁を加える必要があります。
联合国决定对这个国家实施经济制裁。 Liánhéguó juédìng duì zhège guójiā shíshī jīngjì zhìcái.	連合国はこの国に経済制裁を課すことを決定しました。
技术和资金制约着这个公司的发展。 Jìshù hé zījīn zhìyuēzhe zhège gōngsī de fāzhǎn.	技術と資金がこの会社の発展を制限しています。
要发挥监督部门的制约作用，保障市场的平稳运行。 Yào fāhuī jiāndū bùmén de zhìyuē zuòyòng, bǎozhàng shìchǎng de píngwěn yùnxíng.	監督部門の制約作用を発揮して、市場が円滑に回ることを保証する必要があります。
他要在公共场合抽烟，被大家制止住了。 Tā yào zài gōnggòng chǎnghé chōuyān, bèi dàjiā zhìzhǐzhù le.	彼は公共の場でたばこを吸おうとして、みなに止められました。

Track 142

0994 □ □	**治理** zhìlǐ	動 統治する、整備する
0995 □ □	**致辞** zhì//cí	動 あいさつを述べる 【解説】"致词 zhìcí"とも書く
0996 □ □	**致力** zhìlì	動 力を尽くす、努力する
0997 □ □	**致使** zhìshǐ	動 ～の結果になる、～することになる
0998 □ □	**滞留** zhìliú	動 滞在する
0999 □ □	**中断** zhōngduàn	動 中断する、途中で切れる
1000 □ □	**中立** zhōnglì	動 中立を守る、中立の立場をとる

我们需要对那里的混乱情况进行治理。 Wǒmen xūyào duì nàli de hùnluàn qíngkuàng jìnxíng zhìlǐ.	そこの混乱状況を治める必要があります。
他们正在积极地治理洪水，取得了明显效果。 Tāmen zhèngzài jījí de zhìlǐ hóngshuǐ, qǔdéle míngxiǎn xiàoguǒ.	彼らはまさに今積極的に洪水を治めていて、明らかな結果を出しています。
公司举办新产品发布会，总经理首先致欢迎辞。 Gōngsī jǔbàn xīn chǎnpǐn fābuhuì, zǒngjīnglǐ shǒuxiān zhì huānyíng cí.	会社は新製品発表会を開催し、社長がはじめに歓迎のあいさつを述べました。
开学典礼上，校长代表老师们做了致辞。 Kāixué diǎnlǐ shang, xiàozhǎng dàibiǎo lǎoshīmen zuòle zhìcí.	入学式で、校長が教員を代表してあいさつを述べました。
父亲一生都致力于他的经济学理论研究。 Fùqin yìshēng dōu zhìlìyú tā de jīngjìxué lǐlùn yánjiū.	父は生涯、経済学理論の研究に力を尽くしました。
这场大雨致使河水迅速上涨。 Zhè cháng dàyǔ zhìshǐ héshuǐ xùnsù shàngzhǎng.	この大雨で河川の水位が急激に上がりました。
由于天气不好，致使飞机不能按时起飞。 Yǒuyú tiānqì bù hǎo, zhìshǐ fēijī bù néng ànshí qǐfēi.	悪天候のため飛行機は時間通りに離陸できなくなりました。
由于航班取消了，很多旅客滞留在了机场。 Yǒuyú hángbān qǔxiāo le, hěn duō lǚkè zhìliúzàile jīchǎng.	フライトがキャンセルされたので、多くの旅客が空港で立ち往生しています。
我刚说了一句话，电话就突然中断了。 Wǒ gāng shuōle yí jù huà, diànhuà jiù tūrán zhōngduàn le.	私が一言話したとたん、電話がいきなり切れました。
中断的交通很快又恢复正常了。 Zhōngduàn de jiāotōng hěn kuài yòu huīfù zhèngcháng le.	中断された交通はすぐに正常に回復しました。
他态度中立，不发表任何看法。 Tā tàidù zhōnglì, bù fābiǎo rènhé kànfǎ.	彼の態度は中立的で、なんの意見も表明していません。

Track 143

1001 **终止** zhōngzhǐ

動 やめる、終止する 名 終止

1002 **种植** zhòngzhí

動 植える、栽培する

1003 **周转** zhōuzhuǎn

動 回転する、やりくりする

1004 **主办** zhǔbàn

動 主催する

1005 **主管** zhǔguǎn

動 責任をもって管理する 名 責任者

1006 **拄** zhǔ

動 杖をつく

1007 **嘱咐** zhǔfù

動 言いつける、言い聞かせる

1008 **注射** zhùshè

動 注射する

如果一方违反协议，该协议将立刻终止。 Rúguǒ yìfāng wéifǎn xiéyì, gāi xiéyì jiāng lìkè zhōngzhǐ.	どちらか一方が契約に違反した場合、契約は直ちに終了します。
这片土地沙化严重，不适合种植庄稼。 Zhè piàn tǔdì shāhuà yánzhòng, bú shìhé zhòngzhí zhuāngjia.	この土地は砂漠化が深刻で、農作物の栽培には適していません。
这家工厂缺乏资金，已经无法周转了。 Zhè jiā gōngchǎng quēfá zījīn, yǐjīng wúfǎ zhōuzhuǎn le.	この工場には資金が不足しており、もうやりくりの手立てがありません。
货物周转到他们那里，被耽搁了一段时间。 Huòwù zhōuzhuǎndào tāmen nàli, bèi dāngēle yí duàn shíjiān.	貨物が彼らのもとに回ってきて、しばらく滞りました。
他们成功主办了这次运动会，获得了各界好评。 Tāmen chénggōng zhǔbànle zhè cì yùndònghuì, huòdéle gèjiè hǎopíng.	今回の運動会を首尾よく主催し、各界から好評を得ました。
他在学校一直主管教学。 Tā zài xuéxiào yìzhí zhǔguǎn jiàoxué.	彼は学校で授業の責任者を担当してきました。
他是这家公司的主管，有什么问题你找他吧。 Tā shì zhè jiā gōngsī de zhǔguǎn, yǒu shénme wèntí nǐ zhǎo tā ba.	彼はこの会社の責任者です、不明な点があれば彼に問い合わせください。
他走累了，就找了一根木棍拄着。 Tā zǒulèi le, jiù zhǎole yì gēn mùgùn zhǔzhe.	彼は歩き疲れて、木の棒を見つけて杖にしています。
妈妈嘱咐过的话，我都记在心里了。 Māma zhǔfùguo dehuà, wǒ dōu jìzài xīnli le.	母が言い聞かせたことを、私はすべて覚えています。
她的病快好了，所以停止注射了。 Tā de bìng kuài hǎo le, suǒyǐ tíngzhǐ zhùshè le.	彼女の病気はもうじき快復するので、注射をやめました。

1009	**注视** zhùshì	動 注視する、じっと見る
1010	**注释** zhùshì	動 注釈を付ける 名 注釈
1011	**注重** zhùzhòng	動 重要視する、特に力を入れる
1012	**驻扎** zhùzhā	動 駐留する、駐在する
1013	**铸造** zhùzào	動 鋳造する
1014	**拽** zhuài	動 力いっぱい引っ張る
1015	**转达** zhuǎndá	動（人の意向などを）伝える、伝達する

她的眼睛始终注视着出口。 Tā de yǎnjing shǐzhōng zhùshìzhe chūkǒu.	彼女の目は終始出口を見つめていました。
国际社会都注视着这个国家的动态。 Guójì shèhuì dōu zhùshìzhe zhège guójiā de dòngtài.	国際社会はこの国の動態を注視しています。
这本教材的语法注释得很清楚。 Zhè běn jiàocái de yǔfǎ zhùshì dé hěn qīngchu.	この教材の文法にはとてもわかりやすい注釈がついています。
他连注释都看不懂，更别提原文了。 Tā lián zhùshì dōu kànbudǒng, gèng biétí yuánwén le.	彼は注釈さえすべて読むことができないので、ましてや原文はなおさらです。
公司非常注重人才，这两年引进了不少博士。 Gōngsī fēicháng zhùzhòng réncái, zhè liǎng nián yǐnjìnle bù shǎo bóshì.	会社は人材を特に重要視していて、この2年で多くの博士を引き入れました。
他一心工作，不太注重吃穿。 Tā yìxīn gōngzuò, bú tài zhùzhòng chī chuān.	彼は仕事のことばかり考えて、食べ物や衣服をあまり重要視していませんでした。
这支军队常年驻扎在祖国的边疆。 Zhè zhī jūnduì chángnián zhùzhāzài zǔguó de biānjiāng.	この軍隊は一年中祖国の国境地帯に駐留しています。
到了目的地，部队开始驻扎下来。 Dàole mùdìdì, bùduì kāishǐ zhùzhāxialai.	目的地に着くと、軍隊が駐留し始めました。
工人们铸造了这座大钟。 Gōngrénmen zhùzàole zhè zuò dà zhōng.	労働者らはこの大時計を鋳造しました。
他睡得正甜，被妈妈从床上拽了起来。 Tā shuìde zhèng tián, bèi māma cóng chuángshang zhuàileqǐlai.	彼はぐっすりと眠っていたところを、母親にベッドから力いっぱい引っ張られました。
他通过朋友转达了自己的要求。 Tā tōngguò péngyou zhuǎndále zìjǐ de yāoqiú.	彼は友人を通して彼の要求を伝えました。

Track 145

1016 **转让** zhuǎnràng

動 譲る、譲り渡す

1017 **转移** zhuǎnyí

動 移る、改める、転移する

1018 **转折** zhuǎnzhé

動 転換する、(内容や筋が) 変わる

1019 **装卸** zhuāngxiè

動 積み卸しする、組み立てたり分解したりする

1020 **追悼** zhuīdào

動 追悼する

1021 **追究** zhuījiū

動 (責任を) 追及する、(原因を) つきとめる

1022 **坠** zhuì

動 落ちる、ぶら下がる

他转让了自己的专利，获得了一笔资金。 Tā zhuǎnràngle zìjǐ de zhuānlì, huòdéle yì bǐ zījīn.	彼は自らの特許を譲渡して、資金を得ました。
他们已经将这批设备转移到了安全的地方。 Tāmen yǐjīng jiāng zhè pī shèbèi zhuǎnyídàole ānquán de dìfang.	彼らはすでにこれらの設備を安全な場所に移しました。
明年我们的工作重点将会转移。 Míngnián wǒmen de gōngzuò zhòngdiǎn jiāng huì zhuǎnyí.	来年私たちの仕事の重点は移転します。
就在他想不出办法的时候，事情突然有了转折。 Jiù zài tā xiǎngbuchū bànfǎ de shíhou, shìqing tūrán yǒule zhuǎnzhé.	彼が手立てを思いつかなかったまさにそのとき、事情が突然変わりました。
这个词语在这里起转折作用。 Zhège cíyǔ zài zhèli qǐ zhuǎnzhé zuòyòng.	この言葉はここで転換の役割を果たしています。
工人们小心地装卸着那些玻璃制品。 Gōngrénmen xiǎoxīn de zhuāngxièzhe nàxiē bōli zhìpǐn.	労働者たちはそれらのガラス製品を慎重に積み卸ししています。
这位法学家去世了，学校要为他开了追悼会。 Zhè wèi fǎxuéjiā qùshì le, xuéxiào yào wèi tā kāile zhuīdàohuì.	この法律家が亡くなり、学校は彼のために追悼式典を開くところです。
我们不打算追究你的过错了。 Wǒmen bù dǎsuàn zhuījiū nǐ de guòcuò le.	私たちはあなたの過失を追及するつもりはありません。
我们正在追究这起事故的原因。 Wǒmen zhèngzài zhuījiū zhè qǐ shìgù de yuányīn.	この事故の原因を私たちはまさに今つきとめようとしています。
他不小心从马上坠了下来。 Tā bù xiǎoxīn cóng mǎ shang zhuìlexiàlai.	彼は不注意にも馬から落ちました。
我的心里像坠了一块石头那么沉重。 Wǒ de xīnli xiàng zhuìle yí kuài shítou nàme chénzhòng.	私の心は石が落ちたのと同じくらい重苦しいです。

Track 146

1023 着手 zhuóshǒu

動 着手する、取り掛かる

1024 着想 zhuóxiǎng

動 考える、~のためを思う

1025 着重 zhuózhòng

動 重点を置く

1026 资助 zīzhù

動 経済的に援助する

1027 滋润 zīrùn

動 湿らせる　形 潤いのある

1028 自主 zìzhǔ

動 自分の意志で決める、自主的に行う

你们结婚的事情，应该早点儿着手准备。 Nǐmen jiéhūn de shìqing, yīnggāi zǎodiǎnr zhuóshǒu zhǔnbèi.	結婚に関することは、早く準備を始めるべきです。
父母总是替孩子着想，很少考虑自己。 Fùmǔ zǒngshì tì háizi zhuóxiǎng, hěn shǎo kǎolǜ zìjǐ.	両親は常に自分の子どものためを思っていて、自分自身のことはあまり考えません。
从健康的角度着想，你应该戒烟戒酒。 Cóng jiànkāng de jiǎodù zhuóxiǎng, nǐ yīnggāi jiè yān jiè jiǔ.	健康の観点から考えると、あなたは喫煙と飲酒をやめるべきです。
这篇报告着重介绍了我国教育的发展情况。 Zhè piān bàogào zhuózhòng jièshàole wǒguó jiàoyù de fāzhǎn qíngkuàng.	この報告は、わが国の教育の発展状況を紹介することに重点が置かれています。
那位不知姓名的叔叔一直资助我到大学毕业。 Nà wèi bùzhī xìngmíng de shūshu yìzhí zīzhù wǒ dào dàxué bìyè.	名前もわからないそのおじさんは、大学を卒業するまでずっと私を経済的に援助してくれていました。
他在经济上遇到一些麻烦，正在寻求资助。 Tā zài jīngjì shang yùdào yìxiē máfan, zhèngzài xúnqiú zīzhù.	彼はいくつかの経済的な問題を抱えており、援助を求めているところです。
刚下过雨，空气显得很滋润。 Gāng xiàguo yǔ, kōngqì xiǎnde hěn zīrùn.	雨が降ったばかりで、空気がしっとりしています。
有这场大雪滋润庄稼，明年一定会丰收。 Yǒu zhè cháng dàxuě zīrùn zhuāngjia, míngnián yídìng huì fēngshōu.	この大雪が農作物を潤して、来年は豊作になるでしょう。
我的婚姻完全自主，家长不会干涉。 Wǒ de hūnyīn wánquán zìzhǔ, jiāzhǎng bú huì gānshè.	私の結婚は完全に自らの意志で決めるもので、両親は干渉するはずがありません。
现在都是自主择业，你可以选择自己喜欢的职业。 Xiànzài dōu shì zìzhǔ zéyè, nǐ kěyǐ xuǎnzé zìjǐ xǐhuan de zhíyè.	今は自分の意志で職業選択ができるので、あなたはあなたの好きな仕事を選べます。

1029	纵横 zònghéng	動 縦横無尽に進む　形 縦横の
1030	走漏 zǒulòu	動 漏らす、(税金を) ごまかす、盗まれる
1031	走私 zǒu//sī	動 密輸する
1032	揍 zòu	動 殴る、壊す
1033	租赁 zūlìn	動 (賃料を払って) 借りる、賃借りをする
1034	足以 zúyǐ	動 十分足りる、十分〜できる
1035	阻碍 zǔ'ài	動 妨げる、邪魔する　名 阻害、障害
1036	阻拦 zǔlán	動 阻止する

这个现代化大城市到处是纵横的立交桥。 Zhège xiàndàihuà dà chéngshì dàochù shì zònghéng de lìjiāoqiáo.	この近代的な大都市は、縦横にめぐらされた立体交差橋でいっぱいです。
北京地铁已经形成了纵横交错的网络。 Běijīng dìtiě yǐjīng xíngchéngle zònghéng jiāocuò de wǎngluò.	北京の地下鉄はすでに縦横無尽に錯綜するネットワークを形成しています。
因为走漏了消息，这次行动失败了。 Yīnwèi zǒulòule xiāoxi, zhè cì xíngdòng shībài le.	情報をもらしたので、今回の行動は失敗しました。
最近，海关查获了一批走私汽车。 Zuìjìn, hǎiguān cháhuòle yì pī zǒusī qìchē.	最近、税関は密輸車両を押収しました。
不管什么理由，家长也不能揍孩子。 Bùguǎn shénme lǐyóu, jiāzhǎng yě bù néng zòu háizi.	どんな理由であれ、親は子どもを殴ってはいけません。
你最好通过房屋租赁公司找房子。 Nǐ zuìhǎo tōngguò fángwū zūlìn gōngsī zhǎo fángzi.	あなたは家の賃貸会社を通じて家を見つけるのがよいです。
他发表的这些文章足以证明他的才华。 Tā fābiǎo de zhèxiē wénzhāng zúyǐ zhèngmíng tā de cáihuá.	彼が発表したこれらの文章は彼の才能を証明するのに十分です。
贫困阻碍着这个地区社会的发展。 Pínkùn zǔ'àizhe zhège dìqū shèhuì de fāzhǎn.	貧困はこの地域社会の発展を妨げています。
他们克服了所有的阻碍，完成了任务。 Tāmen kèfúle suǒyǒu de zǔ'ài, wánchéngle rènwu.	彼らはすべての障害を克服し、任務を完了しました。
既然你已经下定了决心，我们也就不再阻拦了。 Jìrán nǐ yǐjīng xiàdìngle juéxīn, wǒmen yě jiù bú zài zǔlán le.	あなたがすでに決心したので、私たちももはや止めることはありません。
他非要去危险的地方，妻子怎么也阻拦不住。 Tā fēi yào qù wēixiǎn de dìfang, qīzi zěnme yě zǔlánbuzhù.	彼は危険な場所に行かなければならず、彼の妻も止めることができませんでした。

1037	**阻挠** zǔnáo	動 邪魔する、妨害する
1038	**钻研** zuānyán	動 研さんする、掘り下げて研究する
1039	**遵循** zūnxún	動 従う
1040	**琢磨** zuómo	動 よくよく考える、思案する
1041	**作弊** zuò//bì	動 不正行為をする、カンニングをする
1042	**作废** zuòfèi	動 無効になる、廃棄する
1043	**做主** zuò//zhǔ	動 決定する、定める、支持する

不管什么人都阻挠不了我们前进的脚步。 Bùguǎn shénme rén dōu zǔnáobuliǎo wǒmen qiánjìn de jiǎobù.	だれも私たちの前進を妨害することはできません。
他刻苦钻研技术，搞了很多发明。 Tā kèkǔ zuānyán jìshù, gǎole hěn duō fāmíng.	彼は一生懸命技術の研究に取り組み、多くの発明を行いました。
他始终遵循自己做人的原则。 Tā shǐzhōng zūnxún zìjǐ zuòrén de yuánzé.	彼は常に自分自身の、人としての原則に従っています。
这些天，他一直在琢磨着去哪儿旅行。 Zhèxiē tiān, tā yìzhí zài zuómozhe qù nǎr lǚxíng. **我始终没琢磨透他到底是个怎样的人。** Wǒ shǐzhōng méi zuómotòu tā dàodǐ shì ge zěnyàng de rén.	ここ数日間、彼はどこへ旅行に行くかずっと考えています。 私は彼が本当はいったいどんな人なのか、ずっと理解できていません。
如果考试作弊，将没有成绩。 Rúguǒ kǎoshì zuòbì, jiāng méiyǒu chéngjì. **他很诚实，从来没作过弊。** Tā hěn chéngshí, cónglái méi zuòguo bì.	試験でカンニングした場合、成績は出ません。 彼は誠実で、不正行為をしたことは一度もありません。
新规定公布后，旧规定一律作废。 Xīn guīdìng gōngbù hòu, jiù guīdìng yílǜ zuòfèi. **这张支票写错了，只好作废。** Zhè zhāng zhīpiào xiěcuò le, zhǐhǎo zuòfèi.	新しい規定が発表された後、古い規制は例外なく無効になります。 この小切手は書き間違えたため、無効にするしかありません。
这件事情由领导做主，我们只是负责办事。 Zhè jiàn shìqing yóu lǐngdǎo zuòzhǔ, wǒmen zhǐshì fùzé bànshì. **这么大的事情，我一个人做不了主。** Zhème dà de shìqing, wǒ yí ge rén zuòbuliǎo zhǔ.	この件はリーダーが決定しました、私たちは実務を行うだけでいいです。 そんなに大きなこと、1人で決めることはできません。

重组默认词

シラバスでは、指定されている語句以外にも紹介されている語句があり、本ページではそのうち、指定語句の一部を組み合わせてできる語句（重组默认词）をご紹介いたします。

※多くの意味を持つ語については便宜上１つの意味・訳のみを紹介しております。

便携 biànxié ポータブル
病菌 bìngjūn 細菌
持之以恒 chízhī yǐhéng 辛抱強い、根気強く続ける
尺寸 chǐcùn サイズ
崇尚 chóngshàng 尊ぶ
瓷器 cíqì 磁器
存储 cúnchǔ ストレージ
倒塌 dǎotā 崩壊する、倒壊する
底蕴 dǐyùn 物事の背景
抵御 dǐyù 抵抗する
典雅 diǎnyǎ 優雅な
淀粉 diànfěn でんぷん
钉子 dīngzi くぎ
感叹 gǎntàn 感嘆する
贯穿 guànchuān 貫通する
涵盖 hángài カバー
花纹 huāwén 模様
监测 jiāncè 監視し測定する
鉴赏 jiànshǎng 鑑賞する
焦虑 jiāolǜ やきもきする
捷径 jiéjìng 近道
敬仰 jìngyǎng 尊敬する
枯竭 kūjié 枯渇した
跨度 kuàdù 支柱・壁などの幅
宽阔 kuānkuò 広々とした
连贯 liánguàn つながる
猎人 lièrén 猟師
猎物 lièwù 獲物
茂密 màomì こんもりと茂った
美誉 měiyù 名誉
模拟 mónǐ 模倣する
磨难 mónàn 苦しみ
谋生 móushēng 生計を立てる
泥沙 níshā 土砂
逆境 nìjìng 逆境
逆时针 nìshízhēn 反時計回り
酿造 niàngzào 醸造する
贫穷 pínqióng 貧しい
器械 qìxiè 器械
恰好 qiàhǎo うまい具合に
潜能 qiánnéng 潜在能力
潜在 qiánzài 潜在的な
强壮 qiángzhuàng 丈夫な
倾诉 qīngsù ありったけ訴える
热衷 rèzhōng 熱中する
入侵 rùqīn 侵入する
树枝 shùzhī 木の枝
顺畅 shùnchàng 円滑な
推崇 tuīchóng 高く評価する
弯曲 wānqū 曲がっている
紊乱 wěnluàn 無秩序な
稀少 xīshǎo 珍しい
戏曲 xìqǔ 中国の伝統演劇
显露 xiǎnlù 明らかにする
薪酬 xīnchóu 給料
隐含 yǐnhán 示唆する
隐形 yǐnxíng 姿の見えない
优雅 yōuyǎ 優雅な
乐曲 yuèqǔ 曲
蕴含 yùnhán 暗示する
折叠 zhédié 折る
征兆 zhēngzhào 兆候

HSK 指定語句 2500

名詞 1044-1877

2500 の指定語句のうち、834 の名詞を掲載しています。

名詞

Track 149

1044	**癌症** áizhèng	名 癌（ガン）
1045	**案件** ànjiàn	名 事件
1046	**案例** ànlì	名 判例
1047	**奥秘** àomì	名 神秘
1048	**疤** bā	名 かさぶた
1049	**把手** bǎshǒu	名 取っ手、ハンドル、器物の取っ手
1050	**斑** bān	名 斑点
1051	**版本** bǎnběn	名 版本、テキスト
1052	**伴侣** bànlǚ	名 伴侶

他的癌症竟然奇迹般消失了。 Tā de áizhèng jìngrán qíjì bān xiāoshī le.	彼のガンは奇跡のように消えました。
这是一起民事纠纷案件，最好协商解决。 Zhè shì yì qǐ mínshì jiūfēn ànjiàn, zuìhǎo xiéshāng jiějué.	これは民事の案件ですので、協議で解決するほうがいいです。
这起案例充分说明公司制度上还有漏洞。 Zhè qǐ ànlì chōngfèn shuōmíng gōngsī zhìdù shang hái yǒu lòudòng.	この判例は会社の制度上に穴があることを十分に示しています。
自然界中的很多奥秘还没被人们认识。 Zìránjiè zhōng de hěn duō àomì hái méi bèi rénmen rènshi.	自然界の中の多くの神秘はまだ人々に認識されていません。
他的脸上有一道疤。 Tā de liǎn shang yǒu yí dào bā.	彼の顔にはかさぶたがあります。
这扇门上还没装门把手。 Zhè shàn mén shang hái méi zhuāng mén bǎshǒu. **他没抓住把手，摔倒了。** Tā méi zhuāzhù bǎshǒu, shuāidǎo le.	この開き戸にはまだ取っ手がついていません。 彼はしっかりと取っ手をつかんでいなかったので転びました。
医疗手术可以去除身上的斑。 Yīliáo shǒushù kěyǐ qùchú shēnshang de bān.	医療手術は身体の斑点を取り除くことができます。
我看到的版本是上个世纪印刷的。 Wǒ kàndào de bǎnběn shì shàng ge shìjì yìnshuā de. **这本书被翻译成了 20 多种文字版本。** Zhè běn shū bèi fānyìchéngle èrshí duō zhǒng wénzì bǎnběn.	私が見た版本は前世紀に印刷されたものです。 この本は二十数カ国語版に翻訳されました。
他们是工作中的伴侣。 Tāmen shì gōngzuò zhōng de bànlǚ.	彼らは仕事におけるパートナーです。

1053	榜样 bǎngyàng	名 手本
1054	包袱 bāofu	名 風呂敷包み、負担
1055	保姆 bǎomǔ	名 家政婦
1056	报酬 bàochou	名 報酬、謝礼
1057	抱负 bàofù	名 抱負、大志
1058	暴力 bàolì	名 暴力
1059	北极 běijí	名 北極、（磁石の）N極
1060	贝壳 bèiké	名 貝殻

他工作很努力，是我们学习的榜样。 Tā gōngzuò hěn nǔlì, shì wǒmen xuéxí de bǎngyàng.	彼は仕事に励んでいて、私たちが学ぶべきお手本です。
这个包袱里全是孩子的衣服。 Zhège bāofu li quán shì háizi de yīfu.	この風呂敷包みの中はすべて子どもの服です。
你的心理包袱太重，所以不能获胜。 Nǐ de xīnlǐ bāofu tài zhòng, suǒyǐ bù néng huòshèng.	あなたの心理的負担があまりに大きいので、勝利は得られません。
我想请一个保姆帮着照顾老人。 Wǒ xiǎng qǐng yí ge bǎomǔ bāngzhe zhàogù lǎorén.	お手伝いさんを頼んでお年寄りの面倒を見てもらいたいです。
他嫌给的报酬太低，不干了。 Tā xián gěi de bàochou tài dī, bú gàn le.	彼は与えられる報酬があまりに低いのを嫌がり、やらないことにしました。
他们的思想都很先进，有远大的抱负。 Tāmen de sīxiǎng dōu hěn xiānjìn, yǒu yuǎndà de bàofù.	彼らの思想は非常に先進的で、遠大な志があります。
我们提倡和平解决问题，反对暴力。 Wǒmen tíchàng hépíng jiějué wèntí, fǎnduì bàolì.	私たちは平和的に問題を解決することを提唱し、暴力に反対します。
科学家们今年八月到北极进行了考察。 Kēxuéjiāmen jīnnián bā yuè dào běijí jìnxíngle kǎochá.	科学者たちは今年の8月に北極で実地調査を行いました。
我们国家靠近北极，冬天非常寒冷。 Wǒmen guójiā kàojìn běijí, dōngtiān fēicháng hánlěng.	私たちの国は北極に近く、冬はとても寒いです。
他在海边拣了很多贝壳。 Tā zài hǎibiān jiǎnle hěn duō bèiké.	彼は海岸で多くの貝殻を拾いました。

1061

备份
bèifèn

名 予備　動 予備を用意する

1062

备忘录
bèiwànglù

名 覚え書き、メモ

1063

被告
bèigào

名 被告

1064

本能
běnnéng

名 本能　副 本能的に

1065

本钱
běnqián

名 資本金、元金

1066

本事
běnshi

名 才能、腕前

解説 "**本事 běnshì**"（文学作品などの題材になった）事跡、事実

1067

鼻涕
bítì

名 鼻水

1068

比重
bǐzhòng

名 比率、割合

这么重要的数据可以多备份几份。 Zhème zhòngyào de shùjù kěyǐ duō bèifèn jǐ fèn.	このように重要なデータはいくつかバックアップを取っておくとよいです。
这些备份对恢复资料很有帮助。 Zhèxiē bèifèn duì huīfù zīliào hěn yǒu bāngzhù.	これらのバックアップはデータを回復するのにとても役立ちます。
两国领导人在备忘录上签了字。 Liǎng guó lǐngdǎorén zài bèiwànglù shang qiānle zì.	両国の指導者は覚え書きにサインをしました。
他把需要做的事情都记在了备忘录上。 Tā bǎ xūyào zuò de shìqing dōu jìzàile bèiwànglù shang.	彼は行わなければならないことをすべてメモに書き留めました。
原告和被告已经同意调解了。 Yuángào hé bèigào yǐjīng tóngyì tiáojiě le.	原告と被告はすでに調停に応じました。
吃饭、睡觉是人的本能。 Chī fàn、shuìjiào shì rén de běnnéng.	食べることと寝ることは人の本能です。
不管做什么，都得有本钱。 Bùguǎn zuò shénme, dōu děi yǒu běnqián.	何をするにも、資本金が必要です。
这东西光本钱就要三百块。 Zhè dōngxi guāng běnqián jiù yào sānbǎi kuài.	このものは元手だけで300元かかります。
他很有本事，什么事都能办成。 Tā hěn yǒu běnshi, shénme shì dōu néng bànchéng.	彼は才能があり、何でも成し遂げることができます。
我只是咳嗽，不流鼻涕。 Wǒ zhǐshì késou, bù liú bítì.	私はただ咳が出るだけで、鼻水は出ません。
我们要让男女所占的比重更加合理。 Wǒmen yào ràng nánnǚ suǒ zhàn de bǐzhòng gèngjiā hélǐ.	私たちは男女が占める比率をさらに合理的にさせなければなりません。

1069 **弊病** bìbìng
名 弊害、欠点

1070 **弊端** bìduān
名 不正行為

1071 **臂** bì
名 腕
解説 肩から手首までの部分をさす

1072 **边疆** biānjiāng
名 辺境、国境に近い地方

1073 **边界** biānjiè
名 境界

1074 **边境** biānjìng
名 国境、国境付近

1075 **边缘** biānyuán
名 へり、瀬戸際

1076 **贬义** biǎnyì
名 けなす意味合い
↔ "褒义 bāoyì"

这种办法有很多弊病，容易引起大家的不满。 Zhè zhǒng bànfǎ yǒu hěn duō bìbìng, róngyì yǐnqǐ dàjiā de bùmǎn.	このような方法は多くの弊害があり、みんなの不満を引き起こしやすいです。
这种现象暴露出了金融管理上存在的弊端。 Zhè zhǒng xiànxiàng bàolù chūle jīnróng guǎnlǐ shang cúnzài de bìduān.	このような現象は金融管理に存在する不正行為を明るみに出します。
他的右臂受伤了。 Tā de yòu bì shòushāng le.	彼は右腕に傷を負いました。
他生活在靠近祖国边疆的一个小城市。 Tā shēnghuózài kàojìn zǔguó biānjiāng de yí ge xiǎo chéngshì.	彼は祖国の辺境に近い小さな都市で生活しています。
在边疆地区居住着很多少数民族。 Zài biānjiāng dìqū jūzhùzhe hěn duō shǎoshù mínzú.	辺境の地区には多くの少数民族が住んでいます。
两个村子划清了边界，明确了管理权。 Liǎng ge cūnzi huàqīngle biānjiè, míngquèle guǎnlǐquán.	2つの村は境界をはっきり区別し、管理権を明確にしました。
两国开放了边境，允许自由贸易。 Liǎng guó kāifàngle biānjìng, yǔnxǔ zìyóu màoyì.	両国は国境を自由に行き来できるようにし、自由貿易を許可しました。
他已经走到山崖边缘。 Tā yǐjīng zǒudào shānyá biānyuán.	彼はすでに崖のへりまで歩きました。
我已经到了崩溃的边缘。 Wǒ yǐjīng dàole bēngkuì de biānyuán.	私はすでに崩壊の瀬戸際にいました。
他听出了这句话含贬义，所以很生气。 Tā tīngchūle zhè jù huà hán biǎnyì, suǒyǐ hěn shēngqì.	彼はこの言葉にはけなす意味があるのを聞き取り、とても怒りました。
在使用词语的时候，要注意区分是褒义还是贬义。 Zài shǐyòng cíyǔ de shíhou, yào zhùyì qūfēn shì bāoyì háishi biǎnyì.	言葉を使うときはよい意味か悪い意味かの区別に注意しなければなりません。

1077 **变故** biàngù
名 思わぬ出来事、災難

1078 **便条** biàntiáo
名 書き置き

1079 **辫子** biànzi
名 お下げ、弁髪

1080 **标本** biāoběn
名 標本、典型、枝葉末節と根本

1081 **标记** biāojì
名 印、記号 動 記す

1082 **标题** biāotí
名 見出し、表題

1083 **别墅** biéshù
名 別荘、一戸建て住宅

女孩儿被眼前突如其来的变故吓呆了。 Nǚháir bèi yǎnqián tū rú qí lái de biàngù xiàdāi le.	女の子は目の前で突然起こった思わぬ出来事に驚いて呆然としました。
谈起家庭的变故，她显得非常难过。 Tánqǐ jiātíng de biàngù, tā xiǎnde fēicháng nánguò.	家庭の思わぬ出来事の話になると、彼女は非常に悲しんでいるように見えました。
他没在，我留了张便条。 Tā méi zài, wǒ liúle zhāng biàntiáo.	彼がいなかったので、私は書き置きを残しました。
她把头发梳成了好多条小辫子。 Tā bǎ tóufa shūchéngle hǎoduō tiáo xiǎo biànzi.	彼女は髪をたくさんの小さなお下げに結っています。
他的实验室里摆放着很多动物标本。 Tā de shíyànshì li bǎifàngzhe hěn duō dòngwù biāoběn.	彼の実験室には多くの動物標本が置かれています。
这些树叶标本有助于他研究植物生长的原理。 Zhèxiē shùyè biāoběn yǒuzhùyú tā yánjiū zhíwù shēngzhǎng de yuánlǐ.	これらの木の葉の標本は彼が植物の成長の原理を研究するのに役立ちます。
他在文件上不停地标记着什么。 Tā zài wénjiàn shang bù tíng de biāojìzhe shénme.	彼の文書には絶えず何かが記されています。
为了防止迷路，他一路上不停地在地上做标记。 Wèile fángzhǐ mílù, tā yílù shang bù tíng de zài dìshang zuò biāojì.	道に迷わないように、彼は道に絶えず印をつけます。
我只看了标题，还没读具体内容。 Wǒ zhǐ kànle biāotí, hái méi dú jùtǐ nèiróng.	私は見出しを見ただけで、まだ具体的な内容を読んでいません。
周末他就会来这座别墅休息。 Zhōumò tā jiù huì lái zhè zuò biéshù xiūxi.	週末彼はこの別荘に来て休むでしょう。
这些别墅是十年前建成的。 Zhèxiē biéshù shì shí nián qián jiànchéng de.	これらの別荘は10年前に建てたものです。

指定語句 動詞 名詞 ほか 作文対策語句

1084	**冰雹** bīngbáo	名 ひょう
1085	**丙** bǐng	名（十干の）丙、（順序を表す）丙
1086	**波浪** bōlàng	名 波
1087	**波涛** bōtāo	名 大波
1088	**伯母** bómǔ	名 伯母 解説 父の兄の妻をさす
1089	**博览会** bólǎnhuì	名 博覧会
1090	**布告** bùgào	名 掲示　動 告示する
1091	**步伐** bùfá	名 歩み、足取り
1092	**部位** bùwèi	名 部位

冰雹打在窗户上，啪啪地响。 Bīngbáo dǎzài chuānghu shang, pāpā de xiǎng.	雹が窓を打ち、パラパラと鳴ります。
现在我在丙班学习，争取明年能升到甲班。 Xiànzài wǒ zài bǐng bān xuéxí, zhēngqǔ míngnián néng shēngdào jiǎ bān.	今私は丙クラスで勉強していて、来年は甲クラスに上がることができるように頑張ります。
一个波浪打过来，小船差点儿翻了。 Yí ge bōlàng dǎguolai, xiǎochuán chàdiǎnr fān le.	波が打ち寄せてきて、小船はもう少しでひっくり返るところでした。
他心里如波涛汹涌，久久不能平静。 Tā xīnlǐ rú bōtāo xiōngyǒng, jiǔjiǔ bù néng píngjìng.	彼の心は大波が逆巻いたようで、長いこと落ち着きませんでした。
我伯母就像妈妈一样，对我很好。 Wǒ bómǔ jiù xiàng māma yíyàng, duì wǒ hěn hǎo.	私の伯母は母親のように私によくしてくれます。
在这次博览会上，我们签订了一批合同。 Zài zhè cì bólǎnhuì shang, wǒmen qiāndìngle yì pī hétong.	今回の博覧会で、私たちは多くの契約を結びました。
政府发布了关于加强安全的布告。 Zhèngfǔ fābùle guānyú jiāqiáng ānquán de bùgào. **我看到了布告，所以向你们反映情况。** Wǒ kàndàole bùgào, suǒyǐ xiàng nǐmen fǎnyìng qíngkuàng.	政府は安全を強化することについての告示を公布しました。 私は掲示を見たので、あなたたちに状況を報告しました。
他的步伐很快，我跟不上。 Tā de bùfá hěn kuài, wǒ gēnbushàng. **最近几年，城市建设的步伐很快。** Zuìjìn jǐ nián, chéngshì jiànshè de bùfá hěn kuài.	彼の足取りはとても速く、私はついていけません。 最近数年、都市建設の歩みはとても速いです。
师傅找到了机器出现故障的部位。 Shīfu zhǎodàole jīqì chūxiàn gùzhàng de bùwèi.	専門家は機械の故障が発生した部位を見つけ出しました。

1093	**才干** cáigàn	名 能力
1094	**财富** cáifù	名 財産
1095	**财务** cáiwù	名 財務、財務担当
1096	**财政** cáizhèng	名 財政
1097	**裁缝** cáifeng	名 仕立て屋
1098	**裁判** cáipàn	名 審判　動 裁定する
1099	**彩票** cǎipiào	名 宝くじ
1100	**残疾** cánjí	名 身体障がい 発音 "cánji" とも
1101	**仓库** cāngkù	名 倉庫

公司非常注重提拔有才干的人。 Gōngsī fēicháng zhùzhòng tíbá yǒu cáigàn de rén.	会社は能力のある人を抜擢することを非常に重視しています。
父亲给他留下了一大笔财富。 Fùqin gěi tā liúxiàle yí dà bǐ cáifù.	父親は彼に大きな財産を残しました。
这笔账要到财务部门报销。 Zhè bǐ zhàng yào dào cáiwù bùmén bàoxiāo.	この費用は財務部門で清算する必要があります。
各部门的收入由财务处统一管理。 Gè bùmén de shōurù yóu cáiwùchù tǒngyī guǎnlǐ.	各部門の収入は財務部が統一して管理しています。
国家财政收支平衡，全国物价稳定。 Guójiā cáizhèng shōuzhī pínghéng, quánguó wùjià wěndìng.	国家の財政の収支は均衡していて、全国の物価は安定しています。
他学的是服装设计，毕业后当了一名裁缝。 Tā xué de shì fúzhuāng shèjì, bìyè hòu dāngle yì míng cáifeng.	彼が学んだのは服飾デザインで、卒業後テーラーになりました。
在比赛中运动员要服从裁判判罚。 Zài bǐsài zhōng yùndòngyuán yào fúcóng cáipàn pànfá.	試合では選手は審判のペナルティーに従わなければなりません。
这名裁判判得有问题，我们提出了申诉。 Zhè míng cáipàn pànde yǒu wèntí, wǒmen tíchūle shēnsù.	この審判の裁定には問題があり、私たちは申し立てを提出しました。
他经常买彩票，但从来没中过奖。 Tā jīngcháng mǎi cǎipiào, dàn cónglái méi zhòngguo jiǎng.	彼はいつも宝くじを買いますが、当たったことはありません。
福利院对这些残疾儿童照顾得很周到。 Fúlìyuàn duì zhèxiē cánjí értóng zhàogùde hěn zhōudào.	福祉施設はこの障がいのある子どもたちを細やかにケアしています。
政府动用仓库的储备粮食，救济灾民。 Zhèngfǔ dòngyòng cāngkù de chǔbèi liángshi, jiùjì zāimín.	政府は倉庫に備蓄した食糧を利用し、被災者を救済しました。

1102	舱 cāng	名 (飛行機・船の) 客室・貨物室
1103	草案 cǎo'àn	名 草案
1104	侧面 cèmiàn	名 横、側面 関 "正面"
1105	策略 cèlüè	名 策略 形 手抜かりがない
1106	层次 céngcì	名 段階、段取り、層
1107	差别 chābié	名 隔たり、格差
1108	插座 chāzuò	名 コンセント
1109	刹那 chànà	名 刹那、瞬間
1110	柴油 cháiyóu	名 ディーゼルオイル

舱门已经打开了，大家可以下飞机了。 Cāngmén yǐjīng dǎkāi le, dàjiā kěyǐ xià fēijī le.	客室のドアがすでに開き、みんなは飛行機から下りられるようになりました。
这只是份草案，以后还会修改。 Zhè zhǐshì fèn cǎo'àn, yǐhòu hái huì xiūgǎi.	これはただの草案で、後で修正する可能性があります。
楼的正面是白色的，两个侧面是红色的。 Lóu de zhèngmiàn shì báisè de, liǎng ge cèmiàn shì hóngsè de.	建物の正面は白く、両側面は赤いです。
我们不能硬碰硬，必须讲究一些策略。 Wǒmen bù néng yìngpèngyìng, bìxū jiǎngjiu yìxiē cèlüè.	私たちは力で対抗するのではなく、一定の策略を重んじなければなりません。
不同年龄层次的人，想法也会不同。 Bùtóng niánlíng céngcì de rén, xiǎngfǎ yě huì bùtóng.	違った年齢層の人は、考え方も違うことがあります。
文章的层次分明，逻辑性强。 Wénzhāng de céngcì fēnmíng, luójíxìng qiáng.	文章の論旨は明らかで、論理性が高いです。
老师，请问这两个词用法上有什么差别？ Lǎoshī, qǐngwèn zhè liǎng ge cí yòngfǎ shang yǒu shénme chābié?	先生、この2つの語の用法にはどのような違いがありますか。
墙上安装了三个空调专用插座。 Qiáng shang ānzhuāngle sān ge kōngtiáo zhuānyòng chāzuò.	壁にはエアコン専用のコンセントが3つ設置されています。
那一刹那我什么都来不及想。 Nà yíchànà wǒ shénme dōu láibují xiǎng.	その刹那、私は考えが追いつきませんでした。
柴油比汽油便宜一些。 Cháiyóu bǐ qìyóu piányi yìxiē.	ディーゼルオイルはガソリンよりもいくらか安いです。

1111 **产业** chǎnyè 名 資産、産業

1112 **场合** chǎnghé 名 場合、場所

1113 **场面** chǎngmiàn 名 場面、その場の様子、体裁

1114 **场所** chǎngsuǒ 名 場所

1115 **钞票** chāopiào 名 紙幣

1116 **巢穴** cháoxué 名 巣、巣窟

1117 **朝代** cháodài 名 王朝

他父亲给他留下了一批产业。 Tā fùqin gěi tā liúxiàle yì pī chǎnyè.	彼の父親は彼に資産を残しました。
今年经济形势有所好转，实现了产业增长。 Jīnnián jīngjì xíngshì yǒu suǒ hǎozhuǎn, shíxiànle chǎnyè zēngzhǎng.	今年の経済状況は好転したところもあり、産業の成長が実現しました。
公共场合请不要吸烟。 Gōnggòng chǎnghé qǐng búyào xīyān.	公共の場ではタバコを吸わないでください。
这么正式的场合你们一定要注意言谈举止。 Zhème zhèngshì de chǎnghé nǐmen yídìng yào zhùyì yántán jǔzhǐ.	このような正式な場合にはあなたたちは言葉遣いや振る舞いに注意してください。
当时的场面令在场的所有人都感动了。 Dāngshí de chǎngmiàn lìng zàichǎng de suǒyǒu rén dōu gǎndòng le.	当時の場面はそこにいる全ての人を感動させました。
这么热闹的场面，我当然不会错过。 Zhème rènao de chǎngmiàn, wǒ dāngrán bú huì cuòguò.	このようなにぎやかな場面を、私は当然逃すことはありません。
在公共场所，每个人都要注意自己的言行。 Zài gōnggòng chǎngsuǒ, měi ge rén dōu yào zhùyì zìjǐ de yánxíng.	公共の場所では、全ての人が自分の言行に注意しなければなりません。
你找男朋友，不能只看他有多少钞票。 Nǐ zhǎo nán péngyou, bù néng zhǐ kàn tā yǒu duōshao chāopiào.	ボーイフレンドを探すなら、紙幣をいくら持っているかだけを見てはいけません。
鸟的巢穴在树枝间像一个个灯笼一样。 Niǎo de cháoxué zài shùzhī jiān xiàng yí gègè dēnglong yíyàng.	鳥の巣は木の枝の間にありどれも灯篭のようです。
北京是元、明、清三个朝代的国都。 Běijīng shì Yuán、Míng、Qīng sān ge cháodài de guódū.	北京は元・明・清の3つの王朝の首都です。

Track 158

1118 **潮流** cháoliú 名 潮流、成り行き

1119 **称号** chēnghào 名 称号

1120 **成本** chéngběn 名 コスト

1121 **成天** chéngtiān 名 一日中

1122 **成效** chéngxiào 名 効果

1123 **成员** chéngyuán 名 メンバー

1124 **城堡** chéngbǎo 名 城

1125 **橙** chéng 名 だいだい、橙色

历史的潮流谁也不能阻挡。 Lìshǐ de cháoliú shéi yě bù néng zǔdǎng.	歴史の潮流は誰も遮ることはできません。
老人们也紧跟时代潮流，不甘落后。 Lǎorénmen yě jǐn gēn shídài cháoliú, bùgān luòhòu.	老人たちも時代の潮流についていき、落ちこぼれるのをよしとしませんでした。
这是他第三次获得“欧洲足球先生”的称号。 Zhè shì tā dì sān cì huòdé “Ōuzhōu zúqiú xiānsheng” de chēnghào.	彼が「バロンドール」の称号を獲得するのは3度目です。
运输成本很高，本市卖的外地蔬菜自然就贵了。 Yùnshū chéngběn hěn gāo, běn shì mài de wàidì shūcài zìrán jiù guì le.	運送コストはとても高く、この市で売られている他の土地の野菜は自然と高くなります。
他成天就想着当电影明星。 Tā chéngtiān jiù xiǎngzhe dāng diànyǐng míngxīng.	彼はいつでも映画スターになりたいと考えています。
部门改进工作方法后，成效非常显著。 Bùmén gǎijìn gōngzuò fāngfǎ hòu, chéngxiào fēicháng xiǎnzhù.	部署が仕事の方法を変えた後、効果はとても顕著に現れました。
这种药的治疗成效非常好。 Zhè zhǒng yào de zhìliáo chéngxiào fēicháng hǎo.	この薬の治療効果は非常にいいです。
你是家庭成员之一，当然可以发表意见。 Nǐ shì jiātíng chéngyuán zhīyī, dāngrán kěyǐ fābiǎo yìjiàn.	あなたは家族の一員です。もちろん意見を言っても構いません。
这座城堡后来成了著名的酒店。 Zhè zuò chéngbǎo hòulái chéngle zhùmíng de jiǔdiàn.	この城はのちに著名なホテルになりました。
他买了好几瓶橙汁。 Tā mǎile hǎojǐ píng chéngzhī.	彼は何本もオレンジジュースを買いました。
他把房间的墙刷成了橙色。 Tā bǎ fángjiān de qiáng shuāchéngle chéngsè.	彼は部屋の壁をオレンジ色に塗りました。

1126	秤 chèng	名 はかり
1127	赤道 chìdào	名 赤道
1128	赤字 chìzì	名 赤字
1129	出路 chūlù	名 出口、活路
1130	出息 chūxi	名 見込み　動 進歩する
1131	处境 chǔjìng	名 境遇
1132	储备 chǔbèi	名 蓄え　動 備蓄する

市场上放着一个公平秤，顾客可以随便用。 Shìchǎng shang fàngzhe yí ge gōngpíngchèng, gùkè kěyǐ suíbiàn yòng.	市場にははかりがおいてあり、顧客は自由に使えます。
该国位于赤道附近，气候炎热。 Gāi guó wèiyú chìdào fùjìn, qìhòu yánrè.	この国は赤道付近で、気候はひどく暑いです。
这几年国家的财政赤字逐渐减少。 Zhè jǐ nián guójiā de cáizhèng chìzì zhújiàn jiǎnshǎo.	ここ数年、国家財政の赤字は次第に減少しています。
他们在森林里找不到出路了。 Tāmen zài sēnlín li zhǎobudào chūlù le.	彼らは森の中から出る道を見つけることができませんでした。
他觉得考大学是自己唯一的出路。 Tā juéde kǎo dàxué shì zìjǐ wéiyī de chūlù.	彼は大学を受験することが自分の唯一の活路だと思っています。
每个家长都希望孩子有出息。 Měi ge jiāzhǎng dōu xīwàng háizi yǒu chūxi.	どの家長も子供に見込みがあってほしいと願います。
这孩子出息了很多，越来越会办事了。 Zhè háizi chūxile hěn duō, yuè lái yuè huì bànshì le.	この子はかなり進歩して、どんどん物事ができるようになっています。
想想当时的处境，他只能首先考虑保住性命。 Xiǎngxiang dāngshí de chǔjìng, tā zhǐ néng shǒuxiān kǎolǜ bǎozhù xìngmìng.	当時の境遇を考えると、彼はまず命を守ることしか考えられませんでした。
我们要想办法改变这种不利的处境。 Wǒmen yào xiǎng bànfǎ gǎibiàn zhè zhǒng búlì de chǔjìng.	私たちはこの不利な境遇を変える方法を考えなければなりません。
现在粮食供应充足，不用再储备大量的粮食了。 Xiànzài liángshi gōngyìng chōngzú, búyòng zài chǔbèi dàliàng de liángshi le.	現在の食料供給は十分であり、さらなる蓄えは必要はありません。
国家的外汇储备这几年大量增长。 Guójiā de wàihuì chǔbèi zhè jǐ nián dàliàng zēngzhǎng.	国の外貨備蓄はここ数年大幅に増えました。

指定語句 動詞 名詞 ほか 作文対策語句

1133	储蓄 chǔxù	名 貯金　動 貯金する
1134	传单 chuándān	名 宣伝ビラ
1135	船舶 chuánbó	名 船
1136	床单 chuángdān	名 シーツ
1137	炊烟 chuīyān	名 窯の煙、炊事の煙
1138	锤 chuí	名 金槌
1139	磁带 cídài	名 磁気テープ
1140	雌雄 cíxióng	名 雄と雌、勝ち負け
1141	次品 cìpǐn	名 劣等品

他把一生的储蓄都捐给了学校。 Tā bǎ yìshēng de chǔxù dōu juāngěile xuéxiào. **他为子女储蓄了一大笔钱。** Tā wèi zǐnǚ chǔxùle yí dà bǐ qián.	彼は一生分の貯金をすべて学校に寄付しました。 彼は息子と娘のために大金を貯めています。
他每天在大街上发售楼传单。 Tā měitiān zài dàjiē shang fā shòulóu chuándān.	彼は毎日大通りでビルの分譲販売の宣伝ビラを配ります。
他们以制造大型船舶为主。 Tāmen yǐ zhìzào dàxíng chuánbó wéi zhǔ.	彼らは大型船を製造することを主としています。
我们该换一换床单了。 Wǒmen gāi huànyihuàn chuángdān le.	私たちはシーツを替えなければなりません。
看到远处的炊烟，他们知道前面一定有人家。 Kàndào yuǎnchù de chuīyān, tāmen zhīdao qiánmiàn yídìng yǒu rénjiā.	遠くに炊事の煙が見えたので、彼らは前方に人家があることを知りました。
这把锤太沉了，我举不起来。 Zhè bǎ chuí tài chén le, wǒ jǔbuqǐlai.	この金づちはあまりに重いので、持ち上げられません。
他每天跟着磁带学习唱歌。 Tā měitiān gēnzhe cídài xuéxí chànggē.	彼は毎日テープの後について歌を学んでいます。
雌雄蜘蛛在外形上区别很小。 Cíxióng zhīzhū zài wàixíng shang qūbié hěn xiǎo. **他们水平相当，难分雌雄。** Tāmen shuǐpíng xiāngdāng, nán fēn cíxióng.	雄と雌の蜘蛛は外見上の違いがとても小さいです。 彼らのレベルはほぼ同じなので勝ち負けを決めるのが難しいです。
我们要保证质量，不出次品。 Wǒmen yào bǎozhèng zhìliàng, bù chū cìpǐn.	私たちは品質を保証し、劣等品を出しません。

Track 161

1142 **次序** cìxù

名 順番

1143 **丛** cóng

名 くさむら

コロ "草丛 cǎocóng" 草むら, "丛书 cóngshū" 叢書、シリーズ

1144 **挫折** cuòzhé

名 挫折 動 挫折する

1145 **搭档** dādàng

名 仲間

1146 **大臣** dàchén

名 大臣

1147 **歹徒** dǎitú

名 悪党

1148 **代价** dàijià

名 代価

1149 **诞辰** dànchén

名 生誕

1150 **淡季** dànjì

名 閑散期

我们按先后次序办理入学手续。 Wǒmen àn xiānhòu cìxù bànlǐ rùxué shǒuxù.	私たちは順番に入学手続きを行います。
蝴蝶在草丛中飞来飞去。 Húdié zài cǎocóng zhōng fēi lái fēi qù.	蝶は草むらの中で飛び回っています。
这是一套经济学丛书。 Zhè shì yí tào jīngjìxué cóngshū.	これは経済学の叢書です。
挫折并不可怕，关键是要有勇气和信心。 Cuòzhé bìng bù kěpà, guānjiàn shì yào yǒu yǒngqì hé xìnxīn.	挫折は決して怖いものではなく、重要なのは勇気と自信を持つことです。
我们是老搭档了，彼此很熟悉。 Wǒmen shì lǎo dādàng le, bǐcǐ hěn shúxi.	私たちは古い仲間なので、お互いによく知っています。
他们搭档做起了生意。 Tāmen dādàng zuòqǐle shēngyi.	彼らパートナーは事業を起こし始めました。
英国的国务大臣访问了中国。 Yīngguó de guówù dàchén fǎngwènle Zhōngguó.	英国の国務大臣が中国を訪問しました。
歹徒们看到警察，立刻就跑。 Dǎitúmen kàndào jǐngchá, lìkè jiù pǎo.	悪党は警察を見ると、すぐに逃げます。
为了救人，我们要不惜一切代价。 Wèile jiù rén, wǒmen yào bùxī yíqiè dàijià.	人を助けるために、私たちは一切の代価を惜しみません。
我们在筹备某个画家的诞辰90周年纪念会。 Wǒmen zài chóubèi mǒu ge huàjiā de dànchén jiǔshí zhōunián jìniànhuì.	私たちはある画家の生誕90周年記念会を準備しています。
生产淡季持续了两个月，现在终于过去了。 Shēngchǎn dànjì chíxùle liǎng ge yuè, xiànzài zhōngyú guòqù le.	生産の閑散期は2カ月続いており、現在やっと過ぎ去りました。

1151	**淡水** dànshuǐ	名 淡水
1152	**蛋白质** dànbáizhì	名 タンパク質
1153	**当初** dāngchū	名 昔、当初
1154	**当代** dāngdài	名 この時代、現代
1155	**当前** dāngqián	名 当面
1156	**当事人** dāngshìrén	名 当事者
1157	**党** dǎng	名 政党
1158	**档案** dàng'àn	名 身上調書
1159	**档次** dàngcì	名 ランク

这种鱼生活在淡水里。 Zhè zhǒng yú shēnghuózài dànshuǐ li.	この種の魚は淡水で生きています。
牛奶中含有丰富的蛋白质。 Niúnǎi zhōng hányǒu fēngfù de dànbáizhì.	牛乳の中には豊富なたんぱく質が含まれています。
我们当初已经说好了怎么分配。 Wǒmen dāngchū yǐjīng shuōhǎole zěnme fēnpèi.	私たちは最初に、どう分配するか話を決めてありました。
当初他什么也没说，现在又想提条件了。 Dāngchū tā shénme yě méi shuō, xiànzài yòu xiǎng tí tiáojiàn le.	当初彼は何も言いませんでしたが、今になって条件を出したくなったようです。
他主要研究当代作家的一些作品。 Tā zhǔyào yánjiū dāngdài zuòjiā de yìxiē zuòpǐn.	彼は主に現代の作家のいくつかの作品を研究しています。
这是我们当前唯一可以采取的办法。 Zhè shì wǒmen dāngqián wéiyī kěyǐ cǎiqǔ de bànfǎ.	これは私たちが当面とることのできる唯一の方法です。
当事人为我们讲述了当时发生的情况。 Dāngshìrén wèi wǒmen jiǎngshùle dāngshí fāshēng de qíngkuàng.	当事者は私たちに当時の発生状況を述べました。
几个党之间保持着竞争与合作的关系。 Jǐ ge dǎng zhījiān bǎochízhe jìngzhēng yǔ hézuò de guānxi.	幾つかの政党の間では競争と協力の関係を維持しています。
我的个人档案保存在人事部门。 Wǒ de gèrén dàng'àn bǎocúnzài rénshì bùmén.	私の個人の身上調書は人事部で保存している。
他经常去档次很高的商场买东西。 Tā jīngcháng qù dàngcì hěn gāo de shāngchǎng mǎi dōngxi.	彼はいつもランクの高いデパートに買い物に行きます。

Track 163

1160	**导弹** dǎodàn	名 ミサイル
1161	**导向** dǎoxiàng	名 導き、動向 動 案内する、導く
1162	**稻谷** dàogǔ	名 もみ
1163	**灯笼** dēnglong	名 提灯、灯篭
1164	**等级** děngjí	名 ランク、等級
1165	**堤坝** dībà	名 堤防
1166	**地步** dìbù	名 程度、段階
1167	**地势** dìshì	名 地形、地勢
1168	**地质** dìzhì	名 地質

敌人发射的导弹被我军成功拦截了。 Dírén fāshè de dǎodàn bèi wǒ jūn chénggōng lánjié le.	敵が発射したミサイルは我が軍によって撃墜されました。
我们要发挥舆论的导向作用。 Wǒmen yào fāhuī yúlùn de dǎoxiàng zuòyòng. **我们会把多余的资金导向市场。** Wǒmen huì bǎ duōyú de zījīn dǎoxiàng shìchǎng.	私たちは世論を導く機能を果たさなければなりません。 私たちは余った資金を市場に流すでしょう。
由于今年没来台风，今年的稻谷长得很好。 Yóuyú jīnnián méi lái táifēng, jīnnián de dàogǔ zhǎngde hěn hǎo.	台風が来なかったので、今年のもみはよく育っています。
快过春节了，街上挂起了红灯笼。 Kuài guò Chūnjié le, jiē shang guàqǐle hóng dēnglong.	まもなく春節です、街には赤い灯篭が掛けられはじめました。
公司职工的工资分成六个等级。 Gōngsī zhígōng de gōngzī fēnchéng liù ge děngjí.	会社の従業員の給与は6つの等級に分けられています。
这个堤坝修得非常结实，能够抵御洪水袭击。 Zhège dībà xiūde fēicháng jiēshi, nénggòu dǐyù hóngshuǐ xíjī.	この堤防は非常にしっかりと作られていて、洪水の襲撃を食い止められます。
事情已经到了不可挽回的地步了。 Shìqing yǐjīng dàole bùkě wǎnhuí de dìbù le. **我头疼得到了睡不着觉的地步。** Wǒ tóuténgdedàole shuìbuzháo jiào de dìbù.	事情はすでに挽回できない段階に達していました。 私の頭痛は眠れないほどになりました。
平原地区地势平坦，适合种植农作物。 Píngyuán dìqū dìshì píngtǎn, shìhé zhòngzhí nóngzuòwù.	平原地区の地形は平坦で、農作物を植えるのに適しています。
他发现这里的地质情况跟别的地区明显不同。 Tā fāxiàn zhèli de dìzhì qíngkuàng gēn bié de dìqū míngxiǎn bùtóng.	彼はここの地質的状況が別の地区と明らかに異なっていることを発見しました。

No.	単語	意味
1169	**典礼** diǎnlǐ	名 儀式
1170	**典型** diǎnxíng	名 典型　形 典型的な
1171	**电源** diànyuán	名 電源
1172	**雕塑** diāosù	名 彫刻作品
1173	**丁** dīng	名（十干の）丁、（順序を表す）丁
1174	**定义** dìngyì	名 定義
1175	**东道主** dōngdàozhǔ	名 主催者
1176	**董事长** dǒngshìzhǎng	名 理事長
1177	**动机** dòngjī	名 動機

我们的结婚典礼是在中国举办的。 Wǒmen de jiéhūn diǎnlǐ shì zài Zhōngguó jǔbàn de.	私たちの結婚式は中国で行いました。
他是我们班努力学习的典型。 Tā shì wǒmen bān nǔlì xuéxí de diǎnxíng. **你举的例子很典型，很能说明问题。** Nǐ jǔ de lìzi hěn diǎnxíng, hěn néng shuōmíng wèntí.	彼は私たちのクラスで努力して学んでいる典型例です。 あなたが挙げた例は典型的で、問題をうまく説明できます。
这屋子里的电源在哪儿? Zhè wūzi lǐ de diànyuán zài nǎr?	この部屋の電源はどこにありますか。
学生们为老校长立起了一座雕塑。 Xuéshengmen wèi lǎo xiàozhǎng lìqǐle yí zuò diāosù.	学生たちは校長先生のために彫刻作品を立てました。
这些词语被分成了甲、乙、丙、丁四个等级。 Zhèxiē cíyǔ bèi fēnchéngle jiǎ、yǐ、bǐng、dīng sì ge děngjí.	これらの語は甲乙丙丁の4つの等級に分けられました。
学数学，定义一定要搞清楚。 Xué shùxué, dìngyì yídìng yào gǎoqīngchu.	数学を学ぶときは、定義を必ずはっきりさせる必要があります。
感谢东道主的热情款待。 Gǎnxiè dōngdàozhǔ de rèqíng kuǎndài.	主催者の心のこもったおもてなしに感謝いたします。
重大事项必须向董事长报告。 Zhòngdà shìxiàng bìxū xiàng dǒngshìzhǎng bàogào.	重大事項は必ず理事長に報告しなければいけません。
他的犯罪动机我们还不清楚。 Tā de fànzuì dòngjī wǒmen hái bù qīngchu.	彼の犯罪の動機は私たちにはまだはっきりしません。

No.	単語	意味
1178	**动静** dòngjing	名 物音、動向
1179	**动力** dònglì	名 原動力
1180	**动脉** dòngmài	名 動脈
1181	**动态** dòngtài	名 動き、動向
1182	**兜** dōu	名 ポケット　動 くるむ
1183	**毒品** dúpǐn	名 薬物、麻薬
1184	**端午节** Duānwǔjié	名 端午節（旧暦の5月5日）

他听见客厅有动静，就起床去看。 Tā tīngjiàn kètīng yǒu dòngjing, jiù qǐchuáng qù kàn.	彼は応接間で物音がするのを聞いて、すぐに起きて見に行きました。
你去了解一下别的参赛队伍有什么动静没有。 Nǐ qù liǎojiě yíxià bié de cānsài duìwu yǒu shénme dòngjing méiyǒu.	別の出場チームにどんな動向があるか、ちょっと探ってきてください。
推动社会发展的真正动力是科学技术。 Tuīdòng shèhuì fāzhǎn de zhēnzhèng dònglì shì kēxué jìshù.	社会の発展を推進する真の原動力は科学技術です。
他工作的动力来自于对工作的兴趣。 Tā gōngzuò de dònglì láizìyú duì gōngzuò de xìngqù.	彼の仕事の原動力は仕事に対する関心から来ています。
这次事故他没有伤到动脉。 Zhè cì shìgù tā méiyǒu shāngdào dòngmài.	この事故で彼は動脈を傷つけはしませんでした。
这条路是贯通中国东西的大动脉。 Zhè tiáo lù shì guàntōng Zhōngguó dōngxī de dàdòngmài.	この道は中国の東西を貫く大動脈です。
统计局发布了经济变化的动态数据。 Tǒngjìjú fābùle jīngjì biànhuà de dòngtài shùjù.	統計局は経済変化の動きのデータを発表しました。
警察掌握了这伙人的动态。 Jǐngchá zhǎngwòle zhè huǒ rén de dòngtài.	警察はこの人たちの動向をつかみました。
我习惯把钥匙放在裤兜儿里。 Wǒ xíguàn bǎ yàoshi fàngzài kùdōur li.	私は鍵をズボンのポケットに入れるのが習慣です。
他用衣服兜着苹果走了。 Tā yòng yīfu dōuzhe píngguǒ zǒule.	彼は服でリンゴをくるんで行きました。
警察从他身上搜出了大量毒品。 Jǐngchá cóng tā shēnshang sōuchūle dàliàng dúpǐn.	警察は彼の身体から大量の薬物を発見しました。
端午节有吃粽子、赛龙舟的习俗。 Duānwǔjié yǒu chī zòngzi、sài lóngzhōu de xísú.	端午節にはちまきを食べ、ドラゴンボートで競争をする習俗があります。

1185	**队伍** duìwu	名 列、集団
1186	**对策** duìcè	名 対策
1187	**对联** duìlián	名 対聯（ついれん） 解説 紙や布に対句を書いたもの
1188	**恩怨** ēnyuàn	名 恩と恨み
1189	**二氧化碳** èryǎnghuàtàn	名 二酸化炭素
1190	**法人** fǎrén	名 法人
1191	**繁体字** fántǐzì	名（簡体字に対して）繁体字、旧字体
1192	**反感** fǎngǎn	名 反感　形 反感を持っている

游行的队伍越来越壮大。 Yóuxíng de duìwu yuè lái yuè zhuàngdà.	デモ行進の列はますます盛んになっています。
欢迎大家加入到合唱团的队伍。 Huānyíng dàjiā jiārùdào héchàngtuán de duìwu.	みんなが合唱団の一員に加わるのを歓迎します。
为了预防意外发生，我已经制定了详细的对策。 Wèile yùfáng yìwài fāshēng, wǒ yǐjīng zhìdìngle xiángxì de duìcè.	想定外のことが起こらないように、私はすでに詳細な対策を立てました。
过春节时，家家户户都贴对联。 Guò Chūnjié shí, jiājiāhùhù dōu tiē duìlián.	春節のときには、どの家も対聯を貼ります。
这么多年的恩恩怨怨，不可能一下子消除。 Zhème duō nián de ēn'ēnyuànyuàn, bù kěnéng yíxiàzi xiāochú.	この長年の恩や恨みは、簡単には消えません。
绿色植物可以净化大气中的二氧化碳。 Lǜsè zhíwù kěyǐ jìnghuà dàqì zhōng de èryǎnghuàtàn.	緑の植物は大気中の二酸化炭素を浄化できます。
这个协会是具有法人资格的非营利性团体。 Zhège xiéhuì shì jùyǒu fǎrén zīgé de fēiyínglìxìng tuántǐ.	この協会は、法人格を持つ非営利団体です。
这些繁体字我都认识，但不会写。 Zhèxiē fántǐzì wǒ dōu rènshi , dàn bú huì xiě.	私はこれらの繁体字を知っていますが、書くことはできません。
这一事件引起了大家的强烈反感。 Zhè yí shìjiàn yǐnqǐle dàjiā de qiángliè fǎngǎn.	この事件はみなの強い反感を買いました。
他对奉承的话很反感。 Tā duì fèngchéng de huà hěn fǎngǎn.	彼はお世辞に反感を持っています。

1193
反面 fǎnmiàn
名 裏面、裏側　形 悪い面の、ネガティブな

1194
范畴 fànchóu
名 範疇、タイプ

1195
方位 fāngwèi
名 方位、方向と位置

1196
方言 fāngyán
名 方言

1197
方圆 fāngyuán
名 付近、周囲の長さ、面積

1198
方针 fāngzhēn
名 方針

1199
肺 fèi
名 肺

1200
废墟 fèixū
名 廃墟

请把答案写在纸的反面。 Qǐng bǎ dá'àn xiězài zhǐ de fǎnmiàn.	紙の裏に答えを書いてください。
他的犯罪经历是很好的反面教材，要引以为戒。 Tā de fànzuì jīnglì shì hěn hǎo de fǎnmiàn jiàocái, yào yǐn yǐ wéi jiè.	彼の犯罪経験はよき反面教材で、戒めとすべきです。
我们讨论的问题已经超出经济学范畴了。 Wǒmen tǎolùn de wèntí yǐjing chāochū jīngjìxué fànchóu le.	私たちが議論している問題は、すでに経済学の範疇を超えています。
他们确定了失事船只的方位。 Tāmen quèdìngle shīshì chuánzhī de fāngwèi.	彼らは事故を起こした船の方向と位置を確定しました。
他说普通话的时候，夹杂着不少方言。 Tā shuō pǔtōnghuà de shíhou, jiāzázhe bù shǎo fāngyán.	彼が標準語を話すとき、多くの方言が混じります。
这片风景区很大，方圆数十公里。 Zhè piàn fēngjǐngqū hěn dà, fāngyuán shùshí gōnglǐ.	この景勝区は広く、周囲は数十キロにわたります。
我们需要根据形势，调整以前的方针。 Wǒmen xūyào gēnjù xíngshì, tiáozhěng yǐqián de fāngzhēn.	雲行きに合わせて、以前の方針を調整する必要があります。
他抽烟太多，得了肺病。 Tā chōuyān tài duō, déle fèibìng.	彼はタバコを吸いすぎて、肺の病気になりました。
你需要做一个肺部检查。 Nǐ xūyào zuò yí ge fèibù jiǎnchá.	あなたは肺の検査を受ける必要があります。
那片废墟至今还保留着，供后人参观。 Nà piàn fèixū zhìjīn hái bǎoliúzhe, gōng hòurén cānguān.	あの遺跡は、今もなお保存されており、後世の人が観光できるようになっています。

1201	**分寸** fēncun	名 限度、程合い
1202	**分歧** fēnqí	名 食い違い、相違　形 食い違っている
1203	**坟墓** fénmù	名 墓、(比喩的に) 墓場
1204	**粉末** fěnmò	名 粉末
1205	**粉色** fěnsè	名 ピンク、薄紅色
1206	**分量** fènliàng	名 目方、(言葉の) 重み 発音 "fènliang" とも。
1207	**风暴** fēngbào	名 あらし、大規模で勢いのすさまじい事件や現象

开玩笑也要有个分寸，不能太过分了。 Kāiwánxiào yě yào yǒu ge fēncun, bù néng tài guòfèn le.	冗談にも限度があります。やりすぎてはいけません。
他讲话的分寸把握得很好。 Tā jiǎnghuà de fēncun bǎwòde hěn hǎo.	彼は話の程合いをよく心得ています。
他们的看法出现了分歧，争论得很激烈。 Tāmen de kànfǎ chūxiànle fēnqí, zhēnglùnde hěn jīliè.	彼らの意見には食い違いがあり、議論は激しいものでした。
不知道从什么时候开始，这里新添了很多坟墓。 Bù zhīdào cóng shénme shíhou kāishǐ, zhèli xīn tiānle hěn duō fénmù.	いつのころからか、ここにはたくさんの墓が新しく増えています。
有人说婚姻是爱情的“坟墓”。 Yǒu rén shuō hūnyīn shì àiqíng de “fénmù”.	結婚は愛の「墓場」だと言う人がいます。
我们需要把这些土块研成粉末。 Wǒmen xūyào bǎ zhèxiē tǔkuài yánchéng fěnmò.	これらの土くれをすりつぶして粉末にする必要があります。
她喜欢粉色，屋子里很多东西都是粉色的。 Tā xǐhuan fěnsè, wūzi li hěn duō dōngxi dōu shì fěnsè de.	彼女はピンクが好きで、家の中にある多くのものはピンク色です。
这个大西瓜分量够重的。 Zhège dà xīguā fènliàng gòu zhòng de.	この大きなスイカは、なかなか重いです。
他这几句话很有分量，孩子有点儿承受不了。 Tā zhè jǐ jù huà hěn yǒu fènliàng, háizi yǒudiǎnr chéngshòubuliǎo.	彼のこれらの言葉には重みがあり、子どもにはいささか受け止め難いです。
天气预报说明天会有一场风暴。 Tiānqì yùbào shuō míngtiān huì yǒu yì cháng fēngbào.	天気予報によると、明日は嵐が来るそうです。
这场金融风暴导致很多国家的经济面临瘫痪。 Zhè cháng jīnróng fēngbào dǎozhì hěn duō guójiā de jīngjì miànlín tānhuàn.	この金融の大混乱は多くの国の経済を麻痺させることになりました。

1208 **风度** fēngdù

名 風格、人柄、風采

1209 **风光** fēngguāng

名 風光、風景

1210 **风气** fēngqì

名 気風、習慣

1211 **风味** fēngwèi

名 風味、味わい

1212 **夫妇** fūfù

名 夫婦

解説 中国語では **"夫妻"** よりも **"夫妇"** のほうが丁寧な表現

1213 **夫人** fūrén

名 夫人

1214 **符号** fúhào

名 符号、記号

1215 **幅度** fúdù

名 幅、物の変動の差

小伙子看起来风度翩翩，一表人才。 Xiǎohuǒzi kànqilai fēngdù piānpiān, yìbiǎoréncái.	若い男は風采がよく、容貌も態度も優れています。
草原的风光非常令人陶醉。 Cǎoyuán de fēngguāng fēicháng lìng rén táozuì.	草原の風景は人を魅了します。
人们的修养普遍提高了，社会风气也就变好了。 Rénmen de xiūyǎng pǔbiàn tígāo le, shèhuì fēngqì yě jiù biànhǎo le.	人々の教養は広く高まっており、社会の気風もまた改善されています。
这种坏风气一定要彻底改变。 Zhè zhǒng huài fēngqì yídìng yào chèdǐ gǎibiàn.	この悪い雰囲気は徹底して変える必要があります。
他们善于做具有家乡风味的饭菜。 Tāmen shànyú zuò jùyǒu jiāxiāng fēngwèi de fàncài.	彼らは故郷の味わいのある料理を作るのが得意です。
这首歌曲保留了中国西北地方风味的特点。 Zhè shǒu gēqǔ bǎoliúle Zhōngguó xīběi dìfāng fēngwèi de tèdiǎn.	この曲は中国北西部らしい特徴を残しています。
他们是一对很让人羡慕的夫妇。 Tāmen shì yí duì hěn ràng rén xiànmù de fūfù.	彼らは人も羨むご夫妻です。
市长夫人也参加了那次晚会。 Shìzhǎng fūrén yě cānjiāle nà cì wǎnhuì.	市長の妻もそのパーティーに出席しました。
这些数学符号都是国际上通用的。 Zhèxiē shùxué fúhào dōu shì guójì shang tōngyòng de.	これらの数学記号はすべて国際的に通用するものです。
目前各大商场降价的幅度非常大。 Mùqián gè dà shāngchǎng jiàngjià de fúdù fēicháng dà.	現在、各主要ショッピングモールの値下げ幅は非常に大きいです。

1216	**福利** fúlì	名 福利、福祉
1217	**福气** fúqi	名 幸せ、幸運
1218	**附件** fùjiàn	名 添付ファイル、関係書類
1219	**钙** gài	名 カルシウム
1220	**干劲** gànjìn	名 意気込み、頑張り
1221	**纲领** gānglǐng	名 綱領、原則
1222	**岗位** gǎngwèi	名 (兵士や警官などの) 受け持ち、持ち場
1223	**港口** gǎngkǒu	名 港

这家公司工资高，福利好。 Zhè jiā gōngsī gōngzī gāo, fúlì hǎo.	この会社は賃金が高く、福利厚生もよいです。
他有那么能干的妻子，真是好福气。 Tā yǒu nàme nénggàn de qīzi, zhēnshi hǎo fúqi.	彼にあんな有能な奥さんがいることは、本当に大きな幸運です。
对不起，刚才发邮件时忘了粘贴附件。 Duìbuqǐ, gāngcái fā yóujiàn shí wàngle zhāntiē fùjiàn.	申し訳ありません、今メールを送信したときに添付ファイルを貼り付けるのを忘れてしまいました。
钙是人体里不可缺少的物质。 Gài shì réntǐ li bùkě quēshǎo de wùzhì.	カルシウムは人体に欠かせない物質です。
来到了新单位，他干劲十足。 Láidàole xīn dānwèi, tā gànjìn shízú.	彼が新しい事業所に到着したとき、彼はやる気満々でした。
各国达成了一致，发表了行动纲领。 Gèguó dáchéngle yízhì, fābiǎole xíngdòng gānglǐng.	各国は合意に達し、行動計画を発表しました。
这是环境保护的第一个纲领性的文件。 Zhè shì huánjìng bǎohù de dì yī ge gānglǐngxìng de wénjiàn.	これは、環境保護に関する最初の原則的な文書です。
这个岗位的责任非常重大，不能有一点儿马虎。 Zhège gǎngwèi de zérèn fēicháng zhòngdà, bù néng yǒu yìdiǎnr mǎhu.	この持ち場の責任は非常に重要です、少しでもいい加減にすることはできません。
每个人都可以在自己的岗位上做出成绩。 Měi ge rén dōu kěyǐ zài zìjǐ de gǎngwèi shang zuòchū chéngjì.	誰もが自分の立場で成果を出すことができます。
这个港口每天进出的船只很多。 Zhège gǎngkǒu měitiān jìnchū de chuánzhī hěn duō.	この港に出入りする毎日船は多いです。

1224	港湾 gǎngwān	名 港、港湾
1225	杠杆 gànggǎn	名 てこ
1226	高潮 gāocháo	名 高潮、好調、山場
1227	高峰 gāofēng	名 高い嶺、最高点
1228	稿件 gǎojiàn	名 原稿
1229	疙瘩 gēda	名 できもの、にきび、球状のもの

今天风浪很大，船只一律不准出港湾。 Jīntiān fēnglàng hěn dà, chuánzhī yílǜ bù zhǔn chū gǎngwān. **大船已经开进港湾，很快就到达港口。** Dàchuán yǐjīng kāijìn gǎngwān, hěn kuài jiù dàodá gǎngkǒu.	今日波が非常に強いので、船は港を離れることができません。 大きな船はすでに港湾に入り、まもなく港に到着します。
他运用杠杆原理，省了很多力气。 Tā yùnyòng gànggǎn yuánlǐ, shěngle hěn duō lìqi. **各国都把信息产业作为经济发展的杠杆。** Gèguó dōu bǎ xìnxī chǎnyè zuòwéi jīngjì fāzhǎn de gànggǎn.	彼はてこの原理を応用して、多くの労力を節約しました。 各国は、情報産業を経済発展のてこと見なしています。
文艺复兴运动在 16 世纪达到高潮。 Wényì fùxīng yùndòng zài shíliù shìjì dádào gāocháo. **小说的高潮部分是全书最精彩的内容。** Xiǎoshuō de gāocháo bùfen shì quánshū zuì jīngcǎi de nèiróng.	ルネサンス運動は16世紀に最も盛んになりました。 小説のクライマックスは、本の中で最もすばらしい内容です。
珠穆朗玛峰是世界第一高峰。 Zhūmùlǎngmǎfēng shì shìjiè dì yī gāofēng. **交通早晚高峰的时候，这里非常堵。** Jiāotōng zǎowǎn gāofēng de shíhou, zhèli fēicháng dǔ.	チョモランマ峰（エベレスト）は世界の最高峰です。 朝と晩のピーク時は、ここは非常に混雑します。
报社每天都会收到大量的稿件。 Bàoshè měitiān dōu huì shōudào dàliàng de gǎojiàn.	新聞社は毎日たくさんの原稿を受け取ります。
这个疙瘩已经小很多了。 Zhège gēda yǐjīng xiǎo hěn duō le. **他们之间的疙瘩解开了，又成了好朋友。** Tāmen zhījiān de gēda jiěkāi le, yòu chéngle hǎo péngyou.	このにきびはすでにずっと小さくなりました。 彼らの間のわだかまりがなくなって、彼らは再びよい友達になりました。

1230	鸽子 gēzi	名 ハト
1231	格局 géjú	名 造り、構成
1232	格式 géshi	名 (書類・文章などの) 様式、パターン
1233	隔阂 géhé	名 へだたり、ギャップ
1234	个体 gètǐ	名 個人、個体
1235	根源 gēnyuán	名 根本原因、根源　動 起因する
1236	跟前 gēnqián	名 そば、近く、間近い時間
1237	工艺品 gōngyìpǐn	名 工芸品
1238	公安局 gōng'ānjú	名 公安局、警察署

这封信是那只鸽子送来的。 Zhè fēng xìn shì nà zhī gēzi sònglai de.	この手紙はあの鳩が運んできたものです。
这座房子的格局很合理。 Zhè zuò fángzi de géjú hěn hélǐ. **世界新的格局正在形成。** Shìjiè xīn de géjú zhèngzài xíngchéng.	この家の造りは合理的です。 世界の新しい構造がまさに今形成されています。
这篇文章的格式不对，需要修改。 Zhè piān wénzhāng de géshi búduì, xūyào xiūgǎi.	この文章の形式は間違っており、修正する必要があります。
从那件事开始，他们的关系有了隔阂。 Cóng nà jiàn shì kāishǐ, tāmen de guānxi yǒule géhé.	あの事件以来、彼らの関係には溝があります。
我们既要考虑个体利益，更要照顾集体利益。 Wǒmen jì yào kǎolǜ gètǐ lìyì, gèng yào zhàogù jítǐ lìyì. **个体经济丰富了国家的经济形式。** Gètǐ jīngjì fēngfùle guójiā de jīngjì xíngshì.	私たちは個人の利益だけではなく、集団の利益も考慮する必要があります。 私経済は国の経済形態を豊かにしました。
医生终于找出了这种病的根源。 Yīshēng zhōngyú zhǎochūle zhè zhǒng bìng de gēnyuán.	医者は最終的にこの病気の根本原因を見つけました。
我已经把这些资料放到他跟前了。 Wǒ yǐjīng bǎ zhèxiē zīliào fàngdào tā gēnqián le.	私はこれらの資料をすでに彼のそばに置きました。
他家里摆满了各种工艺品。 Tā jiāli bǎimǎnle gè zhǒng gōngyìpǐn.	彼の家の中は工芸品でいっぱいです。
我下午要去公安局办身份证。 Wǒ xiàwǔ yào qù gōng'ānjú bàn shēnfènzhèng.	午後は警察に身分証の手続きをしに行きます。

1239 **公关** gōngguān
名 広報活動、渉外

1240 **公民** gōngmín
名 公民

1241 **公式** gōngshì
名（数学の）公式、同類事物に用いられる方式・方法

1242 **公务** gōngwù
名 公務

1243 **功劳** gōngláo
名 功労、功績

1244 **功效** gōngxiào
名 効き目、効果

1245 **宫殿** gōngdiàn
名 宮殿

1246 **共和国** gònghéguó
名 共和国

1247 **钩子** gōuzi
名 かぎ、フック、かぎ形のもの

他在公司里负责公关工作。 Tā zài gōngsī li fùzé gōngguān gōngzuò.	彼は会社の広報を担当しています。
十八周岁以上的公民有选举权和被选举权。 Shíbā zhōusuì yǐshàng de gōngmín yǒu xuǎnjǔquán hé bèixuǎnjǔquán.	満18歳以上の市民は、選挙権と被選挙権を有します。
这道题用公式计算就会简单很多。 Zhè dào tí yòng gōngshì jìsuàn jiù huì jiǎndān hěn duō.	この問題は公式を使って計算すると、はるかに簡単になります。
公司制定了公式化的管理体制。 Gōngsī zhìdìngle gōngshìhuà de guǎnlǐ tǐzhì.	企業は形式化された管理システムを制定しました。
他最近公务繁忙，没时间运动。 Tā zuìjìn gōngwù fánmáng, méi shíjiān yùndòng.	彼は最近公務で忙しく、運動する時間がありません。
在公司的建设中，他的功劳最大。 Zài gōngsī de jiànshè zhōng, tā de gōngláo zuìdà.	会社の発展において、彼の功績は最も大きいです。
他很谦虚，不跟任何人争功劳。 Tā hěn qiānxū, bù gēn rènhé rén zhēng gōngláo.	彼はとても謙虚で、誰とも功績を争ったりしません。
使用这种技术后，功效提高了很多。 Shǐyòng zhè zhǒng jìshù hòu, gōngxiào tígāole hěn duō.	この技術を利用してから、効き目が大幅に改善しました。
他家布置得像宫殿一样，非常豪华。 Tā jiā bùzhìde xiàng gōngdiàn yíyàng, fēicháng háohuá.	彼の家は宮殿のようにしつらえてあって、とても豪華です。
他被选举为共和国主席。 Tā bèi xuǎnjǔwéi gònghéguó zhǔxí.	彼は共和国の主席に選出されました。
你把衣服挂在钩子上吧。 Nǐ bǎ yīfu guàzài gōuzi shang ba.	フックに服をかけなさい。

Track 174

1248	**古董** gǔdǒng	名 骨董、時代後れのもの・人
1249	**股东** gǔdōng	名 株主、出資者
1250	**股份** gǔfèn	名 株、株式
1251	**骨干** gǔgàn	名 中核、中心的な人物
1252	**固体** gùtǐ	名 固体
1253	**故乡** gùxiāng	名 故郷、ふるさと
1254	**故障** gùzhàng	名 故障、バグ
1255	**顾虑** gùlǜ	名 気がかり、心配　動 心配する、懸念する
1256	**顾问** gùwèn	名 顧問、コンサルタント

他一见到自己喜欢的古董，就非买不可。 Tā yí jiàndào zìjǐ xǐhuan de gǔdǒng, jiù fēi mǎi bù kě.	彼は自分の好きな骨董品を一目見ると、買わずにはいられません。
经理向股东汇报了今年的销售情况。 Jīnglǐ xiàng gǔdōng huìbàole jīnnián de xiāoshòu qíngkuàng.	マネージャーは今年の売上状況を株主に報告しました。
我转让了自己在公司的股份。 Wǒ zhuǎnràngle zìjǐ zài gōngsī de gǔfèn.	私は自分が会社で持っていた株を譲渡しました。
在合唱团中，老王是骨干分子。 Zài héchàngtuán zhōng, lǎo Wáng shì gǔgàn fènzǐ. **这家公司是生产电视机的骨干企业。** Zhè jiā gōngsī shì shēngchǎn diànshìjī de gǔgàn qǐyè.	合唱団の中で、王さんは中心的な人物です。 この会社はテレビメーカーの中核企業です。
这种机器需要使用固体燃料。 Zhè zhǒng jīqì xūyào shǐyòng gùtǐ ránliào.	この機器は、固形燃料を使用する必要があります。
回到了故乡，他有很多感慨。 Huídàole gùxiāng, tā yǒu hěn duō gǎnkǎi.	故郷に戻ると、彼はさまざまなことに感慨を覚えました。
飞机引擎发生了故障，必须紧急降落。 Fēijī yǐnqíng fāshēngle gùzhàng, bìxū jǐnjí jiàngluò.	航空機のエンジンが故障して、緊急着陸する必要があります。
他觉得一切顾虑都是多余的。 Tā juéde yíqiè gùlǜ dōu shì duōyú de. **他顾虑得太多了，所以不敢做决定。** Tā gùlǜde tài duō le, suǒyǐ bùgǎn zuò juédìng.	彼は一切の心配事は余計だと感じました。 あまりにも気がかりが多かったので、彼は決定を下しませんでした。
我们聘请他做公司的经济顾问。 Wǒmen pìnqǐng tā zuò gōngsī de jīngjì gùwèn.	私たちは彼を会社の経営コンサルタントとして雇いました。

1257 **拐杖** guǎizhàng

名 杖、ステッキ

1258 **官方** guānfāng

名 政府側、役所側

1259 **惯例** guànlì

名 慣例、しきたり、司法上の慣例

1260 **罐** guàn

名 缶、小さなつぼ 量 缶

1261 **光彩** guāngcǎi

名 光の彩り、色とつや 形 光栄な

1262 **光芒** guāngmáng

名 光線

与 "光焰 guāngyàn" ともいう

1263 **规格** guīgé

名 規格、待遇のランク

1264 **规章** guīzhāng

名 規則、定款

他找了根棍子，作为登山的拐杖。 Tā zhǎole gēn gùnzi, zuòwéi dēngshān de guǎizhàng.	彼は木の棒を見つけて、登山の杖として使いました。
请大家登录官方网站，查看最新进展。 Qǐng dàjiā dēnglù guānfāng wǎngzhàn, chákàn zuìxīn jìnzhǎn.	みなさん公式ウェブサイトにログインして、最新の進捗状況を確認してください。
根据惯例，每人只能提两个问题。 Gēnjù guànlì, měi rén zhǐ néng tí liǎng ge wèntí.	慣例にしたがって、1人が2つだけ質問することができます。
这些饮料有瓶装的，有罐装的。 Zhèxiē yǐnliào yǒu píngzhuāng de, yǒu guànzhuāng de. **他喝了两罐饮料。** Tā hēle liǎng guàn yǐnliào.	これらの飲み物は瓶入りや缶入りのものがあります。 彼は2缶の飲み物を飲みました。
他给墙面涂上的颜色光彩夺目。 Tā gěi qiángmiàn túshàng de yánsè guāngcǎi duómù. **儿子考上了重点大学，给他脸上添了光彩。** Érzi kǎoshàngle zhòngdiǎn dàxué, gěi tā liǎn shang tiānle guāngcǎi.	彼が壁に塗った色は彩り豊かで視線を奪われます。 彼の息子は難関大学に合格したので、彼の顔を立てました。
太阳的光芒刺得他睁不开眼。 Tàiyáng de guāngmáng cìde tā zhēngbukāi yǎn.	太陽の光でちかちかして、彼は目を開けることができません。
这批产品不符合规格，不能出厂。 Zhè pī chǎnpǐn bù fúhé guīgé, bù néng chūchǎng. **这种高规格的待遇别人没有享受过。** Zhè zhǒng gāo guīgé de dàiyù biérén méiyǒu xiǎngshòuguo.	これらの製品は規格に合っていないため、出荷できません。 こんな高水準の待遇を他の人は受けたことがありません。
规章明确规定不能迟到和早退。 Guīzhāng míngquè guīdìng bù néng chídào hé zǎotuì.	規則は、遅刻と早退が許されていないことを明確に規定しています。

1265 **轨道** guǐdào

名 (鉄道の) レール、軌道、路線

1266 **贵族** guìzú

名 贵族

↔ **"平民 píngmín"** 平民

関 **"贵族学校"** 学費が高く学習環境のよい私立学校

1267 **棍棒** gùnbàng

名 棍棒、武術用・体操用具の棒

1268 **国防** guófáng

名 国防

コロ **"巩固国防"** 国防を強化する

1269 **国务院** guówùyuàn

名 (中国の) 国務院

解説 中央政府の呼称で、日本の内閣に相当する

1270 **过失** guòshī

名 過ち、過失

1271 **海拔** hǎibá

名 海拔

≒ **"拔海 báhǎi"** ともいう

1272 **海滨** hǎibīn

名 海辺

1273 **含义** hányì

名 含まれている意味

城市要大力发展轨道交通。 Chéngshì yào dàlì fāzhǎn guǐdào jiāotōng. **卫星进入了预定轨道。** Wèixīng jìnrùle yùdìng guǐdào.	都市は軌道交通を精力的に開発すべきです。 衛星は所定の軌道に乗りました。
嫁到贵族家庭以后，她感到很不自由。 Jiàdào guìzú jiātíng yǐhòu, tā gǎndào hěn bú zìyóu.	貴族家庭に嫁いだ後、彼女はとても不自由に感じました。
他抡起棍棒乱打，谁也不敢上前。 Tā lūnqǐ gùnbàng luàn dǎ, shéi yě bù gǎn shàng qián.	彼が棍棒を振り回して乱打するので、誰も前に出ようとしませんでした。
加强国防建设，对保证国家安全十分重要。 Jiāqiáng guófáng jiànshè, duì bǎozhèng guójiā ānquán shífēn zhòngyào.	国防の建設を強化することは、国家の安全を保障する上で非常に重要です。
国务院发出通知，要求各地稳定物价。 Guówùyuàn fāchū tōngzhī, yāoqiú gèdì wěndìng wùjià.	国務院は、各地で物価を安定させるよう要求する通知を出しました。
我们原谅了他的过失。 Wǒmen yuánliàngle tā de guòshī.	私たちは彼の過ちを許しました。
这个地区海拔很高，呼吸都很困难。 Zhège dìqū hǎibá hěn gāo, hūxī dōu hěn kùnnan.	この地区は海抜がとても高く、呼吸が困難です。
那是一座美丽的海滨城市。 Nà shì yí zuò měilì de hǎibīn chéngshì.	あれは美しい海岸都市です。
老师给我们分析了这幅画的含义。 Lǎoshī gěi wǒmen fēnxīle zhè fú huà de hányì. **在汉语里，很多词不止一种含义。** Zài Hànyǔ li, hěn duō cí bùzhǐ yì zhǒng hányì.	先生は私たちのためにこの絵に含まれている意味を分析してくれました。 中国語では、多くの語いに複数の意味があります。

1274	**行列** hángliè	名 列、行列、隊列
1275	**航空** hángkōng	名 航空
1276	**航天** hángtiān	名 宇宙飛行
1277	**痕迹** hénjì	名 痕跡、跡
1278	**洪水** hóngshuǐ	名 洪水、大水
1279	**喉咙** hóulong	名 咽喉、のど
1280	**后代** hòudài	名 後代、後代の人、子孫

很多人加入了游行的行列。 Hěn duō rén jiārùle yóuxíng de hángliè.	多くの人がパレードの行列に参加しました。
各国对航空安全问题越来越重视。 Gèguó duì hángkōng ānquán wèntí yuè lái yuè zhòngshì.	各国は航空安全の問題をますます重視しています。
这些年人类的航天技术发展很快。 Zhèxiē nián rénlèi de hángtiān jìshù fāzhǎn hěn kuài.	近年、人類の宇宙飛行技術は急速に発展しています。
作为一名航天员，他曾登上了月球。 Zuòwéi yì míng hángtiānyuán, tā céng dēngshàngle yuèqiú.	宇宙飛行士として、彼はかつて月に着陸しました。
车被撞过的痕迹非常明显。 Chē bèi zhuàngguo de hénjì fēicháng míngxiǎn.	車がぶつけられた跡が、非常にくっきりとしています。
他脸上的皱纹是岁月留下的痕迹。 Tā liǎn shang de zhòuwén shì suìyuè liúxià de hénjì.	彼の顔のしわは年月が残した痕跡です。
这场洪水给这个国家造成了巨大的经济损失。 Zhè cháng hóngshuǐ gěi zhège guójiā zàochéngle jùdà de jīngjì sǔnshī.	今回の洪水はこの国に莫大な経済的損失をもたらしました。
他是歌唱演员，很注意保护自己的喉咙。 Tā shì gēchàng yǎnyuán, hěn zhùyì bǎohù zìjǐ de hóulong.	彼は歌手なので、喉を守ることにとても気を遣っています。
保护环境是关系到子孙后代的事情。 Bǎohù huánjìng shì guānxidào zǐsūn hòudài de shìqing.	環境保護は子々孫々までかかわることです。
这段历史后代没有记载。 Zhè duàn lìshǐ hòudài méiyǒu jìzǎi.	この時期の歴史は後の時代には記載がありません。

Track 178

1281 后勤 hòuqín

名（軍隊における兵站などの）後方勤務、（サービス業務などの）バックオフィス

関“后方勤务 hòufāng qínwù”の略

1282 胡须 húxū

名 ひげ

1283 湖泊 húpō

名 湖

1284 花瓣 huābàn

名 花びら

1285 花蕾 huālěi

名 花のつぼみ

1286 华侨 huáqiáo

名 華僑

解説 国外に居留し中国籍をもつ中国人のこと

1287 化肥 huàféi

名 化学肥料

1288 化石 huàshí

名 化石

1289 话筒 huàtǒng

名 送話器、マイク、メガフォン

部队的后勤保障工作非常重要。 Bùduì de hòuqín bǎozhàng gōngzuò fēicháng zhòngyào.	部隊の後方支援は非常に重要です。
宿舍的安排归后勤部门管理。 Sùshè de ānpái guī hòuqín bùmén guǎnlǐ.	寮の手配は、バックオフィス部門が担当しています。
他每天早上都要刮胡须。 Tā měitiān zǎoshang dōu yào guā húxū.	彼は毎朝ひげを剃る必要があります。
这片湖泊里有丰富的水产资源。 Zhè piàn húpō li yǒu fēngfù de shuǐchǎn zīyuán.	この湖は水産資源が豊富です。
树上掉下来很多花瓣。 Shù shang diàoxialai hěn duō huābàn.	木から多くの花びらが落ちました。
这朵花蕾很快就会开的。 Zhè duǒ huālěi hěn kuài jiù huì kāi de.	このつぼみはもうすぐ咲きます。
这所学校是华侨集资修建的。 Zhè suǒ xuéxiào shì huáqiáo jízī xiūjiàn de.	この学校は華僑の出資で建てられたものです。
用了这种化肥，粮食产量提高了一倍。 Yòngle zhè zhǒng huàféi, liángshi chǎnliàng tígāole yí bèi.	この化学肥料を使用すると、穀物生産量が2倍になりました。
考古人员在这里发现了恐龙化石。 Kǎogǔ rényuán zài zhèli fāxiànle kǒnglóng huàshí.	考古学スタッフはここで恐竜の化石を発見しました。
那位先生要发言，请把话筒递给他。 Nà wèi xiānsheng yào fāyán, qǐng bǎ huàtǒng dìgěi tā.	あの方が発言します。マイクを渡してください。
这个话筒坏了，不出声音了。 Zhège huàtǒng huài le, bù chū shēngyīn le.	マイクが壊れて、音が出なくなってしまいました。

1290 **环节** huánjié 名 一環、段階

1291 **患者** huànzhě 名 患者

1292 **皇帝** huángdì 名 皇帝

1293 **皇后** huánghòu 名 皇后、妃

1294 **黄昏** huánghūn 名 たそがれ

1295 **荤** hūn 名 生臭物、魚や肉などの動物性食物

1296 **浑身** húnshēn 名 全身、体中

1297 **活力** huólì 名 活力、精力

1298 **火箭** huǒjiàn 名 ロケット

现在已经到了比赛的关键环节。 Xiànzài yǐjīng dàole bǐsài de guānjiàn huánjié.	今はすでに試合の重要な局面にさしかかっています。
他对这项工作的每个环节都很熟悉。 Tā duì zhè xiàng gōngzuò de měi ge huánjié dōu hěn shúxi.	彼はこの仕事のあらゆる段階に精通しています。
大夫仔细询问了患者的情况。 Dàifu zǐxì xúnwènle huànzhě de qíngkuàng.	医者は患者の状況を事細かに尋ねました。
他在电影里演皇帝。 Tā zài diànyǐng li yǎn huángdì.	彼は映画で皇帝を演じます。
她是古代传说中最美丽的皇后。 Tā shì gǔdài chuánshuō zhōng zuì měilì de huánghòu.	彼女は古代の伝説の中で最も美しい皇后です。
已经黄昏了，我们回家吧。 Yǐjīng huánghūnle, wǒmen huí jiā ba.	もう夕暮れなので、家に帰りましょう。
医生建议他少吃荤，适当运动。 Yīshēng jiànyì tā shǎo chī hūn, shìdàng yùndòng.	医者は彼に魚や肉を控えて、適度に運動をするよう勧めました。
这包子是荤的还是素的啊? Zhè bāozi shì hūn de háishì sù de a?	この中華まんは肉が入っていますか､それとも精進向けですか？
孩子到外面玩儿得浑身都是土。 Háizi dào wàimiàn wánrde húnshēn dōu shì tǔ.	子どもは外で体中土まみれになるほど遊びました。
公司渡过了难关，又恢复了活力。 Gōngsī dùguòle nánguān, yòu huīfùle huólì.	会社は危機を乗り越えて、また活力を取り戻しました。
火箭顺利升空了。 Huǒjiàn shùnlì shēng kōng le.	ロケットは無事打ち上げられました。

1299	火焰 huǒyàn	名 火炎、炎
1300	火药 huǒyào	名 火薬
1301	货币 huòbì	名 貨幣 解説 書き言葉で多く用いられる
1302	机构 jīgòu	名 機械の内部構造、機関・団体
1303	机械 jīxiè	名 機械、装置　形 機械的な、融通のきかない
1304	机遇 jīyù	名 よい機会、チャンス
1305	基地 jīdì	名 基地、ある事業の発展の基礎となる地区

远处的火焰照亮了天空。 Yuǎnchù de huǒyàn zhàoliàngle tiānkōng.	遠くの火炎が空を照らしています。
这种东西燃烧时会发出蓝色的火焰。 Zhè zhǒng dōngxi ránshāo shí huì fāchū lánsè de huǒyàn.	この種のものは燃えるとき青い炎を発します。
他们用火药炸开了一条山路。 Tāmen yòng huǒyào zhàkāile yì tiáo shānlù.	彼らは火薬で山道を開きました。
最近这个国家的货币贬值了。 Zuìjìn zhège guójiā de huòbì biǎnzhí le.	この国の通貨は最近価値が下落しています。
这家研究机构主要从事卫星的研制工作。 Zhè jiā yánjiū jīgòu zhǔyào cóngshì wèixīng de yánzhì gōngzuò.	この研究機関は主に人工衛星の開発を行っています。
我们已经就这个问题向权威机构进行了咨询。 Wǒmen yǐjīng jiù zhège wèntí xiàng quánwēi jīgòu jìnxíngle zīxún.	私たちはすでにこの問題について権威のある機関に相談しました。
工人师傅正在维修这些机械设备。 Gōngrén shīfu zhèngzài wéixiū zhèxiē jīxiè shèbèi.	熟練労働者がまさに今これらの機械設備をメンテナンスしています。
他没有表情，只是机械地点了点头。 Tā méiyǒu biǎoqíng, zhǐshì jīxiè de diǎnlediǎn tóu.	彼は何の表情もなく、機械的にうなずいただけでした。
机遇往往留给那些有准备的人。 Jīyù wǎngwǎng liúgěi nàxiē yǒu zhǔnbèi de rén.	よい機会は、往々にして準備ができている人のために残されています。
他们在科研基地进行了这个实验。 Tāmen zài kēyán jīdì jìnxíngle zhège shíyàn.	彼らは科学研究基地でこの実験を行いました。
运动员们每天都在基地进行训练。 Yùndòngyuánmen měitiān dōu zài jīdì jìnxíng xùnliàn.	スポーツ選手たちは毎日本拠地でトレーニングをしています。

1306	**基金** jījīn	名 基金、投資ファンド
1307	**基因** jīyīn	名 遺伝子
1308	**激情** jīqíng	名 激情、ほとばしる感情
1309	**级别** jíbié	名 等級、ランク
1310	**极端** jíduān	名 極端　形 極端な　副 極度に
1311	**极限** jíxiàn	名 最高限度、極限
1312	**疾病** jíbìng	名 疾病 解説 日本語同様、書き言葉に用いられることが多い

我们正在为大楼筹集建设基金。 Wǒmen zhèngzài wèi dàlóu chóují jiànshè jījīn.	私たちはまさに今ビルの建設資金を調達しています。
这种病是基因改变造成的。 Zhè zhǒng bìng shì jīyīn gǎibiàn zàochéng de.	この種の病気は遺伝子の変化によってできたものです。
文学创作是需要激情的。 Wénxué chuàngzuò shì xūyào jīqíng de.	文学の創作はほとばしる感情が必要なものです。
他的表演激情四射，感染着每一位观众。 Tā de biǎoyǎn jīqíng sì shè, gǎnrǎnzhe měi yí wèi guānzhòng.	彼のパフォーマンスはほとばしる感情があふれているようで、観客一人一人に訴えかけています。
他参加 70 公斤级别的举重比赛。 Tā cānjiā qīshí gōngjīn jíbié de jǔzhòng bǐsài.	彼は70kg級の重量挙げ競技に参加しました。
他的观点从一个极端走向了另一个极端。 Tā de guāndiǎn cóng yí ge jíduān zǒuxiàngle lìng yí ge jíduān.	彼の観点は、極端から極端に変わりました。
他的观点太极端了，我不能同意。 Tā de guāndiǎn tài jíduān le, wǒ bù néng tóngyì.	彼の見方は極端すぎて、同意できません。
我们想挑战极限，锻炼自己的勇气。 Wǒmen xiǎng tiǎozhàn jíxiàn, duànliàn zìjǐ de yǒngqì.	私たちは限界に挑戦し、自らの勇気を鍛えたいです。
这是一种适合青少年参与的极限运动。 Zhè shì yì zhǒng shìhé qīngshàonián cānyù de jíxiàn yùndòng.	これは若者が参加するのに適した1種のエクストリームスポーツです。
有些疾病人类目前还没有办法医治。 Yǒuxiē jíbìng rénlèi mùqián hái méiyǒu bànfǎ yīzhì.	一部の病気に、目下人類はまだ治療法を持てていません。

1313 **集团** jítuán
名 集団、グループ

1314 **籍贯** jíguàn
名 原籍、本籍

1315 **记性** jìxìng
名 記憶力、物覚え

1316 **纪要** jìyào
名 要点だけを記録したもの、議事録
≒ “记要 jìyào”

1317 **技巧** jìqiǎo
名 技巧、手法

1318 **季度** jìdù
名 四半期

1319 **季军** jìjūn
名 (競技の) 第3位
関 “冠军 guànjūn” 第1位、“亚军 yàjūn” 第2位

1320 **迹象** jìxiàng
名 兆し、形跡

1321 **佳肴** jiāyáo
名 ごちそう、上等な料理

他是这个诈骗集团的核心人物。 Tā shì zhège zhàpiàn jítuán de héxīn rénwù.	彼はこの詐欺グループの中心人物です。
这几家出版社组建了一个出版集团。 Zhè jǐ jiā chūbǎnshè zǔjiànle yí ge chūbǎn jítuán.	これらいくつかの出版社は1つの出版グループを作りました。
这个表要填上你本人的籍贯。 Zhège biǎo yào tiánshang nǐ běnrén de jíguàn.	このフォームにあなたご本人の本籍地を記入してください。
这孩子没记性，说多少遍都记不住。 Zhè háizi méi jìxing, shuō duōshao biàn dōu jìbuzhù.	この子は記憶力がなく、何度言っても覚えることができません。
我已经看了这次会议的纪要，了解了会议内容。 Wǒ yǐjīng kànle zhè cì huìyì de jìyào, liǎojiěle huìyì nèiróng.	私はこの会議の議事録を読み、会議の内容を理解しました。
这座雕塑体现了雕塑家高超的技巧。 Zhè zuò diāosù tǐxiànle diāosùjiā gāochāo de jìqiǎo.	この彫刻は彫刻家の卓越した技法を体現しています。
这个季度我们的销售情况不太好。 Zhège jìdù wǒmen de xiāoshòu qíngkuàng bú tài hǎo.	この四半期の売上状況はあまり好ましくありません。
他经过努力，获得了季军的好成绩。 Tā jīngguò nǔlì, huòdéle jìjūn de hǎo chéngjì.	彼は努力して、3位という好成績を勝ち取りました。
这些迹象表明，他们来过这里。 Zhèxiē jìxiàng biǎomíng, tāmen láiguo zhèli.	これらの形跡は、彼らがここに来たことを示しています。
他很狡猾，几乎没留下什么犯罪迹象。 Tā hěn jiǎohuá, jīhū méi liúxià shénme fànzuì jìxiàng.	彼は狡猾で、ほとんど犯罪の形跡を残しませんでした。
他一边享受着佳肴，一边看着电视。 Tā yìbiān xiǎngshòuzhe jiāyáo, yìbiān kànzhe diànshì.	彼はごちそうを味わいながら、テレビを見ています。

1322 家常 jiācháng

名 日常生活、ふだん、世間話

コロ "家常便饭" 簡単な家庭料理

1323 家伙 jiāhuo

名 道具、こいつ

解説 人を指すときは軽蔑や冗談のニュアンスを含む

1324 家属 jiāshǔ

名 家族

1325 尖端 jiānduān

名 先端、頂点　形 最も進んだ、先端の

1326 监狱 jiānyù

名 監獄、刑務所

1327 简体字 jiǎntǐzì

名 簡体字

↔ "繁体字 fántǐzì" 繁体字

1328 见解 jiànjiě

名 見解、見方

1329 见闻 jiànwén

名 見聞、見聞き

我就喜欢吃这种家常便饭。 Wǒ jiù xǐhuan chī zhè zhǒng jiācháng biànfàn.	こういう家庭料理が好きです。
他们一聊起家常来，就没完没了。 Tāmen yì liáoqi jiācháng lai, jiù méi wán méi liǎo.	彼らは世間話をはじめると、話が止まりません。
这小家伙挺勇敢的，一个人就来了。 Zhè xiǎo jiāhuo tǐng yǒnggǎn de, yí ge rén jiù lái le.	こいつはなかなか肝っ玉の据わったやつで、1人でやってきたんだ。
我还没买做饭的家伙。 Wǒ hái méi mǎi zuò fàn de jiāhuo.	料理道具をまだ買っていません。
他的家属都来看他的表演了。 Tā de jiāshǔ dōu lái kàn tā de biǎoyǎn le.	彼の家族は彼のパフォーマンスを見に来ました。
我们要努力使产品达到国际尖端水平。 Wǒmen yào nǔlì shǐ chǎnpǐn dádào guójì jiānduān shuǐpíng.	私たちは商品が世界の最先端レベルに達するように努力しなければなりません。
未来的竞争是尖端科技和人才的竞争。 Wèilái de jìngzhēng shì jiānduān kējì hé réncái de jìngzhēng.	未来の競争は、最先端の技術と人材の競争です。
他三年前就从监狱里放出来了。 Tā sān nián qián jiù cóng jiānyù li fàngchulai le.	彼は3年前に刑務所から釈放されました。
这些书都是用简体字印刷的。 Zhèxiē shū dōu shì yòng jiǎntǐzì yìnshuā de.	これらの本は、簡体字で印刷されています。
他在会上发表了独特的见解。 Tā zài huì shang fābiǎole dútè de jiànjiě.	彼は会議でユニークな見解を発表しました。
能给我们讲讲你这次旅游的见闻吗？ Néng gěi wǒmen jiǎngjiang nǐ zhè cì lǚyóu de jiànwén ma?	今回の旅行での見聞を私たちに語ってもらえますか。

1330	间谍 jiàndié	名 スパイ、間諜
1331	剑 jiàn	名 剣、(姓の) 剣
1332	舰艇 jiàntǐng	名 (軍用の) 艦艇
1333	将军 jiāngjūn	名 軍官、将軍　動 (中国将棋で) 王手をかける、難題をふっかける
1334	桨 jiǎng	名 (船の) かい、オール
1335	焦点 jiāodiǎn	名 焦点、関心の集まるところ
1336	角落 jiǎoluò	名 隅、へんぴな所

他曾利用特殊身份做过间谍。 Tā céng lìyòng tèshū shēnfèn zuòguo jiàndié.	彼はかつて特別な身分を利用してスパイを務めていました。
他从小就喜欢刀、剑这类的东西。 Tā cóngxiǎo jiù xǐhuan dāo, jiàn zhè lèi de dōngxi.	彼は子どもの頃から刀や剣などのものが好きでした。
海上的两艘舰艇担任警戒任务。 Hǎi shang de liǎng sōu jiàntǐng dānrèn jǐngjiè rènwu.	海上の2隻の船が警戒任務に就いています。
将军命令我们，必须马上出发。 Jiāngjūn mìnglìng wǒmen, bìxū mǎshàng chūfā.	将軍は私たちに、今すぐに出発するように命令しました。
小心，对方要将军了。 Xiǎoxīn, duìfāng yào jiāngjūn le.	気を付けてください、相手が王手しますよ。
他们划着桨，小船不停地前进着。 Tāmen huázhe jiǎng, xiǎochuán bù tíng de qiánjìnzhe.	彼らがオールを漕いでいるので、ボートは絶えず前に進み続けています。
房价问题已经成了群众关注的焦点。 Fángjià wèntí yǐjīng chéngle qúnzhòng guānzhù de jiāodiǎn.	住宅価格の問題は、すでに大衆が注目する焦点になりました。
双方矛盾的焦点集中在价格问题上。 Shuāngfāng máodùn de jiāodiǎn jízhōngzài jiàgé wèntí shang.	両者の矛盾の焦点は価格問題に集まりました。
他每天都坐在那个角落里看书。 Tā měitiān dōu zuòzài nàge jiǎoluò li kàn shū.	彼は毎日あのコーナーに座って本を読んでいます。
他的感人事迹传遍了祖国的各个角落。 Tā de gǎnrén shìjì chuánbiànle zǔguó de gègè jiǎoluò.	彼の感動的な事績は祖国の隅々にまで伝わっています。

1337 教养 jiàoyǎng

名 教養　動 教育する、しつける

コロ "有教养" 教養がある

1338 阶层 jiēcéng

名 階層、層

1339 节奏 jiézòu

名 (音楽や生活、仕事などの) リズム、テンポ

1340 结晶 jiéjīng

名 結晶、尊い成果　動 結晶化する

1341 结局 jiéjú

名 結末、結局

1342 界限 jièxiàn

名 けじめ、境界線、きり

他戴着眼镜，一副很有教养的样子。 Tā dàizhe yǎnjìng, yí fù hěn yǒu jiàoyǎng de yàngzi.	彼は眼鏡をかけていて、教養があるように見えます。
他有良好的教养，举止文雅。 Tā yǒu liánghǎo de jiàoyǎng, jǔzhǐ wényǎ.	彼はしっかりとした教養があり、振る舞いも優雅です。
政府广泛听取了各阶层的意见。 Zhèngfǔ guǎngfàn tīngqǔle gè jiēcéng de yìjiàn.	政府はあらゆる層の意見に幅広く耳を傾けてきました。
我们都是工薪阶层，没多少钱。 Wǒmen dōu shì gōngxīn jiēcéng, méi duōshao qián.	私たちは皆労働者階級であり、あまりお金を持っていません。
他随着音乐的节奏跳起舞来。 Tā suízhe yīnyuè de jiézòu tiàoqi wǔ lai.	彼は音楽のリズムに合わせて踊り始めました。
我的生活节奏被打乱了。 Wǒ de shēnghuó jiézòu bèi dǎluàn le.	私の生活リズムは乱されました。
海盐是海水结晶而形成的。 Hǎiyán shì hǎishuǐ jiéjīng ér xíngchéng de.	海塩は海水の結晶化によって形成されるものです。
这座建筑是古代人智慧的结晶。 Zhè zuò jiànzhù shì gǔdài rén zhìhuì de jiéjīng.	この建築物は古代人の知恵の結晶です。
可惜他没看到事情的结局就去世了。 Kěxī tā méi kàndào shìqing de jiéjú jiù qùshì le.	悲しいことに彼はことの結末を見届けられずに亡くなりました。
我喜欢这个戏剧性的结局。 Wǒ xǐhuan zhège xìjùxìng de jiéjú.	私はこのドラマチックな結末が好きです。
他真正从思想上划清了美与丑的界限。 Tā zhēnzhèng cóng sīxiǎng shang huàqīngle měi yǔ chǒu de jièxiàn.	彼は本当に頭の中で、美醜の境界線を明確に引きました。
做事超出了道德的界限,最后吃亏的是自己。 Zuòshì chāochūle dàodé de jièxiàn, zuìhòu chīkuī de shì zìjǐ.	道徳の境界線を超えて物事を行うと、最後に損をするのは自分自身です。

1343	**金融** jīnróng	名 金融 コロ "**金融界**" 金融界, "**金融危机**" 金融恐慌, "**金融衍生商品**" デリバティブ
1344	**进展** jìnzhǎn	名 進展　動 進展する、はかどる
1345	**近来** jìnlái	名 近ごろ、このごろ
1346	**茎** jīng	名 (植物の) 茎　量 細長いものを数える
1347	**经费** jīngfèi	名 経費、経常支出
1348	**经纬** jīngwěi	名 経度と緯度、物事のいきさつ
1349	**精华** jīnghuá	名 真髄、精華、粋
1350	**井** jǐng	名 井戸、人が集まっている地域や村

他在一家金融机构工作。 Tā zài yì jiā jīnróng jīgòu gōngzuò.	彼は金融機関で働いています。
我准备向领导汇报进展情况。 Wǒ zhǔnbèi xiàng lǐngdǎo huìbào jìnzhǎn qíngkuàng.	私は進捗状況をリーダーに報告するつもりです。
爷爷近来的健康情况很好。 Yéye jìnlái de jiànkāng qíngkuàng hěn hǎo.	祖父の最近の健康状態はとてもよいです。
这种植物的茎可以用作中药。 Zhè zhǒng zhíwù de jīng kěyǐ yòngzuò zhōngyào. **水稻的茎是空心的。** Shuǐdào de jīng shì kōngxīn de.	この種の植物の茎は漢方薬として使用できます。 水稲の茎は空洞です。
我们自筹了一部分经费，用于科学研究。 Wǒmen zìchóule yíbùfen jīngfèi, yòngyú kēxué yánjiū.	私たちは経費の一部を自己調達して、科学研究に使いました。
用经纬度可以标识地球上某点的位置。 Yòng jīngwěidù kěyǐ biāoshí dìqiú shang mǒu diǎn de wèizhì. **他学会了测量经纬度的方法。** Tā xuéhuìle cèliáng jīngwěidù de fāngfǎ.	緯度と経度を使えば、地球上のある地点の場所を特定できます。 彼は緯度と経度を測定する方法を学びました。
京剧是中国戏曲艺术的精华。 Jīngjù shì Zhōngguó xìqǔ yìshù de jīnghuá. **小说的精华主要集中在前半部分。** Xiǎoshuō de jīnghuá zhǔyào jízhōngzài qiánbàn bùfen.	京劇は中国の戯曲芸術の真髄です。 小説の精華は主に前半部分に集中しています。
他们准备再打两口井，解决灌溉问题。 Tāmen zhǔnbèi zài dǎ liǎng kǒu jǐng, jiějué guàngài wèntí.	彼らはさらに2つの井戸を掘削する準備をして灌漑の問題を解決します。

1351 **颈椎** jǐngzhuī

名 頸椎

1352 **境界** jìngjiè

名（土地の）境界

1353 **镜头** jìngtóu

名 レンズ、（写真の）画面、（撮影の）カット

1354 **纠纷** jiūfēn

名 紛糾、もめごと、もつれ

1355 **酒精** jiǔjīng

名 アルコール

1356 **居民** jūmín

名 居住民、住民

1357 **局部** júbù

名 局部、一部分

1358 **局面** júmiàn

名 局面、情勢、規模

这家医院治疗颈椎病很有名。 Zhè jiā yīyuàn zhìliáo jǐngzhuībìng hěn yǒumíng.	この病院は頸椎症の治療で有名です。
他的思想境界比我们高，看问题也更深入。 Tā de sīxiǎng jìngjiè bǐ wǒmen gāo, kàn wèntí yě gèng shēnrù.	彼の思想の境地は私たちよりも高く、問題の見方もずっと深いです。
我们的理论水平还没达到他的境界。 Wǒmen de lǐlùn shuǐpíng hái méi dádào tā de jìngjiè.	私たちの理論レベルはまだ彼の境地に達していません。
请大家看镜头。 Qǐng dàjiā kàn jìngtóu.	みなさんレンズを見てください。
这组镜头反映了他们的日常生活。 Zhè zǔ jìngtóu fǎnyìngle tāmen de rìcháng shēnghuó.	このシーンは彼らの日常生活を反映しています。
我们事先说好条件，避免纠纷产生。 Wǒmen shìxiān shuōhǎo tiáojiàn, bìmiǎn jiūfēn chǎnshēng.	私たちは事前に条件を決めて、もめごとが起こらないようにします。
他用酒精对伤口消了毒。 Tā yòng jiǔjīng duì shāngkǒu xiāole dú.	彼はアルコールで傷口を消毒しました。
在中国，城乡居民的收入还有一定差距。 Zài Zhōngguó, chéngxiāng jūmín de shōurù hái yǒu yídìng chājù.	中国では、都市と農村の住民の収入にまだ一定の格差があります。
你们不能只考虑局部利益，还要照顾到全局。 Nǐmen bù néng zhǐ kǎolǜ júbù lìyì, hái yào zhàogùdào quánjú.	あなたたちは一部の利益だけを考えてはならず、全体を考えなければなりません。
现在的和平局面来之不易。 Xiànzài de hépíng júmiàn lái zhī bú yì.	今の平和な情勢は簡単に手に入ったものではありません。
经济形势已经出现了良好局面。 Jīngjì xíngshì yǐjīng chūxiànle liánghǎo júmiàn.	経済情勢にはすでに良好な局面が現れています。

1359 **局势** júshì
名 形勢、情勢

1360 **举动** jǔdòng
名 動作、振る舞い

1361 **剧本** jùběn
名 脚本、シナリオ

1362 **决策** juécè
名（決まった）方策、意思決定　動 方策を決定する

1363 **觉悟** juéwù
名 自覚　動 自覚する

1364 **军队** jūnduì
名 軍隊、軍団

1365 **君子** jūnzǐ
名 君子、紳士
⇔ “小人 xiǎorén” 地位の低い人

1366 **卡通** kǎtōng
名 動画、アニメーション
解説 英語“cartoon”の音訳

国际局势出现了紧张局面。 Guójì júshì chūxiànle jǐnzhāng júmiàn. **国内的政治局势稳定，老百姓安居乐业。** Guónèi de zhèngzhì júshì wěndìng, lǎobǎixìng ān jū lè yè.	国際情勢は緊張の局面を迎えました。 国内政治情勢は安定し、庶民は安穏に暮らせます。
这些天她的举动有些反常。 Zhèxiē tiān tā de jǔdòng yǒuxiē fǎncháng.	ここ数日彼女の振る舞いはいささか異常です。
这个剧本很不错，故事很吸引人。 Zhège jùběn hěn búcuò, gùshi hěn xīyǐn rén.	この脚本はとてもよく、ストーリーが人を惹きつけます。
事实证明，当时的决策是很英明的。 Shìshí zhèngmíng, dāngshí de juécè shì hěn yīngmíng de.	当時の決定はとても英明だったことを、事実が証明しています。
他终于觉悟过来了，认识到了问题的严重性。 Tā zhōngyú juéwùguolai le, rènshidàole wèntí de yánzhòngxìng. **他有很高的思想觉悟，经常帮助别人。** Tā yǒu hěn gāo de sīxiǎng juéwù, jīngcháng bāngzhù biérén.	彼はついに問題の重要性を自覚し認識しました。 彼はとても高い思想的自覚を持ち、いつも人を助けます。
这支军队的战斗力很强。 Zhè zhī jūnduì de zhàndòulì hěn qiáng. **他们调集了大批军队来到这里。** Tāmen diàojíle dàpī jūnduì láidào zhèli.	この軍隊の戦闘力はとても強いです。 彼らは大規模な軍隊を寄せ集めてここに来ました。
办事公正、遵纪守法的人才称得上正人君子。 Bànshì gōngzhèng, zūn jì shǒu fǎ de rén cái chēngdeshàng zhèngrén jūnzǐ.	仕事ぶりが公正で、規律や法を守る人こそ品行方正な人と言えます。
孩子们很喜欢看卡通片。 Háizimen hěn xǐhuan kàn kǎtōngpiàn.	子供たちはアニメを見るのがとても好きです。

1367

开支 kāizhī

名 費用、支払い 動 支払う

1368

刊物 kānwù

名 刊行物

1369

科目 kēmù

名（学問・試験や帳簿などの）科目、条目

1370

客户 kèhù

名 取引先、よそ者、小作農

1371

课题 kètí

名（研究の）テーマ、解決すべき問題

1372

坑 kēng

名 くぼみ 動（人を）陥れる、（金を）だまし取る

我现在得节省开支，准备买汽车。 Wǒ xiànzài děi jiéshěng kāizhī, zhǔnbèi mǎi qìchē.	私は今出費を抑えなくてはなりません。自動車を買うつもりですから。
他今天开支了一笔钱,超过了我一个月的生活费。 Tā jīntiān kāizhīle yì bǐ qián, chāoguòle wǒ yí ge yuè de shēnghuófèi.	彼は今日大金を支払い、それは私の１カ月の生活費を越えました。
这本刊物一个月出一期。 Zhè běn kānwù yí ge yuè chū yì qī.	この刊行物は１カ月に１度出ます。
我们又增加了一个考试科目。 Wǒmen yòu zēngjiāle yí ge kǎoshì kēmù.	私たちはまた１つ試験科目が増えました。
我搞不清楚记账时分多少个科目。 Wǒ gǎobuqīngchu jì zhàng shí fēn duōshao ge kēmù.	私は帳簿をつけるとき、いくつの項目に分かれているかはっきりしていません。
他是我们商场的老客户。 Tā shì wǒmen shāngchǎng de lǎo kèhù.	彼は私たちのマーケットのお得意さんです。
下午经理要会见一个大客户。 Xiàwǔ jīnglǐ yào huìjiàn yí ge dà kèhù.	午後マネージャーは重要な得意先と面会します。
他今年申请了一个国家课题。 Tā jīnnián shēnqǐngle yí ge guójiā kètí.	彼は今年国家プロジェクトに申請しました。
气候问题已经成了科学家们研究的重要课题。 Qìhòu wèntí yǐjīng chéngle kēxuéjiāmen yánjiū de zhòngyào kètí.	気候問題はすでに科学者たちが研究する重要な課題になりました。
开车的时候小心那个水坑。 Kāichē de shíhou xiǎoxīn nàge shuǐkēng.	運転する時はあの水たまりに気を付けなさい。
我们是正规商店，不会坑人的。 Wǒmen shì zhèngguī shāngdiàn, bú huì kēng rén de.	私たちは正規の店ですから、人をだますことはありません。

1373 **孔** kǒng

名 穴、(姓の) 孔　量 洞穴を数える

1374 **空白** kòngbái

名 余白、未開拓の分野

1375 **空隙** kòngxì

名 隙間、合間

1376 **口气** kǒuqì

名 口ぶり

1377 **口腔** kǒuqiāng

名 口腔

1378 **口音** kǒuyīn

名 なまり

発音 “kǒuyin”とも

1379 **款式** kuǎnshì

名 格式、デザイン

衣服上有个小孔。 Yīfu shang yǒu ge xiǎo kǒng.	衣服に小さな穴があります。
安装空调需要在墙上打孔。 Ānzhuāng kōngtiáo xūyào zài qiáng shang dǎ kǒng.	エアコンを取り付けるには壁に穴をあける必要があります。
大家可以把答案写在空白的地方。 Dàjiā kěyǐ bǎ dá'àn xiězài kòngbái de dìfang.	みなさんは答えを空白の所に書いても構いません。
他从人群的空隙中钻了过去。 Tā cóng rénqún de kòngxì zhōng zuānleguòqu.	彼は人込みの隙間を通り抜けていきました。
趁着这个空隙，他打了个电话。 Chènzhe zhège kòngxì, tā dǎle ge diànhuà.	この合間に、彼は電話をしました。
他带着轻松的口气说起了那段冒险经历。 Tā dàizhe qīngsōng de kǒuqì shuōqǐle nà duàn màoxiǎn jīnglì.	彼は気軽な口ぶりであの冒険の体験を語り始めました。
他本事不大，口气倒不小。 Tā běnshi bú dà, kǒuqì dào bù xiǎo.	彼は腕はないのに、口のきき方は尊大です。
看牙要去专门的口腔医院。 Kàn yá yào qù zhuānmén de kǒuqiāng yīyuàn.	歯を見てもらうには専門の口腔医院に行かないといけません。
听他的口音，像是南方人。 Tīng tā de kǒuyīn, xiàng shì nánfāng rén.	彼の訛りを聞くと、南方の人のようです。
他说话有口音，我们都听不太懂。 Tā shuōhuà yǒu kǒuyīn, wǒmen dōu tīng bú tài dǒng.	彼の話し方には訛りがあるので、私たちはみんな聞いてもあまりよく分かりません。
这是今年最流行的款式，你买一件吧。 Zhè shì jīnnián zuì liúxíng de kuǎnshì, nǐ mǎi yí jiàn ba.	これは今年最も流行しているデザインです、あなたも1着買いませんか。
他设计的服装款式非常新颖。 Tā shèjì de fúzhuāng kuǎnshì fēicháng xīnyǐng.	彼のデザインした服のスタイルは非常に斬新です。

1380	筐 kuāng	名 かご　量 かごに入ったものを数える
1381	矿产 kuàngchǎn	名 鉱産物、鉱物
1382	框架 kuàngjià	名 枠組み、枠、構想
1383	喇叭 lǎba	名 ラッパ、クラクション
1384	蜡烛 làzhú	名 ろうそく
1385	来历 láilì	名 来歴、いわれ
1386	来源 láiyuán	名 由来、出典　動 由来する

他的筐里装着各种蔬菜。 Tā de kuāng li zhuāngzhe gè zhǒng shūcài.	彼のかごの中にはさまざまな野菜が入っています。
他买了一筐水果。 Tā mǎile yì kuāng shuǐguǒ.	彼はひとかご分の果物を買いました。
科技人员在努力寻找新的矿产资源。 Kējì rényuán zài nǔlì xúnzhǎo xīn de kuàngchǎn zīyuán.	科学技術者は新しい鉱物資源を探すのに励んでいます。
房子已经搭起了框架。 Fángzi yǐjīng dāqǐle kuàngjià.	家はすでに枠組みが組み立てられました。
他很快就构思出了小说的框架。 Tā hěn kuài jiù gòusīchūle xiǎoshuō de kuàngjià.	彼はすぐに小説の枠組みの構想を思いつきました。
他学会了吹喇叭。 Tā xuéhuìle chuī lǎba.	彼はラッパを演奏することができるようになりました。
你按喇叭也没用，前面堵车了。 Nǐ àn lǎba yě méi yòng, qiánmiàn dǔchē le.	クラクションを鳴らしても無駄です。渋滞しているのですから。
生日蛋糕上插了五根蜡烛。 Shēngrì dàngāo shang chāle wǔ gēn làzhú.	バースデーケーキの上に5本のろうそくが刺さっています。
我们都不知道他的来历。 Wǒmen dōu bù zhīdào tā de láilì.	私たちはみんな彼の来歴を知りません。
请你说明一下这些资料的来源。 Qǐng nǐ shuōmíng yíxià zhèxiē zīliào de láiyuán.	これらの資料の出典を説明してみてください。
这个故事来源于古代的传说。 Zhège gùshi láiyuányú gǔdài de chuánshuō.	この物語は古代の伝説に由来しています。

1387
栏目 lánmù
名 記事、コラム、番組

1388
牢骚 láosāo
名 不満
コロ "发牢骚 fā láosāo" 不満を言う
発音 "láosao" とも

1389
乐趣 lèqù
名 おもしろみ、喜び、楽しみ

1390
雷达 léidá
名 レーダー

1391
黎明 límíng
名 夜明け

1392
礼节 lǐjié
名 礼儀作法、礼節

1393
里程碑 lǐchéngbēi
名 里程標、歴史の発展の節目とされる大きな出来事

1394
历代 lìdài
名 歴代、過去のいくつもの世代 動 いろいろな時期を経る

我们栏目组正在策划一个社会调查节目。 Wǒmen lánmùzǔ zhèngzài cèhuà yí ge shèhuì diàochá jiémù.	私たち番組スタッフは社会調査番組を企画しています。
我很喜欢你们杂志上的这个栏目。 Wǒ hěn xǐhuan nǐmen zázhì shang de zhège lánmù.	私はあなたたちの雑誌のこのコラムが好きです。
那天他说了很多牢骚话。 Nà tiān tā shuōle hěn duō láosāohuà.	その日彼はたくさんの不満をこぼしていました。
他最近经常发牢骚，对工作不太积极。 Tā zuìjìn jīngcháng fā láosāo, duì gōngzuò bú tài jījí.	彼は最近いつも不満をもらしていて、仕事に積極的ではありません。
他很享受这份工作的乐趣。 Tā hěn xiǎngshòu zhè fèn gōngzuò de lèqù.	彼はこの仕事の楽しみを享受しています。
这座雷达突然失灵了。 Zhè zuò léidá tūrán shīlíng le.	このレーダーは突然故障しました。
我们站在海边迎接黎明的到来。 Wǒmen zhànzài hǎibiān yíngjiē límíng de dàolái.	私たちは海辺に立って夜明けが来るのを待っています。
在结婚仪式上，有很多礼节需要注意。 Zài jiéhūn yíshì shang, yǒu hěn duō lǐjié xūyào zhùyì.	結婚式では、たくさんの注意すべき礼儀作法があります。
这条路上每隔 5 公里就有一个里程碑。 Zhè tiáo lùshang měi gé wǔ gōnglǐ jiù yǒu yí ge lǐchéngbēi.	この道には5kmごとに里程標があります。
这次会议在中国历史上具有里程碑的意义。 Zhè cì huìyì zài Zhōngguó lìshǐ shang jùyǒu lǐchéngbēi de yìyì.	今回の会議は中国の歴史においてマイルストーンのような意義があります。
对中国历代皇帝他都有研究。 Duì Zhōngguó lìdài huángdì tā dōu yǒu yánjiū.	中国の歴代の皇帝について彼はすべて研究しています。
他家历代都居住在这个村子里。 Tā jiā lìdài dōu jūzhùzài zhège cūnzi li.	彼の家は歴代ずっとこの村に住んでいます。

1395	**立场** lìchǎng	名 立場
1396	**立交桥** lìjiāoqiáo	名 立体交差橋
1397	**利害** lìhài	名 利害、損得
1398	**例外** lìwài	名 例外　動 例外にする
1399	**联盟** liánméng	名 連合、連盟
1400	**良心** liángxīn	名 良心
1401	**灵感** línggǎn	名 インスピレーション
1402	**灵魂** línghún	名 魂、中心、要
1403	**凌晨** língchén	名 早朝

他的立场很坚定，恐怕很难改变。 Tā de lìchǎng hěn jiāndìng, kǒngpà hěn nán gǎibiàn.	彼の立場はしっかりしていて、変えることは恐らくとても難しい。
他每天在立交桥下卖报纸。 Tā měitiān zài lìjiāoqiáo xià mài bàozhǐ.	彼は毎日立体交差橋の下で新聞を売っています。
我们的关系一直不错，没什么利害冲突。 Wǒmen de guānxi yìzhí búcuò, méi shénme lìhài chōngtū.	私たちの関係はずっとよく、何の利害の衝突もありませんでした。
你说的事情可能是个例外情况。 Nǐ shuō de shìqing kěnéng shì ge lìwài qíngkuàng. **大家都得遵守公司规定，谁也不能例外。** Dàjiā dōu děi zūnshǒu gōngsī guīdìng, shéi yě bù néng lìwài.	あなたの言うことは例外的な状況かもしれません。 みんな会社の規則を守らなければならず、誰も例外にはなりません。
这个国家最近加入了欧洲联盟。 Zhège guójiā zuìjìn jiārùle Ōuzhōu Liánméng.	この国は最近ヨーロッパ連合に加入しました。
凭良心说，我们没有欺骗别人。 Píng liángxīn shuō, wǒmen méiyǒu qīpiàn biérén.	良心に基づいて言いますが、私たちは人を騙してはいません。
最近我缺乏灵感，无法继续创作。 Zuìjìn wǒ quēfá línggǎn, wúfǎ jìxù chuàngzuò.	最近私はインスピレーションに欠け、創作を続けられません。
他希望死后灵魂可以上天。 Tā xīwàng sǐ hòu línghún kěyǐ shàngtiān. **真实是新闻工作的灵魂。** Zhēnshí shì xīnwén gōngzuò de línghún.	彼は死後魂が天に昇ることを望んでいます。 真実は報道という仕事の要です。
我们明天凌晨出发去爬山。 Wǒmen míngtiān língchén chūfā qù pá shān.	私たちは明日の早朝登山に出発します。

1404	**领事馆** lǐngshìguǎn	名 領事館
1405	**领土** lǐngtǔ	名 領土
1406	**领袖** lǐngxiù	名 指導者、リーダー
1407	**流氓** liúmáng	名 不良、ごろつき、乱暴
1408	**炉灶** lúzào	名 かまど コロ **"另起炉灶 lìng qǐ lúzào"** かまどを別に作る。新規まき直しをはかる。
1409	**轮船** lúnchuán	名 汽船
1410	**轮廓** lúnkuò	名 輪郭、物事のあらまし
1411	**轮胎** lúntāi	名 タイヤ

这个签证要到领事馆去办。 Zhège qiānzhèng yào dào lǐngshìguǎn qù bàn.	このビザは領事館で手続きする必要があります。
他们把侵略者赶出了自己的领土。 Tāmen bǎ qīnlüèzhě gǎnchūle zìjǐ de lǐngtǔ.	彼らは侵略者を自分の領土から追い出しました。
他在青年时代就是学生领袖。 Tā zài qīngnián shídài jiùshì xuésheng lǐngxiù.	彼は青年時代学生のリーダーでした。
那群流氓已经被警察抓起来了。 Nà qún liúmáng yǐjīng bèi jǐngchá zhuāqilai le.	あの不良たちはすでに警察に捕まりました。
大家一致谴责他的流氓行为。 Dàjiā yízhì qiǎnzé tā de liúmáng xíngwéi.	みんなは一致して彼の不良行為を非難します。
别把东西放在炉灶上，小心着火。 Bié bǎ dōngxi fàngzài lúzào shang, xiǎoxīn zháohuǒ.	ものをかまどに置かないようにしてください、火がつかないように気をつけて。
工人师傅明天来我家安装炉灶。 Gōngrén shīfu míngtiān lái wǒ jiā ānzhuāng lúzào.	職人さんが明日私の家に来てかまどを設置してくれます。
这艘轮船明天早上六点出发。 Zhè sōu lúnchuán míngtiān zǎoshang liù diǎn chūfā.	この汽船は明日朝6時に出発します。
他长得轮廓分明，很容易让人记住。 Tā zhǎngde lúnkuò fēnmíng, hěn róngyì ràng rén jìzhù.	彼は頭の輪郭がはっきりしていて、人に覚えられやすいです。
他对未来已经有了一个大概的轮廓。 Tā duì wèilái yǐjīng yǒule yí ge dàgài de lúnkuò.	彼は未来についてすでに大まかなビジョンがあります。
你的自行车轮胎没气了。 Nǐ de zìxíngchē lúntāi méi qì le.	あなたの自転車のタイヤは空気が抜けています。

1412 **论坛** lùntán

名 論壇、フォーラム

1413 **码头** mǎtóu

名 埠頭、交通の便のよい商業都市

発音 "mǎtou"とも

1414 **蚂蚁** mǎyǐ

名 アリ

1415 **脉搏** màibó

名 脈拍、(社会や生活などの)動き

1416 **漫画** mànhuà

名 漫画

解説 **"漫画"**は似顔絵や短い漫画をさすことが多く、**"连环画"**は比較的長くまとまったものをいう。**"动画片"**はアニメーション映画のこと。

1417 **媒介** méijiè

名 媒介者、メディア

1418 **谜语** míyǔ

名 なぞなぞ

1419 **密度** mìdù

名 密度

我参加了去年的论坛，很有收获。 Wǒ cānjiāle qùnián de lùntán, hěn yǒu shōuhuò.	私は去年のフォーラムに参加して、とても収穫がありました。
轮船渐渐靠近了码头。 Lúnchuán jiànjiàn kàojìnle mǎtóu.	船は次第に埠頭に近づきました。
他是一名码头工人。 Tā shì yì míng mǎtóu gōngrén.	彼は港湾労働者です。
一只蚂蚁爬到他衣服上了。 Yì zhī mǎyǐ pádào tā yīfu shang le.	1匹のアリが彼の服の上に登りました。
病人的脉搏很弱。 Bìngrén de màibó hěn ruò.	患者の脈拍は弱いです。
你脉搏的情况很正常。 Nǐ màibó de qíngkuàng hěn zhèngcháng.	あなたの脈拍の状況は正常です。
这张漫画很有教育意义。 Zhè zhāng mànhuà hěn yǒu jiàoyù yìyì.	この漫画は教育的意義があります。
唾液是传染疾病的媒介之一。 Tuòyè shì chuánrǎn jíbìng de méijiè zhīyī.	唾液は伝染病を媒介するものの1つです。
政治家都很重视媒介的作用。 Zhèngzhìjiā dōu hěn zhòngshì méijiè de zuòyòng.	政治家はみなメディアの作用をとても重視しています。
这个谜语我猜了好几天也没猜出来。 Zhège míyǔ wǒ cāile hǎojǐ tiān yě méi cāichulai.	このなぞなぞを私は何日も考えましたが解けませんでした。
这座城市人口的密度很大。 Zhè zuò chéngshì rénkǒu de mìdù hěn dà.	この都市の人口密度は高いです。

1420 棉花 miánhuā
名 綿花、綿

1421 面貌 miànmào
名 顔、様相

1422 面子 miànzi
名 表、メンツ

1423 民间 mínjiān
名 世間、民間

1424 名次 míngcì
名 席次、席順、順位

1425 名额 míng'é
名 定員、人数

1426 名誉 míngyù
名 名誉、評判 形 名誉としての

1427 模式 móshì
名 モデル、モデルとなる事物

雪白的棉花像天上的白云。 Xuěbái de miánhuā xiàng tiānshàng de báiyún.	真っ白な綿花は空の雲のようです。
手术改变了他本来的面貌。 Shǒushù gǎibiànle tā běnlái de miànmào.	手術は彼の本来の顔を変えました。
现在的农村面貌焕然一新了。 Xiànzài de nóngcūn miànmào huànrányìxīn le.	今の農村の姿はすっかり新しくなりました。
经理给我留了个面子，没在大会上批评我。 Jīnglǐ gěi wǒ liúle ge miànzi, méi zài dàhuì shang pīpíng wǒ.	マネージャーは私の面子を立て、総会で私を非難しませんでした。
我是看你的面子才答应他们的。 Wǒ shì kàn nǐ de miànzi cái dāying tāmen de.	私はあなたの顔を立てるためにこそ彼らに承諾の返事をしたのです。
他收集了很多民间传说。 Tā shōujíle hěn duō mínjiān chuánshuō.	彼は多くの民間の伝説を集めました。
我们这个协会是个民间组织。 Wǒmen zhège xiéhuì shì ge mínjiān zǔzhī.	私たちのこの協会は民間組織です。
我看的是综合素质，不完全看成绩名次的高低。 Wǒ kàn de shì zōnghé sùzhì, bù wánquán kàn chéngjì míngcì de gāodī.	私が見るのは全体の素質で、成績の順位の高さだけを見てはいません。
这个专业现在只剩下几个名额了。 Zhège zhuānyè xiànzài zhǐ shèngxià jǐ ge míng'é le.	この専攻は今あと数名分の空きが残っているだけです。
名誉对一个人、一个公司来说都是非常重要的。 Míngyù duì yí ge rén、yí ge gōngsī láishuō dōu shì fēicháng zhòngyào de.	名誉は人にとっても、会社にとっても非常に重要です。
能否搞好售后服务，关系到公司的名誉问题。 Néngfǒu gǎohǎo shòuhòu fúwù, guānxidào gōngsī de míngyù wèntí.	アフターサービスがきちんとできるかは、会社の評判の問題にかかわります。
改革打破了旧的经济模式。 Gǎigé dǎpòle jiù de jīngjì móshì.	改革は古い経済モデルを打ち破りました。

1428 **模型** móxíng

名 模型、型、モデル

1429 **膜** mó

名 膜、薄い皮

関 "耳膜 ěrmó" 鼓膜, "保鲜膜 bǎoxiānmó" ラップ

1430 **魔鬼** móguǐ

名 魔物、邪悪な人間

1431 **魔术** móshù

名 マジック

1432 **墨水儿** mòshuǐr

名 墨汁、インク

1433 **模样** múyàng

名 顔かたち、～くらい、様子

1434 **母语** mǔyǔ

名 母語、母国語

展览馆里摆放着各种各样的飞机模型。 Zhǎnlǎnguǎn li bǎifàngzhe gè zhǒng gè yàng de fēijī móxíng.	展示館の中にはさまざまな飛行機の模型が置かれています。
模型的大小是可以调整的。 Móxíng de dàxiǎo shì kěyǐ tiáozhěng de.	模型の大きさは調整できます。
注意保护好你的耳膜。 Zhùyì bǎohùhǎo nǐ de ěrmó.	鼓膜をしっかりと保護してください。
他把剩下的菜用保鲜膜盖起来，放在了冰箱里。 Tā bǎ shèngxià de cài yòng bǎoxiānmó gàiqilai, fàngzàile bīngxiāng li.	彼は残ったおかずをラップで覆って、冷蔵庫の中に入れました。
这本小说描写了人和魔鬼斗争的故事。 Zhè běn xiǎoshuō miáoxiěle rén hé móguǐ dòuzhēng de gùshi.	この小説は人と魔物が戦う物語を描いています。
魔术表演开始了，大家都睁大了眼睛。 Móshù biǎoyǎn kāishǐ le, dàjiā dōu zhēngdàle yǎnjing.	マジックショーが始まりました。みんな目を大きく見張っています。
我的钢笔没有墨水儿了。 Wǒ de gāngbǐ méiyǒu mòshuǐr le.	私の万年筆はインクがなくなりました。
这个小姑娘模样长得很好看。 Zhège xiǎo gūniang múyàng zhǎngde hěn hǎokàn.	この女の子は容姿がとても美しいです。
她打扮得像老太太的模样。 Tā dǎbande xiàng lǎotàitai de múyàng.	彼女は老婦人のような身なりをしています。
母语没学好以前，他不让孩子学外语。 Mǔyǔ méi xuéhǎo yǐqián, tā bú ràng háizi xué wàiyǔ.	母語をマスターする前に、彼は子どもに外国語を学ばせません。

No.	単語	意味
1435	**目光** mùguāng	名 視線
1436	**内涵** nèihán	名（論理学の）内包、内面の修養
1437	**内幕** nèimù	名 内幕、裏面の事情
1438	**能量** néngliàng	名 エネルギー、人が発揮する能力
1439	**年度** niándù	名 年度
1440	**纽扣** niǔkòu	名 ボタン
1441	**农历** nónglì	名 旧暦
1442	**奴隶** núlì	名 奴隷

大家的目光都集中在了屏幕上。 Dàjiā de mùguāng dōu jízhōngzàile píngmù shang.	みんなの視線はすべてスクリーンに集中しました。
老师亲切的目光给我留下了很深的印象。 Lǎoshī qīnqiè de mùguāng gěi wǒ liúxiàle hěn shēn de yìnxiàng.	先生の優しいまなざしは私に深い印象を残しました。
我不理解这句话的内涵。 Wǒ bù lǐjiě zhè jù huà de nèihán.	私はこの話の意味するところがわかりません。
这段话的内涵很丰富。 Zhè duàn huà de nèihán hěn fēngfù.	この話の内容はとても豊富です。
记者揭露了这个诈骗团伙的内幕。 Jìzhě jiēlùle zhège zhàpiàn tuánhuǒ de nèimù.	記者はこの詐欺グループの内幕を暴きました。
恒星释放出了巨大的能量。 Héngxīng shìfàngchūle jùdà de néngliàng.	恒星は巨大なエネルギーを放出しました。
我一个人的能量有限，还得靠大家帮助。 Wǒ yí ge rén de néngliàng yǒuxiàn, hái děi kào dàjiā bāngzhù.	私１人の能力には限界があり、やはりみなさんの助けに頼らなければなりません。
他们正在研究年度生产计划。 Tāmen zhèngzài yánjiū niándù shēngchǎn jìhuà.	彼らは年度生産計画を検討している最中です。
他系上了纽扣。 Tā jìshàngle niǔkòu.	彼はボタンをちゃんと止めました。
袖子上有两个塑料纽扣。 Xiùzi shang yǒu liǎng ge sùliào niǔkòu.	袖の上には２つのプラスチックのボタンがあります。
春节是农历正月初一。 Chūnjié shì nónglì zhēngyuè chū yī.	春節は旧暦の元日です。
他们不甘心当奴隶，不断进行斗争。 Tāmen bù gānxīn dāng núlì, búduàn jìnxíng dòuzhēng.	彼らは奴隷になることに甘んじることなく、絶えず戦っています。

No.	単語	ピンイン	意味
1443	偶像	ǒuxiàng	名 偶像、アイドル
1444	派别	pàibié	名 流派、グループ
1445	畔	pàn	名 岸、ほとり、そば
1446	泡沫	pàomò	名 あぶく、バブル
1447	配偶	pèi'ǒu	名 配偶者
1448	盆地	péndì	名 盆地
1449	皮革	pígé	名 革、レザー
1450	屁股	pìgu	名 お尻、物の切れ端

运动员常常会成为年轻人崇拜的偶像。 Yùndòngyuán chángcháng huì chéngwéi niánqīng rén chóngbài de ǒuxiàng.	スポーツ選手はしばしば若者が崇拝するアイドルになります。
他相信是偶像给了他无穷的力量。 Tā xiāngxìn shì ǒuxiàng gěile tā wúqióng de lìliàng.	彼は彼に限りない力をくれたのはアイドルだと信じています。
根据作品不同的风格，它们可以分成五个派别。 Gēnjù zuòpǐn bùtóng de fēnggé, tāmen kěyǐ fēnchéng wǔ ge pàibié.	作品の違ったスタイルによって、それらは5つのグループに分けることができます。
各种学术派别对这个问题展开了激烈的讨论。 Gè zhǒng xuéshù pàibié duì zhège wèntí zhǎnkāile jīliè de tǎolùn.	さまざまな学派はこの問題に対して激しい議論を展開しました。
有一只小木船停在湖畔。 Yǒu yì zhī xiǎo mùchuán tíngzài húpàn.	小さい木造船が湖畔に止まっています。
她的话经常在我耳畔响起。 Tā de huà jīngcháng zài wǒ ěrpàn xiǎngqǐ.	彼女の話はいつも私の耳元で響いています。
这种洗衣粉加入温水后，能起很多泡沫。 Zhè zhǒng xǐyīfěn jiārù wēnshuǐ hòu, néng qǐ hěn duō pàomò.	この洗剤をお湯に加えると、多くの泡を立てることができます。
法律规定，配偶有相互照顾对方的责任和义务。 Fǎlǜ guīdìng, pèi'ǒu yǒu xiānghù zhàogù duìfāng de zérèn hé yìwù.	配偶者は互いに相手に気を配る責任と義務があると法律で定められています。
盆地四周都是山，所以夏天很热。 Péndì sìzhōu dōu shì shān, suǒyǐ xiàtiān hěn rè.	盆地はまわりが全て山なので、夏はとても暑いです。
这些皮革制品质量都很好。 Zhèxiē pígé zhìpǐn zhìliàng dōu hěn hǎo.	これらの皮革製品の質はいずれもすばらしいです。
球打在他的屁股上了。 Qiú dǎ zài tā de pìgu shang le.	球は彼のお尻に当たりました。

1451	**偏差** piānchā	名(物体の動きに関する) 偏り、(仕事上の) ずれ
1452	**偏见** piānjiàn	名 偏見
1453	**片断** piànduàn	名 一コマ、一段落　形 断片的な
1454	**片刻** piànkè	名 ほんの短い時間
1455	**频率** pínlǜ	名 頻度、周波数
1456	**品德** pǐndé	名 品性、人徳
1457	**品质** pǐnzhì	名 品質、品性、人格

一个小小的偏差就可能导致重大失误。 Yí ge xiǎoxiǎo de piānchā jiù kěnéng dǎozhì zhòngdà shīwù.	1つのほんの小さなずれが重大な誤りを引き起こす可能性があります。
他工作从来没出现过任何偏差。 Tā gōngzuò cónglái méi chūxiànguo rènhé piānchā.	彼の仕事はこれまでどんな偏りもありませんでした。
我们应该消除对艾滋病患者的偏见。 Wǒmen yīnggāi xiāochú duì àizībìng huànzhě de piānjiàn.	私たちはエイズ患者への偏見をなくすべきです。
这部电影中有个片断非常感人。 Zhè bù diànyǐng zhōng yǒu ge piànduàn fēicháng gǎnrén.	この映画には非常に感動的な一コマがあります。
被告提供的证据是一些片断的录音。 Bèigào tígōng de zhèngjù shì yìxiē piànduàn de lùyīn.	被告が提供した証拠はいくつかの断片的な録音です。
他思考了片刻，然后做出了决定。 Tā sīkǎole piànkè, ránhòu zuòchūle juédìng.	彼は少し考えた後、決定を下しました。
他们最近见面的频率比以前增加了。 Tāmen zuìjìn jiànmiàn de pínlǜ bǐ yǐqián zēngjiā le.	彼らは最近会う頻度が以前より増加しました。
他品德高尚，在危险时刻首先想到的是别人。 Tā pǐndé gāoshàng, zài wēixiǎn shíkè shǒuxiān xiǎngdào de shì biérén.	彼の人柄は高潔で、危険な時にまず考えるのは他人のことです。
这种面料品质不错，适合做西装。 Zhè zhǒng miànliào pǐnzhì búcuò, shìhé zuò xīzhuāng.	この生地は品質がよく、スーツを作るのにぴったりです。
我们要学习他舍己救人的好品质。 Wǒmen yào xuéxí tā shě jǐ jiù rén de hǎo pǐnzhì.	私たちは自分を犠牲にして人を助ける彼の優れた人格を学ばなければなりません。

No.	単語	意味
1458	品种 pǐnzhǒng	名（商品の）種類、品種
1459	平面 píngmiàn	名 平面、水平面
1460	平原 píngyuán	名 平野、平原
1461	屏幕 píngmù	名 画面、スクリーン、ディスプレイ
1462	屏障 píngzhàng	名 障壁、防壁
1463	坡 pō	名 坂、傾斜面　形 傾斜している
1464	魄力 pòlì	名 迫力、勇敢な精神
1465	瀑布 pùbù	名 滝

商品品种增加了，生意也好起来了。
Shāngpǐn pǐnzhǒng zēngjiā le, shēngyi yě hǎoqilai le.
商品の種類が増加すると、ビジネスもうまくいくようになりました。

这些葡萄都是从法国引进的优良品种。
Zhèxiē pútao dōu shì cóng Fǎguó yǐnjìn de yōuliáng pǐnzhǒng.
これらのブドウはみなフランスから導入した優良な品種です。

每个正方体都有六个平面。
Měi ge zhèngfāngtǐ dōu yǒu liù ge píngmiàn.
すべての立方体は6つの平面を持ちます。

海平面上升起了一轮红日。
Hǎi píngmiàn shang shēngqǐle yì lún hóng rì.
海面上に赤い太陽が昇りはじめました。

我的家乡是平原，没有山。
Wǒ de jiāxiāng shì píngyuán, méiyǒu shān.
私の故郷は平野で、山はありません。

我的电脑屏幕坏了，需要更换。
Wǒ de diànnǎo píngmù huài le, xūyào gēnghuàn.
私のパソコンはディスプレイが壊れてしまったので、買い替える必要があります。

这片森林像一座天然屏障挡住了西北的风沙。
Zhè piàn sēnlín xiàng yí zuò tiānrán píngzhàng dǎngzhùle xīběi de fēngshā.
この森林は天然の障壁のように西北の砂ぼこりを防ぎました。

这座山是这个地区的屏障，不熟悉的人都进不去。
Zhè zuò shān shì zhège dìqū de píngzhàng, bù shúxi de rén dōu jìnbuqù.
この山はこの地区の障壁で、熟知していない人は入ることができません。

小心点儿，这个坡很陡。
Xiǎoxīn diǎnr, zhège pō hěn dǒu.
ちょっと注意してください、この坂は急です。

我每天回家要爬好几个坡。
Wǒ měitiān huí jiā yào pá hǎojǐ ge pō.
私は毎日帰宅するのにいくつもの坂を登らなければなりません。

做出这样的决定，确实需要魄力。
Zuòchū zhèyàng de juédìng, quèshí xūyào pòlì.
このような決定を下すには、確かに勇気が必要です。

无数条瀑布好像从天而降。
Wúshù tiáo pùbù hǎoxiàng cóng tiān ér jiàng.
無数の滝はまるで空から降ってくるようです。

1466	期限 qīxiàn	名 期限
1467	旗袍 qípáo	名 チャイナドレス、女性用の中国式長衣
1468	旗帜 qízhì	名 旗、幟、手本、模範
1469	乞丐 qǐgài	名 乞食、物乞い
1470	启事 qǐshì	名 お知らせ、告示
1471	起初 qǐchū	名 最初、はじめ
1472	起源 qǐyuán	名 起源、始まり　動 ～に始まる

还书的期限快到了，我还没看完。 Huán shū de qīxiàn kuài dào le, wǒ hái méi kànwán.	本の返却期限が間もなく来るのに、私はまだ読み終わっていません。
姐姐今天穿了件旗袍，显得非常漂亮。 Jiějie jīntiān chuānle jiàn qípáo, xiǎnde fēicháng piàoliang.	姉は今日チャイナドレスを着ていて、非常に美しく見えます。
街上到处挂着各种旗帜。 Jiē shang dàochù guàzhe gè zhǒng qízhì. **他是服务行业的一面旗帜。** Tā shì fúwù hángyè de yímiàn qízhì.	街のあちこちに各種の旗があがっています。 彼はサービス業のお手本です。
他给了那个乞丐十块钱。 Tā gěile nàge qǐgài shí kuài qián.	彼はその物乞いに10元をあげました。
他在报纸上登了个征婚启事。 Tā zài bàozhǐ shang dēngle ge zhēnghūn qǐshì. **街上那个寻人启事就是他贴的。** Jiē shang nàge xún rén qǐshì jiùshì tā tiē de.	彼は新聞に結婚相手募集のお知らせを載せました。 街のその尋ね人のお知らせは彼が貼ったものです。
起初我不知道这件事，后来才听说。 Qǐchū wǒ bù zhīdào zhè jiàn shì, hòulái cái tīngshuō. **起初他们没发现，后来我说漏了。** Qǐchū tāmen méi fāxiàn, hòulái wǒ shuōlòu le.	最初私はこのことを知らず、後になってやっと聞きました。 最初彼らはまだ見つけていませんでしたが、後で私が口を滑らせました。
语言的起源和人类的起源一样久远。 Yǔyán de qǐyuán hé rénlèi de qǐyuán yíyàng jiǔyuǎn. **茶叶种植最早起源于中国。** Cháyè zhòngzhí zuìzǎo qǐyuányú Zhōngguó.	言語の起源は人類の起源と同じく遠い昔です。 茶の栽培の最も古い起源は中国にあります。

1473
气概 qìgài
名 気概、心意気

1474
气功 qìgōng
名 気功

1475
气魄 qìpò
名 気迫、気概

1476
气色 qìsè
名 顔色

1477
气势 qìshì
名 勢い、迫力

1478
气味 qìwèi
名 におい、性格

1479
气象 qìxiàng
名 気象、状況、様子

1480
气压 qìyā
名 気圧

他英勇救人，具有英雄气概。 Tā yīngyǒng jiù rén, jùyǒu yīngxióng qìgài. **他们不屈服于外来侵略，表现出一种民族气概。** Tāmen bù qūfúyú wàilái qīnlüè, biǎoxiànchū yì zhǒng mínzú qìgài.	彼は勇敢に人を助け、英雄の気概があります。 彼らは外来の侵略に屈服せず、民族としての気概を示しています。
自从练了气功以后，他的病就好多了。 Zìcóng liànle qìgōng yǐhòu, tā de bìng jiù hǎoduō le.	気功を訓練してから、彼の病はとてもよくなりました。
他有政治家的气魄，敢于做出决定。 Tā yǒu zhèngzhìjiā de qìpò, gǎnyú zuòchū juédìng.	彼は政治家の気概があり、思い切って決断しました。
你最近气色不错，经常运动吗？ Nǐ zuìjìn qìsè búcuò, jīngcháng yùndòng ma?	あなたは最近顔色がよいですが、よく運動しているのですか？
这部电影气势宏大，场面壮观。 Zhè bù diànyǐng qìshì hóngdà, chǎngmiàn zhuàngguān.	この映画は迫力満点で、シーンは壮観です。
这种花能发出一种特别的气味。 Zhè zhǒng huā néng fāchū yì zhǒng tèbié de qìwèi. **他身上烟酒的气味都很浓。** Tā shēnshang yān jiǔ de qìwèi dōu hěn nóng.	この花は一種の特別なにおいを放つことができます。 彼の身体はタバコや酒のにおいがとても強いです。
气象台今天发布了台风警告。 Qìxiàngtái jīntiān fābùle táifēng jǐnggào. **新办法给公司带来了可喜的气象。** Xīn bànfǎ gěi gōngsī dàiláile kěxǐ de qìxiàng.	気象台は今日台風警報を発表しました。 新しいやり方は会社に喜ばしい状況をもたらしました。
进入高原地区，你会明显感到气压的变化。 Jìnrù gāoyuán dìqū, nǐ huì míngxiǎn gǎndào qìyā de biànhuà.	高原地域に入ると、あなたははっきり気圧の変化を感じるでしょう。

No.	単語	意味
1481	气质 qìzhì	名 気質、素質
1482	器材 qìcái	名 器具、器材
1483	器官 qìguān	名（体の）器官
1484	前景 qiánjǐng	名 前景、見通し
1485	前提 qiántí	名 前提、前提条件
1486	潜力 qiánlì	名 潜在能力
1487	桥梁 qiáoliáng	名 橋、架け橋、橋渡し

他说不上英俊，但气质非常高雅。 Tā shuōbushàng yīngjùn, dàn qìzhì fēicháng gāoyǎ.	彼はハンサムとは言えませんが、気質は非常に上品です。
他的个人气质在这张照片中得到了充分体现。 Tā de gèrén qìzhì zài zhè zhāng zhàopiàn zhōng dédàole chōngfèn tǐxiàn.	彼個人の性格はこの写真の中で十分に体現されています。
这家工厂主要生产医疗器材。 Zhè jiā gōngchǎng zhǔyào shēngchǎn yīliáo qìcái.	この工場は主に医療器具を生産しています。
医院决定给他做器官移植手术。 Yīyuàn juédìng gěi tā zuò qìguān yízhí shǒushù.	病院は彼に臓器移植手術をすることを決定しました。
我们要用双手创造幸福的前景。 Wǒmen yào yòng shuāngshǒu chuàngzào xìngfú de qiánjǐng.	私たちは両の手で幸せな前途を創造しなければなりません。
他对旅游市场的前景持乐观态度。 Tā duì lǚyóu shìchǎng de qiánjǐng chí lèguān tàidù.	彼は観光市場の見通しに楽観的な態度をとっています。
双方合作的基本前提是信任。 Shuāngfāng hézuò de jīběn qiántí shì xìnrèn.	両者が協力する基本的な前提は信頼です。
我可以告诉你，但前提是你不能告诉别人。 Wǒ kěyǐ gàosu nǐ, dàn qiántí shì nǐ bù néng gàosu biérén.	私はあなたに話せますが、前提条件はあなたが他人に話さないことです。
我觉得他身上有一股巨大的潜力。 Wǒ juéde tā shēnshang yǒu yì gǔ jùdà de qiánlì.	私は彼には大きな潜在能力があると思います。
这座桥梁方便了两岸的人互相来往。 Zhè zuò qiáoliáng fāngbiànle liǎng'àn de rén hùxiāng láiwǎng.	この橋は両岸の人がおたがい行き来するのを便利にしました。
汉语就是一座中外文化交流的桥梁。 Hànyǔ jiùshì yí zuò zhōngwài wénhuà jiāoliú de qiáoliáng.	中国語は中国と外国の文化交流の架け橋です。

1488 **窍门** qiàomén

名 巧妙かつ簡便な方法・技術、こつ

1489 **清晨** qīngchén

名 早朝、夜明け

1490 **情报** qíngbào

名（機密性のある）情報、（広義の）情報

解説 一般的な情報を表すときは“**信息 xìnxī**”を使う

1491 **情节** qíngjié

名 いきさつ、内容、（小説や戯曲の）プロット

1492 **情理** qínglǐ

名 情理、人情と道理

1493 **情形** qíngxing

名 状態、様子

1494 **请柬** qǐngjiǎn

名 招待状

解説 書き言葉で古い表現

1495 **请帖** qǐngtiě

名 招待状、案内状

他把做菜的窍门总结出来，发布到了网上。 Tā bǎ zuò cài de qiàomén zǒngjiéchulai, fābùdàole wǎngshang.	彼は料理のコツをまとめて、ネット上に発表しました。
清晨，我们去海边看日出。 Qīngchén, wǒmen qù hǎibiān kàn rì chū.	早朝、私たちは海へ行って日の出を見ましょう。
他一直在收集这方面的情报。 Tā yìzhí zài shōují zhè fāngmiàn de qíngbào. **这份情报不一定可靠，还要调查。** Zhè fèn qíngbào bù yídìng kěkào, hái yào diàochá.	彼はずっとこの方面の情報を収集しています。 この情報はあまりあてにならないので、さらに調査する必要があります。
这个故事情节生动，很吸引人。 Zhège gùshi qíngjié shēngdòng, hěn xīyǐn rén. **他仔细分析了每一个情节，发现了一些漏洞。** Tā zǐxì fēnxīle měi yí ge qíngjié, fāxiànle yìxiē lòudòng.	この物語の内容は生き生きとして、人を引きつけます。 彼は細かく内容を分析して、いくつかのミスを発見しました。
你向父母告别，也是情理之中的事情。 Nǐ xiàng fùmǔ gàobié, yě shì qínglǐ zhīzhōng de shìqing.	あなたが両親に別れを告げるのも、情理の中のことです。
他上大学时的情形经常出现在眼前。 Tā shàng dàxué shí de qíngxing jīngcháng chūxiànzài yǎnqián. **他讲起了在中国过年时的情形。** Tā jiǎngqǐle zài Zhōngguó guònián shí de qíngxing.	彼が大学に通っていたときの様子がよく目の前に現れています。 彼は中国での年越しの様子を話し始めました。
他们给我发了结婚请柬。 Tāmen gěi wǒ fāle jiéhūn qǐngjiǎn.	彼らは私に結婚式の招待状を送ってくれました。
为了表示重视，我们还是发个请帖吧。 Wèile biǎoshì zhòngshì, wǒmen háishi fā ge qǐngtiě ba.	大事に思っていることを表すために、私たちはやはり招待状を出しましょう。

1496	丘陵 qiūlíng	名 丘、丘陵地
1497	区域 qūyù	名 地域、区域
1498	渠道 qúdào	名 用水路、道筋、ルート
1499	曲子 qǔzi	名 歌、曲
1500	趣味 qùwèi	名 おもしろみ、興味
1501	圈套 quāntào	名 わな、人を陥れる計略
1502	全局 quánjú	名 全体の局面
1503	拳头 quántóu	名 握りこぶし、げんこつ 発音 “quántou”とも

这种树木适合在丘陵地区生长。 Zhè zhǒng shùmù shìhézài qiūlíng dìqū shēngzhǎng.	この樹木は丘陵地域での生育に適しています。
不同的区域可以采取不同的管理办法。 Bùtóng de qūyù kěyǐ cǎiqǔ bùtóng de guǎnlǐ bànfǎ.	異なる地域は異なる管理方法を採用して構いません。
渠道的两岸绿树成荫。 Qúdào de liǎng'àn lǜ shù chéng yīn.	用水路の両岸は緑の木々が木陰を作っています。
公司正在开会讨论广开新渠道的模式。 Gōngsī zhèngzài kāihuì tǎolùn guǎngkāi xīn qúdào de móshì.	会社は新しいチャンネルを広げるモデルについて会議をしています。
他给大家弹了一首外国曲子。 Tā gěi dàjiā tánle yì shǒu wàiguó qǔzi.	彼はみんなに外国の曲を1曲弾きました。
学习汉语是一件很有趣味的事。 Xuéxí Hànyǔ shì yí jiàn hěn yǒu qùwèi de shì.	中国語を学習するのはとても面白いことです。
他很享受阅读带来的趣味。 Tā hěn xiǎngshòu yuèdú dàilai de qùwèi.	彼は読書がもたらす面白さを楽しんでいます。
他们设计好了圈套，等我们上当。 Tāmen shèjìhǎole quāntào, děng wǒmen shàngdàng.	彼らはしっかり罠をしかけて、私たちがはまるのを待っています。
考虑到全局，公司决定先放弃扩张。 Kǎolǜdào quánjú, gōngsī juédìng xiān fàngqì kuòzhāng.	全体の局面を考慮して、会社はまず拡張をあきらめることを決定しました。
他握起了拳头，大喊大叫着。 Tā wòqǐle quántóu, dà hǎn dà jiào zhe.	彼は拳を握り上げて、大声でがなり立てています。

1504	**犬** quǎn	名 犬 解説 話し言葉では"**狗**"が用いられ、また"**犬**"は単独では用いない
1505	**缺口** quēkǒu	名 割れ目、(物資や経費などの) 不足分
1506	**缺陷** quēxiàn	名 欠陥、不備
1507	**群众** qúnzhòng	名 大衆、民衆、指導的地位についていない人
1508	**热门** rèmén	名 人気商品、人気のある分野・方面
1509	**人道** réndào	名 人道、人間として踏み行うべき道 形 人道的な
1510	**人格** réngé	名 人格、品性

小区里不让养这种大型犬。 Xiǎoqū li bú ràng yǎng zhè zhǒng dàxíng quǎn.	団地内ではこういう大型犬を飼うのは許可されていません。
这个盆有个明显的缺口。 Zhège pén yǒu ge míngxiǎn de quēkǒu. **工程的资金缺口很大。** Gōngchéng de zījīn quēkǒu hěn dà.	このボウルには明らかな割れ目があります。 プロジェクトの資金は不足分が大きいです。
这项制度还有一些缺陷。 Zhè xiàng zhìdù hái yǒu yìxiē quēxiàn. **我们在管理上还存在很大的缺陷。** Wǒmen zài guǎnlǐ shang hái cúnzài hěn dà de quēxiàn.	この制度にはまだいくつか欠陥があります。 私たちは管理の面でまだ大きな欠陥を抱えています。
群众对他的评价很高。 Qúnzhòng duì tā de píngjià hěn gāo. **他工作的目标就是要让群众满意。** Tā gōngzuò de mùbiāo jiùshì yào ràng qúnzhòng mǎnyì.	彼に対する民衆の評価は高いです。 彼の仕事の目標は、大衆を満足させることです。
她学的是一个热门专业。 Tā xué de shì yí ge rèmén zhuānyè. **电视里正在讨论这个热门话题。** Diànshì li zhèngzài tǎolùn zhège rèmén huàtí.	彼女が学んだのは人気のある専攻です。 テレビでは、みなが関心を持っているこの話題について今まさに議論をしています。
我们对他实行了人道援助。 Wǒmen duì tā shíxíngle réndào yuánzhù. **这种人道的做法受到了赞扬。** Zhè zhǒng réndào de zuòfǎ shòudàole zànyáng.	私たちは彼に人道支援を行いました。 この人道的なやり方が称賛されています。
王老师的人格非常高尚。 Wáng lǎoshī de réngé fēicháng gāoshàng.	王先生の人柄は非常に高尚です。

1511	**人间** rénjiān	名 この世、世間 解説「人間」の意味はない
1512	**人士** rénshì	名 人士、社会的な地位を有する人
1513	**人性** rénxìng	名 人間性、人間味
1514	**人质** rénzhì	名 人質
1515	**容貌** róngmào	名 容貌、顔かたち
1516	**容器** róngqì	名 容器、入れ物
1517	**荣誉** róngyù	名 栄誉、誉れ 形 名誉としての

一个新生命降临到了人间。 Yí ge xīn shēngmìng jiànglíndàole rénjiān.	新しい命がこの世にやってきました。
这里风景秀美，就好像人间天堂。 Zhèli fēngjǐng xiùměi, jiù hǎoxiàng rénjiān tiāntáng.	ここの景色は美しく、まるでこの世の楽園のようです。
他是一位著名的爱国人士。 Tā shì yí wèi zhùmíng de àiguó rénshì.	彼は有名な愛国人士です。
这些文艺界人士纷纷伸出援助之手。 Zhèxiē wényìjiè rénshì fēnfēn shēnchū yuánzhù zhī shǒu.	これらの文学界の人士は次から次へと救いの手を伸ばしました。
这部电影反映了人性中善良的一面。 Zhè bù diànyǐng fǎnyìngle rénxìng zhōng shànliáng de yímiàn.	この映画は人間性の善良な一面を反映しています。
我的小狗很通人性，每天坐在门口等我回家。 Wǒ de xiǎo gǒu hěn tōng rénxìng, měitiān zuòzài ménkǒu děng wǒ huí jiā.	私の子犬は人間らしいところがあって、毎日玄関口に座って私が帰ってくるのを待っています。
警察已经成功救出了人质。 Jǐngchá yǐjīng chénggōng jiùchūle rénzhì.	警察は人質の救出にすでに成功しました。
他改变了自己的容貌，很多人认不出来了。 Tā gǎibiànle zìjǐ de róngmào, hěn duō rén rènbuchūlai le.	彼は見た目を変えたので、多くの人は彼を認識できませんでした。
你把这种物质放到容器中，再加些水。 Nǐ bǎ zhè zhǒng wùzhì fàngdào róngqì zhōng, zài jiā xiē shuǐ.	この物質を容器の中に入れて、水を少し加えてください。
这位运动员为国家争得了荣誉。 Zhè wèi yùndòngyuán wèi guójiā zhēngdéle róngyù.	このスポーツ選手は国のために栄誉を勝ち取りました。
去世后他被授予了“荣誉市民”称号。 Qùshì hòu tā bèi shòuyǔle “róngyù shìmín” chēnghào.	死後、彼には「名誉市民」の称号が与えられました。

1518	**儒家** Rújiā	名 儒家
1519	**弱点** ruòdiǎn	名 弱点、欠点
1520	**散文** sǎnwén	名 散文、（詩歌・戯曲・小説を除いた、随筆・ルポなどの）文芸作品
1521	**嫂子** sǎozi	名 兄嫁、（友人の妻に対する呼びかけとして）ねえさん
1522	**山脉** shānmài	名 山脈、山並み
1523	**商标** shāngbiāo	名 商標、トレードマーク
1524	**上级** shàngjí	名 上司、上級機関
1525	**上游** shàngyóu	名（河川の）上流、先進的な地位
1526	**梢** shāo	名 こずえ、先

在今天看来，儒家学说有精华，也有糟粕。 Zài jīntiān kànlái, Rújiā xuéshuō yǒu jīnghuá, yě yǒu zāopò.	今日の見解では、儒教の学説には優れた部分もそうでない部分もあります。
我会尽量克服自己的弱点。 Wǒ huì jǐnliàng kèfú zìjǐ de ruòdiǎn.	私は自分の弱点をできる限り克服します。
他很喜欢读散文和诗歌。 Tā hěn xǐhuan dú sǎnwén hé shīgē.	彼は散文や詩を読むのが好きです。
我哥哥跟嫂子过得非常幸福。 Wǒ gēge gēn sǎozi guòde fēicháng xìngfú.	私の兄と兄嫁はとても幸せに過ごしています。
这条山脉绵延有几百公里。 Zhè tiáo shānmài miányán yǒu jǐbǎi gōnglǐ.	この山脈は数百キロにわたって伸びています。
这上面印着你们公司的商标。 Zhè shàngmiàn yìnzhe nǐmen gōngsī de shāngbiāo.	この上の部分に、貴社の商標が印刷されています。
这事我不能决定，需要请示上级。 Zhè shì wǒ bù néng juédìng, xūyào qǐngshì shàngjí. **这个情况要立即向上级汇报。** Zhège qíngkuàng yào lìjí xiàng shàngjí huìbào.	この件は私には決められません、上司に指示を仰ぐ必要があります。 この状況はただちに上司に報告する必要があります。
这条江的上游修建了一座水电站。 Zhè tiáo jiāng de shàngyóu xiūjiànle yí zuò shuǐdiànzhàn.	この川の上流に水力発電所が建設されました。
我的头发梢总分叉。 Wǒ de tóufa shāo zǒng fēnchà. **姑娘的辫梢上扎着一条红带子。** Gūniang de biàn shāo shang zhāzhe yì tiáo hóng dàizi.	私の毛先はいつも広がっています。 娘の三つ編みの先には赤いリボンが結ばれています。

1527	**哨** shào	名 見張り、監視所、呼子の笛
1528	**舌头** shétou	名 舌、敵情を聞き出すためにとらえてきた捕虜
1529	**社区** shèqū	名 コミュニティ、地域共同体
1530	**绅士** shēnshì	名 紳士 形 紳士的な
1531	**神经** shénjīng	名 神経、正常でない精神状態
1532	**神态** shéntài	名 顔色、たたずまい、表情と態度
1533	**神仙** shénxian	名 仙人、専任のように見通しがきき、洞察力のある人

哨音响了，大家到操场集合吧。 Shào yīn xiǎng le, dàjiā dào cāochǎng jíhé ba.	笛が鳴りました、みなさん運動場に集まりましょう。
所有的岗哨都布置好了。 Suǒyǒu de gǎngshào dōu bùzhìhǎo le.	すべての見張り所に配置が終わりました。
发这个音，要卷起舌头来。 Fā zhège yīn, yào juǎnqi shétou lai.	この音を出すには、舌を丸めてください。
他看病一般先到社区医院。 Tā kànbìng yìbān xiān dào shèqū yīyuàn.	彼はいつもまずコミュニティの病院で診てもらいます。
这个小区连续三年被评为文明社区。 Zhège xiǎoqū liánxù sān nián bèi píngwéi wénmíng shèqū.	このコミュニティは、3年連続で文明地域として評価されています。
他是一位地道的绅士。 Tā shì yí wèi dìdao de shēnshì.	彼は本物の紳士です。
女孩子们都觉得他有绅士风度。 Nǚ háizimen dōu juéde tā yǒu shēnshì fēngdù.	女の子たちはみな彼は紳士的な振る舞いをしていると思っています。
比赛完了，你应该放松一下神经。 Bǐsài wán le, nǐ yīnggāi fàngsōng yíxià shénjīng.	試合は終わったので、少しリラックスするべきですよ。
你别太神经过敏，他没有这个意思。 Nǐ bié tài shénjīng guòmǐn, tā méiyǒu zhège yìsi.	あまりピリピリしすぎないでください、彼にはそのつもりはありません。
他神态自然，不慌不忙。 Tā shéntài zìrán, bù huāng bù máng.	彼は表情も態度も自然で、動じていません。
他慌慌张张的神态引起了警察的注意。 Tā huānghuāngzhāngzhāng de shéntài yǐnqǐle jǐngchá de zhùyì.	彼の慌てた表情と態度が警察の注意を引き付けました。
中国有很多关于神仙的传说。 Zhōngguó yǒu hěn duō guānyú shénxian de chuánshuō.	中国には仙人に関する伝説がたくさんあります。
他过着神仙一般的生活。 Tā guòzhe shénxian yìbān de shēnghuó.	彼は仙人のような生活を送っています。

1534 **生机** shēngjī

名 生きる望み、生命力

1535 **生理** shēnglǐ

名 生理

1536 **生态** shēngtài

名 生態

1537 **生物** shēngwù

名 生物

1538 **生肖** shēngxiào

名 十二支、（12の動物を割り当てる）生まれ年

解説 話し言葉では“**属相 shǔxiang**”ともいう

1539 **声势** shēngshì

名 勢い、気勢

1540 **声誉** shēngyù

名 声望（名声と人望）、信望

1541 **牲畜** shēngchù

名 家畜

只要有一线生机，医生就不会放弃。 Zhǐyào yǒu yí xiàn shēngjī, yīshēng jiù bú huì fàngqì.	一縷の生きる望みがある限り、医者はあきらめません。
春天给万物带来了生机。 Chūntiān gěi wànwù dàiláile shēngjī.	春は万物に生命力をもたらしました。
长胡子是成年男性的生理特征。 Zhǎng húzi shì chéngnián nánxìng de shēnglǐ tèzhēng.	ひげが伸びるのは成人男性の生理的特徴です。
自然界的生态保持着一种平衡。 Zìránjiè de shēngtài bǎochízhe yì zhǒng pínghéng.	自然界の生態系はあるバランスを保っています。
生态环境影响着人类的生存。 Shēngtài huánjìng yǐngxiǎngzhe rénlèi de shēngcún.	生態環境は人類の生存に影響を与えています。
很多生物面临着灭绝的危险。 Hěn duō shēngwù miànlínzhe mièjué de wēixiǎn.	多くの生物は絶滅の危機に瀕しています。
十二生肖是怎么来的，目前说法不一。 Shí'èr shēngxiào shì zěnme lái de, mùqián shuōfǎ bù yī.	十二支の由来については、目下さまざまな説があります。
我在十二生肖中属龙。 Wǒ zài shí'èr shēngxiào zhōng shǔ lóng.	私は十二支の辰年です。
要把声势搞大一些,这样参加的人就会更多。 Yào bǎ shēngshì gǎodà yìxiē, zhèyàng cānjiā de rén jiù huì gèng duō.	勢いをさらに大きくする必要があり、そうすれば参加者を増やすことができます。
我们的努力换来了产品良好的声誉。 Wǒmen de nǔlì huànláile chǎnpǐn liánghǎo de shēngyù.	私たちの努力は、製品がよいという評判と信頼にとって代わっています。
她已经学会科学地饲养牲畜。 Tā yǐjīng xuéhuì kēxué de sìyǎng shēngchù.	彼女は科学的に家畜を育てる方法をすでにマスターしました。

1542 **省会** shěnghuì

名 省都

1543 **胜负** shèngfù

名 勝ち負け

1544 **盛情** shèngqíng

名 厚意、厚情

1545 **尸体** shītǐ

名（人や動物の）死体

1546 **失误** shīwù

名 ミス、失敗　動 失策する、ミスをする

1547 **师范** shīfàn

名 師範学校

解説 **"师范学校"** の略

1548 **石油** shíyóu

名 石油

1549 **时光** shíguāng

名 時間、時期、暮らし向き

杭州是浙江省的省会。 Hángzhōu shì Zhèjiāngshěng de shěnghuì.	杭州は、浙江省の省都です。
这场选举的胜负已经明确了。 Zhè chǎng xuǎnjǔ de shèngfù yǐjīng míngquè le.	この選挙の勝ち負けはすでに明らかです。
他觉得胜负不重要，重要的是积累了经验。 Tā juéde shèngfù bú zhòngyào, zhòngyào de shì jīlěile jīngyàn.	勝ち負けは重要ではなく、重要なのは経験を蓄積したことだと彼は考えています。
这些水果是乡亲们的一片盛情，你们得收下。 Zhèxiē shuǐguǒ shì xiāngqīnmen de yí piàn shèngqíng, nǐmen děi shōuxià.	これらの果物は同郷の人々の厚意です、受け取らなくてはいけません。
感谢你们盛情招待了我们。 Gǎnxiè nǐmen shèngqíng zhāodàile wǒmen.	あなた方の厚意あふれたおもてなしに感謝します。
我死后可以把尸体捐献给医院。 Wǒ sǐ hòu kěyǐ bǎ shītǐ juānxiàngěi yīyuàn.	私が死んだあと、遺体は病院に寄付します。
这次失误的教训很深刻。 Zhè cì shīwù de jiàoxùn hěn shēnkè.	今回のミスから得た教訓はとても深いものです。
最近一段时间，他工作经常失误。 Zuìjìn yí duàn shíjiān, tā gōngzuò jīngcháng shīwù.	ここしばらく、彼は仕事でよくミスをするようになっています。
我师范毕业后，去中学当了一年老师。 Wǒ shīfàn bìyè hòu, qù zhōngxué dāngle yì nián lǎoshī.	師範学校を卒業した後、中学校で教師として1年間働きました。
这场战争的实质就是争夺石油资源。 Zhè cháng zhànzhēng de shízhì jiùshì zhēngduó shíyóu zīyuán.	この戦争の本質は、石油資源の奪い合いです。
那是一段幸福的时光。 Nà shì yí duàn xìngfú de shíguāng.	あれは幸福な時期でした。
不要浪费这大好时光。 Búyào làngfèi zhè dàhǎo shíguāng.	この素晴らしい時間を無駄にしないでください。

1550	**时机** shíjī	名 時機、ころあい
1551	**时事** shíshì	名 時事
1552	**实惠** shíhuì	名 実益　形 実用的な、実質的な
1553	**实力** shílì	名 実力、力量
1554	**实质** shízhì	名 実質、本質
1555	**使命** shǐmìng	名 使命
1556	**世代** shìdài	名 世代
1557	**势力** shìlì	名 勢力
1558	**事故** shìgù	名 事故、思いがけない出来事

时机一旦成熟，我们就开始行动。 Shíjī yídàn chéngshú, wǒmen jiù kāishǐ xíngdòng.	時機がひとたび熟したら、すぐに行動を開始します。
他们经常在一起谈论时事。 Tāmen jīngcháng zài yìqǐ tánlùn shíshì.	彼らはその時々の出来事について、よく一緒に話します。
我们把真正的实惠给了农民。 Wǒmen bǎ zhēnzhèng de shíhuì gěile nóngmín.	私たちは農民に真の実益をもたらしました。
这个饭馆的菜又实惠又好吃。 Zhège fànguǎn de cài yòu shíhuì yòu hǎochī.	このレストランの料理はボリュームがあり、美味しいです。
企业的实力增强了，竞争力才会提高。 Qǐyè de shílì zēngqiáng le, jìngzhēnglì cái huì tígāo.	企業の力が強化されて初めて、その競争力が高まります。
你要弄明白问题的实质是什么。 Nǐ yào nòngmíngbai wèntí de shízhì shì shénme.	あなたは問題の本質が何かを理解する必要があります。
他们在工作中有使命感，所以不怕困难。 Tāmen zài gōngzuò zhōng yǒu shǐmìnggǎn, suǒyǐ bú pà kùnnan.	彼らは仕事に使命感を持っているので、困難を恐れません。
他家世代行医，已经两百多年了。 Tā jiā shìdài xíngyī, yǐjīng liǎngbǎi duō nián le.	彼の家は代々医者をしていて、すでに200年あまりになります。
这个国家的海上势力非常强大。 Zhège guójiā de hǎishàng shìlì fēicháng qiángdà.	この国の海軍は非常に強力です。
这起火灾事故的原因已经查清楚了。 Zhè qǐ huǒzāi shìgù de yuányīn yǐjīng cháqīngchu le.	この火災事故の原因はすでに調査されてわかっています。

1559	事迹 shìjì	名 事績
1560	事件 shìjiàn	名 事件、大きな出来事
1561	事态 shìtài	名 事態、状況
1562	事务 shìwù	名 なすべき仕事、一般事務
1563	事项 shìxiàng	名 事項
1564	事业 shìyè	名 事業 解説 特に“企业”と区別して、国家の経費でまかなわれる、採算にとらわれない事業という意味もある。
1565	视力 shìlì	名 視力
1566	视频 shìpín	名 ビデオ、動画

他救人的事迹在报纸上登出来了。 Tā jiù rén de shìjì zài bàozhǐ shang dēngchulai le.	彼が人を救った事績が新聞に載りました。
领导向我们介绍了小伙子的英雄事迹。 Lǐngdǎo xiàng wǒmen jièshàole xiǎohuǒzi de yīngxióng shìjì.	リーダーは私たちに青年の英雄的な事績を紹介しました。
尽管这是一次意外事件，但以后要避免发生。 Jǐnguǎn zhè shì yí cì yìwài shìjiàn, dàn yǐhòu yào bìmiǎn fāshēng.	これは不慮の出来事ですが、今後は発生を防がなくてはいけません。
看来事态越来越复杂了。 Kànlái shìtài yuè lái yuè fùzá le.	見たところ、状況はますます複雑になっているようです。
这些日常事务占用了他很多时间。 Zhèxiē rìcháng shìwù zhànyòngle tā hěn duō shíjiān.	これらの日常業務に彼は多くの時間を取られました。
我还有一些补充事项需要告诉大家。 Wǒ hái yǒu yìxiē bǔchōng shìxiàng xūyào gàosu dàjiā.	みなさんに伝えなくてはいけない補足事項がまだいくつかあります。
他一生都致力于医学事业，做出了重要贡献。 Tā yìshēng dōu zhìlìyú yīxué shìyè, zuòchūle zhòngyào gòngxiàn.	彼は一生を医学事業に捧げて、重要な貢献をしました。
一家人都支持他干这项事业。 Yì jiā rén dōu zhīchí tā gàn zhè xiàng shìyè.	彼がこの事業を手掛けるのを家族全員でサポートしています。
你去医院检查检查视力吧。 Nǐ qù yīyuàn jiǎnchájiǎnchá shìlì ba.	病院に行って、視力を検査してきなさい。
学校采用远程视频教学，大大提高了教学效率。 Xuéxiào cǎiyòng yuǎnchéng shìpín jiàoxué, dàdà tígāole jiàoxué xiàolǜ.	学校は遠隔ビデオ教育を採用しており、教育効率を大幅に向上させました。

1567	视线 shìxiàn	名 視線、注意力
1568	视野 shìyě	名 視界、識見
1569	是非 shìfēi	名 是非、良しあし、いざこざ
1570	收益 shōuyì	名 収益、利益
1571	收音机 shōuyīnjī	名 ラジオ受信機、ラジオ
1572	手法 shǒufǎ	名 技巧、手口
1573	手势 shǒushì	名 手まね、ジェスチャー
1574	手艺 shǒuyì	名 技術、腕前

前面的人挡住了我的视线。 Qiánmiàn de rén dǎngzhùle wǒ de shìxiàn.	目の前の人が私の視線を遮りました。
他的眼泪流了下来，视线渐渐模糊了。 Tā de yǎnlèi liúlexiàlai, shìxiàn jiànjiàn móhu le.	彼の目から涙が流れ落ちて、視界は徐々にぼやけました。
前面那片树林挡住了人们的视野。 Qiánmiàn nà piàn shùlín dǎngzhùle rénmen de shìyě.	手前のあの森林が人々の視界を遮りました。
读书可以扩大一个人的视野。 Dúshū kěyǐ kuòdà yí ge rén de shìyě.	読書は視野を広げることができます。
他具有很强的辨别是非的能力。 Tā jùyǒu hěn qiáng de biànbié shìfēi de nénglì.	彼は善悪を判別する強い能力を持っています。
他来这里，帮助解决了不少是非。 Tā lái zhèli, bāngzhù jiějuéle bù shǎo shìfēi.	彼はここに来て、多くのいざこざの解決を手助けしました。
我们公司今年的收益不错。 Wǒmen gōngsī jīnnián de shōuyì búcuò.	弊社の今年の収益は良好です。
刚才收音机里播出了这条新闻。 Gāngcái shōuyīnjī li bōchūle zhè tiáo xīnwén.	たった今ラジオでこのニュースが放送されました。
这篇文章使用了很多修辞手法。 Zhè piān wénzhāng shǐyòngle hěn duō xiūcí shǒufǎ.	この記事では、多くの修辞テクニックが使用されています。
他一眼就看穿了这种骗人的手法。 Tā yì yǎn jiù kànchuānle zhè zhǒng piàn rén de shǒufǎ.	彼はこの詐欺師の手口を一目で見破りました。
他向我做了个手势，希望我过去。 Tā xiàng wǒ zuòle ge shǒushì, xīwàng wǒ guòqu.	彼は私にジェスチャーをして、通っていいと私に示しました。
他做衣服的手艺是父亲教的。 Tā zuò yīfu de shǒuyì shì fùqin jiāo de.	彼の服作りの技術は父親が教えたものです。

1575
首饰
shǒushì
名 装身具、アクセサリー

1576
书法
shūfǎ
名 書道

1577
书籍
shūjí
名 書籍、書物
【解説】本の総称を指し、数量詞をつけることができない

1578
书记
shūjì
名 書記

1579
数额
shù'é
名 定額、一定の数

1580
双胞胎
shuāngbāotāi
名 双子、双生児

1581
水利
shuǐlì
名 水利、水利施設

1582
水龙头
shuǐlóngtóu
名 蛇口、給水栓

她出门的时候戴上了一些自己喜欢的首饰。 Tā chūmén de shíhou dàishàngle yìxiē zìjǐ xǐhuan de shǒushì.	彼女は出かけるとき、お気に入りのアクセサリーをいくつか身につけました。
我每天练习两个小时的书法。 Wǒ měitiān liànxí liǎng ge xiǎoshí de shūfǎ.	私は毎日２時間書道の練習をしています。
图书馆里经济学方面的书籍很多。 Túshūguǎn li jīngjìxué fāngmiàn de shūjí hěn duō.	図書館には経済学に関する書籍がたくさんあります。
他阅读了大量的外文书籍。 Tā yuèdúle dàliàng de wàiwén shūjí.	彼は外国語の書籍を大量に読みました。
他在文学院任副书记。 Tā zài wénxuéyuàn rèn fùshūjì.	彼は文学部で副書記を務めています。
参加活动的人太多，超出了规定数额。 Cānjiā huódòng de rén tài duō, chāochūle guīdìng shù'é.	活動に参加する人が多すぎて、規定数を超えてしまいました。
这上面写的数额是十万元。 Zhè shàngmiàn xiě de shù'é shì shí wàn yuán.	ここに書かれている金額は10万元です。
他俩是双胞胎，长得很像。 Tā liǎ shì shuāngbāotāi, zhǎngde hěn xiàng.	彼らは双子で、よく似ています。
这是古代一项著名的水利工程。 Zhè shì gǔdài yí xiàng zhùmíng de shuǐlì gōngchéng.	これは古代の有名な水利工事です。
水利是农业发展的重要保证。 Shuǐlì shì nóngyè fāzhǎn de zhòngyào bǎozhèng.	水利は農業の発展において重要なよりどころです。
水龙头没关好，水还在不停地滴。 Shuǐlóngtóu méi guānhǎo, shuǐ hái zài bù tíng de dī.	水道の蛇口がちゃんと締まっておらず、まだ水が絶えずしたたっています。

1583	**水泥** shuǐní	名 セメント
1584	**瞬间** shùnjiān	名 瞬間、一瞬
1585	**司令** sīlìng	名 司令官
1586	**思维** sīwéi	名 思考、思惟　動 考える、思考する
1587	**四肢** sìzhī	名 四肢、両手と両足
1588	**寺庙** sìmiào	名 寺院、寺や廟
1589	**俗话** súhuà	名 世間のことわざ、俚諺
1590	**素食** sùshí	名 肉類を使わない料理や菓子、精進物 動 精進する、肉類を断つ

这个凳子是水泥做的，很结实。 Zhège dèngzi shì shuǐní zuò de, hěn jiēshi.	この腰掛けはセメントで作られていて、とても丈夫です。
他脸上的笑容瞬间就消失了。 Tā liǎn shang de xiàoróng shùnjiān jiù xiāoshī le.	彼の笑顔は一瞬で消えました。
他曾担任过部队的司令。 Tā céng dānrènguo bùduì de sīlìng.	彼はかつて部隊の司令官を務めました。
课堂上，同学们的思维很活跃。 Kètáng shang, tóngxuémen de sīwéi hěn huóyuè. **我们应该培养孩子们创造性思维的能力。** Wǒmen yīnggāi péiyǎng háizimen chuàngzàoxìng sīwéi de nénglì.	教室では、クラスメートたちの思考がフル回転しています。 私たちは子どもたちの創造的な思考能力を養う必要があります。
他活动了一下四肢，觉得舒服多了。 Tā huódòngle yíxià sìzhī, juéde shūfuduō le.	彼は手足を動かしてみると、だいぶ楽になったと感じました。
这个寺庙不大，但很有名。 Zhège sìmiào bú dà, dàn hěn yǒumíng. **这些人平时都住在寺庙里。** Zhèxiē rén píngshí dōu zhùzài sìmiào li.	この寺院は大きくありませんが、とても有名です。 この人々はふだん寺院に暮らしています。
俗话虽然通俗，但非常有道理。 Súhuà suīrán tōngsú, dàn fēicháng yǒu dàolǐ.	ことわざは通俗的ですが、非常に理にかなっています。
今天的饭菜全是素食，一点儿肉也没有。 Jīntiān de fàncài quán shì sùshí, yìdiǎnr ròu yě méiyǒu.	今日の食事はすべて精進物で、お肉は一切入っていません。

1591 **素质** sùzhì
名 もともとの性質、素養、資質

1592 **岁月** suìyuè
名 歳月、年月

1593 **隧道** suìdào
名 トンネル

1594 **塔** tǎ
名 塔、タワー

1595 **台风** táifēng
名 台風、（役者の）舞台上の風格

1596 **太空** tàikōng
名 宇宙、大気圏外

1597 **泰斗** tàidǒu
名 泰斗、その道の大家

1598 **弹性** tánxìng
名 弹性、融通性、伸縮性

公司在提高员工素质方面做了很多努力。 Gōngsī zài tígāo yuángōng sùzhì fāngmiàn zuòle hěn duō nǔlì.	会社は従業員の素養を伸ばすことに多くの努力をしてきました。
他已经具备了一定的素质，可以从事这项工作。 Tā yǐjīng jùbèile yídìng de sùzhì, kěyǐ cóngshì zhè xiàng gōngzuò.	彼はすでに一定の素質を持っていて、この仕事に従事できます。
我在那里度过了一段难忘的岁月。 Wǒ zài nàli dùguòle yí duàn nánwàng de suìyuè.	私はあそこで忘れられない年月を過ごしました。
他们已经打通了海底隧道。 Tāmen yǐjīng dǎtōngle hǎidǐ suìdào.	彼らはすでに海底トンネルを開通させました。
那座塔有一百多年的历史了。 Nà zuò tǎ yǒu yìbǎi duō nián de lìshǐ le.	あの塔には100年以上の歴史があります。
明天有台风，请大家注意。 Míngtiān yǒu táifēng, qǐng dàjiā zhùyì.	明日は台風が来るので、みなさんご注意ください。
人类对遥远的太空很好奇。 Rénlèi duì yáoyuǎn de tàikōng hěn hàoqí.	人類ははるか遠い宇宙に心惹かれています。
他是经济学领域的学术泰斗。 Tā shì jīngjìxué lǐngyù de xuéshù tàidǒu.	彼は経済学分野の大家です。
大家都很敬仰这位泰斗级的人物。 Dàjiā dōu hěn jìngyǎng zhè wèi tàidǒují de rénwù.	だれもがこの権威ある人物を尊敬しています。
这张床的弹性很好。 Zhè zhāng chuáng de tánxìng hěn hǎo.	このベッドはとても弾力があります。
这是一个弹性价格，可以再商量。 Zhè shì yí ge tánxìng jiàgé, kěyǐ zài shāngliang.	これは融通のきく価格であり、再度交渉も可能です。

1599 **陶瓷** táocí 名 陶磁器

1600 **特长** tècháng 名 特にすぐれた技能、特技

1601 **题材** tícái 名 題材

1602 **体裁** tǐcái 名（文学作品の）様式、ジャンル

1603 **体积** tǐjī 名 体積

1604 **体系** tǐxì 名 システム、体系

1605 **天才** tiāncái 名 天性のすぐれた才能、天才

1606 **天赋** tiānfù 名 素質、生まれつき 動 天が与える

他送了我一套精美的陶瓷茶具。 Tā sòngle wǒ yí tào jīngměi de táocí chájù.	彼は精巧で美しい陶磁器の茶道具を一揃い贈ってくれました。
我们要充分发挥他技术好的特长。 Wǒmen yào chōngfèn fāhuī tā jìshù hǎo de tècháng.	私たちは技術に優れた彼の特長を十分に発揮させてやらなければなりません。
修理电脑是他的特长。 Xiūlǐ diànnǎo shì tā de tècháng.	コンピューター修理は彼の特技です。
他看过很多爱情题材的电影。 Tā kànguo hěn duō àiqíng tícái de diànyǐng.	彼は愛をテーマとした多くの映画を見てきました。
作者善于使用散文体裁来描写大自然的魅力。 Zuòzhě shànyú shǐyòng sǎnwén tǐcái lái miáoxiě dà zìrán de mèilì.	著者は散文様式を用いて大自然の魅力を描写するのが得意です。
这个行李箱的体积太大,不能随身带上飞机。 Zhège xíngli xiāng de tǐjī tài dà, bù néng suíshēn dàishàng fēijī.	このスーツケースは体積が大きすぎて、機内に持ち込みはできません。
公司建立了科学的管理体系。 Gōngsī jiànlìle kēxué de guǎnlǐ tǐxì.	会社は科学的な管理システムを打ち立てました。
老师系统讲解了汉语语法体系。 Lǎoshī xìtǒng jiǎngjiěle Hànyǔ yǔfǎ tǐxì.	教員は系統立てて中国語の文法体系を説明しました。
他是位天才的科学家。 Tā shì wèi tiāncái de kēxuéjiā.	彼は天才的な科学者です。
这位音乐天才去世得很早。 Zhè wèi yīnyuè tiāncái qùshìde hěn zǎo.	この音楽の天才は早くに世を去りました。
他跑得很快，很有运动天赋。 Tā pǎode hěn kuài, hěn yǒu yùndòng tiānfù.	彼は走るのが早く、運動の素質があります。
即使天赋再好，如果不努力也很难成功。 Jíshǐ tiānfù zài hǎo, rúguǒ bù nǔlì yě hěn nán chénggōng.	才能があっても努力しなければ成功することは難しいです。

1607	**天然气** tiānránqì	名 天然ガス
1608	**天堂** tiāntáng	名 天国、楽園
1609	**天文** tiānwén	名 天文、天文学
1610	**田径** tiánjìng	名 フィールドとトラック、陸上
1611	**田野** tiányě	名 田畑と野原、野外
1612	**条款** tiáokuǎn	名 条項、箇条
1613	**条理** tiáolǐ	名 条理、筋道、秩序
1614	**条约** tiáoyuē	名 条約

下午工人来检查天然气管道。 Xiàwǔ gōngrén lái jiǎnchá tiānránqì guǎndào.	午後に作業員が天然ガスのパイプを検査しに来ます。
他相信自己死后能进天堂。 Tā xiāngxìn zìjǐ sǐ hòu néng jìn tiāntáng.	彼は自分が死んだあと天国に行けると信じています。
这里就像是人间的天堂。 Zhèli jiù xiàng shì rénjiān de tiāntáng.	ここはこの世の楽園のようです。
他一直对天文学感兴趣。 Tā yìzhí duì tiānwénxué gǎn xìngqù.	彼はずっと天文学に興味を持っています。
我买了一个天文望远镜。 Wǒ mǎile yí ge tiānwén wàngyuǎnjìng.	私は天体望遠鏡を１つ買いました。
他小时候练过田径，跑得特别快。 Tā xiǎoshíhou liànguo tiánjìng, pǎode tèbié kuài.	彼は小さいころ陸上競技を練習していて、走るのが非常に速いです。
春天的田野到处充满了花草的味道。 Chūntiān de tiányě dàochù chōngmǎnle huācǎo de wèidào.	春の野原は至るところに草花の香りが満ちあふれています。
文件的条款已经写得很具体了。 Wénjiàn de tiáokuǎn yǐjīng xiěde hěn jùtǐ le.	文書の条項はとても具体的に書かれています。
他说话做事很有条理。 Tā shuōhuà zuòshì hěn yǒu tiáolǐ. **张老师讲课条理分明，很容易听懂。** Zhāng lǎoshī jiǎngkè tiáolǐ fēnmíng, hěn róngyì tīngdǒng.	彼は話の仕方や物事の進め方に筋道が通っています。 張先生の講義は筋道が通っていて、聴いていてとても理解しやすいです。
两国签订了经济合作条约。 Liǎng guó qiāndìngle jīngjì hézuò tiáoyuē.	両国は経済協力条約に署名しました。

1615 **调料** tiáoliào
名 調味料
与 "佐料 zuóliào"

1616 **亭子** tíngzi
名 亭、あずまや

1617 **通讯** tōngxùn
名 通信、レポート 動 通信する

1618 **同胞** tóngbāo
名 兄弟、同胞

1619 **同志** tóngzhì
名 同志、~さん
解説 中国人同士の呼び方として用いられる

1620 **铜** tóng
名 銅

1621 **童话** tónghuà
名 おとぎ話、童話

1622 **图案** tú'àn
名 デザイン、模様

烧肉时离不开这些调料。 Shāo ròu shí líbukāi zhèxiē tiáoliào.	肉を料理するときはこれらの調味料が不可欠です。
我们到亭子里坐一会儿吧。 Wǒmen dào tíngzi li zuò yíhuìr ba.	あずまやの中に入ってしばらく座りましょう。
这里的通讯很不发达。 Zhèli de tōngxùn hěn bù fādá. **这几篇通讯都是一个记者写的。** Zhè jǐ piān tōngxùn dōu shì yí ge jìzhě xiě de.	ここの通信はとても後れています。 これらのレポートはすべて1人の記者が書いたものです。
他俩是同胞兄弟。 Tā liǎ shì tóngbāo xiōngdì. **海外的华人同胞时刻关心着祖国。** Hǎiwài de huárén tóngbāo shíkè guānxīnzhe zǔguó.	彼らは肉親の兄弟です。 海外の華人の同胞はいつも祖国を気にかけています。
很感谢帮助过我的那些同志。 Hěn gǎnxiè bāngzhùguo wǒ de nàxiē tóngzhì. **你最好问一下那位女同志。** Nǐ zuìhǎo wèn yíxià nà wèi nǚ tóngzhì.	私のあの同志たちを助けてくれたことに感謝します。 あの女性の方に聞いたほうがいいです。
这个工艺品是用铜制作出来的。 Zhège gōngyìpǐn shì yòng tóng zhìzuòchulai de.	この工芸品は銅で作られたものです。
这是一部根据童话传说拍成的电影。 Zhè shì yí bù gēnjù tónghuà chuánshuō pāichéng de diànyǐng.	これは童話の言い伝えを基に撮られた映画です。
你衣服上的图案很漂亮。 Nǐ yīfu shang de tú'àn hěn piàoliang. **他设计的图案非常有中国特色。** Tā shèjì de tú'àn fēicháng yǒu Zhōngguó tèsè.	あなたの服の模様はとてもきれいです。 彼が設計したデザインは非常に中国の特色を備えています。

1623	**徒弟** túdì	名 弟子、徒弟
1624	**途径** tújìng	名 道、ルート 解説 抽象的に用いることが多い
1625	**土壤** tǔrǎng	名 土壌
1626	**团体** tuántǐ	名 団体
1627	**椭圆** tuǒyuán	名 楕円形、長円形
1628	**娃娃** wáwa	名 小さな子ども、赤ん坊、人形
1629	**外表** wàibiǎo	名 表面、外見
1630	**外行** wàiháng	名 経験のない人、素人　形 経験のない、素人の

师傅把技术都教给了徒弟。 Shīfu bǎ jìshù dōu jiāogěile túdì.	師匠は弟子に技術をすべて教えました。
上大学不是成才的唯一途径。 Shàng dàxué bú shì chéngcái de wéiyī tújìng.	大学に行くことは有用な人物になる唯一の方法ではありません。
这里的土壤非常肥沃。 Zhèli de tǔrǎng fēicháng féiwò.	このあたりの土壌は非常に肥沃です。
这位是我们团体中的重要人物。 Zhè wèi shì wǒmen tuántǐ zhōng de zhòngyào rénwù.	この方は私たちの団体の重要な人物です。
屋子中间摆着一张椭圆形的桌子。 Wūzi zhōngjiān bǎizhe yì zhāng tuǒyuánxíng de zhuōzi.	部屋の真ん中に楕円形のテーブルが置かれています。
她抱着一个三个月大的娃娃。 Tā bàozhe yí ge sān ge yuè dà de wáwa. **妹妹非要买那个布娃娃。** Mèimei fēi yào mǎi nàge bùwáwa.	彼女は生後3カ月の赤ん坊を抱いています。 妹はあのぬいぐるみをどうしても買うと言って聞きません。
他外表看起来很老实。 Tā wàibiǎo kànqilai hěn lǎoshi. **我只能先看外表，再了解他的内心。** Wǒ zhǐ néng xiān kàn wàibiǎo, zài liǎojiě tā de nèixīn.	彼の外面は誠実に見えます。 私は先に外見を見て、それから彼の内面を理解することしかできません。
我承认在设计方面外行得很。 Wǒ chéngrèn zài shèjì fāngmiàn wàihángde hěn. **我这个外行需要多向你们学习请教。** Wǒ zhège wàiháng xūyào duō xiàng nǐmen xuéxí qǐngjiào.	私はデザインにおいてまったくの素人であることを認めます。 私のような素人はあなたたちからもっと学び、教えを乞う必要があります。

1631	**外界** wàijiè	名 外界、外部
1632	**丸** wán	名 たま、丸薬　量 丸薬を数える
1633	**玩意儿** wányìr	名 おもちゃ、寄席でやる曲芸・手品 解説 “**玩艺儿**”とも書く
1634	**往常** wǎngcháng	名 いままで、ふだん
1635	**往事** wǎngshì	名 昔のこと
1636	**危机** wēijī	名 危機、ピンチ、恐慌
1637	**威风** wēifēng	名 威風、威勢　形 威風がある

那时候我们失去了与外界的联系。 Nà shíhou wǒmen shīqùle yǔ wàijiè de liánxì.	そのとき、私たちは外の世界との接触を失いました。
这个厨师擅长做丸子。 Zhège chúshī shàncháng zuò wánzi.	このシェフは団子を作るのが得意です。
这一瓶里面有 20 丸。 Zhè yì píng lǐmiàn yǒu èrshí wán.	この瓶には20錠入っています。
女儿最喜欢的玩意儿是这个布娃娃。 Nǚ'ér zuì xǐhuan de wányìr shì zhège bùwáwa.	娘の一番のお気に入りのおもちゃはこのぬいぐるみです。
给你看一个新玩意儿。 Gěi nǐ kàn yí ge xīn wányìr.	新しい曲芸をあなたにお見せします。
往常他每天都来这里。 Wǎngcháng tā měitiān dōu lái zhèli.	ふだん彼はここに毎日来ます。
现在的情况跟往常完全不同了。 Xiànzài de qíngkuàng gēn wǎngcháng wánquán bùtóng le.	現在の状況はふだんとは全く違います。
我们在一起的时候,谈论往事的时候比较多。 Wǒmen zài yìqǐ de shíhou, tánlùn wǎngshì de shíhou bǐjiào duō.	私たちが一緒にいるとき、昔のことについて論じ合うことが比較的多いです。
很多国家爆发了金融危机。 Hěn duō guójiā bàofāle jīnróng wēijī.	多くの国で金融危機が勃発しました。
大家齐心协力，就可以战胜这场危机。 Dàjiā qíxīn xiélì, jiù kěyǐ zhànshèng zhè chǎng wēijī.	みな心を1つに合わせて協力すれば、この危機を乗り越えることができます。
将军骑在马上，威风十足。 Jiāngjūn qízài mǎ shang, wēifēng shízú.	将軍が馬に乗っていて、大いに威張っています。
他站在台上的时候，威风得很。 Tā zhànzài tái shang de shíhou, wēifēngde hěn.	彼がステージに立ったとき、威厳がありました。

1638
威力
wēilì
名 威力

1639
威望
wēiwàng
名 威光、人望、尊敬

1640
威信
wēixìn
名 威信、信望

1641
维生素
wéishēngsù
名 ビタミン

1642
委员
wěiyuán
名 委員、特定の任務を委任された公務員

1643
卫星
wèixīng
名 衛星、人工衛星

1644
温带
wēndài
名 温帯

1645
文凭
wénpíng
名 証書、学歴
解説 現在では主として卒業証書を意味する

他们使用了一种威力巨大的武器。 Tāmen shǐyòngle yì zhǒng wēilì jùdà de wǔqì.	彼らは強力な武器を使いました。
他在公司逐步建立起了威望。 Tā zài gōngsī zhúbù jiànlìqǐle wēiwàng.	彼は次第に会社での威光を確立しました。
这位作家享有很高的国际威望。 Zhè wèi zuòjiā xiǎngyǒu hěn gāo de guójì wēiwàng.	この作家は国際的に高い評価を受けています。
经理已经在公司树立起了威信。 Jīnglǐ yǐjīng zài gōngsī shùlìqǐle wēixìn.	マネージャーは会社で威厳と信頼を確立しました。
这件事情让厂长的威信下降了不少。 Zhè jiàn shìqing ràng chǎngzhǎng de wēixìn xiàjiàngle bù shǎo.	この出来事は工場長の威信を大きく落としました。
多吃蔬菜可以补充体内维生素。 Duō chī shūcài kěyǐ bǔchōng tǐnèi wéishēngsù.	野菜をたくさん食べれば体内のビタミンを補うことができます。
这些委员提的建议都很好。 Zhèxiē wěiyuán tí de jiànyì dōu hěn hǎo.	この委員たちが出した提案はすべてとてもよいです。
地球是太阳的卫星。 Dìqiú shì tàiyáng de wèixīng.	月は地球の衛星です。
我国最近又发射了一颗卫星。 Wǒguó zuìjìn yòu fāshèle yì kē wèixīng.	我が国は最近また人工衛星を1つを打ち上げました。
这是一种温带作物，到了热带很难生长。 Zhè shì yì zhǒng wēndài zuòwù, dàole rèdài hěn nán shēngzhǎng.	これは温帯作物で、熱帯では育ちにくいものです。
用人单位不仅要看文凭，更要看能力。 Yòngrén dānwèi bùjǐn yào kàn wénpíng, gèng yào kàn nénglì.	雇用主は卒業証書だけでなく、能力をもっとみるべきです。

No.	単語	意味
1646	**文物** wénwù	名 文化財
1647	**文献** wénxiàn	名 文献
1648	**文艺** wényì	名 文芸、文学、演芸
1649	**窝** wō	名 巣、人が落ち着く場所
1650	**武器** wǔqì	名 武器、(比喩的な)武器
1651	**武侠** wǔxiá	名 侠客、任侠
1652	**舞蹈** wǔdǎo	名 舞踏、ダンス
1653	**物业** wùyè	名 地所財産、不動産

考古学家挖掘出了一批文物。 Kǎogǔxuéjiā wājuéchūle yì pī wénwù.	考古学者は多くの文化財を発掘しました。
我们有机会见到了当时的文献。 Wǒmen yǒu jīhuì jiàndàole dāngshí de wénxiàn.	私たちは当時の文献を見る機会がありました。
我弟弟非常喜欢文艺创作，经常写小说。 Wǒ dìdi fēicháng xǐhuan wényì chuàngzuò, jīngcháng xiě xiǎoshuō.	私の弟は文芸創作が大好きで、よく小説を書いています。
这幅画是意大利文艺复兴时期的作品。 Zhè fú huà shì Yìdàlì wényì fùxīng shíqī de zuòpǐn.	この絵はイタリアのルネサンス期の作品です。
树上有个鸟窝。 Shù shang yǒu ge niǎo wō.	木の上に鳥の巣があります。
尽管房子不大，但这也是我们自己的窝。 Jǐnguǎn fángzi bú dà, dàn zhè yě shì wǒmen zìjǐ de wō.	家は大きくありませんが、これも私たち自身の住み家です。
人类很早就学会了制造武器。 Rénlèi hěn zǎo jiù xuéhuìle zhìzào wǔqì.	人類はずっと昔から武器を作ることを学びました。
他幻想着自己能成为一位武侠。 Tā huànxiǎngzhe zìjǐ néng chéngwéi yí wèi wǔxiá.	彼は侠客になることを夢見ています。
很多青少年爱看武侠电影。 Hěn duō qīngshàonián ài kàn wǔxiá diànyǐng.	多くの青少年は武侠映画を見るのが大好きです。
这种舞蹈形式非常具有创新性。 Zhè zhǒng wǔdǎo xíngshì fēicháng jùyǒu chuàngxīnxìng.	このダンスの形式はとても独創性があります。
我们小区的物业管理公司很负责任。 Wǒmen xiǎoqū de wùyè guǎnlǐ gōngsī hěn fù zérèn.	私たちの団地の不動産管理会社は責任感があります。

1654	物资 wùzī	名 物資
1655	误差 wùchā	名 誤差
1656	夕阳 xīyáng	名 夕日　形 熟年の、斜陽の
1657	昔日 xīrì	名 昔、以前
1658	溪 xī	名 小川、谷川
1659	膝盖 xīgài	名 ひざ、ひざがしら
1660	习俗 xísú	名 習俗、ならわし
1661	媳妇 xífù	名 息子の妻・嫁 解説 自分より世代が下の親戚の妻を呼ぶこともある

政府保证了日常生活物资的供应。 Zhèngfǔ bǎozhèngle rìcháng shēnghuó wùzī de gōngyìng.	政府は日用物資の供給を保証しました。
这个实验不能有一点儿误差。 Zhège shíyàn bù néng yǒu yìdiǎnr wùchā.	この実験では少しの誤差もあってはなりません。
夕阳下的长城显得更加雄伟。 Xīyáng xià de Chángchéng xiǎnde gèngjiā xióngwěi.	夕日のあたる万里の長城は、より雄大に見えます。
两位老人是夕阳恋，所以彼此更加珍惜。 Liǎng wèi lǎorén shì xīyánglián, suǒyǐ bǐcǐ gèngjiā zhēnxī.	2人の老人は熟年恋愛なので、お互いをより大切にしています。
这位昔日的体操冠军现在是一名企业家。 Zhè wèi xīrì de tǐcāo guànjūn xiànzài shì yì míng qǐyèjiā.	この往年の体操チャンピオンは、現在企業家です。
孩子们在小溪中玩耍呢。 Háizimen zài xiǎo xī zhōng wánshuǎ ne.	子どもたちは小川の中で遊んでいますよ。
这个动作要求膝盖弯曲一些。 Zhège dòngzuò yāoqiú xīgài wānqū yìxiē.	この動作では、膝を少し曲げる必要があります。
中国人过春节有吃饺子的习俗。 Zhōngguó rén guò Chūnjié yǒu chī jiǎozi de xísú.	中国人は春節に餃子を食べるならわしがあります。
我媳妇出差了，家里没人做饭。 Wǒ xífù chūchāi le, jiāli méi rén zuò fàn.	息子の嫁は出張中で、うちには料理をする人がいません。
老王家的儿媳妇非常孝顺。 Lǎo Wáng jiā de érxífù fēicháng xiàoshùn.	王さんの息子さんの奥さんはとても親孝行です。

1662
系列
xìliè
名 系列、シリーズ

1663
细胞
xìbāo
名 細胞

1664
细菌
xìjūn
名 細菌、バクテリア

1665
霞
xiá
名 朝焼け、夕焼け

1666
峡谷
xiágǔ
名 峡谷

1667
下属
xiàshǔ
名 部下、下役

1668
先前
xiānqián
名 以前、昔

学院要举办一系列文学知识讲座。 Xuéyuàn yào jǔbàn yí xìliè wénxué zhīshi jiǎngzuò.	その単科大学は文学知識に関する一連の講座をとり行う予定です。
市政府准备解决有关交通的一系列问题。 Shìzhèngfǔ zhǔnbèi jiějué yǒuguān jiāotōng de yí xìliè wèntí.	市政府は、交通に関連する一連の問題を解決する用意があります。
这种病毒可以破坏白细胞结构。 Zhè zhǒng bìngdú kěyǐ pòhuài báixìbāo jiégòu.	このウイルスは白血球の構造を破壊することができます。
开水能把筷子上的细菌杀死。 Kāishuǐ néng bǎ kuàizi shang de xìjūn shāsǐ.	熱湯で箸についた細菌を殺すことができます。
伤口要防止细菌感染。 Shāngkǒu yào fángzhǐ xìjūn gǎnrǎn.	傷口は細菌感染を防がなければいけません。
天上的晚霞非常美丽。 Tiānshàng de wǎnxiá fēicháng měilì.	空の夕焼けは非常に美しいです。
远处的霞光让这片湖更加神秘了。 Yuǎnchù de xiáguāng ràng zhè piàn hú gèngjiā shénmìle.	遠くの朝焼けの光でこの湖がより神秘的にみえます。
峡谷两边都是很险峻的山。 Xiágǔ liǎngbiān dōu shì hěn xiǎnjùn de shān.	峡谷の両側は非常に険しい山です。
那个公司是我们公司的下属单位。 Nàge gōngsī shì wǒmen gōngsī de xiàshǔ dānwèi.	あの会社は私たちの会社の下部組織です。
他对下属很好，经常关心他们。 Tā duì xiàshǔ hěn hǎo, jīngcháng guānxīn tāmen.	彼は部下にとてもよくしていて、いつも彼らのことを気にしています。
我先前不知道他是美国人。 Wǒ xiānqián bù zhīdào tā shì Měiguórén.	私は彼がアメリカ人であることを以前は知りませんでした。
先前我们合作得很好，后来出了些问题。 Xiānqián wǒmen hézuòde hěn hǎo, hòulái chūle xiē wèntí.	以前私たちはうまく協力していましたが、後でいくつか問題が起こりました。

1669 **纤维** xiānwéi — 名 纖維

1670 **闲话** xiánhuà — 名 むだ話、陰口　動 余談をする

1671 **弦** xián — 名 弓のつる、楽器の弦、ぜんまい

1672 **嫌疑** xiányí — 名 嫌疑、疑い

1673 **现场** xiànchǎng — 名 現場、現地

1674 **现状** xiànzhuàng — 名 現状

1675 **线索** xiànsuǒ — 名 手がかり、糸口

人的肌肉里包含许多纤维组织。 Rén de jīròu li bāohán xǔduō xiānwéi zǔzhī.	人の筋肉には多くの繊維組織が含まれています。
你不要听那些闲话。 Nǐ búyào tīng nàxiē xiánhuà. **我们谈的都是些闲话，没有什么重要的事。** Wǒmen tán de dōu shì xiē xiánhuà, méiyǒu shénme zhòngyào de shì.	あんな陰口は聞かないでください。 私たちがしているのはむだ話ばかりで、重要なことは何もありません。
他一用力，弦就断了。 Tā yí yònglì, xián jiù duàn le. **他拨动着琴弦，声音很好听。** Tā bōdòngzhe qín xián, shēngyīn hěn hǎotīng.	彼が力を入れると、弦が切れました。 彼が琴の弦を弾いていて、音色は聞き心地のよいものでした。
为了避免嫌疑，我主动提出离开。 Wèile bìmiǎn xiányí, wǒ zhǔdòng tíchū líkāi.	嫌疑を避けるために、私は自ら去ることを申し出ました。
警察两分钟内就赶到了现场。 Jǐngchá liǎng fēnzhōng nèi jiù gǎndàole xiànchǎng. **他现场回答了记者的提问。** Tā xiànchǎng huídále jìzhě de tíwèn.	警察は2分以内に現場に到着しました。 彼はその場で記者の質問に答えました。
他通过自己的奋斗改变了现状。 Tā tōngguò zìjǐ de fèndòu gǎibiànle xiànzhuàng.	自らの奮闘で彼は現状を変えました。
这个案件一点儿线索也没找到。 Zhège ànjiàn yìdiǎnr xiànsuǒ yě méi zhǎodào. **这个线索是一个司机告诉我们的。** Zhège xiànsuǒ shì yí ge sījī gàosu wǒmen de.	この案件は、少しの手がかりも見つかっていません。 この手がかりは1人の運転手が私たちに教えてくれたものです。

1676 宪法 xiànfǎ
名 憲法、方針

1677 陷阱 xiànjǐng
名 落とし穴、わな

1678 馅儿 xiànr
名 (中華まんや餃子などの) あん、隠し事

1679 乡镇 xiāngzhèn
名 (行政区域の) 郷と鎮、田舎町

1680 向导 xiàngdǎo
名 案内人、ガイド 動 道案内をする

1681 巷 xiàng
名 路地、横町

1682 相声 xiàngsheng
名 (中国式の) 漫才
解説 1人で演じるものから2人、3人以上のものもある

1683 肖像 xiàoxiàng
名 肖像

这个国家已经修改过两次宪法。 Zhège guójiā yǐjīng xiūgǎiguo liǎng cì xiànfǎ.	この国はすでに憲法を2度改正しています。
每个人都应该了解和学习宪法。 Měi ge rén dōu yīnggāi liǎojiě hé xuéxí xiànfǎ.	誰もが憲法を理解し、学ぶべきです。
短信中说你中奖了，这明显是个陷阱。 Duǎnxìn zhōng shuō nǐ zhòngjiǎng le, zhè míngxiǎn shì ge xiànjǐng.	テキストには賞金を獲得したと書かれていますが、これは明らかにわなです。
猎人们在路旁设置了三个陷阱。 Lièrénmen zài lùpáng shèzhìle sān ge xiànjǐng.	ハンターは道路の横に3つの罠を仕掛けました。
这饺子是白菜馅儿的。 Zhè jiǎozi shì báicài xiànr de.	この餃子は白菜のあんが入っています。
孩子不爱吃馅儿，就爱吃皮儿。 Háizi bú ài chī xiànr, jiù ài chī pír.	子どもはあんではなく、皮が大好きです。
这些年乡镇教育得到了进一步发展。 Zhèxiē nián xiāngzhèn jiàoyù dédàole jìnyíbù fāzhǎn.	近年、郷と鎮の教育はよりいっそう発展してきています。
我们不熟悉道路，请了位向导。 Wǒmen bù shúxi dàolù, qǐngle wèi xiàngdǎo.	私たちは道に詳しくないので、案内人を雇いました。
他走街串巷，到处打听孩子的下落。 Tā zǒu jiē chuàn xiàng, dàochù dǎting háizi de xiàluò.	彼は街を歩いて、あちこちで子どもの行方を尋ねました。
这段相声我听了好几遍了，还想听。 Zhè duàn xiàngsheng wǒ tīngle hǎojǐ biàn le, hái xiǎng tīng.	この中国漫才は何度も聞きましたが、それでも聞きたいです。
他的肖像被印在了产品上。 Tā de xiàoxiàng bèi yìnzàile chǎnpǐn shang.	彼の肖像画が製品に印刷されています。

1684	效益 xiàoyì	名 効果と利益
1685	协会 xiéhuì	名 協会
1686	协议 xiéyì	名 取り決め、合意　動 協議する
1687	屑 xiè	名 くず、かけら
1688	心得 xīndé	名(仕事や学習で得た)収穫、会得したもの
1689	心灵 xīnlíng	名 心　形 頭がよい、利口な
1690	心态 xīntài	名 心理状態、意識
1691	心血 xīnxuè	名 心血、全力

这几年工厂的生产效益提高了一倍。 Zhè jǐ nián gōngchǎng de shēngchǎn xiàoyì tígāole yí bèi.	ここ数年、工場の生産利益は倍増しています。
这是个以保护动物为宗旨的协会。 Zhè shì ge yǐ bǎohù dòngwù wéi zōngzhǐ de xiéhuì.	これは動物保護を主旨とした協会です。
夫妻俩最后达成了离婚协议。 Fūqī liǎ zuìhòu dáchéngle líhūn xiéyì. **双方签字以后，这份协议就算生效了。** Shuāngfāng qiānzì yǐhòu, zhè fèn xiéyì jiùsuàn shēngxiào le.	夫婦は最後に離婚の合意に達しました。 双方が署名した後、この合意は発効します。
不要在地上乱扔纸屑。 Búyào zài dìshang luàn rēng zhǐxiè.	地面に紙くずをむやみに捨てないでください。
他每天都会把工作心得写下来。 Tā měitiān dōu huì bǎ gōngzuò xīndé xiěxialai. **他们在交流这场比赛的心得体会。** Tāmen zài jiāoliú zhè chǎng bǐsài de xīndé tǐhuì.	彼は毎日仕事で学んだことを書き留めています。 彼らはこの試合で得たものを今共有しています。
做人不仅要外表美，还要心灵美。 Zuòrén bùjǐn yào wàibiǎo měi, hái yào xīnlíng měi.	まともな人間になるには、外見が美しいだけでなく、心も美しくなくてはいけません。
比赛一方面比的是技术,另一方面比的是心态。 Bǐsài yì fāngmiàn bǐ de shì jìshù, lìng yì fāngmiàn bǐ de shì xīntài.	試合は一方で技術を比べ合い、一方では心を比べ合っています。
教授花了大量心血，才完成了这部著作。 Jiàoshòu huāle dàliàng xīnxuè, cái wánchéngle zhè bù zhùzuò.	教授は多大な心血を注いで、ようやくこの著作を完成させました。

1692 **心眼儿** xīnyǎnr

名 心の底、心根、機転、気遣い、度量

1693 **新郎** xīnláng

名 新郎、花婿

1694 **新娘** xīnniáng

名 新婦、花嫁

≒ **“新娘子 xīnniángzi”**

1695 **薪水** xīnshui

名 給料

≒ **“工资 gōngzī”**, **“薪资 xīnzī”**

1696 **信念** xìnniàn

名 信念

1697 **信誉** xìnyù

名 信用と評判、信望

1698 **行政** xíngzhèng

名 行政、管理、運営

関 **“业务 yèwù”** 業務
コロ **“行政工作”** 管理部門の仕事, **“行政科”** 総務課

1699 **形态** xíngtài

名 形態、ありさま、形

他的心眼儿很好，经常帮助别人。 Tā de xīnyǎnr hěn hǎo, jīngcháng bāngzhù biérén.	彼は心根がよくて、しばしば他の人を助けています。
你别太小心眼儿，我不是那个意思。 Nǐ bié tài xiǎoxīnyǎnr, wǒ bú shì nàge yìsi.	気持ちを大きく持ってください、私にそんな意図はありません。
新郎走上前，向岳父、岳母深深鞠了一躬。 Xīnláng zǒu shàngqián, xiàng yuèfù、yuèmǔ shēnshēn jūle yì gōng.	花婿は前に出て、義父と義母に深々とお辞儀をしました。
婚礼开始了，新郎和新娘走进了教堂。 Hūnlǐ kāishǐ le, xīnláng hé xīnniáng zǒujìnle jiàotáng.	結婚式が始まり、新郎と新婦は教会に入りました。
他把薪水都交给了妻子来管理。 Tā bǎ xīnshui dū jiāogěile qīzi lái guǎnlǐ.	彼は給料を奥さんにすべて渡して管理してもらっています。
他现在只有一个信念，就是必须救人。 Tā xiànzài zhǐyǒu yí ge xìnniàn, jiùshì bìxū jiù rén.	彼は今、信念を1つだけ持っていて、それは人を救わなくてはいけないということです。
这个工厂很注重产品的信誉。 Zhège gōngchǎng hěn zhùzhòng chǎnpǐn de xìnyù.	この工場は、製品の信頼性を重視しています。
办公室的行政工作非常重要。 Bàngōngshì de xíngzhèng gōngzuò fēicháng zhòngyào.	オフィスの管理業務は非常に重要です。
这个学校的行政机构需要提高办事效率。 Zhège xuéxiào de xíngzhèng jīgòu xūyào tígāo bànshì xiàolǜ.	この学校の行政組織は、業務効率を向上させる必要があります。
岩石的种类很多，形态、结构也各不相同。 Yánshí de zhǒnglèi hěn duō, xíngtài、jiégòu yě gè bù xiāngtóng.	岩石の種類は多く、その形や構造もそれぞれ異なります。
这两个国家在意识形态上有很大不同。 Zhè liǎng ge guójiā zài yìshi xíngtài shang yǒu hěn dà bùtóng.	この2カ国はイデオロギーの点で大きな違いがあります。

1700	性命 xìngmìng	名 生命、命
1701	性能 xìngnéng	名 性能、パフォーマンス
1702	凶手 xiōngshǒu	名 凶悪犯人、殺人者
1703	胸怀 xiōnghuái	名 気持ち、度量　動 胸に抱く
1704	胸膛 xiōngtáng	名 胸
1705	修养 xiūyǎng	名 教養、修養
1706	嗅觉 xiùjué	名 嗅覚

只要能保住孩子的性命，花多少钱都行。 Zhǐyào néng bǎozhù háizi dì xìngmìng, huā duōshao qián dōu xíng.	子どもの命を救うことができるなら、お金はいくら使ってもいいです。
这部手机的性能很好，通话质量不错。 Zhè bù shǒujī de xìngnéng hěn hǎo, tōnghuà zhìliàng búcuò.	この携帯の性能はよく、通話品質が良好です。
真正的凶手被抓住了。 Zhēnzhèng de xiōngshǒu bèi zhuāzhù le.	真犯人が捕まりました。
他为人正直，胸怀宽广。 Tā wéirén zhèngzhí, xiōnghuái kuānguǎng. **无论走到哪里，他都胸怀祖国。** Wúlùn zǒudào nǎli, tā dōu xiōnghuái zǔguó.	彼は人となりが正直で、器も大きいです。 どこへ行っても、彼は祖国のことを常に思っています。
他宽厚的胸膛给了妻子无限温暖。 Tā kuānhòu de xiōngtáng gěile qīzi wúxiàn wēnnuǎn. **这一拳打在了对手的胸膛上。** Zhè yì quán dǎzàile duìshǒu de xiōngtáng shang.	彼のがっちりとした胸は彼の妻に無限の暖かさを与えました。 こぶしの一発が相手の胸に当たりました。
他年纪不大，但是很有修养。 Tā niánjì bú dà, dànshì hěn yǒu xiūyǎng. **虽然他是学工程的，但他的文学修养也不一般。** Suīrán tā shì xué gōngchéng de, dàn tā de wénxué xiūyǎng yě bú yìbān.	彼は若いですが教養があります。 彼は工学を学びましたが、彼の文学的な教養も並大抵ではありません。
他的嗅觉出了问题，什么也闻不到了。 Tā de xiùjué chūle wèntí, shénme yě wén bù dàole. **一个记者对新闻事件要有敏锐的嗅觉。** yí ge jìzhě duì xīnwén shìjiàn yào yǒu mǐnruì de xiùjué.	彼の嗅覚に異常が起こって、何のにおいも感じられなくなりました。 記者はニュースや事件に対して鋭い嗅覚をもつ必要があります。

1707 须知 xūzhī
名 心得、注意事項　動 心得る

1708 虚荣 xūróng
名 虚栄、見栄　形 見栄っ張りの

1709 需求 xūqiú
名 需要、ニーズ

1710 序言 xùyán
名 前書き、序言
解説 "叙言 xùyán" とも書く

1711 畜牧 xùmù
名 畜産、牧畜

1712 悬念 xuánniàn
名 スリル、気懸かり
コロ "悬念影片" サスペンス映画

1713 旋律 xuánlǜ
名 メロディー、旋律

在使用前，建议您仔细阅读使用须知。 Zài shǐyòng qián, jiànyì nín zǐxì yuèdú shǐyòng xūzhī.	使用する前に、注意事項を入念に読むことをお勧めいたします。
会议须知已经发给大家了。 Huìyì xūzhī yǐjīng fāgěi dàjiā le.	会議の注意事項はすでにみなに送られています。
如果你不爱虚荣，就不会上当。 Rúguǒ nǐ bú ài xūróng, jiù bú huì shàngdàng.	見栄っ張りでなければ、だまされることはありません。
做人应该踏踏实实的，不要贪图虚荣。 Zuòrén yīnggāi tàtàshíshí de, búyào tāntú xūróng.	身を処するには地道に行うべきで、見栄を張ってはいけません。
市场对这种产品需求旺盛。 Shìchǎng duì zhè zhǒng chǎnpǐn xūqiú wàngshèng.	この製品に対する市場の需要は大きいです。
随着对木材需求的增加，森林面积在逐渐减少。 Suízhe duì mùcái xūqiú de zēngjiā, sēnlín miànjī zài zhújiàn jiǎnshǎo.	木材の需要が増えるにつれて、森林面積は徐々に減少しています。
我只读完了书的序言，没来得及细看书的正文。 Wǒ zhǐ dúwánle shū de xùyán, méi láidejí xìkàn shū de zhèngwén.	私は本の序文を読んだだけで、本文を細かく読む時間がありませんでした。
关于这些情况，还要请教当地的畜牧管理员。 Guānyú zhèxiē qíngkuàng, hái yào qǐngjiào dāngdì de xùmù guǎnlǐyuán.	これらの状況については、現地の畜産管理員にもアドバイスを受ける必要があります。
这里草场很多，适合发展畜牧业。 Zhèl cǎochǎng hěn duō, shìhé fāzhǎn xùmùyè.	このあたりは牧草地が多く、畜産業を開発するのに適しています。
小说的结尾给读者留下了悬念。 Xiǎoshuō de jiéwěi gěi dúzhě liúxiàle xuánniàn.	小説の結末は読者をはらはらさせたままです。
美妙的旋律让他暂时忘掉了一切。 Měimiào de xuánlǜ ràng tā zànshí wàngdiàole yíqiè.	美しいメロディーは彼にしばらくの間すべてを忘れさせました。

1714 **选手** xuǎnshǒu
名 選手

1715 **学说** xuéshuō
名 学説

1716 **学位** xuéwèi
名 学位

1717 **血压** xuèyā
名 血圧
コロ "**高血压**" 高血圧

1718 **压岁钱** yāsuìqián
名 お年玉
解説 旧正月に子どもに与える。"**押岁钱 yāsuìqián**" とも書く

1719 **亚军** yàjūn
名 準優勝者、第2位

1720 **言论** yánlùn
名 言論、発言

1721 **岩石** yánshí
名 岩石

1722 **沿海** yánhǎi
名 沿海

这次比赛有一些世界著名选手参加。 Zhè cì bǐsài yǒu yìxiē shìjiè zhùmíng xuǎnshǒu cānjiā.	この試合は、世界的に有名な選手が参加しています。
为了解决这个问题，科学家提出过许多学说。 Wèile jiějué zhège wèntí, kēxuéjiā tíchūguo xǔduō xuéshuō.	この問題を解決するために、科学者は多くの学説を提起しました。
学校授予了他硕士学位。 Xuéxiào shòuyǔle tā shuòshì xuéwèi.	学校は彼に修士の学位を授与しました。
他一着急，血压升高了不少。 Tā yì zháojí, xuèyā shēnggāoliǎo bù shǎo. **你的血压很正常，不用担心。** Nǐ de xuèyā hěn zhèngcháng, búyòng dānxīn.	彼はいらいらして、血圧が大幅に上がりました。 あなたの血圧は正常です、心配しないでください。
每年春节，父母都给孩子压岁钱。 Měinián Chūnjié, fùmǔ dōu gěi háizi yāsuìqián.	毎年の春節では、両親が子どもにお年玉を贈ります。
他不满足于亚军的成绩，明年想拿冠军。 Tā bù mǎnzúyú yàjūn de chéngjì, míngnián xiǎng ná guànjūn.	彼は第2位の成績に満足しておらず、来年は1位になりたいと思っています。
这些言论引起了很大的社会影响。 Zhèxiē yánlùn yǐnqǐle hěn dà de shèhuì yǐngxiǎng.	これらの発言は社会に大きな影響をもたらしました。
这些小草就是在岩石缝中长出来的。 Zhèxiē xiǎo cǎo jiùshì zài yánshí fèng zhōng cháng chūlái de.	これらの草は岩の割れ目から生えてきたものです。
沿海城市开放得都比较早。 Yánhǎi chéngshì kāifàngde dōu bǐjiào zǎo. **这个国家的沿海地区经济很发达。** Zhège guójiā de yánhǎi dìqū jīngjì hěn fādá.	沿岸都市は比較的早く開放されました。 この国の沿海地域は経済が非常に発達しています。

1723	眼光 yǎnguāng	名 視線、見識、観点
1724	眼色 yǎnsè	名 目くばせ、機転
1725	眼神 yǎnshén	名 まなざし、視力
1726	氧气 yǎngqì	名 酸素
1727	样品 yàngpǐn	名 サンプル、見本品
1728	谣言 yáoyán	名 デマ、流言
1729	摇滚 yáogǔn	名 ロック
1730	要点 yàodiǎn	名 要点、ポイント、（軍事上の）重要な拠点

他的眼光一直停留在那个花瓶上。 Tā de yǎnguāng yìzhí tíngliúzài nàge huāpíng shang.	彼の視線はその花瓶にずっと釘付けになっています。
他在做生意方面很有眼光。 Tā zài zuò shēngyi fāngmiàn hěn yǒu yǎnguāng.	彼はビジネスにおいて見識があります。
他给我使了个眼色，我马上就明白了他的意思。 Tā gěi wǒ shǐle ge yǎnsè, wǒ mǎshàng jiù míngbaile tā de yìsi.	彼は私に目くばせをし、私はすぐに彼の意図を理解しました。
从他的眼神中可以看出，他对比赛很有信心。 Cóng tā de yǎnshén zhōng kěyǐ kànchū, tā duì bǐsài hěn yǒu xìnxīn.	彼のまなざしから、彼が試合に非常に自信があることが見て取れます。
奶奶快 80 了，眼神儿还特别好。 Nǎinai kuài bāshí le, yǎnshénr hái tèbié hǎo.	おばあちゃんは80歳近いですが、視力はまだ特別良いです。
高原地区空气中的氧气比较少。 Gāoyuán dìqū kōngqì zhōng de yǎngqì bǐjiào shǎo.	高原地帯の空気中の酸素は比較的少ないです。
这些样品马上就会在展览会上看到。 Zhèxiē yàngpǐn mǎshàng jiù huì zài zhǎnlǎnhuìshang kàndào.	これらのサンプルは、すぐに展示会で見ることができます。
他编造了很多谣言，企图掩盖事实。 Tā biānzàole hěn duō yáoyán, qǐtú yǎngài shìshí.	彼は多くのデマをでっちあげて、事実を隠そうと画策しました。
谈到摇滚，我们不得不提到这位歌手。 Tándào yáogǔn, wǒmen bù dé bù tídào zhè wèi gēshǒu.	ロックについて話すなら、この歌手について触れずにはいられません。
这位摇滚明星下个月举行个人演唱会。 Zhè wèi yáogǔn míngxīng xià ge yuè jǔxíng gèrén yǎnchànghuì.	このロックスターは来月ソロコンサートを開催します。
我总结一下这节课的要点，请大家注意听。 Wǒ zǒngjié yíxià zhè jié kè de yàodiǎn, qǐng dàjiā zhùyì tīng.	この授業の要点をまとめますので、みなさんよくお聞きください。

1731	要素 yàosù	名 要素、要因
1732	野心 yěxīn	名 野心、野望
1733	液体 yètǐ	名 液体
1734	衣裳 yīshang	名 衣服、着物 解説 主に口語で用いる
1735	依据 yījù	名 根拠　介 ～に基づいて　動 根拠にする
1736	仪器 yíqì	名 器械、器具、計器
1737	仪式 yíshì	名 儀式
1738	遗产 yíchǎn	名 遺産、文化的遺産

他成功的要素是永不放弃。 Tā chénggōng de yàosù shì yǒng bù fàngqì.	彼の成功の要因は決してあきらめないことです。
水和空气是保障生命最重要的要素。 Shuǐ hé kōngqì shì bǎozhàng shēngmìng zuì zhòngyào de yàosù.	水と空気は生命を保証するうえで最も重要な要素です。
他的野心越来越大，想把这些企业都吞并了。 Tā de yěxīn yuè lái yuè dà, xiǎng bǎ zhèxiē qǐyè dōu tūnbìng le.	彼の野心はますます高まっており、これらの会社をすべて併呑しようと考えています。
瓶子里的液体是什么？ Píngzi li de yètǐ shì shénme?	瓶の中の液体は何ですか？
洗的衣裳都干了，可以收起来了。 Xǐ de yīshang dōu gàn le, kěyǐ shōuqilai le.	洗った服はすべて乾いているので、取り込めますよ。
他的这种设想没什么科学依据。 Tā de zhè zhǒng shèxiǎng méi shénme kēxué yījù.	彼のこの仮定には何の科学的根拠もありません。
他们依据新办法，调整了工作时间。 Tāmen yījù xīn bànfǎ, tiáozhěngle gōngzuò shíjiān.	彼らは新しい規則に従って、労働時間を調整しました。
这个实验要用到很多仪器。 Zhège shíyàn yào yòngdào hěn duō yíqì.	この実験では、多くの計器を使う必要があります。
他代表作家在开幕仪式上发表了讲话。 Tā dàibiǎo zuòjiā zài kāimù yíshì shang fābiǎole jiǎnghuà.	彼は作家を代表して開会式でスピーチを披露しました。
他得到了属于自己的那份遗产。 Tā dédàole shǔyú zìjǐ de nà fèn yíchǎn.	彼は彼自身の分の遺産を手に入れました。
古人给我们留下了丰富的文化遗产。 Gǔrén gěi wǒmen liúxiàle fēngfù de wénhuà yíchǎn.	古人は私たちに豊かな文化遺産を残しました。

Track 237

1739 **疑惑**
yíhuò

名 疑惑、疑い　動 疑わしく思う

1740 **以往**
yǐwǎng

名 以前、昔

1741 **意识**
yìshí

名 意識　動 実感する、気付く

発音 "yìshi"とも

1742 **意图**
yìtú

名 意図、意向　動 ～するつもりだ

1743 **意向**
yìxiàng

名 意向、意図、目的

1744 **意志**
yìzhì

名 意志

1745 **毅力**
yìlì

名 意志の力、根気、気力

他对这个调查结果产生了疑惑。 Tā duì zhège diàochá jiéguǒ chǎnshēngle yíhuò.	彼はこの調査結果に疑いを持ちました。
这个问题让我疑惑了很多天。 Zhège wèntí ràng wǒ yíhuòle hěn duō tiān.	この問題を私は何日も疑わしく思いました。
以往我起得都很早，今天却睡过了。 Yǐwǎng wǒ qǐde dōu hěn zǎo, jīntiān què shuìguò le.	以前は早く起きていましたが、今日は寝過ごしてしまいました。
我的汉语水平比以往有了很大提高。 Wǒ de Hànyǔ shuǐpíng bǐ yǐwǎng yǒule hěn dà tígāo.	私の中国語のレベルは以前よりも大幅に向上しました。
她已经完全失去了意识。 Tā yǐjīng wánquán shīqùle yìshí.	彼女はすでに完全に意識を失っています。
我已经意识到问题的严重性了。 Wǒ yǐjīng yìshidào wèntí de yánzhòngxìng le.	私は問題の深刻さに気付いています。
他的意图很明显，就是要打乱我们的计划。 Tā de yìtú hěn míngxiǎn, jiùshì yào dǎluàn wǒmen de jìhuà.	彼の意図は明白で、それは私たちの計画をかき乱すことです。
读者看不出作家的意图到底是什么。 Dúzhě kànbuchū zuòjiā de yìtú dàodǐ shì shénme.	読者は作家の意図がいったい何なのかを見破ることができません。
他向我们表达了在这里投资的意向。 Tā xiàng wǒmen biǎodále zài zhèli tóuzī de yìxiàng.	彼はここに投資する意向を私たちに表明しました。
双方签订了合作意向书。 Shuāngfāng qiāndìngle hézuò yìxiàngshū.	双方は、協力意向書に署名しました。
他的意志非常坚定，什么困难都难不倒他。 Tā de yìzhì fēicháng jiāndìng, shénme kùnnan dōu nánbudǎo tā.	彼の意志は非常に堅固で、どんな困難も彼をくじけさせることはできません。
他有着超过常人的毅力。 Tā yǒuzhe chāoguò chángrén de yìlì.	彼は常人を凌駕した忍耐力を持ち合わせています。

1746	翼 yì	名 翼、羽 解説 普通単独で使わず、話し言葉では"**翅膀 chìbǎng**"を用いる。
1747	阴谋 yīnmóu	名 陰謀　動 (悪事を) 企てる
1748	音响 yīnxiǎng	名 音響、音響機器
1749	引擎 yǐnqíng	名 エンジン、発動機
1750	饮食 yǐnshí	名 飲食、飲んだり食べたりすること
1751	隐患 yǐnhuàn	名 隠れた危険・災禍
1752	隐私 yǐnsī	名 プライバシー、私生活の秘密

我从飞机的窗口可以看到机翼。 Wǒ cóng fēijī de chuāngkǒu kěyǐ kàndào jīyì.	飛行機の窓から主翼が見えます。
他做人光明正大，从来不搞阴谋。 Tā zuòrén guāngmíng zhèngdà, cónglái bù gǎo yīnmóu.	彼は公明正大な人で、決して悪事をたくらむことはしません。
这家剧院的音响效果很好。 Zhè jiā jùyuàn de yīnxiǎng xiàoguǒ hěn hǎo.	この劇場の音響効果はとてもよいです。
他家里这套音响很高级。 Tā jiāli zhè tào yīnxiǎng hěn gāojí.	彼の家のこの音響設備は高級です。
这架飞机的引擎出了故障。 Zhè jià fēijī de yǐnqíng chūle gùzhàng.	この飛行機のエンジンは故障しました。
这是互联网上著名的搜索引擎。 Zhè shì hùliánwǎng shang zhùmíng de sōusuǒ yǐnqíng.	これはインターネットで有名な検索エンジンです。
我很想了解中国的饮食文化。 Wǒ hěn xiǎng liǎojiě Zhōngguó de yǐnshí wénhuà.	中国の食文化を本当に理解したいと思っています。
不同的地区有不同的饮食习惯。 Bùtóng de dìqū yǒu bùtóng de yǐnshí xíguàn.	異なる地域には異なる飲食の習慣があります。
我们要消除安全隐患，保证不出问题。 Wǒmen yào xiāochú ānquán yǐnhuàn, bǎozhèng bù chū wèntí.	安全上の隠れた危険を排除して、問題がないことを保証する必要があります。
这是个人隐私，不方便透露。 Zhè shì gèrén yǐnsī, bù fāngbiàn tòulù.	これは個人のプライバシーなので、開示するのは都合が悪いです。
这些报纸就靠报道一些明星的隐私吸引读者。 Zhèxiē bàozhǐ jiù kào bàodào yìxiē míngxīng de yǐnsī xīyǐn dúzhě.	これらの新聞は、スターの私生活の秘密を報道することに頼って読者を引きつけています。

1753	**婴儿** yīng'ér	名 赤子、赤ちゃん
1754	**盈利** yínglì	名 利潤、利益 解説 **"赢利 yínglì"** とも書き、その場合は「もうけを出す」という動詞の意味もある
1755	**用户** yònghù	名 利用者、使用者、ユーザー
1756	**油漆** yóuqī	名 ペンキ　動 ペンキを塗る
1757	**渔民** yúmín	名 漁民
1758	**舆论** yúlùn	名 世論
1759	**宇宙** yǔzhòu	名 宇宙、全世界
1760	**羽绒服** yǔróngfú	名 ダウンジャケット

这个婴儿又白又胖，很可爱。 Zhège yīng'ér yòu bái yòu pàng, hěn kě'ài.	この赤ちゃんは色白でまるまるとしていて、とてもかわいいです。
我请了个保姆照顾婴儿。 Wǒ qǐngle ge bǎomǔ zhàogù yīng'ér.	保母さんに赤ちゃんの面倒を頼みました。
我们公司这几年一直盈利，效益很好。 Wǒmen gōngsī zhè jǐ nián yìzhí yínglì, xiàoyì hěn hǎo.	私たちの会社はここ数年利益を出していて、その効果と利益は非常に良好です。
他不追求眼前的盈利，而是更关注长远的发展。 Tā bù zhuīqiú yǎnqián de yínglì, ér shì gèng guānzhù chángyuǎn de fā zhǎn.	彼らは単に目の前の利潤を追求するのではなく、長期的な発展にいっそう注力しています。
用户提出的这些建议非常好。 Yònghù tíchū de zhèxiē jiànyì fēicháng hǎo.	利用者が出したこれらの提案はとてもよいです。
椅子上的油漆还没干，不能坐。 Yǐzi shang de yóuqī hái méi gān, bù néng zuò.	椅子の塗料がまだ乾いておらず、座れません。
他家世代都是渔民，靠捕鱼为生。 Tā jiā shìdài dōu shì yúmín, kào bǔ yú wéi shēng.	彼の家族は何世代にもわたって漁師であり、釣りを生業にしてきました。
我们必须重视舆论的导向作用。 Wǒmen bìxū zhòngshì yúlùn de dǎoxiàng zuòyòng.	私たちは世論の誘導作用を重視する必要があります。
每位新闻工作者都应该知道舆论的重要性。 Měi wèi xīnwén gōngzuòzhě dōu yīnggāi zhīdao yúlùn de zhòngyàoxìng.	すべてのジャーナリストは世論の重要性を知っているべきです。
这本书中描写了宇宙的很多奥秘。 Zhè běn shū zhōng miáoxiěle yǔzhòu de hěn duō àomì.	この本では宇宙の多くの謎が描写されています。
羽绒服最好不要用洗衣机洗。 Yǔróngfú zuìhǎo búyào yòng xǐyījī xǐ.	ダウンジャケットは洗濯機で洗わないほうがよいです。

1761	**玉** yù	名 半透明で硬く美しい石、玉（ぎょく）
1762	**预算** yùsuàn	名 予算　動 予算を立てる
1763	**预兆** yùzhào	名 前兆、兆し
1764	**欲望** yùwàng	名 欲望、～欲
1765	**寓言** yùyán	名 たとえ話、寓話
1766	**元首** yuánshǒu	名 元首、君主
1767	**元素** yuánsù	名 要素、元素

这块白玉产自新疆，价格非常高。 Zhè kuài báiyù chǎnzì Xīnjiāng, jiàgé fēicháng gāo.	この白玉（はくぎょく）は新疆産で、価格は非常に高いです。
他的业余爱好就是收藏各种各样的玉。 Tā de yèyú àihào jiùshì shōucáng gè zhǒng gè yàng de yù.	彼の趣味はありとあらゆる種類の玉を集めることです。
他的这份预算写得非常详细。 Tā de zhè fèn yùsuàn xiěde fēicháng xiángxì.	彼のこの予算は非常に詳しく書かれています。
我们预算了这个项目需要的费用。 Wǒmen yùsuànle zhège xiàngmù xūyào de fèiyòng.	このプロジェクトに必要な費用は、予算を立てました。
在没有任何预兆的情况下，他突然提出了辞职。 Zài méiyǒu rènhé yùzhào de qíngkuàng xià, tā tūrán tíchūle cízhí.	何の前兆もない状況で、彼は突然辞職を申し出ました。
人在金钱方面的欲望是很难满足的。 Rén zài jīnqián fāngmiàn de yùwàng shì hěn nán mǎnzú de.	人の金銭欲は満たすことが難しいです。
商场的促销活动不断刺激着人们的购买欲望。 Shāngchǎng de cùxiāo huódòng búduàn cìjīzhe rénmen de gòumǎi yùwàng.	ショッピングモールでのプロモーション活動は、人々の購入意欲を刺激し続けています。
这个寓言告诉我们，做人要诚实。 Zhège yùyán gàosu wǒmen, zuòrén yào chéngshí.	この寓話が私たちに告げているのは、まともな人になるには誠実でなくてはいけない、ということです。
两个国家的元首举行了会谈。 Liǎng ge guójiā de yuánshǒu jǔxíngle huìtán.	両国の国家元首は会談を行いました。
人们又发现一种新的化学元素。 Rénmen yòu fāxiàn yì zhǒng xīn de huàxué yuánsù.	人々は新しい化学元素をまた1つ発見しました。
现在流行音乐创作提倡运用传统文化元素。 Xiànzài liúxíng yīnyuè chuàngzuò tíchàng yùnyòng chuántǒng wénhuà yuánsù.	現在のポピュラー音楽の創作では、伝統文化の要素を活用するよう奨励しています。

1768 **元宵节** Yuánxiāojié

名 上元、小正月
与 "灯节 Dēngjié", "上元节 Shàngyuánjié"
解説 旧暦1月15日の伝統的な節句。

1769 **园林** yuánlín

名 (観賞・遊覧用の) 庭園

1770 **原告** yuángào

名 原告

1771 **原理** yuánlǐ

名 原理

1772 **原先** yuánxiān

名 はじめ、以前 副 最初は

1773 **缘故** yuángù

名 原因、わけ

1774 **源泉** yuánquán

名 源泉、源

1775 **乐谱** yuèpǔ

名 楽譜、音譜

我们一起过了个愉快的元宵节。 Wǒmen yìqǐ guòle ge yúkuài de Yuánxiāojié.	私たちは愉快な小正月を一緒に過ごしました。
据说，这是古代宫廷的园林建筑。 Jùshuō, zhè shì gǔdài gōngtíng de yuánlín jiànzhù.	聞いたところによると、これは古代宮廷の庭園建築です。
原告提供的证据不充分。 Yuángào tígōng de zhèngjù bù chōngfèn.	原告が提供した証拠は不十分です。
他运用这个原理，解决了很多问题。 Tā yùnyòng zhège yuánlǐ, jiějuéle hěn duō wèntí.	彼はこの原則を応用して、多くの問題を解決しました。
原先我们不认识，后来成了朋友。 Yuánxiān wǒmen bú rènshi, hòulái chéngle péngyou.	以前は私たちは知り合いではありませんでしたが、後になって友達になりました。
原先我们计划去旅游，后来取消了。 Yuánxiān wǒmen jìhuà qù lǚyóu, hòulái qǔxiāo le.	最初は旅行する予定でしたが、あとでキャンセルしました。
因为健康的缘故，他提前退休了。 Yīnwèi jiànkāng de yuángù, tā tíqián tuìxiū le.	健康上の理由で、彼は早く退職しました。
不知什么缘故，他最近说话很少。 Bùzhī shénme yuángù, tā zuìjìn shuōhuà hěn shǎo.	なぜかわかりませんが、最近彼はほとんど話をしていません。
他们发现了水流的源泉。 Tāmen fāxiànle shuǐliú de yuánquán.	彼らは水流の源泉を発見しました。
足球和舞蹈是他们快乐的源泉。 Zúqiú hé wǔdǎo shì tāmen kuàilè de yuánquán.	サッカーとダンスは彼らの幸せの源です。
我没学过乐谱，不认识这些符号。 Wǒ méi xuéguo yuèpǔ, bú rènshi zhèxiē fúhào.	私は楽譜を勉強したことがなく、これらの符号を知りません。

1776	岳母 yuèmǔ	名 妻の母、岳母
1777	杂技 zájì	名 曲芸、曲芸の総称
1778	灾难 zāinàn	名 災難
1779	造型 zàoxíng	名 造られた物の形　動 造型する
1780	噪音 zàoyīn	名 ノイズ、騒音 ↔ "乐音 yuèyīn" 楽音、音楽の音
1781	贼 zéi	名 どろぼう、盗人
1782	渣 zhā	名 かす、くず
1783	摘要 zhāiyào	名 要点、要旨　動 要点をまとめる
1784	债券 zhàiquàn	名 債券

今天他要按中国的传统去拜见未来的岳父岳母。 Jīntiān tā yào àn Zhōngguó de chuántǒng qù bàijiàn wèilái de yuèfù yuèmǔ.	今日、彼は中国の伝統に従って将来の義父と義母に挨拶をする予定です。
他会表演杂技，让他来一个节目吧。 Tā huì biǎoyǎn zájì, ràng tā lái yí ge jiémù ba.	彼は曲芸ができるので、彼に出し物を1つやってもらいましょう。
这场大火给工厂带来了沉重的灾难。 Zhè cháng dàhuǒ gěi gōngchǎng dàilaile chénzhòng de zāinàn.	その大火事は工場に大きな災難をもたらしました。
这辆汽车造型很特别，受到了大众的欢迎。 Zhè liàng qìchē zàoxíng hěn tèbié, shòudàole dàzhòng de huānyíng.	この車の形は特別で、大衆から人気があります。
施工的噪音非常大，我很难忍受。 Shīgōng de zàoyīn fēicháng dà, wǒ hěn nán rěnshòu.	工事の騒音が大きいので、とても耐えられません。
这个贼刚开始作案，就被抓住了。 Zhège zéi gāng kāishǐ zuò'àn, jiù bèi zhuāzhù le.	この泥棒は犯罪を犯してすぐに、捕まりました。
这些木头都快碎成渣了。 Zhèxiē mùtou dōu kuài suìchéng zhā le.	これらの木材はもうすぐすべて砕けてくずになろうとしています。
他读文章的时候，经常做一些摘要。 Tā dú wénzhāng de shíhou, jīngcháng zuò yìxiē zhāiyào.	彼は文章を読むとき、いつもいくつかの要点をまとめます
这是十年前发行的银行债券，现在已经涨了很多。 Zhè shì shí nián qián fāxíng de yínháng zhàiquàn, xiànzài yǐjīng zhǎngle hěn duō.	これは10年前に発行された銀行債券で、現在すでにかなり値上がりしています。

1785 战略 zhànlüè
名 戦略、大局的な方策

1786 战术 zhànshù
名 戦術、各局面の問題を解決する方法

1787 战役 zhànyì
名 戦役

1788 章程 zhāngchéng
名 規則、規定
関 "章程 zhāngcheng" やり方、計画

1789 帐篷 zhàngpeng
名 テント

1790 障碍 zhàng'ài
名 障害、妨げ　動 妨げる、妨害する

1791 沼泽 zhǎozé
名 湿地、沼沢

1792 侦探 zhēntàn
名 探偵、スパイ　動 偵察する、探偵する

我军的战略取得了明显成效。 Wǒ jūn de zhànlüè qǔdéle míngxiǎn chéngxiào.	わが軍の戦略は目に見えた効果を得られました。
比赛不单涉及技术问题，还有战略问题。 Bǐsài bùdān shèjí jìshù wèntí, hái yǒu zhànlüè wèntí.	試合は単に技術的な問題だけでなく、戦略的な問題もかかわっています。
这次战役我们运用了灵活机动的战术。 Zhè cì zhànyì wǒmen yùnyòngle línghuó jīdòng de zhànshù.	この戦争では柔軟性に富んだ戦術を用いました。
顾全大局是我们战术的中心思想。 Gùquán dàjú shì wǒmen zhànshù de zhōngxīn sīxiǎng.	大局を念頭に置くのが、私たちの戦術の中心的な考え方です。
司令亲自指挥了那场关键的战役。 Sīlìng qīnzì zhǐhuīle nà cháng guānjiàn de zhànyì.	司令官は自らその重要な戦いを指揮しました。
每位会员都应该遵守协会的章程。 Měi wèi huìyuán dōu yīnggāi zūnshǒu xiéhuì de zhāngchéng.	すべての会員は協会の規則を遵守するべきです。
这顶帐篷有点儿小，装不下我们五个人。 Zhè dǐng zhàngpeng yǒudiǎnr xiǎo, zhuāngbuxià wǒmen wǔ ge rén.	このテントは少し小さく、私たち5人は入れません。
路上有障碍，我们过不去了。 Lùshang yǒu zhàng'ài, wǒmen guòbuqù le.	道に障害物があり、乗り越えることができません。
面对障碍，他从来没有丧失过信心。 Miànduì zhàng'ài, tā cónglái méiyǒu sàngshīguo xìnxīn.	障害に直面しても、彼は信念を失ったことがありません。
前面是一片沼泽，我们过不去了。 Qiánmiàn shì yí piàn zhǎozé, wǒmen guòbuqù le.	前方に一面湿地があり、通り抜けることができません。
福尔摩斯是世界文学名著中有名的大侦探。 Fú'ěrmósī shì shìjiè wénxué míngzhù zhōng yǒumíng de dà zhēntàn.	シャーロック・ホームズは、世界文学の名著でよく知られた名探偵です。

1793	**珍珠** zhēnzhū	名 真珠
1794	**真理** zhēnlǐ	名 真理
1795	**真相** zhēnxiàng	名 真相
1796	**枕头** zhěntou	名 枕
1797	**阵地** zhèndì	名 陣地、活動の場
1798	**阵容** zhènróng	名 陣容、陣形
1799	**正月** zhēngyuè	名 (旧暦の) 正月
1800	**争端** zhēngduān	名 争いのきっかけ、紛争のもと

她带着一串珍珠项链。 Tā dàizhe yí chuàn zhēnzhū xiàngliàn.	彼女は真珠のネックレスをつけています。
我相信真理，不相信没有根据的话。 Wǒ xiāngxìn zhēnlǐ, bù xiāngxìn méiyǒu gēnjù de huà.	私は真理を信じ、根拠のない言葉は信じません。
这件事的真相还不清楚，所以不能下结论。 Zhè jiàn shì de zhēnxiàng hái bù qīngchu, suǒyǐ bù néng xià jiélùn.	この件の真相はいまだはっきりしていないので、結論を出すことができません。
这个枕头睡觉很舒服。 Zhège zhěntou shuìjiào hěn shūfu.	この枕は寝るのにとても快適です。
我方终于攻破了敌人的阵地。 Wǒ fāng zhōngyú gōngpòle dírén de zhèndì. **学校要做好教育阵地的各项工作。** Xuéxiào yào zuòhǎo jiàoyù zhèndì de gè xiàng gōngzuò.	我が方は最終的に敵の陣地を突破しました。 学校は教育の立場で各業務をうまくやっていかなくてはいけません。
我军阵容强大，装备精良。 Wǒ jūn zhènróng qiángdà, zhuāngbèi jīngliáng. **奥运会上，我国体育代表团阵容十分强大。** Àoyùnhuì shang, wǒguó tǐyù dàibiǎotuán zhènróng shífēn qiángdà.	わが軍の陣容は強力で、装備の性能も優れています。 オリンピックにおいて、我が国のスポーツ代表団の人員構成は十分に強力です。
正月初一是中国的农历新年，也叫春节。 Zhēngyuè chūyī shì Zhōngguó de nónglì xīnnián, yě jiào Chūnjié.	正月の1日は、中国の旧暦の新年で、春節とも呼ばれます。
他们这场争端是由经济问题引起的。 Tāmen zhè cháng zhēngduān shì yóu jīngjì wèntí yǐnqǐ de. **调解人公平合理地解决了他们之间的争端。** Tiáojiěrén gōngpíng hélǐ de jiějuéle tāmen zhījiān de zhēngduān.	彼らの争いのもとは、経済問題が引き起こしたものです。 調停人は彼らの争いのきっかけを公正かつ合理的に解決しました。

1801	**正气** zhèngqì	名 正しい気風、正気
1802	**证书** zhèngshū	名 証書、証明書
1803	**政策** zhèngcè	名 政策
1804	**政权** zhèngquán	名 政治上の権力、政治機関
1805	**症状** zhèngzhuàng	名 症状
1806	**之际** zhījì	名 ～の時機、～の際
1807	**支流** zhīliú	名 支流、(物事の) 傍流

他一身正气，不讲私情。 Tā yìshēn zhèngqì, bù jiǎng sīqíng.	彼は正しい気風を全身にまとっていて、私情を語りません。
我相信，正气总是会压倒邪气。 Wǒ xiāngxìn, zhèngqì zǒngshì huì yādǎo xiéqì.	正しい気風は常に悪の気風を圧倒すると私は信じています。
大赛委员会给获胜者颁发了证书和奖金。 Dàsài wěiyuánhuì gěi huòshèngzhě bānfāle zhèngshū hé jiǎngjīn.	大会委員会は、勝利者に証明書と賞金を授与しました。
政府的扶贫政策受到了人民的欢迎。 Zhèngfǔ de fúpín zhèngcè shòudàole rénmín de huānyíng.	政府の貧困援助政策は人民から歓迎されています。
国家最近颁布了一系列有利于农民的政策。 Guójiā zuìjìn bānbùle yí xìliè yǒulìyú nóngmín de zhèngcè.	国は最近、農民に有利な一連の政策を公布しました。
那伙人想发动政变，夺取政权。 Nà huǒ rén xiǎng fādòng zhèngbiàn, duóqǔ zhèngquán.	そのグループはクーデターを起こして、政権を奪い取りたいと思っています。
新生的政权得到了广大民众的支持。 Xīnshēng de zhèngquán dédàole guǎngdà mínzhòng de zhīchí.	新政権は民衆の広い支持を得ました。
这种疾病的常见症状是上吐下泻。 Zhè zhǒng jíbìng de chángjiàn zhèngzhuàng shì shàng tù xià xiè.	この病気のよく見られる症状は、嘔吐と下痢です。
闲暇之际，他喜欢打打网球、看看足球比赛。 Xiánxiá zhījì, tā xǐhuān dǎda wǎngqiú, kànkan zúqiú bǐsài.	時間のある際、彼はテニスをしたり、サッカーの試合を見たりするのが好きです。
两条支流穿过这座城市。 Liǎng tiáo zhīliú chuānguò zhè zuò chéngshì.	2つの支流がこの町を通っています。

Track 246

1808	支柱 zhīzhù	名 支柱、支え
1809	知觉 zhījué	名 知覚、感覚
1810	脂肪 zhīfáng	名 脂肪
1811	直径 zhíjìng	名 直径
1812	侄子 zhízi	名 甥、友人の息子
1813	职能 zhínéng	名 機能、働き
1814	职位 zhíwèi	名 地位、役目
1815	职务 zhíwù	名 職務、務め
1816	殖民地 zhímíndì	名 植民地

这根支柱比那根更结实一些。 Zhè gēn zhīzhù bǐ nà gēn gèng jiēshi yìxiē.	この支柱はあの支柱よりも頑丈です。
离婚以后，孩子就成了她的精神支柱。 Líhūn yǐhòu, háizi jiù chéngle tā de jīngshén zhīzhù.	離婚以降、子どもは彼女の精神的な支柱になりました。
那个病人昏过去了，失去了知觉。 Nàge bìngrén hūnguoqu le, shīque zhījué.	その患者は気を失って、意識がなくなりました。
他疼得一点儿知觉都没有了。 Tā téngde yìdiǎnr zhījué dōu méiyǒu le.	彼は痛みすぎて、少しの感覚もなくなりました。
脂肪可以为人体提供热量。 Zhīfáng kěyǐ wèi réntǐ tígōng rèliàng.	脂肪は人体に熱量を供給することができます。
你量量这个碗口的直径是多少。 Nǐ liángliang zhège wǎnkǒu de zhíjìng shì duōshao.	このボウルの直径がどれくらいか、ちょっと測ってください。
他是我可爱的侄子。 Tā shì wǒ kě'ài de zhízi.	彼は私のかわいい甥っ子です。
只有各部门职能明确了，效率才会提高。 Zhǐyǒu gè bùmén zhínéng míngquè le, xiàolǜ cái huì tígāo.	各部門の機能を明確にしてはじめて、効率を改善できます。
你要想获得更高的职位，必须靠你的努力来实现。 Nǐ yào xiǎng huòdé gèng gāo de zhíwèi, bìxū kào nǐ de nǔlì lái shíxiàn.	より高い地位を得たい場合は、あなたの努力で実現させなくてはいけません。
除了教课他还兼任系主任的职务，所以很忙。 Chúle jiāo kè tā hái jiānrèn xì zhǔrèn de zhíwù, suǒyǐ hěn máng.	授業に加えて、彼は学部主任の職務も兼任しているので、忙しいのです。
那里过去是殖民地，经济非常落后。 Nàli guòqù shì zhímíndì, jīngjì fēicháng luòhòu.	そこはかつて植民地で、経済は非常に後れています。

1817	**指标** zhǐbiāo	名 指標、目標数字
1818	**指甲** zhǐjia	名（手足の）爪
1819	**指令** zhǐlìng	名 指令、指示　動 指令する、命令する
1820	**指南针** zhǐnánzhēn	名 羅針盤、指針
1821	**志气** zhìqì	名 気骨、気概 発音 “zhìqi”とも。
1822	**制服** zhìfú	名 制服、ユニホーム　動 征服する
1823	**治安** zhì'ān	名 治安、社会の安寧と秩序
1824	**智力** zhìlì	名 知力、頭脳の働き

我身体各项指标都很正常。 Wǒ shēntǐ gè xiàng zhǐbiāo dōu hěn zhèngcháng.	私の身体のあらゆる数値はすべて正常です。
这瓶指甲油涂指甲肯定好看。 Zhè píng zhǐjiayóu tú zhǐjia kěndìng hǎokàn.	このマニキュアを爪に塗れば間違いなく見栄えがよくなります。
上级的指令还没下达，我们不能行动。 Shàngjí de zhǐlìng hái méi xiàdá, wǒmen bù néng xíngdòng.	上司の命令はまだ下に伝えられておらず、我々は行動することができません。
我得重新修改指令，计算机才能工作。 Wǒ děi chóngxīn xiūgǎi zhǐlìng, jìsuànjī cái néng gōngzuò.	もう一度指示を修正しなくてはいけません、それでようやくコンピュータが機能します。
他随身带着指南针呢，不会迷路。 Tā suíshēn dàizhe zhǐnánzhēn ne, bú huì mílù.	彼はコンパスを携帯していますよ、道に迷うはずがありません。
他们是一批很有志气的青年，搞了很多发明。 Tāmen shì yì pī hěn yǒu zhìqì de qīngnián, gǎole hěn duō fāmíng.	彼らは気概にあふれた若者たちで、多くの発明をしました。
他获得了冠军，长了我们学校的志气。 Tā huòdéle guànjūn, zhǎngle wǒmen xuéxiào de zhìqì.	彼は1位を勝ち取り、私たちの学校の士気を高めました。
出租车司机都穿统一的制服。 Chūzūchē sījī dōu chuān tǒngyī de zhìfú.	タクシーの運転手はみんな同じ制服を着ています。
这座城市的治安非常好，犯罪率很低。 Zhè zuò chéngshì de zhì'ān fēicháng hǎo, fànzuìlǜ hěn dī.	この都市の治安は非常によく、犯罪率が低いです。
这些玩具能开发儿童的智力，培养儿童的兴趣。 Zhèxiē wánjù néng kāifā értóng de zhìlì, péiyǎng értóng de xìngqù.	これらのおもちゃは子どもの知力を伸ばし、子どもの関心を育てることができます。

1825	**智商** zhìshāng	名 知能指数、IQ
1826	**中央** zhōngyāng	名 真ん中、(政治的な) 中央
1827	**终点** zhōngdiǎn	名 終点、(トラック競技の) 決勝点
1828	**终身** zhōngshēn	名 一生、生涯
1829	**肿瘤** zhǒngliú	名 腫瘍 ≒ "瘤 liú", "瘤子 liúzi"
1830	**种子** zhǒngzi	名 種、シード選手
1831	**种族** zhǒngzú	名 種族、人種

参加面试的人员首先要测试一下智商。 Cānjiā miànshì de rényuán shǒuxiān yào cèshì yíxià zhìshāng.	面接に参加する人は、まず知能指数をテストする必要があります。
广场中央有个喷水池。 Guǎngchǎng zhōngyāng yǒu ge pēnshuǐchí.	広場の中央に噴水の池があります。
中央号召大家支援贫困地区建设。 Zhōngyāng hàozhào dàjiā zhīyuán pínkùn dìqū jiànshè.	中央政府はみなに貧しい地域の建設を支援するよう呼び掛けています。
这趟车我得从起点坐到终点。 Zhè tàng chē wǒ děi cóng qǐdiǎn zuòdào zhōngdiǎn.	この便の列車は始点から終点まで乗らなくてはいけません。
虽然腿上有伤，但他还是坚持跑到了终点。 Suīrán tuǐ shang yǒu shāng, dàn tā háishi jiānchí pǎodàole zhōngdiǎn.	足に怪我をしていましたが、彼はそれでもゴールまで走り続けました。
她一辈子独身，终身没有嫁人。 Tā yíbèizi dúshēn, zhōngshēn méiyǒu jià rén.	彼女は生涯独身で、一生人のもとに嫁ぎませんでした。
这种肿瘤是良性的，你不要太担心。 Zhè zhǒng zhǒngliú shì liángxìng de, nǐ búyào tài dānxīn.	この種の腫瘍は良性なので、あまり心配しないでください。
这里新成立了一家肿瘤研究所。 Zhèli xīn chénglìle yì jiā zhǒngliú yánjiūsuǒ.	ここに新しく腫瘍研究所が設立されました。
过了几天，种子就发芽了。 Guòle jǐ tiān, zhǒngzi jiù fāyá le.	数日経って、種子は発芽しました。
我们的目标是消灭种族歧视。 Wǒmen de mùbiāo shì xiāomiè zhǒngzú qíshì.	私たちの目標は、人種差別をなくすことです。

1832	**重心** zhòngxīn	名 ポイント、重心
1833	**舟** zhōu	名 舟
1834	**州** zhōu	名 自治州、旧時の行政区
1835	**周边** zhōubiān	名 周辺、まわり
1836	**周年** zhōunián	名 周年、満1年
1837	**周期** zhōuqī	名 周期、サイクル
1838	**周折** zhōuzhé	名 紆余曲折、手数

由于失去了重心，她摔倒了。 Yōuyú shīqùle zhòngxīn, tā shuāidǎo le.	重心を失って、彼女は転びました。
他办事总是能够抓住重心，所以效率很高。 Tā bànshì zǒngshì nénggòu zhuāzhù zhòngxīn, suǒyǐ xiàolǜ hěn gāo.	彼は物事を行うとき常にポイントをつかめるので、効率がとてもよいです。
几只小舟漂流在大海上。 Jǐ zhī xiǎo zhōu piāoliúzài dà hǎi shang.	数隻の小舟が大海の上を漂っています。
这个州在古代就有了。 Zhège zhōu zài gǔdài jiù yǒu le.	この自治州は古代にすでに存在していました。
美国各个州的大小都不一样。 Měiguó gègè zhōu de dàxiǎo dōu bù yíyàng.	米国の各州の大きさはどれも異なります。
周边县市的人也经常来这里购物。 Zhōubiān xiàn shì de rén yě jīngcháng lái zhèli gòuwù.	周辺の県や市の人もよくここに来て買い物をします。
我周边的人都非常友好，给了我很多帮助。 Wǒ zhōubiān de rén dōu fēicháng yǒuhǎo, gěile wǒ hěn duō bāngzhù.	私の周りの人々はみなフレンドリーで、私をたくさん助けてくれました。
明天是他们结婚十周年的日子。 Míngtiān shì tāmen jiéhūn shí zhōunián de rìzi.	明日は彼らの結婚10周年の日にあたります。
这种投资周期太长，所以没人愿意做。 Zhè zhǒng tóuzī zhōuqī tài cháng, suǒyǐ méi rén yuànyì zuò.	この手の投資のサイクルは長すぎるので、だれもやりたがりません。
他的头痛是周期性的，每到这个季节就会犯。 Tā de tóutòng shì zhōuqīxìng de, měi dào zhège jìjié jiù huì fàn.	彼の頭痛には周期性があり、毎回この季節に起こります。
我费了很大周折，才找到这些资料。 Wǒ fèile hěn dà zhōuzhé, cái zhǎodào zhèxiē zīliào.	多くの手間をかけて、ようやくこれらの資料を見つけました。

1839	粥 zhōu	名 おかゆ
1840	昼夜 zhòuyè	名 昼夜、日夜
1841	皱纹 zhòuwén	名 しわ
1842	主流 zhǔliú	名 本流、主要な傾向
1843	主权 zhǔquán	名 主権
1844	主义 zhǔyì	名 主義、社会や経済の体系、考え方
1845	助理 zhùlǐ	名 助手、補佐
1846	助手 zhùshǒu	名 アシスタント、助手
1847	住宅 zhùzhái	名 住宅、住居

这个饭馆里卖各种各样的粥。 Zhège fànguǎn li mài gè zhǒng gè yàng de zhōu.	このレストランではあらゆる種類のお粥が売られています。
订单多的时候，他总是昼夜不停地工作。 Dìngdān duō de shíhou, tā zǒngshì zhòuyè bù tíng de gōngzuò.	注文が多いとき、彼はいつも昼夜ぶっ通しで働きます。
无情的岁月在她的脸上刻下了条条皱纹。 Wúqíng de suìyuè zài tā de liǎn shang kèxiàle tiáotiáo zhòuwén.	無情な年月が彼女の顔に何本ものしわを刻みました。
经过治理，主流的河水越来越清了。 Jīngguò zhìlǐ, zhǔliú de héshuǐ yuè lái yuè qīng le. **正义永远是我们社会的主流。** Zhèngyì yǒngyuǎn shì wǒmen shèhuì de zhǔliú.	処理を行うと、本流の河川は水がますますきれいになりました。 正義は常に私たちの社会の本流です。
我们从来不做侵犯别国主权的事情。 Wǒmen cónglái bú zuò qīnfàn bié guó zhǔquán de shìqing.	私たちは他国の主権を侵害することをこれまでしたことがありません。
他的小说充满了浓郁的浪漫主义气息。 Tā de xiǎoshuō chōngmǎnle nóngyù de làngmàn zhǔyì qìxī. **他这个人爱表现，有点儿个人英雄主义。** Tā zhège rén ài biǎoxiàn, yǒudiǎnr gèrén yīngxióng zhǔyì.	彼の小説は強烈なロマン主義の息吹に満ちています。 彼という人は自分をひけらかしがちで、ちょっと独りよがりのヒロイストです。
他让助理订了两张去上海的飞机票。 Tā ràng zhùlǐ dìngle liǎng zhāng qù Shànghǎi de fēijī piào.	彼はアシスタントに上海行きの飛行機のチケットを2枚予約するように頼みました。
教授现在急需几个助手。 Jiàoshòu xiànzài jíxū jǐ ge zhùshǒu.	教授は早急に何人かのアシスタントを求めています。
学校前面是教学区，后面是住宅区。 Xuéxiào qiánmiàn shì jiàoxuéqū, hòumiàn shì zhùzhāiqū.	学校の前は学校区域で、後ろは住宅街です。

1848	**著作** zhùzuò	名 著作
1849	**专长** zhuāncháng	名 専門的知識・技能、特長
1850	**专利** zhuānlì	名 特許、パテント
1851	**专题** zhuāntí	名 特定のテーマ、特に取り上げられた問題
1852	**砖** zhuān	名 れんが
1853	**传记** zhuànjì	名 伝記
1854	**庄稼** zhuāngjia	名 農作物 解説 主に穀物を指す
1855	**装备** zhuāngbèi	名 設備、装備　動 整備する、装備する

他一直致力于翻译西方文学著作。 Tā yìzhí zhìlìyú fānyì xīfāng wénxué zhùzuò.	彼はずっと西洋文学作品の翻訳に力を入れてきました。
他利用自己的专长为社会服务。 Tā lìyòng zìjǐ de zhuāncháng wèi shèhuì fúwù. **他不仅成绩好，还有几项个人专长。** Tā bùjǐn chéngjì hǎo, hái yǒu jǐ xiàng gèrén zhuāncháng.	彼は自分の特技を活かして社会に貢献します。 彼は成績がよいだけではなく、いくつかの個人的な技能も持っていました。
这种产品已经获得了国家专利。 Zhè zhǒng chǎnpǐn yǐjīng huòdéle guójiā zhuānlì.	この製品は、すでに国の特許を取得しています。
这期关于女性权利的专题节目，值得一看。 Zhè qī guānyú nǚxìng quánlì de zhuāntí jiémù, zhíde yì kàn.	女性の権利に関する今期の特集番組は、一見の価値があります。
他在工地上的工作主要是搬砖、运砖。 Tā zài gōngdì shang de gōngzuò zhǔyào shì bān zhuān、yùn zhuān.	彼の作業現場での仕事は主にひたすられんがを運ぶことです。
我喜欢读传记文学作品，能得到不少启示。 Wǒ xǐhuan dú zhuànjì wénxué zuòpǐn, néng dédào bù shǎo qǐshì.	伝記文学作品を読むのが好きです、得るところがたくさんあるからです。
这片地不适合种庄稼，但适宜种果树。 Zhè piàn dì bú shìhé zhòng zhuāngjia, dàn shìyí zhǒng guǒshù. **他跑进了一片庄稼地里，然后就不见了。** Tā pǎojìnle yí piàn zhuāngjiadì lǐ, ránhòu jiù bújiànle.	この土地は農作物を栽培するには適していませんが、果樹の栽培には適しています。 彼は農作物の畑に駆け込み、それからすぐ姿を消しました。
实验室已经更换了现有的装备。 Shíyànshì yǐjīng gēnghuànle xiàn yǒu de zhuāngbèi. **这架飞机装备了最先进的操作系统。** Zhè jià fēijī zhuāngbèile zuì xiānjìn de cāozuò xìtǒng.	研究室は既存の設備をすでに交換しました。 この飛行機は、最新の操作システムを装備しています。

1856	准则 zhǔnzé	名 のっとるべき原則、基準、規範
1857	姿态 zītài	名 体つき、態度
1858	资本 zīběn	名 資本、資本金、元手
1859	资产 zīchǎn	名 財産、企業資産
1860	滋味 zīwèi	名 味、味わい
1861	子弹 zǐdàn	名 銃弾、弾丸

不说假话，这是做人的基本准则。 Bù shuō jiǎ huà, zhè shì zuòrén de jīběn zhǔnzé.	嘘をつかないこと。これが人としての基本原則です。
诚实是人人需要遵守的准则。 Chéngshí shì rénrén xūyào zūnshǒu de zhǔnzé.	誠実さは誰もが従うべき原則です。
大厅里有很多雕像，姿态各异。 Dàtīng li yǒu hěn duō diāoxiàng, zītài gè yì.	大広間には多くの彫刻があり、姿かたちはすべて異なっています。
她总是以一种积极的姿态对待生活。 Tā zǒngshì yǐ yì zhǒng jījí de zītài duìdài shēnghuó.	彼女は常に前向きな姿勢で人生に向かっています。
这家公司规模很大，资本雄厚。 Zhè jiā gōngsī guīmó hěn dà, zīběn xiónghòu.	この会社は規模が大きく、資本が豊富です。
我们公司的固定资本已经超过了一亿元。 Wǒmen gōngsī de gùdìng zīběn yǐjīng chāoguòle yí yì yuán.	弊社の固定資本金は1億元を超えました。
他家里的资产都由父亲控制着。 Tā jiāli de zīchǎn dōu yóu fùqin kòngzhìzhe.	彼の家族の資産は父親によってコントロールされています。
他们公司投入的资产近几年已经翻了几倍。 Tāmen gōngsī tóurù de zīchǎn jìn jǐ nián yǐjīng fānle jǐ bèi.	彼らの会社が投入した資産は近年すでに数倍に増えています。
这道菜的滋味很独特，我喜欢吃。 Zhè dào cài de zīwèi hěn dútè, wǒ xǐhuan chī.	この料理の味は独特で、私は食べるのが好きです。
他尝到了爱情的滋味，感觉好极了。 Tā chángdàole àiqíng de zīwèi, gǎnjué hǎojí le.	彼は愛の味を味わい、とてもすばらしく感じました。
这是一家生产子弹的工厂。 Zhè shì yì jiā shēngchǎn zǐdàn de gōngchǎng.	これは銃弾を製造する工場です。
他在地上捡了几个子弹壳。 Tā zài dìshang jiǎnle jǐ ge zǐdànké.	彼は地面から銃弾の薬莢（やっきょう）をいくつか拾いました。

1862	**宗教** zōngjiào	名 宗教
1863	**宗旨** zōngzhǐ	名 主要な目的・意図、趣旨
1864	**棕色** zōngsè	名 茶褐色、とび色
1865	**踪迹** zōngjì	名 跡、痕跡
1866	**总和** zǒnghé	名 総和、総額
1867	**走廊** zǒuláng	名 長い廊下、細長い地帯
1868	**祖父** zǔfù	名 祖父
1869	**祖国** zǔguó	名 祖国
1870	**祖先** zǔxiān	名 祖先、先祖
1871	**钻石** zuànshí	名 ダイヤモンド、宝石

道教是产生于中国的一种宗教。 Dàojiào shì chǎnshēngyú Zhōngguó de yì zhǒng zōngjiào.	道教は中国で生まれた宗教です。
我们教育的宗旨是培养有道德、有能力的人才。 Wǒmen jiàoyù de zōngzhǐ shì péiyǎng yǒu dàodé、yǒu nénglì de réncái.	私たちの教育の主要な目的は、道徳と能力を持つ人材を育成することです。
她是棕色皮肤，看上去很健康。 Tā shì zōngsè pífū, kànshangqu hěn jiànkāng.	彼女は茶褐色の肌をしていて、健康的に見えます。
据老虎留下的踪迹判断，它可能就生活在附近。 Jù lǎohǔ liúxià de zōngjì pànduàn, tā kěnéng jiù shēnghuózài fùjìn.	残された痕跡から判断すると、虎は近くで生活しているのかもしれません。
两个班学生人数的总和是 120 人。 Liǎng ge bān xuésheng rénshù de zǒnghé shì yìbǎi'èrshí rén.	2つのクラスの生徒の総数は120人です。
经过走廊就可以到达花园。 Jīngguò zǒuláng jiù kěyǐ dàodá huāyuán.	長い廊下を通って花園に行けます。
父亲去世得早，是祖父把我养大的。 Fùqin qùshìde zǎo, shì zǔfù bǎ wǒ yǎngdà de.	父が早く亡くなり、祖父が私を育ててくれました。
我毕业以后，还是想回祖国发展。 Wǒ bìyè yǐhòu, háishi xiǎng huí zǔguó fāzhǎn.	卒業後も、祖国に戻って開発をしたいと思っています。
对于祖先留下来的遗产，我们要好好儿保护。 Duìyú zǔxiān liúxialai de yíchǎn, wǒmen yào hǎohāor bǎohù.	祖先が残した遺産を、私たちはうまく保護する必要があります。
她戴的钻石戒指很名贵。 Tā dài de zuànshí jièzhi hěn míngguì.	彼女がつけているダイヤの指輪は有名かつ貴重です。

1872	嘴唇 zuǐchún	名 唇
1873	罪犯 zuìfàn	名 犯罪人
1874	尊严 zūnyán	名 尊厳、尊さ
1875	作风 zuòfēng	名 やり方、態度
1876	作息 zuòxī	名 仕事と休息、働くことと休むこと
1877	座右铭 zuòyòumíng	名 座右の銘

天气太干，他的嘴唇都裂开了。 Tiānqì tài gān, tā de zuǐchún dōu lièkāi le.	あまりに乾燥していて、彼の唇はひび割れました。
这些罪犯承认了自己的犯罪事实。 Zhèxiē zuìfàn chéngrènle zìjǐ de fànzuì shìshí.	この犯罪者たちは自らの犯罪の事実を認めました。
他很后悔冒犯了朋友的尊严。 Tā hěn hòuhuǐ màofànle péngyou de zūnyán.	彼は友人の尊厳を傷つけたことを後悔しています。
这位领导作风正派，受到了群众拥护。 Zhè wèi lǐngdǎo zuòfēng zhèngpài, shòudàole qúnzhòng yōnghù.	この指導者のやり方は立派で、大衆から支持を受けました。
我们要发扬民主作风，让大家参与进来。 Wǒmen yào fāyáng mínzhǔ zuòfēng, ràng dàjiā cānyùjinlai.	私たちは民主主義のスタイルを宣揚して、みなが参加できるようにしたいと思っています。
这几天工作很忙，大家要按时作息，别累坏了。 Zhè jǐ tiān gōngzuò hěn máng, dàjiā yào ànshí zuòxī, bié lèihuài le.	ここ数日仕事が忙しいので、みなさん時間どおりに休憩をとって、疲れきらないようにしてください。
这里夏季的作息时间与冬季有所不同。 Zhèli xiàjì de zuòxī shíjiān yǔ dōngjì yǒu suǒ bùtóng.	ここでは夏の勤務時間は冬の勤務時間とは異なります。
正是这个座右铭，激励着他不断进步。 Zhèng shì zhège zuòyòumíng, jīlìzhe tā búduàn jìnbù.	この座右の銘こそが、絶えず向上するよう彼を励ましています。

指定語句 動詞 名詞 ほか 作文対策語句

减字默认词

シラバスでは、指定されている語句以外にも紹介されている語句があり、本ページではそのうち、指定語句の1文字または2文字のみで成り立つ語句（减字默认词）をご紹介いたします。

拔 bá 抜く
绑 bǎng 縛る
逼 bī 強いる
巢 cháo 巣
垂 chuí 垂れる
寸 cùn 寸
代谢 dàixiè 代謝
叠 dié 畳む
赴 fù 行く
腹 fù 腹
工艺 gōngyì 工芸
雇 gù 雇う
湖 hú 湖
患 huàn 患う
祸 huò 災い
尖 jiān 先
箭 jiàn 矢
揭 jiē 暴く
捆 kǔn 束ねる
狼 láng 狼
裂 liè 避ける
露 lù 現す
埋 mái 埋める
瞒 mán 隠す
闷 mèn 息苦しい
庙 miào 廟
泥 ní 泥
泡 pào 泡
膨胀 péngzhàng 膨張する
偏 piān 偏っている
旗 qí 旗
迄今 qìjīn 今まで
迁 qiān 移る
渗 shèn しみる
寺 sì 寺
踏 tà 踏む
天然 tiānrán 天然の
添 tiān 増やす
吞 tūn 飲み込む
挖 wā 掘る
旺 wàng 盛んな
掀 xiān めくる
卸 xiè 下ろす
悬崖 xuányá 断崖
沿 yán …に沿って
氧 yǎng 酸素
氧化 yǎnghuà 酸化
意味 yìwèi 意味
赠 zèng 含み、味わい
遮 zhē さえぎる
蒸 zhēng 蒸す
知足 zhīzú 満足している
壮 zhuàng 強い
捉 zhuō 捕らえる

HSK 指定語句 2500

ほか 1878–2500

2500 の指定語句のうち、動詞と名詞を除く品詞とフレーズの語句 623 を掲載しています。

形容詞

1878 **暧昧** àimèi
形 曖昧な、いかがわしい

1879 **安宁** ānníng
形 穏やかな、平穏な

1880 **安详** ānxiáng
形 落ち着いている

1881 **昂贵** ángguì
形 非常に高い

1882 **凹凸** āotū
形 でこぼこな

1883 **霸道** bàdào
形 横暴な　名 覇道

解説 "bàdao"では「きつい、強烈な」

1884 **卑鄙** bēibǐ
形 卑劣な

他态度暧昧，没有明确表示是否同意。 Tā tàidù àimèi, méiyǒu míngquè biǎoshì shìfǒu tóngyì.	彼の態度は曖昧で、賛成かどうかはっきりしません。
王总与他的女秘书关系暧昧。 Wáng zǒng yǔ tā de nǚmìshū guānxi àimèi.	王社長と女性秘書の関係は曖昧です。
这个地区治安好，百姓生活非常安宁。 Zhège dìqū zhì'ān hǎo, bǎixìng shēnghuó fēicháng ānníng.	この地区の治安はよく、民衆の生活は穏やかです。
外面的噪音让我们不得安宁。 Wàimiàn de zàoyīn ràng wǒmen bùdé ānníng.	外の騒音のせいで、私たちは安らぎを得られません。
他们在这里过着安详、宁静的生活。 Tāmen zài zhèli guòzhe ānxiáng、níngjìng de shēnghuó.	彼らはここで落ち着いた、穏やかな生活を過ごしています。
这些昂贵的奢侈品一般人买不起。 Zhèxiē ángguì de shēchǐpǐn yìbānrén mǎibuqǐ.	これらの高価なぜいたく品は一般人には買えません。
这段路的路面凹凸不平，很难行走。 Zhè duàn lù de lùmiàn āotū bùpíng, hěn nán xíngzǒu.	この道路は凸凹で平らではないので、歩きにくいです。
他利用石头凹凸的特点进行雕塑。 Tā lìyòng shítou āotū de tèdiǎn jìnxíng diāosù.	彼は石のでこぼこを利用して彫塑しました。
他作风霸道，说一不二。 Tā zuòfēng bàdào, shuōyībú'èr.	彼の態度は横暴で、何でも思い通りにします。
我们无法跟那么霸道的人合作。 Wǒmen wúfǎ gēn nàme bàdào de rén hézuò.	私たちはあんな横暴な人と協力することはできません。
我不会做那种卑鄙的事。 Wǒ bú huì zuò nà zhǒng bēibǐ de shì.	私はあのような卑劣なことはできません。

1885 悲哀 bēi'āi

形 悲しい

↔ "**喜悦 xǐyuè**" 嬉しい

1886 悲惨 bēicǎn

形 悲惨である

1887 被动 bèidòng

形 受動的な

1888 笨拙 bènzhuō

形 不器用な、下手な

1889 闭塞 bìsè

形 (交通が) 不便な、(世情などに) 疎い

1890 扁 biǎn

形 平たく薄い、扁平な

1891 便利 biànlì

形 便利な　動 便宜を図る、便利にする

要保重身体，不要过度悲哀。 Yào bǎozhòng shēntǐ, búyào guòdù bēi'āi.	お大事に、あまり悲しまないようになさってください。
他们现在没有食物，处境很悲惨。 Tāmen xiànzài méiyǒu shíwù, chǔjìng hěn bēicǎn.	彼らは現在食べ物がなく、境遇は悲惨です。
他谈恋爱时特别被动，是女孩儿追求的他。 Tā tán liàn'ài shí tèbié bèidòng, shì nǚháir zhuīqiú de tā. **我方在谈判中有些被动。** Wǒ fāng zài tánpàn zhōng yǒuxiē bèidòng.	彼は恋愛するとき非常に受け身で、女の子のほうが彼にアプローチしてきました。 私の方は話し合いでやや守勢です。
他笨拙的举动把大家逗笑了。 Tā bènzhuō de jǔdòng bǎ dàjiā dòuxiào le. **黑熊笨拙地往前移动了两步。** Hēixióng bènzhuō de wǎng qián yídòngle liǎng bù.	彼の不器用な動作はみんなを笑わせました。 熊はよたよたと前へ2歩進みました。
那里交通闭塞，人们出行很不方便。 Nàli jiāotōng bìsè, rénmen chūxíng hěn bù fāngbiàn. **整天不上网，我现在消息很闭塞。** Zhěng tiān bú shàngwǎng, wǒ xiànzài xiāoxi hěn bìsè.	あそこは交通の便が悪く、人々が出かけるのにとても不便です。 一日中ネットをしていないので、私は今情報に疎いです。
乒乓球被踩扁了。 Pīngpāngqiú bèi cǎibiǎn le. **这个圆没画好，有些扁了。** Zhège yuán méi huàhǎo, yǒuxiē biǎn le.	ピンポン玉は踏まれてぺしゃんこになりました。 この丸はうまく描けていません。いささか歪んでいます。
从这儿坐车无论到哪儿都很便利。 Cóng zhèr zuò chē wúlùn dào nǎr dōu hěn biànlì. **地铁为人们的出行带来了很多便利。** Dìtiě wèi rénmen de chūxíng dàiláile hěn duō biànlì.	ここから車に乗るとどこへ行くのにもとても便利です。 地下鉄は人々の外出に多くの利便性をもたらしました。

1892	辩证 biànzhèng	形 弁証法的な 動 弁別し考証する
1893	别致 biézhì	形 奇抜な
1894	别扭 bièniu	形 ひねくれている、意見が合わない、すっきりしない
1895	薄弱 bóruò	形 弱い
1896	不得已 bùdéyǐ	形 やむを得ない、どうしようもない
1897	不像话 búxiànghuà	形 ひどい、お粗末だ
1898	残酷 cánkù	形 残酷な

我们要辩证地看待成功和失败的关系。 Wǒmen yào biànzhèng de kàndài chénggōng hé shībài de guānxi.	私たちは成功と失敗の関係を弁証法的に扱わなければなりません。
他相信辩证唯物主义的理论。 Tā xiāngxìn biànzhèng wéiwù zhǔyì de lǐlùn.	彼は弁証法的唯物主義理論を信じています。
这些服装设计得都很别致。 Zhèxiē fúzhuāng shèjìde dōu hěn biézhì.	これらの服装はすべてデザインがユニークです。
我也不知道怎么了，觉得浑身别扭。 Wǒ yě bù zhīdào zěnme le, juéde húnshēn bièniu.	私もどうしたのか分かりませんが、体中がすっきりしません。
他们俩闹别扭了，谁也不和谁说话。 Tāmen liǎ nào bièniu le, shéi yě bù hé shéi shuōhuà.	彼ら２人は意見が合わずもめていて、お互いに話をしません。
他的数学基础很薄弱，需要补课。 Tā de shùxué jīchǔ hěn bóruò, xūyào bǔkè.	彼の数学の基礎はとても弱く、補習が必要です。
他意志薄弱，做什么都很难坚持下去。 Tā yìzhì bóruò, zuò shénme dōu hěn nán jiānchíxiaqu.	彼の意志は弱く、何をするのもすべて続けるのが難しいです。
当时我生了重病，不得已放弃考大学了。 Dāngshí wǒ shēngle zhòngbìng, bùdéyǐ fàngqì kǎo dàxué le.	当時私は重病を患っていて、やむを得ず大学を受験するのをあきらめました。
他上课总是迟到，真不像话。 Tā shàngkè zǒngshì chídào, zhēn búxiànghuà.	彼は授業にいつも遅刻して、本当にお話になりません。
他跟妈妈用这种口气说话，很不像话。 Tā gēn māma yòng zhè zhǒng kǒuqì shuōhuà, hěn búxiànghuà.	彼はお母さんにこんな口のきき方をして、ひどいものです。
敌人对他非常残酷，但他没有屈服。 Dírén duì tā fēicháng cánkù, dàn tā méiyǒu qūfú.	敵は彼に非常に残酷でしたが、彼は屈服することはありませんでした。

1899	残忍 cánrěn	形 残忍な
1900	灿烂 cànlàn	形 光り輝く、輝かしい
1901	仓促 cāngcù	形 あわただしい
1902	苍白 cāngbái	形 青白い、顔面蒼白な
1903	嘈杂 cáozá	形 がやがやと騒がしい
1904	草率 cǎoshuài	形 いいかげんな、ぞんざいな
1905	诧异 chàyì	形 不思議な、怪しい
1906	馋 chán	形 食いしん坊の、(他人のものを)ほしがる

动物之间的争斗有时候很残忍。 Dòngwù zhījiān de zhēngdòu yǒu shíhou hěn cánrěn.	動物の間の闘争はとても残忍なときがあります。
他们在这星光灿烂的晚上一起散步，感觉非常浪漫。 Tāmen zài zhè xīngguāng cànlàn de wǎnshang yìqǐ sànbù, gǎnjué fēicháng làngmàn. **他笑得非常灿烂，那种幸福是发自心底的。** Tā xiàode fēicháng cànlàn, nà zhǒng xìngfú shì fāzì xīndǐ de.	彼らはこの星の光輝く夜に一緒に散歩し、非常にロマンティックに感じました。 彼は輝くような笑顔になりました。その幸福は心からのものでした。
他仓促地下了决定，结果犯了错误。 Tā cāngcù de xiàle juédìng, jiéguǒ fànle cuòwù.	彼はあわてて決定し、結果的に間違いを犯しました。
他的脸色很苍白，好像生病了。 Tā de liǎnsè hěn cāngbái, hǎoxiàng shēngbìng le. **他的辩解在事实面前显得很苍白。** Tā de biànjiě zài shìshí miànqián xiǎnde hěn cāngbái.	彼の顔色は青白く、まるで病気のようでした。 彼の弁解は事実の前で明らかに精彩を欠いていました。
屋里声音嘈杂，什么也听不清。 Wū li shēngyīn cáozá, shénme yě tīngbuqīng.	部屋の音が騒がしく、何もはっきり聞き取れません。
他办事太草率了，所以经常出错。 Tā bànshì tài cǎoshuài le, suǒyǐ jīngcháng chūcuò.	彼はやることがとてもいいかげんなため、いつも失敗します。
这种现象让我感到很诧异。 Zhè zhǒng xiànxiàng ràng wǒ gǎndào hěn chàyì.	この現象を私は不思議に感じました。
我最近嘴馋，想吃北京烤鸭。 Wǒ zuìjìn zuǐ chán, xiǎng chī Běijīng kǎoyā. **别人换了新手机，他就馋得慌。** Biérén huànle xīn shǒujī, tā jiù chánde huāng.	私は最近食い意地が張って、北京ダックを食べたいと思っています。 他の人が新しい携帯電話に機種変更すると、彼はすぐに欲しくてたまらなくなります。

1907	昌盛 chāngshèng	形 栄える、繁栄する
1908	畅通 chàngtōng	形 滞りなく通じる、順調にいく
1909	沉闷 chénmèn	形 重苦しい、暗い
1910	沉重 chénzhòng	形 重い、重苦しい
1911	沉着 chénzhuó	形 落ち着いている、(色素が) 付着する
1912	陈旧 chénjiù	形 古い、古臭い
1913	诚挚 chéngzhì	形 真摯である
1914	吃力 chīlì	形 骨が折れる

中国历史上唐朝经济发达，国家昌盛。 Zhōngguó lìshǐ shang Tángcháo jīngjì fādá, guójiā chāngshèng.	中国史上では唐代に経済が発達し、国家が繁栄しました。
夜晚两三点钟是网络最畅通的时候。 Yèwǎn liǎng sān diǎn zhōng shì wǎngluò zuì chàngtōng de shíhou.	夜中の2時～3時はネットが最もスムーズな時間です。
大家谁也不说话，气氛很沉闷。 Dàjiā shéi yě bù shuōhuà, qìfēn hěn chénmèn.	みんな誰も何も言わず、雰囲気はどんよりしています。
他性格很沉闷，不爱说话。 Tā xìnggé hěn chénmèn, bú ài shuōhuà.	彼は性格が暗く、話すことも好きではありません。
他提着一个沉重的行李箱。 Tā tízhe yí ge chénzhòng de xínglixiāng.	彼は重そうなスーツケースをかかえています。
没人能理解他现在沉重的心情。 Méi rén néng lǐjiě tā xiànzài chénzhòng de xīnqíng.	彼の現在の重苦しい心情は誰にも理解できません。
如果当时我再沉着一点儿就好了。 Rúguǒ dāngshí wǒ zài chénzhuó yìdiǎnr jiù hǎo le.	もし当時私がもっと落ち着いていればよかったのです。
虽然事情很紧急，但他显得很沉着。 Suīrán shìqing hěn jǐnjí, dàn tā xiǎnde hěn chénzhuó.	事は切迫していましたが、彼は明らかに落ち着いていました。
这种陈旧的观念早就应该抛弃了。 Zhè zhǒng chénjiù de guānniàn zǎo jiù yīnggāi pāoqì le.	このような古い考え方は早く捨てるべきです。
他诚挚的目光让我们觉得他很可靠。 Tā chéngzhì de mùguāng ràng wǒmen juéde tā hěn kěkào.	彼の真摯なまなざしで、私たちは彼がとても信頼できる人だと思いました。
他的脚受伤了，走起路来特别吃力。 Tā de jiǎo shòushāng le, zǒuqi lù lai tèbié chīlì.	彼は足を怪我したので、歩こうとするととりわけ骨が折れます。

No.	単語	ピンイン	意味
1915	迟钝	chídùn	形 のろい
1916	迟缓	chíhuǎn	形 遅い
1917	迟疑	chíyí	形 ためらっている、ぐずぐずしている
1918	持久	chíjiǔ	形 長持ちする
1919	冲动	chōngdòng	形 衝動的な
1920	充沛	chōngpèi	形 満ちあふれる
1921	充实	chōngshí	形 充実している、盛りだくさんの
1922	充足	chōngzú	形 十分な

他常常抱怨自己迟钝，反应比别人慢半拍。 Tā chángcháng bàoyuàn zìjǐ chídùn, fǎnyìng bǐ biérén màn bàn pāi.	彼はしばしば自分はのろくて、反応が人より半拍遅いとこぼします。
由于交通拥堵，我们的车行进迟缓。 Yóuyú jiāotōng yōngdǔ, wǒmen de chē xíngjìn chíhuǎn.	交通が渋滞しているので、私たちの車の進みが遅いです。
他迟疑了半天才做出了决定。 Tā chíyíle bàntiān cái zuòchūle juédìng.	彼は長い間ためらってやっと決定しました。
这种状况不会持久，很快会改善的。 Zhè zhǒng zhuàngkuàng bú huì chíjiǔ, hěn kuài huì gǎishàn de. **这种药药效持久，所以每天吃一粒就可以。** Zhè zhǒng yào yàoxiào chíjiǔ, suǒyǐ měitiān chī yí lì jiù kěyǐ.	この状況は長引かず、すぐに改善するでしょう。 この種の薬は薬効が長続きするので、毎日1錠飲めばいいです。
我一时冲动，犯了错误。 Wǒ yìshí chōngdòng, fànle cuòwù.	私は一時の衝動にかられ、間違いを犯しました。
今年的雨水非常充沛，农作物长得很好。 Jīnnián de yǔshuǐ fēicháng chōngpèi, nóngzuòwù zhǎngde hěn hǎo.	今年の雨量は十分であり、農作物の育ちがとてもよいです。
虽然工作很累，但他过得很充实。 Suīrán gōngzuò hěn lèi, dàn tā guòde hěn chōngshí. **老人们通过锻炼来充实和丰富退休生活。** Lǎorénmen tōngguò duànliàn lái chōngshí hé fēngfù tuìxiū shēnghuó.	仕事はとても疲れますが、彼はとても充実した日々を過ごしています。 お年寄りたちは体を鍛えることで、退職後の生活を充実で豊かなものにしています。
这里阳光充足，适合农作物生长。 Zhèli yángguāng chōngzú, shìhé nóngzuòwù shēngzhǎng.	ここは日の光が十分にあり、農作物を育てるのに適しています。

1923	崇高 chónggāo	形 崇高な
1924	稠密 chóumì	形 密集している
1925	丑恶 chǒu'è	形 醜い
1926	初步 chūbù	形 初歩の
1927	垂直 chuízhí	形 垂直である　動 垂直になる
1928	纯洁 chúnjié	形 純潔な　動 純潔にする
1929	慈善 císhàn	形 慈悲深い
1930	慈祥 cíxiáng	形 情が深い

他是一位有崇高理想的人。 Tā shì yí wèi yǒu chónggāo lǐxiǎng de rén.	彼は崇高な理想がある人です。
庄稼种得太稠密，会影响生长。 Zhuāngjia zhòngde tài chóumì, huì yǐngxiǎng shēngzhǎng.	農作物をあまり密に植えると、成長に影響するでしょう。
他鼓舞群众与丑恶势力做斗争。 Tā gǔwǔ qúnzhòng yǔ chǒu'è shìlì zuò dòuzhēng.	彼は民衆を鼓舞し醜悪な勢力と闘いました。
我们制订了一个初步计划，请您看看。 Wǒmen zhìdìngle yí ge chūbù jìhuà, qǐng nín kànkan. **这是我的初步打算，以后可能还会改变。** Zhè shì wǒ de chūbù dǎsuàn, yǐhòu kěnéng hái huì gǎibiàn.	私たちは一応の計画を制定したので、見てください。 これは私の一応の予定です。今後まだ変わる可能性があります。
站立时，人的身体与地面垂直。 Zhànlì shí, rén de shēntǐ yǔ dìmiàn chuízhí.	立ったとき、人の体と地面は垂直です。
他们之间一直保持着纯洁的友谊。 Tāmen zhījiān yìzhí bǎochízhe chúnjié de yǒuyì. **一本好书可以纯洁读者的心灵。** Yì běn hǎo shū kěyǐ chúnjié dúzhě de xīnlíng.	彼らはずっと純粋な友情を維持しています。 良い本は読者の心を純化します。
他说要把自己的全部财产都用来做慈善事业。 Tā shuō yào bǎ zìjǐ de quánbù cáichǎn dōu yònglái zuò císhàn shìyè.	彼は自分の財産をすべて使って慈善事業を行いました。
他慈祥的脸上露出了满意的笑容。 Tā cíxiáng de liǎn shang lùchūle mǎnyì de xiàoróng.	彼の慈悲深い顔に満足そうな笑みが浮かびました。

1931	**从容** cóngróng	形 落ち着いている
1932	**粗鲁** cūlǔ	形 荒っぽい
1933	**脆弱** cuìruò	形 脆弱な
1934	**大意** dàyi	形 うかつな、いいかげんな 関 "**大意 dàyì**" あらまし、大意
1935	**大致** dàzhì	形 おおよその、だいたいの 副 おおよそのところ、だいたい
1936	**胆怯** dǎnqiè	形 臆病な、おじけづいた
1937	**得力** délì	形 役に立つ、有能な
1938	**定期** dìngqī	形 定期的な

面对考官的提问，他显得很从容。 Miànduì kǎoguān de tíwèn, tā xiǎnde hěn cóngróng.	試験官の質問に対し、彼は落ち着いているようでした。
他的脸上始终带着从容自信的微笑。 Tā de liǎn shang shǐzhōng dàizhe cóngróng zìxìn de wēixiào.	彼の顔にはずっと落ち着いて自信のある微笑みが浮かんでいました。
你这种粗鲁的行为只能让别人疏远你。 Nǐ zhè zhǒng cūlǔ de xíngwéi zhǐ néng ràng biérén shūyuǎn nǐ.	あなたのこのような荒っぽい行為は人をあなたから遠ざけるだけです。
他从来不在别人面前显示自己脆弱的一面。 Tā cónglái bú zài biérén miànqián xiǎnshì zìjǐ cuìruò de yímiàn.	彼はこれまで人の前で自分の弱い面を見せたことがありません。
不管做什么，都不能马虎大意。 Bùguǎn zuò shénme, dōu bù néng mǎhu dàyi.	何をするにしても、いい加減にしてはなりません。
事情的大致经过我已经知道了。 Shìqing de dàzhì jīngguò wǒ yǐjīng zhīdao le.	事のおおよその経緯はもうわかりました。
这座大厦大致一年内可以建成。 Zhè zuò dàshà dàzhì yì nián nèi kěyǐ jiànchéng.	この大きなビルはおおよそ1年以内にできます。
他上台表演前突然胆怯了。 Tā shàngtái biǎoyǎn qián tūrán dǎnqiè le.	彼は舞台に上がる前、急に怖気づきました。
他做事很得力，领导很信任他。 Tā zuòshì hěn délì, lǐngdǎo hěn xìnrèn tā.	彼は仕事ができるので、管理職は彼を信頼しています。
我的一张定期存折找不到了。 Wǒ de yì zhāng dìngqī cúnzhé zhǎobudào le.	私の定期預金通帳が見当たらなくなりました。
我们会定期向公司汇报情况。 Wǒmen huì dìngqī xiàng gōngsī huìbào qíngkuàng.	私たちは定期的に会社に状況を報告します。

1939	**动荡** dòngdàng	形 動揺している、不穏の
1940	**陡峭** dǒuqiào	形 切り立った、険しい
1941	**端正** duānzhèng	形 きちんとしている、礼儀正しい
1942	**短促** duǎncù	形 (時間が) 短い
1943	**对称** duìchèn	形 対称的な
1944	**多元化** duōyuánhuà	形 種類が豊富な、多様な 動 多様化する
1945	**额外** éwài	形 定数・定員・定額を超えた、余計な

那时社会动荡不安，老百姓的生活也没有保障。 Nà shí shèhuì dòngdàng bù'ān, lǎobǎixìng de shēnghuó yě méiyǒu bǎozhàng.	そのときは社会が動揺して不安定で、人々の生活も保障されていませんでした。
走在陡峭的山崖上，我们都很害怕。 Zǒuzài dǒuqiào de shānyá shang, wǒmen dōu hěn hàipà.	切り立った崖の上を歩いて、私たちはとても怖かったです。
学生们都端端正正地坐在教室里。 Xuéshengmen dōu duānduānzhèngzhèng de zuòzài jiàoshì li.	学生たちはみなきちんと教室で座っています。
他的学习态度非常端正。 Tā de xuéxí tàidù fēicháng duānzhèng.	彼の学習態度は非常に礼儀正しいです。
虽然见面时间短促，但他给我留下了深刻印象。 Suīrán jiànmiàn shíjiān duǎncù, dàn tā gěi wǒ liúxiàle shēnkè yìnxiàng.	会う時間は短かったけれども、彼は私に深い印象を残しました。
桌子两边对称地摆着两张床。 Zhuōzi liǎngbiān duìchèn de bǎizhe liǎng zhāng chuáng.	机の両側に2台のベッドが対称的に並べられています。
经济成分多元化有利于经济发展。 Jīngjì chéngfèn duōyuánhuà yǒulìyú jīngjì fāzhǎn.	経済的要素の多様化は経済の発展に有利です。
现在外国留学生学汉语的目的越来越多元化。 Xiànzài wàiguó liúxuéshēng xué Hànyǔ de mùdì yuè lái yuè duōyuánhuà.	現在、外国の留学生が中国語を学ぶ目的はますます多様化しています。
这所小学又额外招收了十名学生。 Zhè suǒ xiǎoxué yòu éwài zhāoshōule shí míng xuésheng.	この小学校はさらに10人の児童を募集しました。
这是我额外的工作，并没有报酬。 Zhè shì wǒ éwài de gōngzuò, bìng méiyǒu bàochou.	これは私の通常業務以外の仕事で、まったく報酬がありません。

1946
恶心
ěxin
形 気持ち悪い、嫌い

1947
繁华
fánhuá
形 にぎやかな

1948
繁忙
fánmáng
形 多忙な、忙しい

1949
反常
fǎncháng
形 普段と異なる、異常な

1950
非法
fēifǎ
形 違法な、非合法の

1951
肥沃
féiwò
形 肥沃な
↔ "**瘠薄 jíbó**"（土地が）やせている

1952
愤怒
fènnù
形 怒りを覚える、激怒した

1953
丰满
fēngmǎn
形 ふくよかな、生き生きとした

他感到一阵恶心。 Tā gǎndào yízhèn ěxin.	彼は吐き気を感じました。
垃圾倒在这里多恶心人啊! Lājī dàozài zhèli duō ěxin rén a!	ゴミをここに捨てるなんて本当に嫌な気分です。
现在这个城市比过去繁华多了。 Xiànzài zhège chéngshì bǐ guòqù fánhuáduō le.	今、この町は以前よりもだいぶにぎやかになっています。
他最近工作繁忙，很少回家。 Tā zuìjìn gōngzuò fánmáng, hěn shǎo huí jiā.	彼は最近仕事が忙しく、めったに家に帰りません。
北京地铁每天从早到晚都很繁忙。 Běijīng dìtiě měitiān cóng zǎo dào wǎn dōu hěn fánmáng.	北京の地下鉄は毎日朝から夜まで忙しいです。
今年冬天气候反常，一点儿也不冷。 Jīnnián dōngtiān qìhòu fǎncháng, yìdiǎnr yě bù lěng.	この冬は気候が異常で、まったく寒くありません。
捕杀这种野生动物是非法的。 Bǔshā zhè zhǒng yěshēng dòngwù shì fēifǎ de.	このような野生動物をとらえて殺すことは違法です。
从前这里是沙漠，现在是肥沃的农田了。 Cóngqián zhèli shì shāmò, xiànzài shì féiwò de nóngtián le.	昔はこのあたりは砂漠でしたが、今では肥沃な農地になっています。
大家都用愤怒的眼光看着他。 Dàjiā dōu yòng fènnù de yǎnguāng kànzhe tā.	誰もが怒りの目つきで彼を見ています。
几年不见，姑娘长得丰满起来了。 Jǐ nián bú jiàn, gūniang zhǎngde fēngmǎnqilai le.	数年間会わないうちに、女の子はふくよかになっていました。
他在小说里把主人公描写得很丰满，有血有肉。 Tā zài xiǎoshuō li bǎ zhǔréngōng miáoxiěde hěn fēngmǎn, yǒuxuèyǒuròu.	彼は小説の中で、主人公を生き生きと、具体的に描写しています。

1954 **丰盛** fēngshèng

形 (料理や食べ物が) 豊かな

1955 **风趣** fēngqù

形 ユーモアのある 名 風情

1956 **封建** fēngjiàn

形 封建的な 名 封建、封建制

1957 **锋利** fēnglì

形 切れ味のよい、鋭い

1958 **腐败** fǔbài

形 堕落している、乱れている 動 腐敗する

1959 **腐朽** fǔxiǔ

形 腐りきった、(木などが) 腐り傷んだ

1960 **附属** fùshǔ

形 付属の 動 帰属する

妈妈做了一桌子丰盛的饭菜，迎接孩子回家。 Māma zuòle yì zhuōzi fēngshèng de fàncài, yíngjiē háizi huí jiā.	母はテーブルに乗りきらないくらいの料理を作って、子どもが帰ってくるのを迎えました。
他的演讲风趣极了，听众都被逗乐了。 Tā de yǎnjiǎng fēngqùjí le, tīngzhòng dōu bèi dòulè le.	彼の演説にはユーモアのセンスがあったので、聴衆はみな面白がりました。
家长干涉子女婚姻，是一种封建做法。 Jiāzhǎng gānshè zǐnǚ hūnyīn, shì yì zhǒng fēngjiàn zuòfǎ.	両親が子どもの結婚に干渉するのは、封建的なやり方です。
中国封建社会长达两千多年。 Zhōngguó fēngjiàn shèhuì chángdá liǎngqiān duō nián.	中国の封建社会は2000年あまり続きました。
他手里拿着一把锋利的匕首。 Tā shǒu li názhe yì bǎ fēnglì de bǐshǒu.	彼は手に鋭い短剣を握りしめています。
文章用词锋利，很有说服力。 Wénzhāng yòng cí fēnglì, hěn yǒu shuōfúlì.	文章は文筆が鋭く、とても説得力があります。
他的个人生活非常腐败。 Tā de gèrén shēnghuó fēicháng fǔbài.	彼の私生活は非常に乱れています。
那时的政府腐败无能，老百姓痛苦不堪。 Nà shí de zhèngfǔ fǔbài wúnéng, lǎobǎixìng tòngkǔ bùkān.	当時の政府は腐敗していて無能であり、人々はひどく苦しんでいました。
我们要抛弃腐朽的旧观念，跟上时代发展。 Wǒmen yào pāoqì fǔxiǔ de jiù guānniàn, gēnshàng shídài fāzhǎn.	腐りきった古い考え方を私たちは捨てて、時代の変化に対応していかなければなりません。
这种树死了以后也不会腐朽。 Zhè zhǒng shù sǐle yǐhòu yě bú huì fǔxiǔ.	この木は枯れたあとでも腐りません。
他在公司附属的一家印刷厂工作。 Tā zài gōngsī fùshǔ de yì jiā yìnshuāchǎng gōngzuò.	彼は会社に附属している印刷工場で働いています。
这所科研机构附属于社会科学院。 Zhè suǒ kēyán jīgòu fùshǔyú shèhuì kēxuéyuàn.	この科学研究機関は、社会科学院に帰属しています。

No.	単語	意味
1961	富裕 fùyù	形 裕福な、豊かである 動 豊かにする
1962	干旱 gānhàn	形 (土地が日照りで) 乾燥している
1963	尴尬 gāngà	形 ばつが悪い、処置に窮する
1964	高超 gāochāo	形 一段と優れている
1965	高明 gāomíng	形 優れた 名 優れた人
1966	高尚 gāoshàng	形 気高い、高尚である
1967	公道 gōngdao	形 公平である、適正だ 解説 "gōngdào" と読むと「公正な道理」という意味の名詞になる
1968	公正 gōngzhèng	形 公正である

经过这些年的积累，人们逐渐富裕起来了。 Jīngguò zhèxiē nián de jīlěi, rénmen zhújiàn fùyùqilai le.	ここ数年の積み重ねを経て、人々は次第に豊かになってきました。
这里长期以来就是干旱少雨。 Zhèli chángqī yǐlái jiùshì gānhàn shǎoyǔ. **面对几十年不遇的干旱，市里想了很多办法。** Miànduì jǐshí nián búyù de gānhàn, shì li xiǎngle hěnduō bànfǎ.	ここは長い間雨が降らず乾燥しています。 何十年もなかったほどの干ばつに直面して、市は多くの方法を考えてきました。
我拿走东西却忘了付钱，非常尴尬。 Wǒ názǒu dōngxi què wàngle fù qián, fēicháng gāngà. **他首先打破了尴尬，开始跟我交谈起来。** Tā shǒuxiān dǎpòle gāngà, kāishǐ gēn wǒ jiāotánqilai.	私は品物を持っていきましたが、お金を払うのを忘れ、非常に恥ずかしい思いをしました。 彼はまず気まずさを打ち破って、私に話し始めました。
我见过很多技艺高超的人，他们个个身怀绝技。 Wǒ jiànguo hěn duō jìyì gāochāo de rén, tāmen gègè shēn huái juéjì.	私は技芸のずば抜けた人に大勢会いました、彼ら一人一人が誰も真似ができない技を持っています。
他见多识广，一定会有高明的见解。 Tā jiàn duō shí guǎng, yídìng huì yǒu gāomíng de jiànjiě.	彼は経験が豊富で知識があるので、きっと優れた意見を持っています。
他高尚的行为得到了大家的赞扬。 Tā gāoshàng de xíngwéi dédàole dàjiā de zànyáng.	彼の高貴な振る舞いはみなの称賛を得ました。
我们应当公道地来评判这种现象。 Wǒmen yīngdāng gōngdao de lái píngpàn zhè zhǒng xiànxiàng. **公道自在人心。** Gōngdào zì zài rénxīn.	私たちはこの現象を公正に判断すべきです。 正義は人々の心に元々存在しているものです。
他为人很公正，没有什么私心。 Tā wéirén hěn gōngzhèng, méiyǒu shénme sīxīn.	彼は人となりが公正で、私心などありません。

1969 恭敬 gōngjìng 形 礼儀正しく丁寧な、恭しい

1970 孤独 gūdú 形 孤独な、人付き合いをしたがらない

1971 孤立 gūlì 形 孤立している 動 孤立させる

1972 古怪 gǔguài 形 風変わりな、異質な

1973 固有 gùyǒu 形 固有の、元からある

1974 固执 gùzhi 形 頑固な、強情な

1975 光辉 guānghuī 形 輝かしい、光り輝いている 名 栄光、光

1976 光荣 guāngróng 形 光栄な、栄誉ある 名 名誉、誉れ

对长辈要恭敬，说话不能太随便了。 Duì zhǎngbèi yào gōngjìng, shuōhuà bù néng tài suíbiàn le.	先輩には敬意を払って、あまり好き勝手にしゃべってはいけません。
他恭恭敬敬地站在旁边。 Tā gōnggōngjìngjìng de zhànzài pángbiān.	彼は敬意を表して横に立っていました。
刚到国外的时候，我觉得很孤独。 Gāng dào guówài de shíhou, wǒ juéde hěn gūdú.	海外に行ったばかりのとき、私は孤独を感じました。
我们在这个岛上孤立无援。 Wǒmen zài zhège dǎo shang gūlì wúyuán.	私たちはこの島では孤立無援です。
任何事物都不是孤立存在的。 Rènhé shìwù dōu bú shì gūlì cúnzài de.	何であろうと孤立して存在するものはありません。
这身古怪的打扮引起了人们的注意。 Zhè shēn gǔguài de dǎban yǐnqǐle rénmen de zhùyì.	この風変わりないでたちは人々の注目を集めました。
泼水节是这个民族固有的传统节日。 Pōshuǐjié shì zhège mínzú gùyǒu de chuántǒng jiérì.	水かけ祭りは、この民族に固有の伝統的な祭日です。
他很固执，谁的意见也听不进去。 Tā hěn gùzhi, shéi de yìjiàn yě tīngbujìnqù.	彼はとても頑固で、誰の意見にも耳を傾けません。
这位老人曾经有过光辉的历史。 Zhè wèi lǎorén céngjīng yǒuguo guānghuī de lìshǐ.	この老人はかつて輝かしい歴史を持っていました。
落日的光辉染红了天边的晚霞。 Luòrì de guānghuī rǎnhóngle tiānbiān de wǎnxiá.	夕日の光が夕空を赤く染め上げました。
他获得了公司奖励，觉得很光荣。 Tā huòdéle gōngsī jiǎnglì, juéde hěn guāngróng.	彼は会社の褒賞を獲得して、光栄に感じました。

1977 广阔 guǎngkuò

形 広大な、広い

1978 规范 guīfàn

形 規範に合った　動 標準化する、規範に適合させる　名 規範、標準

1979 果断 guǒduàn

形 断固とした、さっぱりしている

1980 过度 guòdù

形 度を越した、～しすぎる

1981 过瘾 guò//yǐn

形 堪能した、十分に満足する

⚠シラバスでは動詞に分類されていますが、一般的な用法を重視し形容詞として表示しています。

1982 含糊 hánhu

形（態度や言葉などが）あいまいな、おざなりの

1983 罕见 hǎnjiàn

形 まれにみる、めったにない

这片广阔的土地非常肥沃。 Zhè piàn guǎngkuò de tǔdì fēicháng féiwò.	この広大な土地は非常に肥沃です。
这台机器一定要按照规范操作。 Zhè tái jīqì yídìng yào ànzhào guīfàn cāozuò.	この機器は、必ず仕様に従って操作する必要があります。
现在公司的管理越来越规范了。 Xiànzài gōngsī de guǎnlǐ yuè lái yuè guīfàn le.	現在、会社の管理はますます標準化されてきています。
公司果断地做出决定,立即停止销售问题产品。 Gōngsī guǒduàn de zuòchū juédìng, lìjí tíngzhǐ xiāoshòu wèntí chǎnpǐn.	会社はきっぱりと決定を下し、問題のある商品の販売を直ちに中止しました。
正是由于他的果断，才避免了一场事故。 Zhèng shì yóuyú tā de guǒduàn, cái bìmiǎnle yì cháng shìgù.	まさに彼の決断で事故を回避しました。
他过度紧张，一时什么都想不起来了。 Tā guòdù jǐnzhāng, yìshí shénme dōu xiǎngbuqǐlái le.	彼は緊張しすぎて、いっときしばらく何も思い出せなくなりました。
他过了一把京剧的瘾。 Tā guòle yì bǎ jīngjù de yǐn.	彼は京劇に夢中になりました。
他玩儿了一晚上网络游戏，非常过瘾。 Tā wánrle yì wǎnshang wǎngluò yóuxì, fēicháng guòyǐn.	彼は一晩中オンラインゲームで遊び、十分楽しみました。
他的回答很含糊,没有明确表示是否同意。 Tā de huídá hěn hánhu, méiyǒu míngquè biǎoshì shìfǒu tóngyì.	彼の返答は曖昧で､同意するかどうか明確に表しませんでした。
对这类事情，他绝不含糊。 Duì zhè lèi shìqing, tā jué bù hánhu.	この手のことについて、彼は絶対におろそかにしません。
他得了一种罕见的病，很难治好。 Tā déle yì zhǒng hǎnjiàn de bìng, hěn nán zhìhǎo.	彼は珍しい病気になり、治療が難しいです。
今年旱情这么严重，在历史上都很罕见。 Jīnnián hànqíng zhème yánzhòng, zài lìshǐ shang dōu hěn hǎnjiàn.	今年の干ばつの深刻さは、歴史上にもまれなことです。

1984 **豪迈** háomài

形 豪胆な、勇壮な

1985 **合算** hésuàn

形 勘定に合った、引き合った

1986 **和蔼** hé'ǎi

形 親しみやすい、穏やかな
解説 書き言葉で多く用いられ、目上の人について用いられることが多い

1987 **和睦** hémù

形 むつまじい、仲が良い

1988 **和气** héqi

形 穏やかな、仲が良い 名 むつまじい間柄

1989 **和谐** héxié

形 調和がとれている

1990 **狠心** hěnxīn

形 冷酷な、残忍な 名 大きな決心

1991 **宏观** hóngguān

形 巨視的な、マクロの

↔ "**微观 wēiguān**" 微視的な
関 "**宏观经济学 hóngguānjīngjìxué**" マクロ経済学

战士们喊着口号前进，非常豪迈。 Zhànshìmen hǎnzhe kǒuhào qiánjìn, fēicháng háomài.	兵士たちはスローガンを叫びながら前進していて、非常に勇壮です。
我觉得租房子比买房子更合算。 Wǒ juéde zū fángzi bǐ mǎi fángzi gèng hésuàn.	家を借りるほうが、家を買うよりも勘定に合っていると思います。
他总是显得那么和蔼，好像从来不生气。 Tā zǒngshì xiǎnde nàme hé'ǎi, hǎoxiàng cónglái bù shēngqì.	彼はいつも穏やかそうで、これまで怒ったことがないように見えます。
他生长在一个和睦的大家庭里。 Tā shēngzhǎngzài yí ge hémù de dàjiātíng li.	彼は仲が良い大家族の中で育ちました。
做生意一定要和气待人。 Zuò shēngyi yídìng yào héqi dàirén. **这个人对谁都显得非常和气。** Zhège rén duì shéi dōu xiǎnde fēicháng héqi.	商売をするならば、必ず穏やかに人と接しなくてはいけません。 この人は誰に対してもとても穏やかに見えます。
邻居们几十年来，相处得非常和谐。 Línjūmen jǐshí niánlái, xiāngchǔde fēicháng héxié.	ご近所さんたちは何十年間、仲むつまじくお付き合いをしています。
她被狠心的丈夫抛弃了。 Tā bèi hěnxīn de zhàngfu pāoqì le. **他下了狠心，一定要考上研究生。** Tā xiàle hěnxīn, yídìng yào kǎoshàng yánjiūshēng.	彼女は冷酷な夫に見捨てられました。 彼は並々ならぬ決意で、必ず大学院に合格すると決めました。
这篇文章宏观地分析了世界的形势。 Zhè piān wénzhāng hóngguān de fēnxīle shìjiè de xíngshì. **他从宏观的角度研究了这些问题。** Tā cóng hóngguān de jiǎodù yánjiūle zhèxiē wèntí.	この文章は、世界情勢を巨視的に分析しています。 彼はマクロの観点からこれらの問題を研究しました。

1992	宏伟 hóngwěi	形 雄大な、壮大な
1993	华丽 huálì	形 華麗である、華やかで美しい
1994	欢乐 huānlè	形 喜んでいる、嬉しい
1995	荒凉 huāngliáng	形 荒涼としている、うら寂しい
1996	荒谬 huāngmiù	形 でたらめな、極端に間違っている
1997	荒唐 huāngtang	形 でたらめな、ばかげている
1998	辉煌 huīhuáng	形 光り輝いている、(比喩的に) 輝かしい
1999	混乱 hùnluàn	形 混乱している

这是一座十分宏伟的建筑。 Zhè shì yí zuò shífēn hóngwěi de jiànzhù. **他从小就有宏伟的理想。** Tā cóngxiǎo jiù yǒu hóngwěi de lǐxiǎng.	これは非常に壮大な建築物です。 彼は子どもの頃から壮大な理想を持っていました。
我不喜欢这种华丽的风格，觉得朴实一些更好。 Wǒ bù xǐhuan zhè zhǒng huálì de fēnggé, juéde pǔshí yìxiē gèng hǎo.	私はこのゴージャスなスタイルが好きではなく、もう少しシンプルなほうがいいです。
节日里，到处是欢乐的人群。 Jiérì li, dàochù shì huānlè de rénqún. **欢乐的时刻到了，大家又唱又跳。** Huānlè de shíkè dào le, dàjiā yòu chàng yòu tiào.	祭日には、どこも楽しげな人々がいっぱいです。 歓喜の瞬間が訪れ、みなが歌い踊りました。
我们来到了一座荒凉的小岛上。 Wǒmen láidàole yí zuò huāngliáng de xiǎo dǎo shang.	私たちは荒涼とした小島にやってきました。
这种荒谬的言论不会有人相信的。 Zhè zhǒng huāngmiù de yánlùn bú huì yǒu rén xiāngxìn de.	このようなでたらめな言論を、信じる人はいないでしょう。
这种想法太荒唐了，简直是异想天开。 Zhè zhǒng xiǎngfǎ tài huāngtang le, jiǎnzhí shì yìxiǎngtiānkāi. **我觉得这个决定荒唐可笑。** Wǒ juéde zhège juédìng huāngtang kěxiào.	この種の考えはあまりにばかげています、まるで奇想天外です。 この決定は笑ってしまうくらいばかげていると思います。
在辉煌的灯光下，很多人在一起跳舞。 Zài huīhuáng de dēngguāng xià, hěn duō rén zài yìqǐ tiàowǔ. **他走进了这个辉煌的大厅。** Tā zǒujìnle zhège huīhuáng de dàtīng.	華やかな光の下で、多くの人が一緒に踊っています。 彼はこの華麗なホールに足を踏み入れました。
警察赶来后，制止了这里的混乱局面。 Jǐngchá gǎnlai hòu, zhìzhǐle zhèlǐde hùnluàn júmiàn.	警察は到着すると、ここの混乱状況を制止しました。

Track 271

2000	**混浊** hùnzhuó	形 (水や空気が) 汚れて新鮮でない
2001	**饥饿** jī'è	形 飢えている、空腹である
2002	**机动** jīdòng	形 機械で動く、融通の利く
2003	**机灵** jīling	形 利口な、機転が利く
2004	**机密** jīmì	形 機密の　名 機密、極秘事項
2005	**机智** jīzhì	形 機知に富んだ
2006	**吉祥** jíxiáng	形 めでたい
2007	**急剧** jíjù	形 急な、急遽の

外面空气混浊，别出去了。 Wàimiàn kōngqì hùnzhuó, bié chūqu le.	外の空気は汚れているので、外出しないでください。
他现在饥饿难熬，度日如年。 Tā xiànzài jī'è nán'áo, dùrìrúnián.	彼は今空腹に耐えられず、まるで1日が1年のように長く感じます。
由于过度饥饿，他昏了过去。 Yóuyú guòdù jī'è, tā hūnleguòqu.	過度の空腹のため彼は気を失いました。
驾驶机动车要取得驾驶证。 Jiàshǐ jīdòngchē yào qǔdé jiàshǐzhèng.	自動車を運転するには、運転免許証を取得する必要があります。
处理这些事不能太机械，要机动一些。 Chǔlǐ zhèxiē shì bù néng tài jīxiè, yào jīdòng yìxiē.	これらのことに対処するには機械的すぎてはいけません、少し融通を利かせる必要があります。
他办事机灵得很，很会随机应变。 Tā bànshì jīlingde hěn, hěn huì suíjīyìngbiàn.	彼は物事を処理するときよく機転が利き、臨機応変に対応してくれます。
被告律师掌握了一些机密证据。 Bèigào lǜshī zhǎngwòle yìxiē jīmì zhèngjù.	被告の弁護士はいくつかの機密の証拠を握っていました。
成本及利润是我们公司的商业机密。 Chéngběn jí lìrùn shì wǒmen gōngsī de shāngyè jīmì.	コストと利益は弊社の企業秘密です。
他回答问题机智得很。 Tā huídá wèntí jīzhìde hěn.	彼の回答はとても機知に富んでいました。
过节的时候,人们相互之间要说些吉祥话。 Guòjié de shíhou, rénmen xiānghù zhījiān yào shuō xiē jíxiáng huà.	祝日を祝うとき、人々はお互いにいくつか縁起のよい言葉を言います。
今天他的病情急剧恶化,心情也糟糕到了极点。 Jīntiān tā de bìngqíng jíjù èhuà, xīnqíng yě zāogāodàole jídiǎn.	今日、彼の病状が急激に悪化し、気分も極限まで悪くなりました。

2008 急切 jíqiè
形 差し迫っている、すぐの

2009 急躁 jízào
形 いらだっている、せっかちな

2010 寂静 jìjìng
形 ひっそりと静まり返った

2011 尖锐 jiānruì
形 鋭利だ、鋭敏である、甲高い

2012 坚定 jiāndìng
形 確固とした、しっかりしている
動 かためる、かたくする

2013 坚固 jiāngù
形 堅固である、丈夫な

2014 坚韧 jiānrèn
形 強靭である

2015 坚实 jiānshí
形 かたくて丈夫な、(体が) 頑丈な

他急切地想知道里面到底发生了什么事。 Tā jíqiè de xiǎng zhīdao lǐmiàn dàodǐ fāshēngle shénme shì.	彼は中で一体何が起こったか、すぐに知りたがっています。
队员们情绪急躁，很难打好比赛。 Duìyuánmen qíngxù jízào, hěn nán dǎhǎo bǐsài.	メンバーたちはいらだっており、試合でうまくプレーするのは困難でした。
四周寂静得很，让人有些害怕。 Sìzhōu jìjìngde hěn, ràng rén yǒuxiē hàipà.	周囲はとても静まり返っいて、少し怖かったです。
一声喊叫打破了夜晚的寂静。 Yì shēng hǎnjiào dǎpòle yèwǎn de jìjìng.	叫び声が夜の静寂を破りました。
尖锐的笔尖把纸划破了。 Jiānruì de bǐjiān bǎ zhǐ huápò le.	鋭利なペン先が紙を切り破りました。
老师尖锐地指出了文章中的错误。 Lǎoshī jiānruì de zhǐchūle wénzhāng zhōng de cuòwù.	先生は文章中の誤りを鋭く指摘しました。
他的态度很坚定，谁也改变不了。 Tā de tàidù hěn jiāndìng, shéi yě gǎibiànbuliǎo.	彼の態度は確固としていて、誰もそれを変えることはできません。
这次挫折坚定了他努力的方向。 Zhè cì cuòzhé jiāndìngle tā nǔlì de fāngxiàng.	今回の挫折は彼の努力の方向性を堅固なものにしました。
他们把房子修得特别坚固。 Tāmen bǎ fángzi xiūde tèbié jiāngù.	彼らは家を特別丈夫に修理しました。
这种木材非常坚韧，适合做家具。 Zhè zhǒng mùcái fēicháng jiānrèn, shìhé zuò jiājù.	この木材は非常にしっかりしていて、家具を作るのに適しています。
这是一座非常坚实、高大的建筑。 Zhè shì yí zuò fēicháng jiānshí, gāodà de jiànzhù.	これは非常に頑丈で、高く大きい建物です。
他的学说为古代数学的发展奠定了坚实的基础。 Tā de xuéshuō wèi gǔdài shùxué de fāzhǎn diàndìngle jiānshí de jīchǔ.	彼の学説は古代数学の発展のために確固たる基礎を築きました。

2016 坚硬 jiānyìng

形 かたい

2017 艰难 jiānnán

形 苦難に満ちた、困難に満ちた

2018 简陋 jiǎnlòu

形 粗末な、貧弱な

2019 简要 jiǎnyào

形 簡単で要領がよい

2020 间接 jiànjiē

形 間接的な

⇔ "直接 zhíjiē" 直接的な

2021 健全 jiànquán

形 健常な、完備している 動 健全化する

2022 僵硬 jiāngyìng

形 硬直している、融通の利かない

牙齿是人体中最坚硬的部分。 Yáchǐ shì réntǐ zhōng zuì jiānyìng de bùfen.	歯は人体の最も硬い部分です。
她的腿受伤了，走起路来十分艰难。 Tā de tuǐ shòushāng le, zǒuqi lù lai shífēn jiānnán.	彼女の足は負傷していて、歩くのがとても困難でした。
他一直住在这个简陋的房子里。 Tā yìzhí zhùzài zhège jiǎnlòu de fángzi li. **这个工厂的生产条件比较简陋。** Zhège gōngchǎng de shēngchǎn tiáojiàn bǐjiào jiǎnlòu.	彼はずっとこの粗末な家に住んでいます。 この工場の生産条件は比較的お粗末です。
这份材料写得很简要，很说明问题。 Zhè fèn cáiliào xiěde hěn jiǎnyào, hěn shuōmíng wèntí.	この資料は要領をおさえて簡潔に書かれており、問題をよく表しています。
很多经验我们都是间接得到的。 Hěn duō jīngyàn wǒmen dōu shì jiànjiē dédào de.	多くの経験は、私たちが間接的に学んだことです。
我认为健全人和残疾人应该互相帮助。 Wǒ rènwéi jiànquánrén hé cánjírén yīnggāi hùxiāng bāngzhù. **法律可能还有不够健全的地方。** Fǎlǜ kěnéng hái yǒu búgòu jiànquán de dìfang.	健常者と障がい者はお互いに助け合うべきだと思います。 法律には行き届いていない箇所があるかもしれません。
他动作僵硬，看起来有点儿可笑。 Tā dòngzuò jiāngyìng, kànqilai yǒudiǎnr kěxiào. **他思想僵硬，很难接受新鲜事物。** Tā sīxiǎng jiāngyìng, hěn nán jiēshòu xīnxiān shìwù.	彼の動作はぎこちなく、見ていて少しおかしくなりました。 彼は頭が固くて、新しい事物をなかなか受け入れられません。

2023 娇气 jiāoqi
形 上品すぎる、我慢や苦労ができない
発音 "jiāoqì"とも

2024 焦急 jiāojí
形 いらいらしている、気をもんでいる

2025 侥幸 jiǎoxìng
形 幸いな、僥倖に恵まれる

2026 杰出 jiéchū
形 卓越した、抜きんでている

2027 紧迫 jǐnpò
形 緊迫した、差し迫った

2028 惊奇 jīngqí
形 驚き不思議がる

2029 惊讶 jīngyà
形 あっと驚く、わが目を疑う

2030 兢兢业业 jīngjīngyèyè
形 まじめにこつこつと励むさま

小时候她娇气得不得了。 Xiǎoshíhou tā jiāoqide bùdéliǎo. **他不想让孩子太娇气，所以让他到农村去锻炼。** Tā bù xiǎng ràng háizi tài jiāoqi, suǒyǐ ràng tā dào nóngcūn qù duànliàn.	彼女は小さいころ、苦労知らずでした。 彼は子どもをあまりにひ弱にはしたくなかったので、田舎で体を鍛えさせました。
爸爸正焦急地盼着我回家呢。 Bàba zhèng jiāojí de pànzhe wǒ huí jiā ne.	お父さんは私が家に帰るのを今か今かと待ち望んでいます。
他抱着侥幸的心理参加了非法活动。 Tā bàozhe jiǎoxìng de xīnlǐ cānjiāle fēifǎ huódòng. **他获得好成绩，靠的不是侥幸，而是自己的努力。** Tā huòdé hǎo chéngjì, kào de bú shì jiǎoxìng, ér shì zìjǐ de nǔlì.	彼は幸運を期待して違法行為に手を染めました。 彼がいい結果を得たのは、まぐれではなく、彼自身の努力によるものです。
王教授在科学上做出了杰出的贡献。 Wáng jiàoshòu zài kēxué shang zuòchūle jiéchū de gòngxiàn.	王教授は科学分野で卓越した貢献をしました。
形势紧迫得很，需要马上做出决定。 Xíngshì jǐnpòde hěn, xūyào mǎshàng zuòchū juédìng.	状況はとても緊迫していて、直ちに決定を下す必要があります。
看到这种场面，他惊奇得说不出话来了。 Kàndào zhè zhǒng chǎngmiàn, tā jīngqíde shuōbuchū huà lai le.	このような場面を見て、彼は言葉を失うほど驚きました。
他惊讶不已，不敢相信这是真的。 Tā jīngyà bùyǐ, bùgǎn xiāngxìn zhè shì zhēn de.	彼は驚嘆してやまず、これが本当であるとは信じようとしませんでした。
他工作三十年来一直兢兢业业。 Tā gōngzuò sānshí niánlái yìzhí jīngjīngyèyè. **我们应该学习他这种兢兢业业的精神。** Wǒmen yīnggāi xuéxí tā zhè zhǒng jīngjīngyèyè de jīngshén.	彼は30年来、ずっとこつこつ働いてきました。 私たちは彼のうまずたゆまず励むこのような精神を学ぶべきです。

2031	精密 jīngmì	形 精密な
2032	精确 jīngquè	形 精密で正確な
2033	精心 jīngxīn	形 心がこもった、念入りの
2034	精致 jīngzhì	形 巧みな、手が込んだ
2035	拘束 jūshù	形 堅苦しい、ぎこちない 動 制限する、束縛する
2036	沮丧 jǔsàng	形 気落ちしている、がっかりする
2037	剧烈 jùliè	形 劇烈な、激しい
2038	倔强 juéjiàng	形 強情な、意志が強い

手表内部的结构非常精密。 Shǒubiǎo nèibù de jiégòu fēicháng jīngmì.	腕時計の内部構造は非常に精密です。
我们无法精密测量出两颗星之间的精确距离。 Wǒmen wúfǎ jīngmì cèliángchū liǎng kē xīng zhījiān de jīngquè jùlí.	私たちは2つの星の間の正確な距離を精密に測定することはできません。
在妻子的精心照料下，丈夫的病情出现了好转。 Zài qīzi de jīngxīn zhàoliào xià, zhàngfu de bìngqíng chūxiànle hǎozhuǎn.	妻の行き届いた世話により、夫の病状は好転しました。
主人很有品位，家里布置得特别精致。 Zhǔrén hěn yǒu pǐnwèi, jiāli bùzhìde tèbié jīngzhì.	オーナーは品があって、家は巧みにしつらえられています。
孩子见了陌生人有些拘束。 Háizi jiànle mòshēng rén yǒuxiē jūshù.	子どもは見知らぬ人に会うと少し硬くなります。
在那种场合下我会觉得很拘束。 Zài nà zhǒng chǎnghé xià wǒ huì juéde hěn jūshù.	あのような場合、私はとても堅苦しく感じるでしょう。
别太沮丧了，打起精神来。 Bié tài jǔsàng le, dǎqi jīngshen lai.	あまりがっかりしないで、元気を出してください。
刚吃完饭不宜做剧烈运动。 Gāng chīwán fàn bùyí zuò jùliè yùndòng.	食べ終わったばかりで激しい運動をするのはよくありません。
这孩子倔强的脾气看来是改不掉了。 Zhè háizi juéjiàng de píqi kànlái shì gǎibudiào le. **他倔强地坚持错误的看法，谁也说服不了他。** Tā juéjiàng de jiānchí cuòwù de kànfǎ, shéi yě shuōfúbuliǎo tā.	この子の強情な性質は直らないようです。 彼は頑として間違った考えに固執し、誰も彼を説得できません。

2039	开阔 kāikuò	形 広々とした、おおらかな
2040	开朗 kāilǎng	形 明るく広々としている、朗らかな
2041	开明 kāimíng	形 進歩的で物わかりがいい
2042	慷慨 kāngkǎi	形（正義感から）激高する、気前がいい
2043	可观 kěguān	形 見る価値がある、たいしたものだ
2044	可口 kěkǒu	形 口当たりがよい
2045	可恶 kěwù	形 憎らしい、しゃくに障る
2046	可行 kěxíng	形 実行可能な

前面的路看上去开阔多了。 Qiánmiàn de lù kànshangqu kāikuòduō le.	前の道は見たところずっと広々としています。
他为人心胸开阔，积极乐观。 Tā wéirén xīnxiōng kāikuò, jījí lèguān.	彼は気持ちがおおらかで、とても楽観的です。
我很欣慰她变得越来越开朗。 Wǒ hěn xīnwèi tā biànde yuè lái yuè kāilǎng.	私は彼女がますます朗らかになりとてもほっとしています。
我的父母很开明，不会反对我的婚姻。 Wǒ de fùmǔ hěn kāimíng, bú huì fǎnduì wǒ de hūnyīn.	私の両親はとても物わかりがいいので、私の結婚に反対しないでしょう。
他在捐款方面一向慷慨。 Tā zài juānkuǎn fāngmiàn yíxiàng kāngkǎi. **观众很喜欢听他慷慨的演讲。** Guānzhòng hěn xǐhuan tīng tā kāngkǎi de yǎnjiǎng.	彼は寄付にかけてはずっと気前がいいです。 観衆は彼の義憤に燃える演説を聞くのがとても好きです。
对他来说，这是一笔可观的收入。 Duì tā lái shuō, zhè shì yì bǐ kěguān de shōurù.	彼にとって、これは相当な収入です。
今年公司的利润相当可观。 Jīnnián gōngsī de lìrùn xiāngdāng kěguān.	今年の会社の利益は相当なものです。
这种饮料非常可口，小孩子们都爱喝。 Zhè zhǒng yǐnliào fēicháng kěkǒu, xiǎo háizimen dōu ài hē.	この飲み物は非常に口当たりが合い、子どもたちはみんな飲むのが大好きです。
可恶的病魔夺走了他的生命。 Kěwù de bìngmó duózǒule tā de shēngmìng.	憎らしい病魔が彼の命を奪っていきました。
领导正在研究这个计划的可行性。 Lǐngdǎo zhèngzài yánjiū zhège jìhuà de kěxíngxìng.	指導者はちょうどこの計画の実行可能性を研究しています。

2047	**恳切** kěnqiè	形 丁寧な、懇切丁寧な
2048	**空洞** kōngdòng	形 中身がない、非現実的な 名 空洞
2049	**空虚** kōngxū	形 空虚な、中身がない
2050	**恐怖** kǒngbù	形 恐ろしい 名 恐怖、テロ
2051	**恐惧** kǒngjù	形 怖い
2052	**口头** kǒutóu	形 口頭の 名 口先、口頭 ⇔ “书面 shūmiàn”，“笔头 bǐtóu”
2053	**枯燥** kūzào	形 無味乾燥な、単調な

他说得非常恳切，不像是撒谎。 Tā shuōde fēicháng kěnqiè, bú xiàng shì sāhuǎng.	彼の話し方は非常に丁寧で、嘘をついているようには見えませんでした。
这篇文章内容空洞，没有新意。 Zhè piān wénzhāng nèiróng kōngdòng, méiyǒu xīnyì. **只说这些大道理，显得太空洞了。** Zhǐ shuō zhèxiē dà dàolǐ, xiǎnde tài kōngdòng le.	この文章は中身がなく、新たな見解はありません。 こんな建前を言うだけでは、明らかに非現実的すぎます。
没有了奋斗目标，他感觉很空虚。 Méiyǒule fèndòu mùbiāo, tā gǎnjué hěn kōngxū.	努力目標がなくなったので、彼はとてもむなしく感じます。
电影里有很多恐怖的场面，我不敢看。 Diànyǐng li yǒu hěn duō kǒngbù de chǎngmiàn, wǒ bù gǎn kàn. **那里发生了一起恐怖事件。** Nàli fāshēngle yì qǐ kǒngbù shìjiàn.	映画には多くの怖いシーンがあるので、私は見る勇気がありません。 あそこでテロ事件が起きました。
他对考试一直有一种恐惧的心理。 Tā duì kǎoshì yìzhí yǒu yì zhǒng kǒngjù de xīnlǐ.	彼は試験にずっと恐怖心を持っています。
他只是口头上一说，说不定已经忘了。 Tā zhǐshì kǒutóu shang yì shuō, shuōbudìng yǐjīng wàng le. **你给我们做口头翻译就可以** Nǐ gěi wǒmen zuò kǒutóu fānyì jiù kěyǐ. .	彼はただ口先で言っただけで、もう忘れてしまったかもしれません。 あなたは私たちに口頭で訳してくれれば構いません。
教授把枯燥的知识讲得非常生动。 Jiàoshòu bǎ kūzào de zhīshi jiǎngde fēicháng shēngdòng.	教授は無味乾燥な知識を非常に生き生きと話しました。

2054	**苦涩** kǔsè	形 苦くて渋い
2055	**快活** kuàihuo	形 楽しい、快活である
2056	**宽敞** kuānchang	形 広々としている
2057	**懒惰** lǎnduò	形 怠惰な ↔ **"勤劳 qínláo"** 勤勉な
2058	**狼狈** lángbèi	形 困りきった
2059	**牢固** láogù	形 堅固な
2060	**乐意** lèyì	形 喜んで～する　動 うれしい、満足する
2061	**冷酷** lěngkù	形 冷酷な

这种药味道苦涩，难以下咽。 Zhè zhǒng yào wèidào kǔsè, nányǐ xià yàn.	この薬は苦くて渋く、飲み込みにくいです。
说到成长，她的表情显得很苦涩。 Shuōdào chéngzhǎng, tā de biǎoqíng xiǎnde hěn kǔsè.	成長の話になると、彼女の表情は苦渋に満ちていました。
我在北京过得很快活。 Wǒ zài Běijīng guòde hěn kuàihuo.	私は北京で生活するのがとても楽しいです。
你觉得怎么快活就怎么生活，不必为难自己。 Nǐ juéde zěnme kuàihuo jiù zěnme shēnghuó, búbì wéinán zìjǐ.	あなたは楽しいと思うとおりに暮らしなさい、自分を苦しめることはありません。
他坐在宽敞的大厅里看着电视。 Tā zuòzài kuānchǎng de dàtīng li kànzhe diànshì.	彼は広いホールで座ってテレビを見ています。
自从结婚后，他改掉了懒惰的毛病。 Zìcóng jiéhūn hòu, tā gǎidiàole lǎnduò de máobìng.	結婚してから、彼は怠惰な欠点を改めました。
那天他被大雨淋了，一副狼狈的样子。 Nà tiān tā bèi dàyǔ lín le, yí fù lángbèi de yàngzi.	その日彼は大雨で濡れてしまい、困りきった様子でした。
敌人狼狈地逃跑了。 Dírén lángbèi de táopǎo le.	敵は狼狽して逃げ出しました。
这座房子非常牢固，能够抗地震。 Zhè zuò fángzi fēicháng láogù, nénggòu kàng dìzhèn.	この家は非常に堅固で、地震に耐えることができます。
大家都乐意参加这样的活动。 Dàjiā dōu lèyì cānjiā zhèyàng de huódòng.	みんな喜んでこうした活動に参加しました。
他一听到批评意见，就不乐意了。 Tā yì tīngdào pīpíng yìjiàn, jiù bú lèyì le.	彼は批判的な意見を聞いたとたんに、不機嫌になりました。
他一副冷酷的表情站在那里。 Tā yí fù lěngkù de biǎoqíng zhànzài nàli.	彼は冷酷な表情でそこに立っています。

2062	理智 lǐzhì	形 理性的な　名 理性
2063	立体 lìtǐ	形 立体の、立体的な
2064	连锁 liánsuǒ	形 連鎖した コロ "连锁店 liánsuǒdiàn" チェーン店
2065	廉洁 liánjié	形 清廉潔白な
2066	辽阔 liáokuò	形 広大な
2067	吝啬 lìnsè	形 けちな、しみったれ 解説 よくないニュアンスをもつ
2068	伶俐 línglì	形 賢い、利口な 発音 "língli" とも
2069	灵敏 língmǐn	形 敏感な、反応の早い

他当时太冲动了，完全丧失了理智。 Tā dāngshí tài chōngdòng le, wánquán sàngshīle lǐzhì.	彼は当時興奮していて、完全に理性を失っていました。
我当时太不理智了，现在向你道歉。 Wǒ dāngshí tài bù lǐzhì le, xiànzài xiàng nǐ dàoqiàn.	私は当時理性的でなかったので、今あなたに謝罪します。
他完成了飞机立体模型的制作。 Tā wánchéngle fēijī lìtǐ móxíng de zhìzuò.	彼は飛行機の立体模型の制作を仕上げました。
这里已经形成了立体交通网络。 Zhèli yǐjīng xíngchéngle lìtǐ jiāotōng wǎngluò.	ここはすでに立体的な交通ネットワークが形成されています。
公司的倒闭引起了连锁反应。 Gōngsī de dǎobì yǐnqǐle liánsuǒ fǎnyìng.	会社の倒産が連鎖反応を引き起こしました。
他作风廉洁，是一位好干部。 Tā zuòfēng liánjié, shì yí wèi hǎo gànbù.	彼のやり方は清廉潔白で、りっぱな幹部です。
这片草原辽阔得望不到边。 Zhè piàn cǎoyuán liáokuòde wàngbudào biān.	この草原は果てが見えないほど広大です。
他虽然经济条件不好，但一点儿也不吝啬。 Tā suīrán jīngjì tiáojiàn bù hǎo, dàn yìdiǎnr yě bú lìnsè.	彼は経済的条件はよくありませんが、少しもけちではありません。
她伶俐的口才，让所有的人都很佩服。 Tā línglì de kǒucái, ràng suǒyǒu de rén dōu hěn pèifú.	彼女の利発な口ぶりは、全ての人を感心させました。
他已经灵敏地察觉到了我的心理变化。 Tā yǐjīng língmǐn de chájuédàole wǒ de xīnlǐ biànhuà.	彼はすでに私の心理的変化を敏感に察知していました。

2070
零星
línɡxīnɡ
形 断片的な、こまごまとした、まばらな

2071
聋哑
lónɡyǎ
形 聾唖（ろうあ）の、耳と口が不自由な

2072
隆重
lónɡzhònɡ
形 盛大な、厳かな

2073
啰唆
luōsuo
形（話が）くどい、煩わしい

2074
麻木
mámù
形 しびれる、無関心な

2075
漫长
mànchánɡ
形 果てしないほど長い
解説 時間や道路についていうことが多い

2076
慢性
mànxìnɡ
形 慢性の

2077
忙碌
mánɡlù
形 忙しい
⇔ "悠闲 yōuxián" のんびりとした

我零星地记得小时候发生的事情。 Wǒ língxīng de jìde xiǎoshíhou fāshēng de shìqing.	私は小さいころに起こったことをわずかに覚えています。
外面下着零星小雨。 Wàimiàn xiàzhe língxīng xiǎoyǔ.	外では小雨がぱらついています。
这是一所聋哑学校，有专门的教师。 Zhè shì yì suǒ lóngyǎ xuéxiào, yǒu zhuānmén de jiàoshī.	ここはろう学校で、専門の先生がいます。
他们的结婚典礼十分隆重，有很多嘉宾到场。 Tāmen de jiéhūn diǎnlǐ shífēn lóngzhòng, yǒu hěn duō jiābīn dàochǎng.	彼らの結婚式は非常に盛大で、多くの賓客が来場しています。
人民代表大会在北京隆重召开了。 Rénmín dàibiǎo dàhuì zài Běijīng lóngzhòng zhàokāi le.	人民代表大会が北京で盛大に開催されました。
他啰啰唆唆说了一个多小时。 Tā luōluosuōsuo shuōle yí ge duō xiǎoshí.	彼は1時間以上くどくどと話していました。
这些手续办起来特别啰唆。 Zhèxiē shǒuxù bànqilai tèbié luōsuo.	この手続きはおこなってみると特に面倒です。
我的腿已经麻木了，动不了了。 Wǒ de tuǐ yǐjīng mámù le, dòngbuliǎo le.	私は足が痺れて、動けなくなりました。
他非常麻木，对周围的人一点儿也不热心。 Tā fēicháng mámù, duì zhōuwéi de rén yìdiǎnr yě bú rèxīn.	彼は非常に無神経で、周囲の人に対して少しも親切ではありません。
这个严寒的冬天显得特别漫长。 Zhège yánhán de dōngtiān xiǎnde tèbié màncháng.	この厳しい冬は特に果てしないほど長いようです。
你得的是一种慢性病，得耐心治疗。 Nǐ dé de shì yì zhǒng mànxìngbìng, děi nàixīn zhìliáo.	あなたがかかったのは慢性の病気で、根気よく治療する必要があります。
工作人员正忙碌地准备春节晚会。 Gōngzuò rényuán zhèng mánglù de zhǔnbèi Chūnjié wǎnhuì.	従業員は忙しく春節パーティーの準備をしています。

2078
盲目
mángmù
形 目が見えない、分別がない

2079
茫茫
mángmáng
形 果てしない
解説 海や水面を形容することが多い

2080
茫然
mángrán
形 さっぱりわからない、ぼんやりしている

2081
茂盛
màoshèng
形 繁茂する、繁盛している

2082
美观
měiguān
形 美しい 名 美観

2083
美满
měimǎn
形 幸福な、満たされた

2084
美妙
měimiào
形 すばらしい

当初来这里真是盲目极了，什么都没想。 Dāngchū lái zhèli zhēnshi mángmùjí le, shénme dōu méi xiǎng.	ここに来た当初は何もわからず、何も考えていませんでした。
学会思考，不要只是盲目地看书。 Xuéhuì sīkǎo, búyào zhǐshì mángmù de kànshū.	考えることを学んで、ただやみくもに本を読まないようにしてください。
转眼间，他就消失在了茫茫夜色之中。 Zhuǎnyǎn jiān, tā jiù xiāoshīzàile mángmáng yèsè zhīzhōng.	瞬く間に、彼は果てしない夜の闇の中に消えてしまいました。
他好像没听懂，显出一副茫然的样子。 Tā hǎoxiàng méi tīngdǒng, xiǎnchū yí fù mángrán de yàngzi.	彼は聞き取れなかったようで、ぼんやりとした様子でした。
我茫然地看着他，不知说什么才好。 Wǒ mángrán de kànzhe tā, bù zhī shuō shénme cái hǎo.	私はぼんやりと彼を見ていて、なんと言えばよいかわかりませんでした。
过去的荒山现在是一片茂盛的茶园。 Guòqù de huāngshān xiànzài shì yí piàn màoshèng de cháyuán.	かつての荒れた山が今ではよく茂った茶畑になっています。
院子里花草十分茂盛。 Yuànzi li huācǎo shífēn màoshèng.	中庭の草花はよく育っています。
我们要多利用新媒体宣传自己。 Wǒmen yào duō lìyòng xīn méitǐ xuānchuán zìjǐ.	私たちはより多くの新しいメディアを用いて自分を宣伝するべきです。
这堆垃圾破坏了小区的美观。 Zhè duī lājī pòhuàile xiǎoqū de měiguān.	このゴミは団地の美観を損ねました。
他有一个美满的家庭。 Tā yǒu yí ge měimǎn de jiātíng.	彼には幸福な家庭があります。
歌声在音乐的伴奏下显得更美妙了。 Gēshēng zài yīnyuè de bànzòu xià xiǎnde gèng měimiào le.	歌声は音楽の伴奏のもとでさらにすばらしくなります。

2085 **猛烈** měngliè
形 猛烈な、急激な

2086 **迷惑** míhuò
形 わけがわからない、見当がつかない
動 惑わす

2087 **迷人** mírén
形 人を迷わせる

2088 **勉强** miǎnqiǎng
形 気乗りがしない、無理やりの　動 無理強いする

2089 **渺小** miǎoxiǎo
形 ちっぽけな、小さい

2090 **民主** mínzhǔ
形 民主的な　名 民主的な権利

2091 **敏捷** mǐnjié
形 すばしっこい、素早い

猛烈的火势让消防队员难以靠近。 Měngliè de huǒshì ràng xiāofáng duìyuán nányǐ kàojìn.	猛烈な火の勢いで消防隊員はなかなか近づけません。
这种传闻让人感到迷惑不解。 Zhè zhǒng chuánwén ràng rén gǎndào míhuò bù jiě.	このうわさは人を惑わせます。
我的头脑很清醒，不会被迷惑。 Wǒ de tóunǎo hěn qīngxǐng, bú huì bèi míhuò.	私の頭ははっきりしていて、惑わされることはありません。
她长着一双迷人的大眼睛。 Tā zhǎngzhe yì shuāng mírén de dà yǎnjing.	彼女は魅惑的な大きな目をしています。
我站在桌子上，勉强够得着换灯泡。 Wǒ zhànzài zhuōzi shang, miǎnqiǎng gòudezháo huàn dēngpào.	私は机の上に立つことで何とか電球を替えることができました。
活动参加不参加全是自愿，用不着勉强。 Huódòng cānjiā bu cānjiā quán shì zìyuàn, yòngbuzháo miǎnqiǎng.	イベントに参加するかどうかは全く自由です。無理をする必要はありません。
在大自然面前，个人的力量是很渺小的。 Zài dà zìrán miànqián, gèrén de lìliàng shì hěn miǎoxiǎo de.	大自然の前では、個人の力はとてもちっぽけです。
我们国家一直很尊重民主党派的意见。 Wǒmen guójiā yìzhí hěn zūnzhòng mínzhǔ dǎngpài de yìjiàn.	我が国はずっと民主党派の意見を尊重しています。
我们单位民主气氛非常浓厚。 Wǒmen dānwèi mínzhǔ qìfēn fēicháng nónghòu.	私たちの職場は民主的な雰囲気が非常に濃厚です。
虽然他 70 多岁了，但行动还相当敏捷。 Suīrán tā qīshí duō suì le, dàn xíngdòng hái xiāngdāng mǐnjié.	彼は70歳過ぎですが、身のこなしはまだかなり機敏です。
我的老师思维敏捷，见解独特。 Wǒ de lǎoshī sīwéi mǐnjié, jiànjiě dútè.	私の先生は頭の回転が速く、見解がユニークです。

2092	敏锐	mǐnruì	形（眼光や感覚が）鋭い
2093	明智	míngzhì	形 賢明な、聡明な
2094	模范	mófàn	形 模範的な　名 模範、手本
2095	拿手	náshǒu	形 得意の、十八番の　名 確信
2096	耐用	nàiyòng	形 丈夫な、長持ちする
2097	难得	nándé	形 得がたい、貴重な、めったにない
2098	难堪	nánkān	形 恥ずかしくてたまらない、きまりが悪い
2099	恼火	nǎohuǒ	形 腹を立てている、気を悪くした

不少家长都能敏锐地发现孩子的细微变化。 Bù shǎo jiāzhǎng dōu néng mǐnruì de fāxiàn háizi de xìwēi biànhuà.	多くの親は子どものわずかな変化に敏感に気づきます。
历史上凡是明智的统治者都很爱护老百姓。 Lìshǐ shang fánshì míngzhì de tǒngzhìzhě dōu hěn àihù lǎobǎixìng.	歴史上の賢明な支配者はすべて民衆を大切にしてきました。
他们结婚后从没吵过架，真是一对模范夫妻呀。 Tāmen jiéhūn hòu cóng méi chǎoguo jià, zhēnshi yí duì mófàn fūqī ya.	彼ら2人は結婚してからこれまで喧嘩をしたことがなく、本当に模範的な夫婦ですよ。
像他这样助人为乐的模范很多。 Xiàng tā zhèyàng zhùrén wéi lè de mófàn hěn duō.	彼のように人助けを喜びとする模範はとても多いです。
这道菜是他的拿手菜。 Zhè dào cài shì tā de náshǒucài.	この料理は彼の十八番です。
我没什么拿手的技艺可以展示。 Wǒ méi shénme náshǒu de jìyì kěyǐ zhǎnshì.	私は披露できる特技が何もありません。
这支笔很不耐用，没多久就坏了。 Zhè zhī bǐ hěn bú nàiyòng, méi duōjiǔ jiù huài le.	このペンは長持ちせず、すぐ壊れてしまいました。
这些资料非常难得，你要珍惜。 Zhèxiē zīliào fēicháng nándé, nǐ yào zhēnxī.	これらの資料は非常に貴重なので、大切にしなければなりません。
这么大的雪，十年也难得看见一回。 Zhème dà de xuě, shí nián yě nándé kànjiàn yì huí.	こんな大雪は、10年に1回見られるかどうかです。
他回答错了，感觉难堪得很。 Tā huídácuò le, gǎnjué nánkānde hěn.	彼は答えを間違えたので、とてもきまりが悪そうでした。
他这么做，让我恼火得很。 Tā zhème zuò, ràng wǒ nǎohuǒde hěn.	彼がこのようにしたことで、私はとても腹を立てています。

2100 **内在** nèizài

形 内在する、表情に出さない

2101 **浓厚** nónghòu

形 非常に濃い

2102 **庞大** pángdà

形 膨大な、非常に大きい

2103 **疲惫** píbèi

形 疲れ切った、疲労困憊した 動 疲れさせる

2104 **疲倦** píjuàn

形 疲れている、くたびれている

2105 **偏僻** piānpì

形 辺鄙（へんぴ）な

2106 **贫乏** pínfá

形 貧しい、乏しい

这两件事情之间没有内在联系。 Zhè liǎng jiàn shìqing zhījiān méiyǒu nèizài liánxì.	この2つの事柄の間に内在的な関係はありません。
她有一种内在美，很迷人。 Tā yǒu yì zhǒng nèizài měi, hěn mírén.	彼女は内在的な美しさを持っていて、とても魅力的です。
浓厚的云层遮住了天空。 Nónghòu de yúncéng zhēzhùle tiānkōng.	厚い雲が空を覆っています。
这些作品具有浓厚的地方色彩。 Zhèxiē zuòpǐn jùyǒu nónghòu de dìfāng sècǎi.	これらの作品には濃厚な地方色があります。
这个冰箱体积庞大，搬运起来很不方便。 Zhège bīngxiāng tǐjī pángdà, bānyùnqilai hěn bù fāngbiàn.	この冷蔵庫の体積は非常に大きく、運ぶとなるととても不便です。
这些人很疲惫了，一个个都睡着了。 Zhèxiē rén hěn píbèile, yí gègè dōu shuìzháole.	この人たちはとても疲れ切っていて、一人また一人と寝入ってしまいました。
一连几天加夜班，他感到十分疲惫。 Yìlián jǐ tiān jiā yèbān, tā gǎndào shífēn píbèi.	続けざまに何日か夜勤をしたので彼はへとへとに疲れています。
他实在太疲倦了，一动也不想动。 Tā shízài tài píjuàn le, yí dòng yě bù xiǎng dòng.	彼は本当に疲れていて、少しも動きたくありません。
这是一条偏僻的小路，很少有人走。 Zhè shì yì tiáo piānpì de xiǎolù, hěn shǎo yǒu rén zǒu.	ここは辺鄙な小道で、歩く人もあまりいません。
我觉得你的家乡算不上偏僻。 Wǒ juéde nǐ de jiāxiāng suànbushàng piānpì.	私はあなたの故郷は辺鄙だとは言えないと思います。
过去我们的物质生活很贫乏。 Guòqù wǒmen de wùzhì shēnghuó hěn pínfá.	以前私たちの物質的な生活はとても貧しかったのです。
一个人如果不学习，思想就会贫乏。 Yí ge rén rúguǒ bù xuéxí, sīxiǎng jiù huì pínfá.	人は学ばなければ、思想は貧しくなるでしょう。

2107	贫困 pínkùn	形 貧しい
2108	频繁 pínfán	形 頻繁な
2109	平凡 píngfán	形 平凡な
2110	平坦 píngtǎn	形 平坦な
2111	平行 píngxíng	形 平行な、対等な 動 並行する
2112	平庸 píngyōng	形 平穏な、平凡な
2113	朴实 pǔshí	形 質素な、堅実な

过去这个地区非常贫困，连吃水都困难。 Guòqù zhège dìqū fēicháng pínkùn, lián chīshuǐ dōu kùnnan.	以前この地区は非常に貧しく、水を飲むのさえ困難でした。
频繁的电话铃声影响了他休息。 Pínfán de diànhuà língshēng yǐngxiǎngle tā xiūxi.	頻繁な電話のベルのせいで彼は寝られませんでした。
我就希望过这种平凡的生活，简单而快乐。 Wǒ jiù xīwàng guò zhè zhǒng píngfán de shēnghuó, jiǎndān ér kuàilè.	私はただこの平凡な暮らしがしたいと思っています。シンプルだけど楽しいからです。
这条路变得比以前平坦多了。 Zhè tiáo lù biànde bǐ yǐqián píngtǎnduō le. **他的生活道路很不平坦，经历过很多挫折。** Tā de shēnghuó dàolù hěn bù píngtǎn, jīnglìguo hěn duō cuòzhé.	この道は以前よりもずっと平坦になりました。 彼の生きてきた道は平坦ではなく、多くの挫折を経験しました。
路两旁的树平行排列着。 Lù liǎngpáng de shù píngxíng páilièzhe. **这几所学校都是平行院校，没有上下级关系。** Zhè jǐ suǒ xuéxiào dōu shì píngxíng yuànxiào, méiyǒu shàng xià jí guānxi.	道の両脇の樹は平行に並んでいます。 この数カ所の学校はみな対等な大学で、上下関係がありません。
他不甘心过平庸的生活，总想做出一番大事业。 Tā bù gānxīn guò píngyōng de shēnghuó, zǒng xiǎng zuòchū yì fān dà shìyè.	彼は平凡な生活に満足せず、ずっと大きな事業をしたいと思っていました。
他一改华丽的装扮，变得朴实起来了。 Tā yì gǎi huálì de zhuāngbàn, biànde pǔshíqilai le. **老王性格朴实，为人善良。** Lǎo Wáng xìnggé pǔshí, wéirén shànliáng.	彼は派手な装いを改めて、質素になりました。 王さんの性格は堅実で、人柄も善良です。

No.	単語	ピンイン	意味
2114	朴素	pǔsù	形 素朴な、質素な
2115	凄凉	qīliáng	形 物悲しい、悲惨な
2116	齐全	qíquán	形 全てそろった
2117	奇妙	qímiào	形 珍しくて興味深い、奇妙な、不思議な
2118	起码	qǐmǎ	形 最低限度の 副 最低でも、少なくとも
2119	恰当	qiàdàng	形 ちょうどよい、適切な、適当な
2120	谦逊	qiānxùn	形 謙虚な

她的小屋朴素极了，几乎没什么装饰。 Tā de xiǎowū pǔsùjí le, jīhū méi shénme zhuāngshì.	彼女の部屋はとても素朴で、ほとんど何の装飾もありません。
学生的生活应该朴素一些，不能太奢侈。 Xuésheng de shēnghuó yīnggāi pǔsù yìxiē, bù néng tài shēchǐ.	学生の生活は質素であるべきで、贅沢すぎてはいけません。
看着这凄凉的场景，他不由得掉下了眼泪。 Kànzhe zhè qīliáng de chǎngjǐng, tā bùyóude diàoxiàle yǎnlèi.	この物悲しい情景を見て、彼は思わず涙をこぼしました。
这位老人过着凄凉的生活。 Zhè wèi lǎorén guòzhe qīliáng de shēnghuó.	この老人は悲惨な生活を送っています。
厨房里设备齐全，你随时可以用。 Chúfáng li shèbèi qíquán, nǐ suíshí kěyǐ yòng.	キッチンの設備は全てそろっているので、いつでも使ってよいです。
这种感觉非常奇妙，很难用语言描述。 Zhè zhǒng gǎnjué fēicháng qímiào, hěn nán yòng yǔyán miáoshù.	この感覚は非常に不思議で、言葉で言い表すのは難しいです。
他们用奇妙的想象制作了这个玩具。 Tāmen yòng qímiào de xiǎngxiàng zhìzuòle zhège wánjù.	彼らは奇抜なイメージを用いてこのおもちゃを制作しました。
房子是我们生活的起码条件。 Fángzi shì wǒmen shēnghuó de qǐmǎ tiáojiàn.	家は私たちが生活する上の最低条件です。
做这个工作，起码要会两门外语。 Zuò zhège gōngzuò, qǐmǎ yào huì liǎng mén wàiyǔ.	この仕事をするのには、少なくとも2種類の外国語ができる必要があります。
他用恰当的比喻说明了这个问题。 Tā yòng qiàdàng de bǐyù shuōmíngle zhège wèntí.	彼は適切な比喩を使ってこの問題を説明しました。
教授虽然很有学问，但非常谦逊。 Jiàoshòu suīrán hěn yǒu xuéwen, dàn fēicháng qiānxùn.	教授は学識があるにもかかわらず、非常に謙虚です。

2121	切实 qièshí	形 適切な、実際の状況に適合する
2122	亲密 qīnmì	形 親しい、親密な
2123	勤俭 qínjiǎn	形 勤勉で質素な
2124	勤劳 qínláo	形 勤勉な
2125	清澈 qīngchè	形 透き通っている
2126	清洁 qīngjié	形 清潔な
2127	清晰 qīngxī	形 はっきりした、明瞭な
2128	清醒 qīngxǐng	形 (頭脳が) はっきりした、冷静な 動 (意識が) はっきりする、目覚める

他们制订了一个切实可行的计划。 Tāmen zhìdìngle yí ge qièshí kěxíng de jìhuà. **他切实为大家做了不少工作。** Tā qièshí wèi dàjiā zuòle bù shǎo gōngzuò.	彼らは適切で実行可能な計画を制定しました。 彼はしっかりとみんなのために多くの仕事を行いました。
这两家原来挺疏远的，近来变得亲密了。 Zhè liǎng jiā yuánlái tǐng shūyuǎn de, jìnlái biànde qīnmì le.	この2社はもともととても疎遠でしたが、近頃親密になりました。
他教育孩子过日子一定要勤俭。 Tā jiàoyù háizi guò rìzi yídìng yào qínjiǎn.	彼は子どもに、生活は勤勉で質素であるべきだと教育しています。
他从小养成了勤劳的好习惯。 Tā cóngxiǎo yǎngchéngle qínláo de hǎo xíguàn.	彼は小さいころから勤勉なよい習慣を身につけました。
她的大眼睛显得清澈又明亮。 Tā de dà yǎnjing xiǎnde qīngchè yòu míngliàng.	彼女の大きな瞳は澄みきって輝いて見えます。
这些餐具都是清洁的，请放心使用。 Zhèxiē cānjù dōu shì qīngjié de, qǐng fàngxīn shǐyòng. **他是一名清洁工人,每天很早就起床工作了。** Tā shì yì míng qīngjié gōngrén, měitiān hěn zǎo jiù qǐchuáng gōngzuò le.	これらの食器はみんな清潔なので、安心してご使用ください。 彼は清掃作業員で、毎日朝早くから起きて仕事をします。
他的发音准确而清晰。 Tā de fāyīn zhǔnquè ér qīngxī. **这篇文章结构清晰，逻辑性强。** Zhè piān wénzhāng jiégòu qīngxī, luójíxìng qiáng.	彼の発音は正確ではっきりしています。 この文章は構成がはっきりしていて、論理性も高いです。
他清醒得很，知道自己想要什么。 Tā qīngxǐngde hěn, zhīdao zìjǐ xiǎng yào shénme. **经过抢救，病人终于清醒了。** Jīngguò qiǎngjiù, bìngrén zhōngyú qīngxǐngle.	彼は頭がはっきりして、自分が何がしたいかわかっています。 応急処置を経て、患者はついに目覚めました。

2129	清真 qīngzhēn	形 イスラム教の、ハラルの
2130	晴朗 qínglǎng	形 晴れ渡った
2131	曲折 qūzhé	形 曲がりくねった、こみいった
2132	权威 quánwēi	形 権威のある　名 権威がある人、権威
2133	确切 quèqiè	形 適切な、確実な
2134	人工 réngōng	形 人工の、人為的な　名 人力、労働者 1人が1日にする仕事量
2135	人为 rénwéi	形 人為的な、人為の　動 人がする

这是一座有一千年历史的清真寺。 Zhè shì yí zuò yǒu yìqiān nián lìshǐ de qīngzhēnsì.	これは1000年の歴史をもつモスクです。
这些都是清真食品，很好吃。 Zhèxiē dōu shì qīngzhēn shípǐn, hěn hǎochī.	これらはすべてイスラム教徒向けの食品で、とてもおいしいです。
天气晴朗时，我们常在湖边散步。 Tiānqì qínglǎng shí, wǒmen cháng zài húbiān sànbù.	天気が快晴のとき、私たちはよく湖畔を散歩します。
花园里的小路修得曲曲折折的。 Huāyuán li de xiǎolù xiūde qūqūzhézhé de.	庭園の小道は曲がりくねって作られています。
故事情节很曲折，人物关系很复杂。 Gùshi qíngjié hěn qūzhé, rénwù guānxi hěn fùzá.	物語の内容はとてもこみいっていて、人物関係もとても複雑です。
法律的权威体现在公平、公正上。 Fǎlǜ de quánwēi tǐxiànzài gōngpíng, gōngzhèng shang.	法律の権威は公平・公正の下に体現されています。
王教授是经济学方面的权威。 Wáng jiàoshòu shì jīngjìxué fāngmiàn de quánwēi.	王教授は経済学分野の権威です。
这种说法不够确切。 Zhè zhǒng shuōfǎ búgòu quèqiè.	このような言い方はあまり適切ではありません。
我们还没有得到确切的消息。 Wǒmen hái méiyǒu dédào quèqiè de xiāoxi.	正確なニュースを私たちはまだ得られていません。
人工降雨的方式大大缓解了旱情。 Réngōng jiàngyǔ de fāngshì dàdà huǎnjiěle hànqíng.	人工降雨の方法は干ばつを大いに緩和しました。
现在都是机器生产，很少有人工的。 Xiànzài dōu shì jīqì shēngchǎn, hěn shǎo yǒu réngōng de.	今ではすべて機械生産なので、人力はほとんどありません。
这场火灾完全是人为造成的。 Zhè cháng huǒzāi wánquán shì rénwéi zàochéng de.	今回の火災は完全に人間が引き起こしたものです。
他们在人为地制造紧张气氛。 Tāmen zài rénwéi de zhìzào jǐnzhāng qìfēn.	彼らは人為的に緊迫した雰囲気を生み出しています。

2136	**仁慈** rénci	形 慈悲深い、情け深い
2137	**任性** rènxìng	形 わがままな、気の向くままの
2138	**荣幸** róngxìng	形 光栄な、幸運な
2139	**融洽** róngqià	形（互いに）打ち解けている
2140	**柔和** róuhé	形 柔和である、柔らかい
2141	**奢侈** shēchǐ	形 ぜいたくな、奢侈な
2142	**深奥** shēn'ào	形 奥深い、難しくてわかりにくい
2143	**深沉** shēnchén	形（程度が）深い、（音が）低くて重々しい、考えや感情を顔に出さない

他爱护小动物，是个特别仁慈的人。 Tā àihù xiǎo dòngwù, shì ge tèbié réncí de rén.	彼は小動物が大好きで、特別情け深い人です。
他女朋友很漂亮，就是有点儿任性。 Tā nǚ péngyou hěn piàoliang, jiùshì yǒudiǎnr rènxìng.	彼のガールフレンドはきれいですが、ただ少しわがままです。
这孩子变得越来越任性了。 Zhè háizi biànde yuè lái yuè rènxìng le.	この子はますますわがままになっています。
见到您，我感到十分荣幸。 Jiàndào nín, wǒ gǎndào shífēn róngxìng.	あなたにお目にかかれて、とても光栄に感じます。
几十年来，我们的关系非常融洽。 Jǐshí niánlái, wǒmen de guānxi fēicháng róngqià.	何十年もの間、私たち（の関係）は非常に打ち解けています。
那天气氛融洽，大家谈得也很投机。 Nà tiān qìfēn róngqià, dàjiā tánde yě hěn tóujī.	あの日は雰囲気が打ち解けていて、みんな話に花を咲かせていました。
他说话语气柔和，态度诚恳。 Tā shuōhuà yǔqì róuhé, tàidù chéngkěn.	彼は話し方が穏やかで、態度も誠意がありました。
我追求的不是奢侈的生活，而是美好的理想。 Wǒ zhuīqiú de bú shì shēchǐ de shēnghuó, ér shì měihǎo de lǐxiǎng.	私が求めているのはぜいたくな生活ではなく、美しい理想です。
哲学是一门深奥的学问。 Zhéxué shì yì mén shēn'ào de xuéwèn.	哲学は奥深い学問です。
老师把深奥的道理讲得很明白。 lǎoshī bǎ shēn'ào de dàolǐ jiǎngde hěn míngbai.	先生は難解な真実をわかりやすく説明しました。
他消失在了深沉的夜色中。 Tā xiāoshīzàile shēnchén de yèsè zhōng.	彼は深い夜の闇に姿を消しました。
他讲话声音深沉、有力。 Tā jiǎnghuà shēngyīn shēnchén、yǒulì.	彼のスピーチは声が低くて重々しく、力強いものでした。

Track 290

2144	**神奇** shénqí	形 非常に不思議な、たいへん珍しい
2145	**神气** shénqi	形 元気いっぱいな、得意げな、威張った 名 表情
2146	**神圣** shénshèng	形 神聖な
2147	**慎重** shènzhòng	形 慎重な
2148	**生疏** shēngshū	形 不慣れな、(腕が) なまっている、疎遠な
2149	**十足** shízú	形 十分な、満ち満ちた、含有率100%の
2150	**适宜** shìyí	形 ほどよい、～に適する

很多人说这种药有神奇的效果。 Hěn duō rén shuō zhè zhǒng yào yǒu shénqí de xiàoguǒ.	この薬にはとても不思議な効果があると多くの人が言っています。
这个故事充满了神奇的色彩。 Zhège gùshi chōngmǎnle shénqí de sècǎi.	この物語は不思議な雰囲気に満たされています。
这么一打扮，小伙子神气极了。 Zhème yì dǎban, xiǎohuǒzi shénqìjí le	こんなにおしゃれをして、男の子はとても得意気でした。
听说他现在神气得很，谁都看不起。 Tīngshuō tā xiànzài shénqide hěn, shéi dōu kànbuqǐ.	彼は今威張りちらしていて、誰からも馬鹿にされていると聞いています。
这是一项光荣而神圣的任务。 Zhè shì yí xiàng guāngróng ér shénshèng de rènwù.	これは光栄で神聖な任務です。
他说话很慎重，生怕说错了。 Tā shuōhuà hěn shènzhòng, shēngpà shuō cuòle.	彼は話し方が慎重で、言い間違いをひどく恐れています。
他对这里的一切都感到很生疏。 Tā duì zhèli de yíqiè dōu gǎndào hěn shēngshū.	彼はここのすべてになじみがないと感じています。
我十年不开车了，技术有些生疏了。 Wǒ shí nián bù kāichē le, jìshù yǒuxiē shēngshū le.	私は10年間運転しておらず、腕は少しなまってしまいました。
对这场比赛，他没有十足的把握。 Duì zhè chǎng bǐsài, tā méiyǒu shízú de bǎwò.	彼はこの試合について十分な自信がありません。
同学们个个信心十足。 Tóngxuémen gègè xìnxīn shízú.	クラスメートたちは自信に満ちています。
这里的土地种庄稼非常适宜。 Zhèli de tǔdì zhòng zhuāngjia fēicháng shìyí.	ここの土地は農作物の栽培に非常に適しています。

2151	**首要** shǒuyào	形 最も重要な、主要な 名 首脳
2152	**书面** shūmiàn	形 書面による
2153	**舒畅** shūchàng	形 伸び伸びとして気持ちがよい、心地よくて愉快な
2154	**竖** shù	形 縦の、上から下の 動 縦にする、立てる
2155	**衰老** shuāilǎo	形 年を取って心身が衰えている
2156	**爽快** shuǎngkuai	形 すっきりとした、率直な、あっさりとした
2157	**斯文** sīwen	形 優雅な、上品な 解説 "sīwén" だと「学問」という意味の名詞になる

你们目前的首要任务是学习。 Nǐmen mùqián de shǒuyào rènwu shì xuéxí.	あなたたちの現在の重要な役目は勉強です。
首要人物还没来，我们只能再等一等。 Shǒuyào rénwù hái méi lái, wǒmen zhǐ néng zài děng yi děng.	主要な人物がまだ来ていないので、私たちはもう少し待つしかありません。
这种说法是书面语言常用的格式。 Zhè zhǒng shuōfǎ shì shūmiàn yǔyán chángyòng de géshì.	この言い方は、書き言葉でよく用いられる形式です。
环境美了，心情也就舒畅了。 Huánjìng měi le, xīnqíng yě jiù shūchàng le.	環境が美しくなれば、気分もよくなります。
他穿着件竖条的衬衣。 Tā chuānzhe jiàn shùtiáo de chènyī.	彼はストライプのシャツを着ています。
门口竖着一块广告牌。 Ménkǒu shùzhe yí kuài guǎnggàopái.	入口に立て看板が立ててあります。
年纪大了，身体各部分都衰老了。 Niánjì dà le, shēntǐ gè bùfen dōu shuāilǎo le.	年を取って、体のすべての部分が衰えています。
洗完澡以后，他觉得很爽快。 Xǐwán zǎo yǐhòu, tā juéde hěn shuǎngkuai.	シャワーを浴びて、彼はすっきりしました。
他爽快地接受了我们的建议。 Tā shuǎngkuai de jiēshòule wǒmen de jiànyì.	彼は私たちの提案をあっさりと受け入れました。
弟弟在客人面前表现得很斯文。 Dìdi zài kèrén miànqián biǎoxiànde hěn sīwen.	弟はお客さんの前では上品にふるまっています。
我觉得他斯斯文文的，脾气也挺好的。 Wǒ juéde tā sīsīwénwén de, píqi yě tǐng hǎo de.	彼は品があって、性格もよいと思います。

2158
随意
suí//yì
形 気の向くままの、随意な

2159
踏实
tāshi
形 着実な、落ち着いている

2160
贪婪
tānlán
形 貪欲な、満足することを知らない

2161
特定
tèdìng
形 特に指定された、特定の

2162
体面
tǐmiàn
形 体裁がよい、見た目が立派な　名 面子

2163
天生
tiānshēng
形 生まれつきの、先天的な

2164
挺拔
tǐngbá
形 まっすぐにそびえた、力強い

这个场合很重要，穿衣服不能太随意。 Zhège chǎnghé hěn zhòngyào, chuān yīfu bù néng tài suíyì.	この場はとても重要なので、服装はあまり気楽なものではいけません。
大家随意吃，别客气。 Dàjiā suíyì chī, bié kèqi.	みなさん、好きに召し上がってください、遠慮しないで。
他是个踏实的人，你可以放心。 Tā shì ge tāshi de rén, nǐ kěyǐ fàngxīn.	彼はこつこつと物事を行う人です、安心してください。
工作完不成，他心里不踏实。 Gōngzuò wánbuchéng, tā xīnli bù tāshi.	仕事を終えることができず、彼は気分が落ち着きません。
他对金钱、财物贪婪得很。 Tā duì jīnqián、cáiwù tānlánde hěn.	彼は金銭や財産にとても貪欲です。
那是特定历史时期的一项政策。 Nà shì tèdìng lìshǐ shíqī de yí xiàng zhèngcè.	あれは特定の歴史的時期の政策です。
特定的家庭环境决定了他的性格。 Tèdìng de jiātíng huánjìng juédìngle tā de xìnggé.	ある家庭環境が彼の性格を決定づけました。
他不会做有失体面的事情。 Tā bú huì zuò yǒu shī tǐmiàn de shìqing.	面子をつぶすことを彼がするはずありません。
他决心让妻子过上体面的生活。 Tā juéxīn ràng qīzi guòshàng tǐmiàn de shēnghuó.	妻が恥ずかしくない生活を送れるようにしてあげようと彼は決心しました。
她天生性格内向，不爱说话。 Tā tiānshēng xìnggé nèixiàng, bú ài shuōhuà.	彼女は生まれつき性格が内向的で、話すのが好きではありません。
他挺拔的身体显得非常英俊。 Tā tǐngbá de shēntǐ xiǎnde fēicháng yīngjùn.	彼の力強い体つきはとてもかっこよく見えます。
门前种着一排排挺拔的杨树。 Ménqián zhòngzhe yì páipái tǐngbá de yángshù.	門の前にはまっすぐに伸びたヤナギの並木が植えてあります。

2165

通俗

tōngsú

形 大衆向きの、通俗的な

2166

秃

tū

形 はげている、葉のない、先端がすり減った

2167

吞吞吐吐

tūntūntǔtǔ

形 口ごもっている、言葉を濁した

2168

妥当

tuǒdàng

形 妥当な、適切な

発音 "tuǒdang" とも

2169

妥善

tuǒshàn

形 妥当な、適切な

2170

外向

wàixiàng

形 外向的な、外国市場向けの

这本理论著作写得通俗极了，人人都能看懂。 Zhè běn lǐlùn zhùzuò xiěde tōngsújí le, rénrén dōu néng kàndǒng.	この理論書はきわめて大衆向けに書かれていて、誰もが読んで理解できます。
专家对这些问题进行了比较通俗的讲解。 Zhuānjiā duì zhèxiē wèntí jìnxíngle bǐjiào tōngsú de jiǎngjiě.	専門家はこれらの問題について比較的大衆向けな説明をしました。
他的头顶秃了。 Tā de tóudǐng tū le.	彼の頭のてっぺんが禿げてしまいました。
这是一座秃山，连草也不生长。 Zhè shì yí zuò tūshān, lián cǎo yě bù shēngzhǎng.	これははげ山で、草さえも生えていません。
谈到工厂的经营情况，厂长变得吞吞吐吐起来。 Tándào gōngchǎng de jīngyíng qíngkuàng, chǎngzhǎng biànde tūntūntǔtǔqilai.	工場の経営状況について話が及ぶと、工場長は言葉を濁し始めました。
他吞吞吐吐，目光闪烁，好像遇到了什么难题。 Tā tūntūntǔtǔ, mùguāng shǎnshuò, hǎoxiàng yùdàole shénme nántí.	彼は口ごもりながらきょろきょろしていて、何か難しい問題に直面したようでした。
一切都安排妥当后，他才去睡了。 Yíqiè dōu ānpái tuǒdàng hòu, tā cái qù shuì le.	一切が適切に処理されたあと、彼はようやく寝ました。
这篇文章用词妥当，说服力很强。 Zhè piān wénzhāng yòng cí tuǒdàng, shuōfúlì hěn qiáng.	この文章は語いが適切に使われていて、説得力があります。
这些文件一定要妥善保管。 Zhèxiē wénjiàn yídìng yào tuǒshàn bǎoguǎn.	これらの文書は適切に保管する必要があります。
他的生活问题已经得到了妥善解决。 Tā de shēnghuó wèntí yǐjīng dédàole tuǒshàn jiějué.	彼の生活上の問題はすでに妥当な解決を見ました。
他性格外向，爱说爱笑。 Tā xìnggé wàixiàng, ài shuō ài xiào.	彼は性格が外向的で、話したり笑ったりするのが好きです。
这个国家逐步变内向型经济为外向型经济。 Zhège guójiā zhúbù biàn nèixiàngxíng jīngjì wèi wàixiàngxíng jīngjì.	この国は国内市場重視型の経済から、輸出重視型の経済に徐々に変化してきています。

Track 294

2171	**完备** wánbèi	形 完備している、完全な
2172	**顽固** wángù	形 頑固な、かたくなな
2173	**顽强** wánqiáng	形 頑強な、粘り強い
2174	**惋惜** wǎnxī	形 悲しみ惜しんでいる
2175	**微观** wēiguān	形 微視的な、ミクロの ↔ **"宏观 hóngguān"** 巨視的な 関 **"微观经济学 wéiguānjīngjìxué"** ミクロ経済学
2176	**为难** wéinán	形 困難を感じる 動 困らせる、意地悪をする
2177	**蔚蓝** wèilán	形 深い青色の、空色の

体育馆里各种健身设施都很完备。 Tǐyùguǎn li gè zhǒng jiànshēn shèshī dōu hěn wánbèi.	体育館にはあらゆる種類のフィットネス施設が完備されています。
他很顽固，听不进别人的意见。 Tā hěn wángù, tīngbujìn biérén de yìjiàn. **这是一种顽固的疾病，很容易反复。** Zhè shì yì zhǒng wángù de jíbìng, hěn róngyì fǎnfù.	彼はとても頑固で、他人の意見を聞き入れられません。 これは頑固な病気で、再発しやすいです。
在病痛面前，他表现得非常顽强。 Zài bìngtòng miànqián, tā biǎoxiànde fēicháng wánqiáng. **小草有顽强的生命力。** Xiǎo cǎo yǒu wánqiáng de shēngmìnglì.	病気に直面して、彼は非常に頑強に振る舞いました。 草は強い生命力を持っています。
公司走了这么多优秀人才，我们感到十分惋惜。 Gōngsī zǒule zhème duō yōuxiù réncái, wǒmen gǎndào shífēn wǎnxī.	こんなにも多くの優秀な人材が会社を去ってしまい、私たちは非常に残念に思っています。
他既讲到了宏观问题，也没忽视微观现象。 Tā jì jiǎngdàole hóngguān wèntí, yě méi hūshì wēiguān xiànxiàng.	彼は巨視的な問題について話しましたが、微視的な現象も無視しませんでした。
要办好这件事我真感到为难。 Yào bànhǎo zhè jiàn shì wǒ zhēn gǎndào wéinán. **他总是替别人着想，从来不为难别人。** Tā zǒngshì tì biérén zhuóxiǎng, cónglái bù wéinán biérén.	この件をうまく処理するのが私は本当に難しく感じます。 彼は常に他の人のためを考えていて、他人を困らせることはありません。
从太空看，地球是一个蔚蓝色的球体。 Cóng tàikōng kàn, dìqiú shì yí ge wèilánsè de qiútǐ.	宇宙から見ると、地球は濃い青色の球体です。

2178	温和 wēnhé	形 温暖な、(態度・言葉などが) 温和な
2179	文雅 wényǎ	形 (言葉遣いや態度が) 上品な、優雅な
2180	乌黑 wūhēi	形 真っ黒な
2181	无偿 wúcháng	形 無償の、無料の
2182	无耻 wúchǐ	形 恥知らずの
2183	无辜 wúgū	形 罪のない、無辜な 名 罪のない人
2184	无赖 wúlài	形 理不尽な、無頼の 名 ごろつき、無頼漢

温和的阳光照进了屋子里，很舒适。 Wēnhé de yángguāng zhàojìnle wūzi li, hěn shūshì.	暖かな日差しが部屋に差し込んで、とても快適です。
他的妻子性情温和，很少发脾气。 Tā de qīzi xìngqíng wēnhé, hěn shǎo fā píqi.	彼の妻は穏やかな性格で、めったに怒りません。
他是位很文雅的先生。 Tā shì wèi hěn wényǎ de xiānsheng.	あの方はとても上品な男性です。
她吃饭的动作特别文雅。 Tā chīfàn de dòngzuò tèbié wényǎ.	彼女の食事のしぐさは特に上品です。
她那乌黑的眼珠一闪一闪的。 Tā nà wūhēi de yǎnzhū yì shǎn yì shǎn de.	彼女のあの真っ黒な目はきらきらしています。
我们为市民提供无偿的法律咨询。 Wǒmen wèi shìmín tígōng wúcháng de fǎlǜ zīxún.	私たちは市民に無料で法律コンサルティングを提供しています。
诬陷别人的行为太无耻了！ Wūxiàn biérén de xíngwéi tài wúchǐ le!	ありもしない罪を並べて他人を陥れるなんて、恥知らずもいいところです！
战争给无辜的平民带来了很大伤害。 Zhànzhēng gěi wúgū de píngmín dàiláile hěn dà shānghài.	戦争は罪のない庶民に大きな損害をもたらしました。
我们不能冤枉无辜，也不能放过罪犯。 Wǒmen bù néng yuānwang wúgū, yě bù néng fàngguò zuìfàn.	私たちは罪のない人に罪をなすりつけることはできませんし、犯罪者を野放しにすることもできません。
他真无赖，把他失误的责任都嫁给部下。 Tā zhēn wúlài, bǎ tā shīwù de zérèn dōu jiàgěi bùxià.	彼は本当に理不尽な人で、自分の失敗の責任をすべて部下になすりつけます。
很快警察就把这群无赖带走了。 Hěn kuài jǐngchá jiù bǎ zhè qún wúlài dàizǒu le.	すぐに警察がこのごろつきのグループを連れ去りました。

2185 无知 wúzhī

形 無知な

2186 喜悦 xǐyuè

形 喜ばしい、嬉しい

2187 细致 xìzhì

形 入念な、緻密な

2188 狭隘 xiá'ài

形（幅が）狭い、（世界・見識・度量などが）狭い

2189 狭窄 xiázhǎi

形（幅が）狭い、狭量な

2190 先进 xiānjìn

形 先進的な、進んでいる　名 先進的な人物・事柄

2191 鲜明 xiānmíng

形 色鮮やかな、（内容などが）はっきりしている

他们是因为无知才干出这种事的。 Tāmen shì yīnwèi wúzhī cái gànchū zhè zhǒng shì de. **他利用这些人的无知骗了很多钱。** Tā lìyòng zhèxiē rén de wúzhī piànle hěn duō qián.	彼らは無知だからこそこのようなことをやってしまいました。 彼はこの人々の無知を利用してたくさんのお金をだましとりました。
我喜悦的心情很难用语言来表达。 Wǒ xǐyuè de xīnqíng hěn nán yòng yǔyán lái biǎodá.	私の嬉しい気持ちは言葉では言い表せません。
我干不了这么细致的活儿。 Wǒ gànbuliǎo zhème xìzhì de huór.	私にこんな緻密な作業はできません。
山路狭隘，大家要小心。 Shānlù xiá'ài, dàjiā yào xiǎoxīn. **他心胸狭隘，容不得给他提意见的人。** Tā xīnxiōng xiá'ài, róngbude gěi tā tí yìjiàn de rén.	山道は細いので、みなさん注意してください。 彼は度量が狭くて、彼に助言する人を受け入れることができません。
这个小桥很狭窄，只能通过一辆车。 Zhège xiǎo qiáo hěn xiázhǎi, zhǐ néng tōngguò yí liàng chē. **他意识到自己的知识面有些狭窄。** Tā yìshidào zìjǐ de zhīshi miàn yǒuxiē xiázhǎi.	この小さな橋はとても狭く、車1台しか通ることができません。 彼は自分の知識の幅がいささか狭いことに気づきました。
这些设备都是国际上最先进的。 Zhèxiē shèbèi dōu shì guójì shang zuì xiānjìn de. **他们人人争当先进，工作非常积极。** Tāmen rénrén zhēng dāng xiānjìn, gōngzuò fēicháng jījí.	これらのデバイスは、世界でも最も先進的です。 彼らは誰もが先を行こうと争っていて、仕事に非常に熱意があります。
这幅画的色彩非常鲜明。 Zhè fú huà de sècǎi fēicháng xiānmíng. **他的态度非常鲜明，就是坚决不同意。** Tā de tàidù fēicháng xiānmíng, jiùshì jiānjué bù tóngyì.	この絵の色彩はとても鮮やかです。 彼の態度は非常にはっきりしていて、つまり断固反対です。

2192	贤惠 xiánhuì	形(女性が) 善良で聡明な
2193	显著 xiǎnzhù	形(成績や効果が) 顕著な、めざましい
2194	现成 xiànchéng	形 すでに用意されている、出来合いの
2195	响亮 xiǎngliàng	形(音や声が) 高らかな、よく響く
2196	潇洒 xiāosǎ	形(立ち振る舞いが) スマートな、あかぬけている
2197	辛勤 xīnqín	形(働きぶりが) 懸命な
2198	欣慰 xīnwèi	形 嬉しくてほっとしている、満足している

他想找一位贤惠的姑娘做妻子。 Tā xiǎng zhǎo yí wèi xiánhuì de gūniang zuò qīzi.	彼は善良で聡明な女の子を見つけて妻にしたいと思っています。
他学习努力，进步非常显著。 Tā xuéxí nǔlì, jìnbù fēicháng xiǎnzhù.	彼は一生懸命勉強していて、進歩がめざましいです。
饭菜都是现成的，你热热就可以吃了。 Fàncài dōu shì xiànchéng de, nǐ rère jiù kěyǐ chī le. **房间里的冰箱、衣柜都是现成的，不用自己买。** Fángjiān li de bīngxiāng、yīguì dōu shì xiànchéng de, búyòng zìjǐ mǎi.	料理はすべて出来合いのものなので、ちょっと温めればすぐ食べられます。 部屋の冷蔵庫や洋服だんすなどはすでに用意されているので、自分で買う必要はありません。
你回答问题时声音可以再响亮一些。 Nǐ huídá wèntí shí shēngyīn kěyǐ zài xiǎngliàng yìxiē. **自从上次表演成功后，他的名声渐渐响亮起来。** Zìcóng shàng cì biǎoyǎn chénggōng hòu, tā de míngshēng jiànjiàn xiǎngliàngqilai.	質問に答えるときは、少し声を張って話してください。 前回のパフォーマンスが成功して以来、彼の名声は徐々に広がってきています。
他从一个小男孩儿成长为一个英俊潇洒的青年。 Tā cóng yí ge xiǎo nánháir chéngzhǎngwéi yí ge yīngjùn xiāosǎ de qīngnián. **如此潇洒的动作只有这位功夫演员可以做出来。** Rúcǐ xiāosǎ de dòngzuò zhǐyǒu zhè wèi gōngfu yǎnyuán kěyǐ zuòchulai.	彼は幼い男の子からハンサムであかぬけた男性に成長しました。 このような洗練された動作は、このカンフー俳優にしかできないものです。
他对记者的辛勤工作表示了感谢。 Tā duì jìzhě de xīnqín gōngzuò biǎoshìle gǎnxiè.	彼は記者の懸命な仕事ぶりに感謝を表しました。
看着建成的建筑，工人们露出了欣慰的笑容。 Kànzhe jiànchéng de jiànzhù, gōngrénmen lùchūle xīnwèi de xiàoróng. **我望着长大的儿子，一种欣慰涌上了心头。** Wǒ wàngzhe zhǎngdà de érzi, yì zhǒng xīnwèi yǒngshàngle xīntóu.	完成した建物を見て、作業員たちは満足げな笑顔を浮かべました。 成長した息子を眺めて、今までにない安心と満足が心にこみ上げてきました。

2199	新颖 xīnyǐng	形 斬新な、ユニークな
2200	兴隆 xīnglóng	形 繁盛している、盛んな
2201	兴旺 xīngwàng	形 盛んな、隆盛をきわめた
2202	腥 xīng	形 (魚などが) 生臭い
2203	刑事 xíngshì	形 刑事の ↔ "民事 mínshì" 民事の
2204	性感 xìnggǎn	形 (多く女性が) セクシーな、性的魅力のある 名 性的魅力

他提出了一个很新颖的观点，大家都很感兴趣。 Tā tíchūle yí ge hěn xīnyǐng de guāndiǎn, dàjiā dōu hěn gǎn xìngqù.	彼は斬新な観点を提示して、誰もが非常に興味を持っています。
他现在事业兴隆，生活幸福。 Tā xiànzài shìyè xīnglóng, shēnghuó xìngfú.	彼は今事業が繁盛していて、幸せに暮らしています。
他公司的买卖越来越兴隆了。 Tā gōngsī de mǎimai yuè lái yuè xīnglóng le.	彼の会社の商売はますます繁盛しています。
改革开放以后，这里出现了一派兴旺的景象。 Gǎigé kāifàng yǐhòu, zhèli chūxiànle yípài xīngwàng de jǐngxiàng.	改革開放以降、隆盛をきわめた風景がありました。
他为企业的兴旺、繁荣做出了重要贡献。 Tā wèi qǐyè de xīngwàng、fánróng zuò chūle zhòngyào gòngxiàn.	彼は企業の繁栄と発展に重要な貢献をしました。
这东西腥得没法吃。 Zhè dōngxi xīngde méi fǎ chī.	これは生臭くて食べられません。
他嫌鱼太腥了，所以很少买来吃。 Tā xián yú tài xīng le, suǒyǐ hěn shǎo mǎilái chī.	彼は魚が生臭くて嫌いなので、買って食べることはほとんどありません。
这不是普通的民事案件，是起严重的刑事案件。 Zhè bú shì pǔtōng de mínshì ànjiàn, shì qǐ yánzhòng de xíngshì ànjiàn.	これは通常の民事訴訟ではなく、重大な刑事訴訟です。
情节严重的要依法追究刑事责任。 Qíngjié yánzhòng de yāo yīfǎ zhuījiū xíngshì zérèn.	経緯が重大な場合、法律に従って刑事責任を追及する必要があります。
她被评为全世界最性感的电影明星。 Tā bèi píngwéi quán shìjiè zuì xìnggǎn de diànyǐng míngxīng.	彼女は世界で最もセクシーな映画スターと評されました。
她穿上这件晚礼服，显得非常性感。 Tā chuānshàng zhè jiàn wǎnlǐfú, xiǎnde fēicháng xìnggǎn.	彼女はこのイブニングドレスを着ていて、非常にセクシーに見えます。

2205

凶恶

xiōng'è

形 (形相が) 恐ろしい、(性質が) 凶悪な

2206

雄厚

xiónghòu

形 十分な、豊かな、大量の

2207

雄伟

xióngwěi

形 壮大な、雄大な

2208

羞耻

xiūchǐ

形 恥ずかしい

2209

虚假

xūjiǎ

形 偽りの、見せかけの

↔ "真实 zhēnshí"

2210

虚伪

xūwěi

形 誠意がない、偽りの

面对凶恶的敌人，我们绝不能手软。 Miànduì xiōng'è de dírén, wǒmen jué bù néng shǒuruǎn.	凶悪な敵に対して、決して手加減をしてはいけません。
凶恶的罪犯被警察制服了。 Xiōng'è de zuìfàn bèi jǐngchá zhìfú le.	凶悪な犯罪者は警察に取り押さえられました。
文学院的师资力量雄厚，教学效果很好。 Wénxuéyuàn de shīzī lìliàng xiónghòu, jiàoxué xiàoguǒ hěn hǎo.	文学部の教員は力量が十分で、指導効果も高いです。
他们凭借雄厚的实力，在招投标中胜出。 Tāmen píngjiè xiónghòu de shílì hé fēngfù, zài zhāo tóubiāo zhōng shèngchū.	十分な実力をもって、彼らは入札に勝ちました。
我们参观了雄伟的人民英雄纪念碑。 Wǒmen cānguānle xióngwěi de rénmín yīngxióng jìniànbēi.	私たちは壮大な人民英雄記念碑を見学しました。
远远望去，就能看到那片雄伟的建筑。 Yuǎnyuǎnwàngqu, jiù néng kàndào nà piàn xióngwěi de jiànzhù.	遠くを眺めると、あの壮大な建築物が見えます。
你应该为这种行为感到羞耻。 Nǐ yīnggāi wèi zhè zhǒng xíngwéi gǎndào xiūchǐ.	あなたはこの行為を恥じるべきです。
一个人该有羞耻之心,否则什么坏事都会干出。 Yí ge rén gāi yǒu xiūchǐ zhī xīn, fǒuzé shénme huàishì dōu huì gànchu.	ひとりでいるときも羞恥心を持つべきです、さもなければどんな悪事もできてしまいます。
他看起来虚假得很，一点儿也没有诚意。 Tā kànqilai xūjiǎde hěn, yìdiǎnr yě méiyǒu chéngyì.	彼は見せかけだけで、誠意はまったくありません。
这些虚假的报道是对读者极大的不负责任。 Zhèxiē xūjiǎ de bàodào shì duì dúzhě jídà de bú fù zérèn.	これらの偽りの報道は、読者に対して非常に無責任です。
我不需要这种虚伪的道歉。 Wǒ bù xūyào zhè zhǒng xūwěi de dàoqiàn.	私はこのような偽りの謝罪は必要ありません。
他现在变得越来越虚伪了,跟谁都不说实话。 Tā xiànzài biànde yuè lái yuè xūwěi le, gēn shéi dōu bù shuō shíhuà.	彼はますます不誠実になっており、誰に対しても真実を語っていません。

2211 **悬殊** xuánshū

形 非常にかけ離れた、差が大きい

2212 **严寒** yánhán

形 寒さが厳しい

↔ "酷暑 kùshǔ", "炎热 yánrè"

2213 **严峻** yánjùn

形 おごそかで厳しい、緊迫している

2214 **严厉** yánlì

形 (態度・言い方などが) 厳しい

2215 **严密** yánmì

形 ぴったりとした、綿密な 動 厳しくする

2216 **炎热** yánrè

形 ひどく暑い

↔ "严寒 yánhán"

2217 **遥远** yáoyuǎn

形 はるかに遠い

2218 **耀眼** yàoyǎn

形 まぶしい、まばゆい

贫富悬殊容易引起一系列社会问题。 Pínfù xuánshū róngyì yǐnqǐ yí xìliè shèhuì wèntí.	貧富の差が大きいと、一連の社会問題を簡単に引き起こしやすいです。
天气预报说,未来几天的严寒天气不会好转。 Tiānqì yùbào shuō, wèilái jǐ tiān de yánhán tiānqì bú huì hǎozhuǎn.	天気予報によると、今後数日間、厳しい寒さが和らぐことはないそうです。
他表情严峻，让人有些害怕。 Tā biǎoqíng yánjùn, ràng rén yǒuxiē hàipà.	彼の表情はいかめしく、少々恐ろしげです。
气候变暖，是人类面临的一个严峻问题。 Qìhòu biànnuǎn, shì rénlèi miànlín de yí ge yánjùn wèntí.	温暖化は人類が直面している緊迫した問題です。
他对孩子太严厉了，孩子有些怕他。 Tā duì háizi tài yánlì le, háizi yǒuxiē pà tā.	彼は子どもに厳しすぎるので、子どもは彼をちょっと怖がっています。
我们已经对他提出了严厉的批评。 Wǒmen yǐjīng duì tā tíchūle yánlì de pīpíng.	私たちはすでに彼を厳しく批判しています。
杯子盖得很严密，不会漏水。 Bēizi gàide hěn yánmì, bú huì lòushuǐ.	グラスはぴったりと閉められていて、水は漏れません。
这篇文章推理严密,很自然地得出了结论。 Zhè piān wénzhāng tuīlǐ yánmì, hěn zìrán de déchūle jiélùn.	この記事は推論が厳密で、自然と結論を得られました。
最近天气炎热，大家要注意防暑。 Zuìjìn tiānqì yánrè, dàjiā yào zhùyì fángshǔ.	最近暑さが厳しいので、みなさん暑さ対策を心がけましょう。
虽然路途遥远,但他决心去那里学习武术。 Suīrán lùtú yáoyuǎn, dàn tā juéxīn qù nàli xuéxí wǔshù.	道のりははるか遠いですが、彼はそこへ行って武術を学ぶ決心をしています。
那颗星星非常耀眼，特别引人注意。 Nà kē xīngxing fēicháng yàoyǎn, tèbié yǐn rén zhùyì.	あの星は非常にまぶしく。特別人の注意を引きます。
那天晚上，她成了最耀眼的明星。 Nà tiān wǎnshang, tā chéngle zuì yàoyǎn de míngxīng.	あの夜、彼女は最も輝くスターになりました。

2219	**野蛮** yěmán	形 野蛮な、未開の
2220	**一贯** yíguàn	形（思想・作風などが）一貫している、ずっと変わらない
2221	**一流** yìliú	形 一流の 名 同類、同じ仲間
2222	**异常** yìcháng	形 異常な、普通とは違う 副 非常に、特別に
2223	**隐约** yǐnyuē	形 かすかな、はっきりしない
2224	**英明** yīngmíng	形 英明な、賢明な
2225	**英勇** yīngyǒng	形 勇敢な、英雄的な
2226	**庸俗** yōngsú	形 俗っぽい、低級な

这些野蛮的习俗慢慢都消除了。 Zhèxiē yěmán de xísú mànman dōu xiāochú le.	これらの未開な風俗習慣は少しずつ取り除かれました。
打人是一种十分野蛮的行为。 Dǎ rén shì yì zhǒng shífēn yěmán de xíngwéi.	人をたたくのは非常に野蛮な行為です。
双方坐下来谈判，是我们一贯的主张。 Shuāngfāng zuòxialai tánpàn, shì wǒmen yíguàn de zhǔzhāng.	双方が席について交渉を行うことが、私たちの一貫した主張です。
他们手工技术一流，产品很受欢迎。 Tāmen shǒugōng jìshù yīliú, chǎnpǐn hěn shòu huānyíng.	彼らの手工芸技術は一流であり、製品は非常に人気があります。
他异常的举动引起了大家的注意。 Tā yìcháng de jǔdòng yǐnqǐle dàjiā de zhùyì.	彼の異常な行動はみなの注目を集めました。
听到这个消息后，我异常激动。 Tīngdào zhège xiāoxi hòu, wǒ yìcháng jīdòng.	この知らせを聞いて、非常に興奮しました。
我隐约看到前面有几个人影。 Wǒ yǐnyuē kàndào qiánmiàn yǒu jǐ ge rényǐng.	前方に数人の人影がぼんやりと見えました。
他是一位十分英明的领袖。 Tā shì yí wèi shífēn yīngmíng de lǐngxiù.	彼はたいへん英明な指導者です。
对这些问题的处理方式显示了这位领导的英明。 Duì zhèxiē wèntí de chǔlǐ fāngshì xiǎnshìle zhè wèi lǐngdǎo de yīngmíng.	これらの問題に対するの処理の方法が、このリーダーの賢さを示しています。
为了保卫国家，他英勇地牺牲了。 Wèile bǎowèi guójiā, tā yīngyǒng de xīshēng le.	国を守るために、彼は雄々しく命をささげました。
在危险时刻，他表现出了英勇顽强的精神。 Zài wēixiǎn shíkè, tā biǎoxiànchūle yīngyǒng wánqiáng de jīngshén.	危険なときに、彼は勇敢で粘り強い精神を示しました。
让庸俗的作品远离孩子。 Ràng yōngsú de zuòpǐn yuǎnlí háizi.	俗っぽい作品を子どもに近づけないでください。

2227	**永恒** yǒnghéng	形 永久不変の
2228	**踊跃** yǒngyuè	形 喜び勇んでいる、積極的な 動 飛び跳ねる
2229	**优异** yōuyì	形 ずば抜けている
2230	**优越** yōuyuè	形 優越している、すぐれている
2231	**忧郁** yōuyù	形 憂鬱な、気がふさぐ
2232	**油腻** yóunì	形 脂っこい、しつこい 名 脂っこい食べ物
2233	**幼稚** yòuzhì	形 幼稚な、あどけない
2234	**愚蠢** yúchǔn	形 愚かな、まぬけな
2235	**愚昧** yúmèi	形 愚かで無知な

这个民族以茶树作为永恒友情的象征。 Zhège mínzú yǐ cháshù zuòwéi yǒnghéng yǒuqíng de xiàngzhēng.	この民族は、茶の木を永久不変の友情の象徴として扱っています。
讨论会上同学们的发言十分踊跃。 Tǎolùnhuì shang tóngxuémen de fāyán shífēn yǒngyuè.	討論会での同級生たちの発言は非常に活発でした。
因为表现优异，他被提拔为项目经理。 Yīnwèi biǎoxiàn yōuyì, tā bèi tíbáwèi xiàngmù jīnglǐ. **他以优异的成绩拿到了博士学位。** Tā yǐ yōuyì de chéngjì nádàole bóshì xuéwèi.	業績がずば抜けて優れているので、彼はプロジェクトマネージャーに抜擢されました。 彼は群を抜いた成績で博士号を取得しました。
这里优越的自然条件很适合植物生长。 Zhèli yōuyuè de zìrán tiáojiàn hěn shìhé zhíwù shēngzhǎng.	ここの優れた自然条件は植物の成長に適しています。
他神情忧郁，闷闷不乐。 Tā shénqíng yōuyù, mènmènbúlè.	彼の表情は物憂げで、ふさぎこんでいます。
菜做得清淡一点儿，别太油腻了。 Cài zuòde qīngdàn yìdiǎnr, bié tài yóunì le.	料理は少しあっさりめにして、脂っこくなりすぎないようにしてください。
我提的问题可能很幼稚，请你原谅。 Wǒ tí de wèntí kěnéng hěn yòuzhì, qǐng nǐ yuánliàng. **我不喜欢玩儿这么幼稚的游戏。** Wǒ bù xǐhuan wánr zhème yòuzhì de yóuxì.	私が出した質問は幼稚かもしれませんが、ご容赦ください。 こんな幼稚な遊びは好きではありません。
我太愚蠢了，竟然相信了骗子的话。 Wǒ tài yúchǔn le, jìngrán xiāngxìnle piànzi de huà.	私はあまりにまぬけでした、詐欺師の言葉を信じてしまうなんて。
那是一群愚昧无知的人。 Nà shì yì qún yúmèi wúzhī de rén.	それは愚かで無知な人たちです。

2236	**原始** yuánshǐ	形 オリジナルの、最初の、原始的な
2237	**圆满** yuánmǎn	形 円満な、満足のいく
2238	**扎实** zhāshi	形 丈夫な、着実な
2239	**崭新** zhǎnxīn	形 真新しい、斬新である
2240	**珍贵** zhēnguì	形 貴重な
2241	**珍稀** zhēnxī	形 貴重で数の少ない、希少な
2242	**真挚** zhēnzhì	形 真摯な、偽りのない
2243	**镇定** zhèndìng	形 沈着な、落ち着いている

他们这里还保留着原始的风俗。 Tāmen zhèli hái bǎoliúzhe yuánshǐ de fēngsú.	彼らはまだ原始的な風習をここでとどめています。
我们的原始数据可能有错误。 Wǒmen de yuánshǐ shùjù kěnéng yǒu cuòwù.	私たちのオリジナルのデータに間違いがある可能性があります。
他们现在的生活圆满、幸福。 Tāmen xiànzài de shēnghuó yuánmǎn、xìngfú.	彼らの現在の生活は円満で幸せです。
我们得到了一个圆满的答复。 Wǒmen dédàole yí ge yuánmǎn de dáfù.	満足のいく回答が得られました。
盖房子要打好扎实的地基。 Gài fángzi yào dǎhǎo zhāshi de dìjī.	家を建てるには、しっかりとした土台を築く必要があります。
他有扎实的外语基础，出国工作没有问题。 Tā yǒu zhāshi de wàiyǔ jīchǔ, chūguó gōngzuò méiyǒu wèntí.	彼はしっかりした外国語の基礎をもっていて、海外で働くのに問題はありません。
他穿上了那套崭新的西服。 Tā chuānshàngle nà tào zhǎnxīn de xīfú.	彼はその真新しいスーツを着ました。
这次我们要以崭新的面貌出现在众人面前。 Zhè cì wǒmen yào yǐ zhǎnxīn de miànmào chūxiànzài zhòngrén miànqián.	今回は斬新な様子でみなさんの前に登場します。
他把个人名誉看得比生命还珍贵。 Tā bǎ gèrén míngyù kànde bǐ shēngmìng hái zhēnguì.	彼は個人の名誉を命よりも貴重だと考えています。
这是一种珍稀的鸟类，应当保护起来。 Zhè shì yì zhǒng zhēnxī de niǎolèi, yīngdāng bǎohùqilai.	これは希少な鳥類の1種で、保護する必要があります。
经过这些年交往，我们结下了真挚的友谊。 Jīngguò zhèxiē nián jiāowǎng, wǒmen jiéxiàle zhēnzhì de yǒuyì.	長年の付き合いを経て、私たちは真摯な友情を築きました。
当火灾发生时，他镇定地指挥大家转移。 Dāng huǒzāi fāshēng shí, tā zhèndìng de zhǐhuī dàjiā zhuǎnyí.	火事が発生したとき、彼は移動するようみなに落ち着いて指示しました。

2244
镇静
zhènjìng
形 落ち着いている、冷静な 動 落ち着かせる

2245
正当
zhèngdàng
形 正当な、実直な
関 "正当 zhèngdāng" ちょうど~のときに当たる

2246
正负
zhèngfù
形 正と負の、プラスとマイナスの

2247
正规
zhèngguī
形 正規な、規定通りの

2248
正经
zhèngjing
形 まじめな、正直な、まともな
発音 口語では"zhèngjǐng"とも。
関 "正经 zhèngjīng" 十三経（儒家の経典の総称）

2249
正义
zhèngyì
形 正義の、道理にかなった 名 正義

医生镇静的表情给了病人极大的安慰和信心。 yìshēng zhènjìng de biǎoqíng gěile bìngrén jídà de ānwèi hé xìnxīn.	医者の落ち着いた表情が、患者に大きな安心と自信を与えました。
刚到考场时我有些紧张，一会儿就镇静了下来。 Gāng dào kǎochǎng shí wǒ yǒuxiē jǐnzhāng, yíhuìr jiù zhènjìnglexiàlai.	試験場に着いたとき少し緊張していましたが、しばらくすると落ち着きました。
这是你正当的权益，不要放弃。 Zhè shì nǐ zhèngdàng de quányì, búyào fàngqì.	これはあなたの正当な権益です、放棄しないでください。
正当上课的时候，他的电话铃响了。 Zhèngdāng shàngkè de shíhou, tā de diànhuà líng xiǎng le.	まさに授業中、彼の電話が鳴りました。
这个电子表的正负误差在 20 秒以内。 Zhège diànzǐbiǎo de zhèngfù wùchā zài èrshí miǎo yǐnèi.	この電子時計の誤差はプラスマイナスで20秒以内です。
你要看清楚电池的正负极，再进行安装。 Nǐ yào kànqīngchu diànchí de zhèngfù jí, zài jìnxíng ānzhuāng.	電池の正極と負極をきちんと見てから取り付ける必要があります。
他没有接受过正规教育，完全靠自学成才。 Tā méiyǒu jiēshòuguo zhèngguī jiàoyù, wánquán kào zìxué chéngcái.	彼は正式な教育を受けておらず、完全に独学で才を成しました。
我们是正经人，不会做非法的事情。 Wǒmen shì zhèngjing rén, bú huì zuò fēifǎ de shìqing.	私たちはまじめで、違法なことはしません。
老王一向很正经，从来不开玩笑。 Lǎo Wáng yíxiàng hěn zhèngjīng, cónglái bù kāi wánxiào.	王さんはずっとまじめで、冗談を言ったことがありません。
他为大家伸张正义，赢得了大家的尊重。 Tā wèi dàjiā shēnzhāng zhèngyì, yíngdéle dàjiā de zūnzhòng.	彼はみなのために正義を広めて、みなの尊敬を勝ち取りました。
世界反法西斯战争是一场正义战争。 Shìjiè fǎn fǎxīsī zhànzhēng shì yì cháng zhèngyì zhànzhēng.	世界の反ファシズム戦争は公正な戦争です。

2250	正宗 zhèngzōng	形 正統の、正真正銘の 名 本筋、正統
2251	郑重 zhèngzhòng	形 厳かな、厳粛な
2252	执着 zhízhuó	形 執着している、固執した
2253	智能 zhìnéng	形 知性をもった、知能的な
2254	忠诚 zhōngchéng	形 忠実な
2255	忠实 zhōngshí	形 忠実な、正確な 動 忠実に反映する
2256	衷心 zhōngxīn	形 心からの、衷心よりの

你到四川，可以吃到正宗的川菜。 Nǐ dào Sìchuān, kěyǐ chīdào zhèngzōng de chuāncài.	四川に行くと、本格的な四川料理が食べられます。
他是这个学派正宗的接班人。 Tā shì zhège xuépài zhèngzōng de jiēbānrén.	彼はこの学派の正統な後継者です。
签字仪式搞得非常郑重。 Qiānzì yíshì gǎode fēicháng zhèngzhòng.	調印式は厳粛に執り行われました。
他发言的时候，神情显得很郑重。 Tā fāyán de shíhou, shénqíng xiǎnde hěn zhèngzhòng.	彼が話すとき、表情は厳粛に見えました。
他对自己的梦想非常执着，从未放弃。 Tā duì zìjǐ de mèngxiǎng fēicháng zhízhuó, cóng wèi fàngqì.	彼は自分の夢を強く持っていて、決してあきらめません。
他的性格有些古板，对有些小事过于执着。 Tā de xìnggé yǒuxiē gǔbǎn, duì yǒuxiē xiǎoshì guòyú zhízhuó.	彼の性格は少し昔かたぎで、細かいことに執着しすぎるところがあります。
经过这些训练，学生们的智能明显提高了。 Jīngguò zhèxiē xùnliàn, xuéshengmen de zhìnéng míngxiǎn tígāo le.	これらのトレーニングを経て、学生たちの知性は大幅に向上しました。
士兵们一直忠诚地保卫着这里。 Shìbīngmen yìzhí zhōngchéng de bǎowèizhe zhèli.	兵士たちはここを忠実に守ってきました。
狗是人类最忠实的朋友。 Gǒu shì rénlèi zuì zhōngshí de péngyou.	犬は人類の最も忠実な友だちです。
这部影片是我国改革历程的忠实记录。 Zhè bù yǐngpiàn shì wǒguó gǎigé lìchéng de zhōngshí jìlù.	この映画は、我が国の改革の歴史を忠実に記録したものです。
我衷心祝福大家生活愉快。 Wǒ zhōngxīn zhùfú dàjiā shēnghuó yúkuài.	みなさまが愉快に過ごされることを心よりお祈り申し上げます。

2257	周密 zhōumì	形 綿密な
2258	主导 zhǔdǎo	形 主導的な、全体を導く 名 主導的作用をするもの
2259	庄严 zhuāngyán	形 荘厳な、厳かな
2260	庄重 zhuāngzhòng	形 (言動が) まじめで慎重な
2261	壮观 zhuàngguān	形 眺めが壮大な、壮観な
2262	壮丽 zhuànglì	形 厳かで美しい、壮麗な
2263	壮烈 zhuàngliè	形 壮烈な
2264	卓越 zhuóyuè	形 卓越した、ずば抜けている

他对明天的活动进行了周密的安排。 Tā duì míngtiān de huódòng jìnxíngle zhōumì de ānpái.	彼は明日の活動のために綿密な段取りを組みました。
发展经济是最近一个时期的主导方向。 Fāzhǎn jīngjì shì zuìjìn yí ge shíqī de zhǔdǎo fāngxiàng.	経済発展は直近の時期を主導する目標です。
市场需求是企业研发新产品的主导。 Shìchǎng xūqiú shì qǐyè yánfā xīn chǎnpǐn de zhǔdǎo.	市場の需要は、企業が新製品を開発する主導要素です。
庄严的国歌响起，全场都站立起来。 Zhuāngyán de guógē xiǎngqǐ, quán chǎng dōu zhànlìqilai.	厳かな国歌が鳴り響き、その場にいる人全員が立ち上がりました。
古老的长城在夕阳下显得那么庄严，那么雄伟。 Gǔlǎo de Chángchéng zài xīyáng xià xiǎnde nàme zhuāngyán, nàme xióngwěi.	古代の万里の長城は、夕焼けでとても荘厳で雄大に見えます。
他用庄重的语气汇报了这件事情。 Tā yòng zhuāngzhòng de yǔqì huìbàole zhè jiàn shìqing.	彼はまじめで慎重な口調でこの件を報告しました。
这是我见过的最壮观的雪景。 Zhè shì wǒ jiànguo de zuì zhuàngguān de xuějǐng.	これは私が今まで見た中で最も壮観な雪景色です。
我亲眼看到了太阳慢慢升起的壮丽景象。 Wǒ qīnyǎn kàndàole tàiyáng mànmàn shēngqǐ de zhuànglì jǐngxiàng.	太陽がゆっくりと昇っていく壮麗な光景をこの目で見ました。
远远望去，青藏高原的风光显得非常壮丽。 Yuǎnyuǎn wàngqu, Qīngzàng gāoyuán de fēngguāng xiǎnde fēicháng zhuànglì.	遠くから見ると、青海チベット高原の景色は非常に厳かで美しいです。
他舍己救人的精神是多么壮烈啊！ Tā shě jǐ jiù rén de jīngshén shì duōme zhuàngliè a!	自らを顧みず他人を救う彼の精神はどれほど壮烈なのでしょうか！
她是一位卓越的画家，名气很大。 Tā shì yí wèi zhuóyuè de huàjiā, míngqì hěn dà.	彼女は卓越した画家で名高いです。

形容詞・フレーズ

307

No.	語句	ピンイン	意味
2265	资深	zīshēn	形 キャリアが長い、ベテランの
2266	自卑	zìbēi	形 卑屈になる、劣等感を持つ
2267	自发	zìfā	形 自然発生的な、自発的な
2268	自满	zìmǎn	形 自己満足している、おごりたかぶる
2269	爱不释手	àibúshìshǒu	フ 大切にして手放さない
2270	拔苗助长	bámiáozhùzhǎng	フ 成功を焦り失敗する

他是大学的资深教授，也是著名的法律专家。 Tā shì dàxué de zīshēn jiàoshòu, yě shì zhùmíng de fǎlǜ zhuānjiā.	彼はベテランの大学教授で、有名な法律専門家でもあります。
他们都是资深的业务人员，有问题尽管问就好了。 Tāmen dōu shì zīshēn de yèwù rényuán, yǒu wèntí jǐnguǎn wèn jiù hǎo le.	彼らはみなキャリアの長いスタッフです。質問があれば構わず聞いてください。
你不要有自卑心理，一定要相信自己。 Nǐ búyào yǒu zìbēi xīnlǐ, yídìng yào xiāngxìn zìjǐ.	劣等感を持ってはいけません、どうあっても自分を信じてください。
我们必须克服自卑心理，才能战胜困难。 Wǒmen bìxū kèfú zìbēi xīnlǐ, cái néng zhànshèng kùnnan.	私たちは劣等感を克服しなければなりません、でなければ困難に打ち勝てません。
这个联合会是大家自发成立的。 Zhège liánhéhuì shì dàjiā zìfā chénglì de.	この協会はみなが自発的に設立したものです。
有点儿成绩，他就容易自满。 Yǒudiǎnr chéngjì, tā jiù róngyì zìmǎn.	少しの成績で、彼は自己満足しがちです。
工作上你要防止自满心理，争取更大的进步。 Gōngzuò shang nǐ yào fángzhǐ zìmǎn xīnlǐ, zhēngqǔ gèng dà de jìnbù.	職場では、自己満足の心理を防いで、より大きな進歩に向けて努力する必要があります。
孩子最喜欢这个玩具，爱不释手。 Háizi zuì xǐhuan zhège wánjù, àibúshìshǒu.	子どもはこのおもちゃを一番気に入っていて、手放しません。
父亲送给他的这本书，他爱不释手。 Fùqin sònggěi tā de zhè běn shū, tā àibúshìshǒu.	父親が彼に贈ったこの本を、彼は大切にしています。
拔苗助长的教育方式对孩子的发展是不利的。 Bámiáozhùzhǎng de jiàoyù fāngshì duì háizi de fāzhǎn shì búlì de.	無理に伸ばそうとする教育方法は子どもの成長に不利となります。
让孩子过多地上各种补习班，犹如拔苗助长。 Ràng háizi guò duō de shàng gè zhǒng bǔxíbān, yóurú bámiáozhùzhǎng.	子どもをあまりに多くの様々な塾に通わせることは、まるで成功を焦り失敗するようです。

フレーズ

Track 308

2271

半途而废

bàntú'érfèi

フ 途中でやめる

2272

饱经沧桑

bǎojīngcāngsāng

フ 世の移り変わりをたっぷりと経験する

2273

博大精深

bódàjīngshēn

フ (知識が) 広く深い

2274

不可思议

bùkěsīyì

フ 不思議である、不可解である

2275

不相上下

bùxiāngshàngxià

フ 優劣つけがたい

2276

不屑一顾

búxiè yí gù

フ さげすむ、見る価値もない

我减肥已经坚持了两个月，不能半途而废。 Wǒ jiǎnféi yǐjīng jiānchíle liǎng ge yuè, bù néng bàntú'érfèi.	私はすでに2カ月ダイエットを続けました、途中ではやめられません。
他做事没有毅力，经常是半途而废。 Tā zuòshì méiyǒu yìlì, jīngcháng shì bàntú'érfèi.	彼は仕事に根気がなく、しばしば途中でやめてしまいます。
这棵老树饱经沧桑，仍然枝繁叶茂。 Zhè kē lǎo shù bǎojīngcāngsāng, réngrán zhī fán yè mào.	この古木は世の移り変わりを経験してもなお枝葉が茂っています。
他脸上的皱纹给人一种饱经沧桑的感觉。 Tā liǎn shang de zhòuwén gěi rén yì zhǒng bǎojīngcāngsāng de gǎnjué.	彼の顔のしわは世の中を苦労してわたってきた感じを人に与えます。
中国文化博大精深，我只了解了一点儿而已。 Zhōngguó wénhuà bódàjīngshēn, wǒ zhǐ liǎojiěle yìdiǎnr éryǐ.	中国文化は広く深く、私は少ししか理解していません。
我们要把祖先留下的博大精深的文明传承下去。 Wǒmen yào bǎ zǔxiān liúxià de bódàjīngshēn de wénmíng chuánchéngxiaqu.	私たちは祖先から残された広く深い文明を伝えていかなくてはいけません。
他的行为让我们感到不可思议。 Tā de xíngwéi ràng wǒmen gǎndào bùkěsīyì.	彼の行為は私たちには不可解に感じました。
孩子的这种想法简直不可思议。 Háizi de zhè zhǒng xiǎngfǎ jiǎnzhí bùkěsīyì.	子どものこの考え方はまったく不思議です。
这几件作品不相上下，谁获奖都有可能。 Zhè jǐ jiàn zuòpǐn bùxiāngshàngxià, shéi huòjiǎng dōu yǒu kěnéng.	この数作品は優劣つけがたく、誰もが賞を獲得する可能性があります。
他们的成绩不相上下，就要看平时谁表现更好。 Tāmen de chéngjì bùxiāngshàngxià, jiù yào kàn píngshí shéi biǎoxiàn gèng hǎo.	彼らの成績に優劣つけがたければ、ふだん誰の態度がよりよいかを見なければなりません。
如果以欺骗的手段获得名誉，我真的不屑一顾。 Rúguǒ yǐ qīpiàn de shǒuduàn huòdé míngyù, wǒ zhēn de búxiè yí gù.	もし人を騙す手段で名誉を得ても、私は本当に何の価値もないと思います。
他那种不屑一顾的样子让我很生气。 Tā nà zhǒng búxiè yí gù de yàngzi ràng wǒ hěn shēngqì.	彼の人をさげすむような様子に私は腹が立ちました。

2277 **不言而喻**
bùyán'éryù
フ 言うまでもない、言わずともわかる

2278 **不择手段**
bùzéshǒuduàn
フ 手段を選ばない、なりふり構わない

2279 **层出不穷**
céngchūbùqióng
フ 次々に現れる

2280 **称心如意**
chènxīn rúyì
フ 思い通りになり満足する

2281 **川流不息**
chuānliúbùxī
フ 絶え間なく続く

2282 **打官司**
dǎ guānsi
フ 訴える、訴訟をする

这个位置的重要性是不言而喻的。 Zhège wèizhì de zhòngyàoxìng shì bùyán'éryù de.	この場所の重要性は言うまでもありません。
不言而喻，两个队都有获胜的可能。 Bùyán'éryù, liǎng ge duì dōu yǒu huòshèng de kěnéng.	両チームどちらにも勝つ可能性があることは言うまでもありません。
谁都想得到名誉，但不能不择手段。 Shéi dōu xiǎng dédào míngyù, dàn bù néng bùzéshǒuduàn.	誰もが名誉を得たいと思いますが、手段を選ばずというわけにはいきません。
他为了达到目的，常常不择手段。 Tā wèile dádào mùdì, chángcháng bùzéshǒuduàn.	彼は目的を達成するためには、しばしば手段を選びません。
面对层出不穷的困难，他丝毫没有退缩。 Miànduì céngchūbùqióng de kùnnan, tā sīháo méiyǒu tuìsuō.	次々に現れる困難に直面しても、彼は少しもしりごみしませんでした。
新生事物层出不穷，我们需要不断学习。 Xīnshēng shìwù céngchūbùqióng, wǒmen xūyào búduàn xuéxí.	新しい事物が次々と現れ、私たちは絶えず学習しなければなりません。
他对目前的生活感到称心如意。 Tā duì mùqián de shēnghuó gǎndào chènxīn rúyì.	彼は現在の生活が思い通りで満足しています。
祝你找到一份称心如意的工作。 Zhù nǐ zhǎodào yí fèn chènxīn rúyì de gōngzuò.	思い通りの仕事が見つかりますように。
在川流不息的人群中，他很难发现目标。 Zài chuānliúbùxī de rénqún zhōng, tā hěn nán fāxiàn mùbiāo.	絶え間なく続く人込みの中、彼は目標を見つけるのが難しいです。
高速公路上的车辆川流不息。 Gāosùgōnglù shang de chēliàng chuānliúbùxī.	高速道路に車両が絶え間なく続いています。
两个公司正在为合同纠纷打官司。 Liǎng ge gōngsī zhèngzài wèi hétong jiūfēn dǎ guānsi.	2つの会社は契約のもめ事が原因で訴訟中です。
他一年内打了两场官司。 Tā yì nián nèi dǎle liǎng cháng guānsi.	彼は1年以内に訴訟を2回起こしました。

2283

当务之急

dāngwùzhījí

フ 当面の急務

2284

得不偿失

débùchángshī

フ 引き合わない

2285

得天独厚

détiāndúhòu

フ 条件に恵まれた

2286

丢三落四

diūsānlàsì

フ 忘れっぽい

2287

东张西望

dōngzhāngxīwàng

フ あちこちを見回す

2288

飞禽走兽

fēiqín zǒushòu

フ (飛ぶ鳥と走る獣の意から) 鳥獣類の総称

找到目击证人是当务之急。 Zhǎodào mùjī zhèngrén shì dāngwùzhījí. **加强环境保护已经成为世界各国的当务之急。** Jiāqiáng huánjìng bǎohù yǐjīng chéngwéi shìjiè gèguó de dāngwùzhījí.	目撃者を探すことが当面の急務です。 環境保全を進めることはすでに世界各国の当面の急務になりました。
他为了比赛放弃了学业，有点儿得不偿失。 Tā wèile bǐsài fàngqìle xuéyè, yǒudiǎnr débùchángshī. **为了省钱不入保险，是得不偿失的事情。** Wèile shěng qián bú rù bǎoxiǎn, shì débùchángshī de shìqing.	彼は試合のために学業を放棄しましたが、少し割に合いません。 節約のために保険に入らないことは、割に合いません。
这里风景优美，发展旅游业得天独厚。 Zhèli fēngjǐng yōuměi, fāzhǎn lǚyóuyè détiāndúhòu. **他从事绘画便具有了得天独厚的优势。** Tā cóngshì huìhuà biàn jùyǒule détiāndúhòu de yōushì.	ここは風景が優美で、観光業を発展させる条件に恵まれています。 彼は絵画を仕事とするのに恵まれた条件をもっていました。
我不知道怎么了，最近总是丢三落四的。 Wǒ bù zhīdào zěnme le, zuìjìn zǒngshì diūsānlàsì de. **他这丢三落四的毛病就是改不了。** Tā zhè diūsānlàsì de máobìng jiùshì gǎibuliǎo.	私はどうしたのかわかりませんが、最近ずっと忘れっぽいです。 彼のこの忘れっぽいという欠点は直すことができません。
孩子非常好奇，不停地东张西望。 Háizi fēicháng hàoqí, bù tíng de dōngzhāngxīwàng. **上课要集中精力，不要总是东张西望。** Shàngkè yào jízhōng jīnglì, búyào zǒngshì dōngzhāngxīwàng.	子どもは非常に好奇心があり、ずっとあちこち見回しています。 授業では精神を集中させる必要があり、ずっときょろきょろしていてはいけません。
他善于画各类飞禽走兽。 Tā shànyú huà gè lèi fēiqín zǒushòu. **这片山林为飞禽走兽提供了适宜的生存条件。** Zhè piàn shānlín wèi fēiqín zǒushòu tígōngle shìyí de shēngcún tiáojiàn.	彼はあらゆる種類の鳥や動物を描くのが得意です。 この山林は、鳥や動物にとって適切な生存条件を提供しています。

2289

废寝忘食

fèiqǐnwàngshí

フ 寝食を忘れる、没頭する

≒ "废寝忘餐 fèiqǐnwàngcān" 寝食を忘れる

2290

风土人情

fēngtǔ rénqíng

フ 風土と人情

2291

盖章

gài zhāng

フ 捺印する、印章を押す

2292

各抒己见

gèshūjǐjiàn

フ おのおの自分の意見を述べる

2293

根深蒂固

gēnshēndìgù

フ 根が深くて容易に動かない

≒ "根深柢固 gēnshēndǐgù"

解説 よくないことについて言うことが多い

2294

供不应求

gōngbúyìngqiú

フ 供給が需要に応じきれない

他潜心研究古文字，到了废寝忘食的地步。 Tā qiánxīn yánjiū gǔwénzì, dàole fèiqǐnwàngshí de dìbù.	彼は古代文字の研究に専念し、寝食を忘れるほどでした。
他这种废寝忘食的工作精神，值得我们学习。 Tā zhè zhǒng fèiqǐnwàngshí de gōngzuò jīngshén, zhíde wǒmen xuéxí.	寝食を忘れるほどの彼のこの仕事への姿勢は、私たちが学ぶに値します。
这些图片展示了各地不同的风土人情。 Zhèxiē túpiàn zhǎnshìle gèdì bùtóng de fēngtǔ rénqíng.	これらの写真は、各地の異なる風土や人情を示しています。
他旅游的目的就是了解各地的风土人情。 Tā lǚyóu de mùdì jiù shì liǎojiě gèdì de fēngtǔ rénqíng.	彼の旅行の目的は各地の風土や人情を理解することです。
这份合同签字盖章以后就生效了。 Zhè fèn hétong qiānzì gài zhāng yǐhòu jiù shēngxiào le.	この契約は署名・捺印後に発効します。
你盖的这个章不清楚，需要重盖。 Nǐ gài de zhège zhāng bù qīngchu, xūyào chóng gài.	あなたが押した印章ははっきりしていないので、もう一度押し直す必要があります。
讨论会上大家积极发言，各抒己见。 Tǎolùnhuì shang dàjiā jījí fāyán, gèshūjǐjiàn.	討論会では、みなが積極的に発言し、意見を述べました。
这次会议希望大家能就环境保护问题各抒己见。 Zhè cì huìyì xīwàng dàjiā néng jiù huánjìng bǎohù wèntí gèshūjǐjiàn.	この会議で、環境保護の問題についてみなが自由に意見を表明することを願っています。
封建观念在一些人的头脑中还根深蒂固。 Fēngjiàn guānniàn zài yìxiē rén de tóunǎo zhōng hái gēnshēndìgù.	封建的な考え方は、一部の人々の頭にまだ深く根付いています。
我化解了他俩之间根深蒂固的矛盾。 Wǒ huàjiěle tā liǎ zhījiān gēnshēndìgù de máodùn.	私は彼ら２人の間の根深い葛藤を解きました。
这个专业的毕业生供不应求。 Zhège zhuānyè de bìyèshēng gōngbúyìngqiú.	この専攻の卒業生は需要に供給が追い付いていません。
今年粮食有些供不应求了。 Jīnnián liángshi yǒuxiē gōngbúyìngqiú le.	今年は食べ物の供給が需要に追い付いていません。

2295

归根到底

guīgēndàodǐ

フ 結局、とどのつまり

≒ “归根结底”，“归根结蒂”，“归根结柢”

2296

毫无

háo wú

フ 少しも〜ない

2297

后顾之忧

hòugùzhīyōu

フ 後顧の憂い

2298

画蛇添足

huàshétiānzú

フ 蛇足、余計なものを付け加えてだめにしてしまう

2299

恍然大悟

huǎngrán dàwù

フ はっと悟る

2300

急功近利

jígōngjìnlì

フ 目先の功利を焦って求める

一切科学理论，归根到底都是为实践服务的。 Yíqiè kēxué lǐlùn, guīgēndàodǐ dōu shì wèi shíjiàn fúwù de.	一切の科学的な理論は、結局のところ実践で役立たせるためにあります。
这两个问题归根到底是一回事。 Zhè liǎng ge wèntí guīgēndàodǐ shì yì huí shì.	これら2つの問題は結局同じことです。
我会把情况毫无保留地告诉他。 Wǒ huì bǎ qíngkuàng háo wú bǎoliú de gàosu tā.	出し惜しみをせず、状況を彼に伝えます。
他这样说，也并不是毫无道理。 Tā zhèyàng shuō, yě bìng bú shì háo wú dàolǐ.	彼がこう言うのは、少しも道理がないというわけでは決してありません。
你有什么后顾之忧，可以直接告诉我们。 Nǐ yǒu shénme hòugùzhīyōu, kěyǐ zhíjiē gàosu wǒmen.	なにか心配なことがあれば、直接私たちに言っていただいてかまいません。
妈妈的病治好了，我的后顾之忧也就解除了。 Māma de bìng zhìhǎo le, wǒ de hòugùzhīyōu yě jiù jiěchú le.	母の病気は治り、私の後顧の憂いもなくなりました。
这段话有点儿画蛇添足了，可以不要。 Zhè duàn huà yǒudiǎnr huàshétiānzú le, kěyǐ búyào.	この話は少し蛇足なので、なくても構いません。
有时候话说多了，往往是画蛇添足。 Yǒu shíhou huà shuōduō le, wǎngwǎng shì huàshétiānzú.	時に余計なことを言うと、しばしば蛇足になってしまいます。
老师一解释，我就恍然大悟了。 Lǎoshī yì jiěshì, wǒ jiù huǎngrán dàwù le.	先生が説明すると、私はすぐに分かりました。
他的一句话让我恍然大悟。 Tā de yí jù huà ràng wǒ huǎngrán dàwù.	彼の一言ではっと気づきました。
培养孩子不能急功近利。 Péiyǎng háizi bù néng jígōngjìnlì.	子どもを育てるなら、目の前の功利を焦って求めてはいけません。
我们不搞急功近利的工程，还是要狠抓质量。 Wǒmen bù gǎo jígōngjìnlì de gōngchéng, háishi yào hěn zhuā zhìliàng.	功利を急いだ作業をするのではなく、やはり品質に全力をそそがなければなりません。

2301

急于求成

jíyú qiú chéng

フ 功を焦る

2302

家喻户晓

jiāyùhùxiǎo

フ 誰もが知っている

2303

见多识广

jiànduōshìguǎng

フ 経験が豊富で知識が広い

2304

见义勇为

jiànyìyǒngwéi

フ 正義のために勇敢に行動する

2305

竭尽全力

jiéjìn quánlì

フ 全力をつくす

2306

津津有味

jīnjīn yǒu wèi

フ 興味津々な、食欲をそそられる

他做什么事情都急于求成，结果往往适得其反。 Tā zuò shénme shìqing dōu jíyú qiú chéng, jiéguǒ wǎngwǎng shìdéqífǎn.	彼は何をするにしても功を焦って、結局往々にして裏目に出てしまっています。
这次失败都怪我太急于求成了。 Zhè cì shībài dōu guài wǒ tài jíyú qiú chéng le.	今回の失敗は私が功に焦りすぎたせいです。
他是一位家喻户晓的电影明星。 Tā shì yí wèi jiāyùhùxiǎo de diànyǐng míngxīng.	彼は誰もが知っている映画スターです。
这个有名的故事几乎是家喻户晓。 Zhège yǒumíng de gùshi jīhū shì jiāyùhùxiǎo.	この有名な物語は、ほとんど誰もが知っています。
他从小走南闯北，见多识广。 Tā cóngxiǎo zǒunánchuǎngběi, jiànduōshíguǎng.	彼は小さいころから各地を旅していて、経験や知識が豊富です。
我们非常需要见多识广的管理人才。 Wǒmen fēicháng xūyào jiànduōshíguǎng de guǎnlǐ réncái.	知識が豊かで見聞も豊富な経営人材がとても必要です。
他见义勇为的行为感动了大家。 Tā jiànyìyǒngwéi de xíngwéi gǎndòngle dàjiā.	彼の勇敢な行動はみなを感動させました。
他因为见义勇为受到了表彰。 Tā yīnwèi jiànyìyǒngwéi shòudàole biǎozhāng.	彼は勇気ある行動で表彰を受けました。
我会竭尽全力做到最好。 Wǒ huì jiéjìn quánlì zuòdào zuì hǎo.	精一杯、最善を尽くします。
为办好这次运动会，各方都要竭尽全力。 Wèi bànhǎo zhè cì yùndònghuì, gè fāng dōu yào jiéjìn quánlì.	この運動会をうまく運営するには、各方面がみな最善を尽くす必要があります。
他津津有味地欣赏着台上的表演。 Tā jīnjīn yǒu wèi de xīnshǎngzhe tái shang de biǎoyǎn.	彼はステージでのパフォーマンスを興味深く鑑賞しています。
他正津津有味地看报纸，突然停电了。 Tā zhèng jīnjīn yǒu wèi de kàn bàozhǐ, tūrán tíngdiàn le.	彼は興味津々に新聞を読んでいる最中、突然停電が起こりました。

2307	**锦上添花** jǐnshàngtiānhuā	フ 美しいものの上にさらに美しいものを添える
2308	**精打细算** jīngdǎxìsuàn	フ 細かくそろばんをはじく、(人や物を使う場合に) 綿密に見積もる
2309	**精益求精** jīngyìqiújīng	フ 優れているものにさらに磨きをかける、向上に向上を重ねる
2310	**举世瞩目** jǔshì zhǔmù	フ 世間の人が注目する
2311	**举足轻重** jǔzúqīngzhòng	フ 重要な地位にあって少しの動きでも周りに影響すること
2312	**聚精会神** jùjīnghuìshén	フ 精神を集中する、一心不乱に～する

老师对这篇优秀论文做了补充，真是锦上添花。 Lǎoshī duì zhè piān yōuxiù lùnwén zuòle bǔchōng, zhēnshi jǐnshàngtiānhuā.	先生はこの素晴らしい論文に補足を入れましたが、それはまさに錦上花を添えるようなものです。
我们不仅要锦上添花，更要雪中送炭。 Wǒmen bùjǐn yào jǐnshàngtiānhuā , gèng yào xuězhōngsòngtàn.	私たちは錦上に花を添えるだけではなく、困窮している人を援助することもしなくてはいけません。
他过日子精打细算，很有一套办法。 Tā guò rìzi jīngdǎxìsuàn, hěn yǒu yí tào bànfǎ.	彼は綿密に計画して行動していて、相当なやり手です。
我们钱不多了，必须精打细算了。 Wǒmen qián bù duō le, bìxū jīngdǎxìsuàn le.	私たちは資金が少なくなったので、細かくそろばんをはじく必要があります。
他对工作非常负责，精益求精。 Tā duì gōngzuò fēicháng fùzé, jīngyìqiújīng.	彼は仕事に対する責任感があり、向上心も高いです。
我们提倡这种精益求精的工作态度。 Wǒmen tíchàng zhè zhǒng jīngyìqiújīng de gōngzuò tàidù.	私たちはこのような向上に向上を重ねる仕事態度を提唱します。
改革开放已经取得了举世瞩目的成就。 Gǎigé kāifàng yǐjīng qǔdéle jǔshì zhǔmù de chéngjiù.	改革開放はすでに世間の人が注目する業績をあげました。
这场诉讼成了举世瞩目的焦点。 Zhè cháng sùsòng chéngle jǔshì zhǔmù de jiāodiǎn.	この訴訟は世間の人が注目する焦点になりました。
他在文学界是位举足轻重的人物。 Tā zài wénxuéjiè shì wèi jǔzúqīngzhòng de rénwù.	彼は文学界で重要な位置にいる人物です。
他在军队中的地位举足轻重。 Tā zài jūnduì zhōng de dìwèi jǔzúqīngzhòng.	軍隊における彼の地位は重要です。
学生们都在聚精会神地听老师讲课。 Xuéshengmen dōu zài jùjīnghuìshén de tīng lǎoshī jiǎngkè.	学生たちはみな一心不乱に先生の授業を聞いています。
代表们聚精会神地做着记录。 Dàibiǎomen jùjīnghuìshén de zuòzhe jìlù.	代表者たちは一心不乱に記録します。

Track 315

2313

侃侃而谈

kǎnkǎn ér tán

ㇷ 堂々と語る

2314

刻不容缓

kèbùrónghuǎn

ㇷ 一刻も猶予できない

2315

空前绝后

kōngqiánjuéhòu

ㇷ 空前絶後である

2316

苦尽甘来

kǔjìngānlái

ㇷ 苦労し尽くして幸せな生活が始まる

2317

狼吞虎咽

lángtūnhǔyàn

ㇷ がつがつ食べる

2318

礼尚往来

lǐshàngwǎnglái

ㇷ 礼をもって礼を返す

不喜欢侃侃而谈的人，而喜欢善于倾听的人。 Tā bù xǐhuan kǎnkǎn ér tán de rén, ér xǐhuan shànyú qīngtīng de rén.	彼は堂々と語る人が好きではなく、耳を傾けるのが上手な人が好きです。
平时不善言辞的他，竟侃侃而谈地讲了一小时。 Píngshí búshàn yáncí de tā, jìng kǎnkǎn ér tán de jiǎngle yì xiǎoshí.	いつも話下手な彼が、なんと雄弁に1時間語りました。
保护环境刻不容缓。 Bǎohù huánjìng kèbùrónghuǎn.	環境を保護することは一刻も猶予できません。
这件事刻不容缓，要立即去办。 Zhè jiàn shì kèbùrónghuǎn, yào lìjí qù bàn.	このことは一刻の猶予もなく、すぐに行わなければなりません。
这届运动会在规模上是空前绝后的。 Zhè jiè yùndònghuì zài guīmó shang shì kōngqiánjuéhòu de.	今回の運動会は規模の上では空前絶後です。
这样好的作品恐怕是空前绝后了。 Zhèyàng hǎo de zuòpǐn kǒngpà shì kōngqiánjuéhòu le.	このようなよい作品は恐らく空前絶後のものだろう。
他们终于等到了苦尽甘来的这一天。 Tāmen zhōngyú děngdàole kǔjìngānlái de zhè yì tiān.	彼らは苦労の果てにとうとうこの楽しい日を迎えました。
我相信，过了最困难的日子，就会苦尽甘来。 Wǒ xiāngxìn, guòle zuì kùnnan de rìzi, jiù huì kǔjìngānlái.	私は最も困難な日々が過ぎ、苦しみの後の楽しいときが来ることを信じています。
这孩子饿极了，吃起饭来狼吞虎咽。 Zhè háizi èjí le, chīqǐ fàn lai lángtūnhǔyàn.	この子はとてもお腹がすいていて、ごはんを食べ始めるとがつがつ頬張りました。
馒头一上来，几个小伙子就狼吞虎咽地吃起来。 Mántou yí shànglai, jǐ ge xiǎohuǒzi jiù lángtūnhǔyàn de chīqilai.	マントウが来ると、若者たちはがつがつと食べ始めました。
两国人民自古以来就礼尚往来，友好相处。 Liǎng guó rénmín zìgǔ yǐlái jiù lǐshàngwǎnglái, yǒuhǎo xiāngchǔ.	両国の人々は昔から礼をもって礼を返していて、友好的に付き合っていました。
本着礼尚往来的原则，我们也该准备好礼物。 Běnzhe lǐshàngwǎnglái de yuánzé, wǒmen yě gāi zhǔnbèihǎo lǐwù.	礼をもって礼を返す原則に基づいて、私たちもいい贈り物を準備しなければなりません。

2319

理所当然

lǐsuǒdāngrán

フ (道理からいって) 当然だ

2320

理直气壮

lǐzhíqìzhuàng

フ 筋が通って堂々としている

2321

力所能及

lìsuǒnéngjí

フ 力の限り、能力を合わせた

2322

络绎不绝

luòyì bù jué

フ 絶え間なく続く

2323

名副其实

míngfùqíshí

フ 名実相伴う、名声と実際が一致する

与 **"名符其实 míngfúqíshí"** 名実相伴う

2324

莫名其妙

mòmíngqímiào

フ 訳が分からない

你迟到了，理所当然要道歉。 Nǐ chídào le, lǐsuǒdāngrán yào dàoqiàn.	あなたは遅刻したので、当然謝らなければなりません。
学生理所当然要把学习放在第一位。 Xuésheng lǐsuǒdāngrán yào bǎ xuéxí fàngzài dì yī wèi.	学生は当然学習を第一に置くべきです。
有了大家的支持，他讲话更理直气壮了。 Yǒule dàjiā de zhīchí, tā jiǎnghuà gèng lǐzhíqìzhuàng le.	みんなの支持を得て、彼の話はさらに筋が通って堂々としたものになりました。
他知道有错，所以显得不那么理直气壮。 Tā zhīdao yǒu cuò, suǒyǐ xiǎnde bú nàme lǐzhíqìzhuàng.	彼は間違いに気づいたので、あまり堂々としなくなりました。
我会给他们提供力所能及的帮助。 Wǒ huì gěi tāmen tígōng lìsuǒnéngjí de bāngzhù.	私は彼らに力の限りの援助を提供します。
老师给孩子们布置了一些力所能及的任务。 Lǎoshī gěi háizimen bùzhìle yìxiē lìsuǒnéngjí de rènwù.	先生は子どもたちの力に見合った課題を準備しました。
每到夜晚，来这里吃饭的人络绎不绝。 Měi dào yèwǎn, lái zhèli chīfàn de rén luòyì bù jué.	夜になるたび、ここに来て食事する人は後を絶ちません。
码头上的船只络绎不绝，非常繁忙。 Mǎtóu shang de chuánzhī luòyì bù jué, fēicháng fánmáng.	埠頭には船が絶えず、非常に多忙です。
这里到处是冰，称作“冰城”真是名副其实。 Zhèli dàochù shì bīng, chēngzuò “bīngchéng” zhēnshi míngfùqíshí.	ここには至る所に氷があり、「氷の町」と呼ぶのが本当にふさわしいです。
他是一位名副其实的优秀教师。 Tā shì yí wèi míngfùqíshí de yōuxiù jiàoshī.	彼は名実相伴う優秀な教師です。
他们怎么争论起来的，我也莫名其妙。 Tāmen zěnme zhēnglùnqilai de, wǒ yě mòmíngqímiào.	彼らはどうして言い争い始めたのか、私も訳が分かりません。
他态度突然改变，这让我感到莫名其妙。 Tā tàidù tūrán gǎibiàn, zhè ràng wǒ gǎndào mòmíngqímiào.	彼の態度が突然変わったので、私は訳が分からなくなりました。

2325	南辕北辙 nányuánběizhé	フ 目的と行動が正反対である
2326	难能可贵 nánnéngkěguì	フ 並み大抵ではない、高く評価されるべきである、たいしたものである
2327	迫不及待 pòbùjídài	フ 待ちきれない
2328	齐心协力 qíxīnxiélì	フ 心を合わせて協力する
2329	岂有此理 qǐyǒucǐlǐ	フ そんなばかな、もってのほかだ
2330	迄今为止 qìjīn wéizhǐ	フ 今までのところ

如果不付出行动，只是空喊和平，效果南辕北辙。 Rúguǒ bú fùchū xíngdòng, zhǐshì kōnghǎn hépíng, xiàoguǒ nányuánběizhé.	もし行動を起こさず、ただいたずらに平和を叫ぶだけならば、効果は目的と一致しなくなります。
你这样做跟你说的是南辕北辙，太不应该了。 Nǐ zhèyàng zuò gēn nǐ shuō de shì nányuánběizhé, tài bu yīnggāi le.	このようにするのはあなたが言ったことと正反対で、あまりにひどいです。
他们这种不怕困难的精神难能可贵。 Tāmen zhè zhǒng bú pà kùnnan de jīngshén nánnéngkěguì.	困難を恐れない彼らのこのような精神はたいしたものです。
最难能可贵的是他们资金缺乏也坚持搞实验。 Zuì nánnéngkěguì de shì tāmen zījīn quēfá yě jiānchí gǎo shíyàn.	最も評価すべきなのは、彼らは資金が不足している状況下で実験を続けたことです。
孩子迫不及待地打开了生日礼物。 Háizi pòbùjídài de dǎkāile shēngrì lǐwù.	子どもは待ちきれずに誕生日プレゼントを開けました。
爸爸一进门，就迫不及待地询问孩子病情。 Bàba yí jìn mén, jiù pòbùjídài de xúnwèn háizi bìngqíng.	父親は部屋に入ると、待ちきれず子どもの病状をすぐに尋ねました。
全国人民齐心协力，共同战胜了这次灾害。 Quánguó rénmín qíxīnxiélì, gòngtóng zhànshèngle zhè cì zāihài.	全国民が心を合わせて協力し、共に今回の災害に打ち勝ちました。
他们齐心协力地完成了这次任务。 Tāmen qíxīnxiélì de wánchéngle zhè cì rènwu.	彼らは心を合わせて協力し、この仕事を完成しました。
上车不排队，岂有此理！ Shàng chē bù páiduì, qǐyǒucǐlǐ!	乗車するときに列に並ばないとは、もってのほかです！
他们竟敢欺负消费者，简直岂有此理！ Tāmen jìng gǎn qīfu xiāofèizhě, jiǎnzhí qǐyǒucǐlǐ!	彼らは消費者を食い物にするとは、まったくどういう理屈でしょう。
迄今为止，我们还没有掌握他的情况。 Qìjīn wéizhǐ, wǒmen hái méiyǒu zhǎngwò tā de qíngkuàng.	今までのところ、私たちはまだ彼の状況を把握していません。
这是我迄今为止见过的最美的景色。 Zhè shì wǒ qìjīn wéizhǐ jiànguo de zuì měi de jǐngsè.	これは私が今までに見た最も美しい景色です。

Track 318

2331 恰到好处 qiàdàohǎochù

フ ちょうどよいところに

2332 千方百计 qiānfāngbǎijì

フ なんとかして、あらゆる手を尽くして

2333 潜移默化 qiányímòhuà

フ 無意識に影響を受ける

2334 锲而不舍 qiè'érbùshě

フ あきらめずに続けて行う

2335 全力以赴 quánlìyǐfù

フ 全力をもって対処する

2336 热泪盈眶 rèlèi yíng kuàng

フ 感情が高ぶり涙があふれる

他总是能恰到好处地处理各种关系。 Tā zǒngshì néng qiàdàohǎochù de chǔlǐ gè zhǒng guānxi.	彼はいつもちょうどよい具合にいろいろな関係を処理します。
话说到这里恰到好处，不能再多说了。 Huà shuōdào zhèli qiàdàohǎochù, bù néng zài duō shuōle.	話がここまで進んだのはちょうどよかった、これ以上余計なことを言うのはやめましょう。
我们要千方百计克服困难，完成任务。 Wǒmen yào qiānfāngbǎijì kèfú kùnnan, wánchéng rènwu.	私たちはなんとかして困難を克服し、任務を達成しなければなりません。
他把千方百计节省下来的钱捐给了灾区。 Tā bǎ qiānfāngbǎijì jiéshěngxialai de qián juāngěile zāiqū.	彼はあらゆる方法で節約して貯めてきたお金を被災地に寄付しました。
她父亲是厨师，她从小受到了潜移默化的影响。 Tā fùqin shì chúshī, tā cóngxiǎo shòudàole qiányímòhuà de yǐngxiǎng.	彼女の父親はコックで、彼女は小さいころから無意識に影響を受けてきました。
他的朋友对他潜移默化的影响是不能忽视的。 Tā de péngyou duì tā qiányímòhuà de yǐngxiǎng shì bù néng hūshì de.	友人が知らず知らずのうちに彼に与えた影響は無視することはできません。
他一直在追求自己的梦想，锲而不舍。 Tā yìzhí zài zhuīqiú zìjǐ de mèngxiǎng, qiè'érbùshě.	彼はひたすら自分の夢を追及して、あきらめませんでした。
在科学研究的道路上，我们一定要锲而不舍。 Zài kēxué yánjiū de dàolù shang, wǒmen yídìng yào qiè'érbùshě.	科学研究の道では、私たちは必ずあきらめずに続ける必要があります。
他们全力以赴地支援了灾区。 Tāmen quánlìyǐfù de zhīyuánle zāiqū.	彼らは全力で被災地を支援しました。
科技人员全力以赴地进行研究工作。 Kējì rényuán quánlìyǐfù de jìnxíng yánjiū gōngzuò.	科学技術の研究者は力を尽くして研究活動を行っています。
这次重逢，兄弟俩都激动得热泪盈眶。 Zhè cì chóngféng, xiōngdì liǎ dōu jīdòngde rèlèi yíng kuàng.	今回再会して、兄弟2人は感動のあまり涙があふれました。
他的事迹把我们感动得热泪盈眶。 Tā de shìjì bǎ wǒmen gǎndòngde rèlèi yíng kuàng.	彼の事績に感動して、私たちは涙を流しました。

2337

任重道远

rènzhòngdàoyuǎn

フ 責任は重く道は遠い

2338

日新月异

rìxīnyuèyì

フ 日進月歩、進歩が著しい

2339

伤脑筋

shāng nǎojīn

フ 頭を悩ます、頭を抱える

2340

深情厚谊

shēnqíng hòuyì

フ 深く厚い真心

2341

实事求是

shíshìqiúshì

フ 実際の状況に基づいて問題に正しく対処する

2342

涮火锅

shuàn huǒguō

フ しゃぶしゃぶ、しゃぶしゃぶをする

经济建设任重道远，不能有任何放松。 Jīngjì jiànshè rènzhòngdàoyuǎn, bù néng yǒu rènhé fàngsōng.	経済建設には長い道のりがあり、責任も重大で、少しもおろそかにすることはできません。
公司建设是一项任重道远的事业。 Gōngsī jiànshè shì yí xiàng rènzhòngdàoyuǎn de shìyè.	会社建設は、道のりの長く、また責任の重い事業です。
中国正在发生着日新月异的变化。 Zhōngguó zhèngzài fāshēngzhe rìxīnyuèyì de biànhuà.	中国は日進月歩で変化を遂げています。
在这个日新月异的现代社会里，不学就会落后。 Zài zhège rìxīnyuèyì de xiàndài shèhuì li, bù xué jiù huì luòhòu.	日に日に進化するこの現代化社会では、勉強しなければすぐに後れをとってしまいます。
孩子成绩差，让家长很伤脑筋。 Háizi chéngjì chà, ràng jiāzhǎng hěn shāng nǎojīn.	子どもの成績が悪いと、両親が頭を悩ませることになります。
观众不太多，主持人伤透了脑筋。 Guānzhòng bú tài duō, zhǔchírén shāngtòule nǎojīn.	観客があまり多くなく、主催者はすっかり頭を抱えました。
我们在一起学习了两年，结下了深情厚谊。 Wǒmen zài yìqǐ xuéxíle liǎng nián, jiéxiàle shēnqíng hòuyì.	私たちは2年間一緒に勉強して、深く厚い友情を築きました。
他们怀着对中国人民的深情厚谊来到了这里。 Tāmen huáizhe duì Zhōngguó rénmín de shēnqíng hòuyì láidàole zhèli.	彼らは中国の人々への深く厚い真心をもってここに来ました。
我们实事求是，有什么说什么。 Wǒmen shíshìqiúshì, yǒu shénme shuō shénme.	私たちは事実に基づいて問題に当たり、何でも率直に話します。
我很欣赏他实事求是的作风。 Wǒ hěn xīnshǎng tā shíshìqiúshì de zuòfēng.	事実に基づいて問題に対処する彼が私は気に入っています。
我以前从来没吃过涮火锅。 Wǒ yǐqián cónglái méi chīguo shuàn huǒguō.	私は今までしゃぶしゃぶを食べたことがありません。
我们一边涮着火锅，一边聊天儿，感觉好极了。 Wǒmen yìbiān shuànzhe huǒguō, yìbiān liáotiānr, gǎnjué hǎojí le.	私たちはしゃぶしゃぶを食べながらおしゃべりをして、とてもいい気分でした。

2343
肆无忌惮
sìwújìdàn
フ 勝手にふるまう、したい放題する

2344
滔滔不绝
tāotāo bù jué
フ よどみなく話す、話が止まらない

2345
天伦之乐
tiānlúnzhīlè
フ 一家団らんの楽しみ

2346
通货膨胀
tōnghuò péngzhàng
フ インフレーション、インフレ
⇔ "通货紧缩 tōnghuò jǐnsuō" デフレーション、デフレ

2347
统筹兼顾
tǒngchóu jiāngù
フ 全体的に計画し各方面にも配慮する

2348
微不足道
wēibùzúdào
フ 小さくてとるに足りない

他们喝了酒以后，经常肆无忌惮地闹事。 Tāmen hēle jiǔ yǐhòu, jīngcháng sìwújìdàn de nàoshì.	お酒を飲んだ後、彼らはよく好き勝手をして騒ぎを起こします。
他们这样肆无忌惮地造假，很快就被查出来了。 Tāmen zhèyàng sìwújìdàn de zàojiǎ, hěn kuài jiù bèi cháchulai le.	彼らはこのように好き放題に改ざんを行いましたが、すぐに発見されました。
一谈起在国外的生活，他就滔滔不绝。 Yì tánqǐ zài guówài de shēnghuó, tā jiù tāotāo bù jué.	ひとたび海外での生活について話しだすと、彼は話が止まらなくなります。
老师知识很丰富，讲起历史来滔滔不绝。 Lǎoshī zhīshi hěn fēngfù, jiǎngqi lìshǐ lai tāotāo bù jué.	先生は知識が豊富で、歴史を語ると話が止まらなくなります。
父亲很享受这种天伦之乐。 Fùqin hěn xiǎngshòu zhè zhǒng tiānlúnzhīlè.	父はこの種の一家団らんの喜びを満喫しています。
这个大家庭里充满了天伦之乐。 Zhège dà jiātíng li chōngmǎnle tiānlúnzhīlè.	この大家族は一家団らんの楽しみに満ちています。
这些国家面临着通货膨胀的压力。 Zhèxiē guójiā miànlínzhe tōnghuò péngzhàng de yālì.	この国々は通貨インフレの不安に直面しています。
很多国家积极采取措施，应对通货膨胀。 Hěn duō guójiā jījí cǎiqǔ cuòshī, yìngduì tōnghuò péngzhàng.	多くの国が積極的に施策を行って、インフレ対策を興じています。
经济发展规划要统筹兼顾，有全局观念。 Jīngjì fāzhǎn guīhuà yào tǒngchóu jiāngù, yǒu quánjú guānniàn.	経済開発計画は、全体観をもって、各方面に配慮しながら進める必要があります。
发展旅游业和保护环境应该统筹兼顾。 Fāzhǎn lǚyóuyè hé bǎohù huánjìng yīnggāi tǒngchóu jiāngù.	観光業の発展と環境保護は、各方面に配慮しながら進められるべきです。
这些微不足道的小事，大家就不要提了。 Zhèxiē wēibùzúdào de xiǎo shì, dàjiā jiù búyào tíle.	これらのささいなことについては、みなさん言及しないでください。

2349

无动于衷

wúdòngyúzhōng

[フ] まったく無関心な、少しも心を動かされない

2350

无精打采

wújīngdǎcǎi

[フ] しょんぼりしている、意気消沈する

2351

无理取闹

wúlǐqǔnào

[フ] 理由もなく悶着を起こす、わざと面倒を起こす

2352

无能为力

wúnéngwéilì

[フ] 無力である、どうすることもできない

2353

无穷无尽

wúqióng wújìn

[フ] 尽きることがない、無尽蔵の

2354

无微不至

wúwēibúzhì

[フ] 行き届かないところがない、至れり尽くせりの

我们很着急，而他却无动于衷。 Wǒmen hěn zháojí, ér tā què wúdòngyúzhōng.	私たちは慌てていましたが、彼はまったくもって無関心でした。
面对这种场面，任何人都不会无动于衷。 Miànduì zhè zhǒng chǎngmiàn, rènhé rén dōu bú huì wúdòngyúzhōng.	この状況に直面すれば、どんな人も無関心ではいられません。
他今天看起来无精打采的。 Tā jīntiān kànqilai wújīngdǎcǎi de.	彼は今日、しおれて元気がないように見えます。
他无精打采地回到了宿舍。 Tā wújīngdǎcǎi de huídàole sùshè.	彼は意気消沈して寮に戻りました。
对这些无理取闹的人，我们只能叫警察了。 Duì zhèxiē wúlǐqǔnào de rén, wǒmen zhǐ néng jiào jǐngchá le.	理由もなく悶着を起こすこの人たちに対して、私たちは警察を呼ぶことしかできなくなりました。
他看起来不是那种无理取闹的人。 Tā kànqilai bú shì nà zhǒng wúlǐqǔnào de rén.	彼はその手の理不尽な人ではないようです。
他让我帮着找工作，我实在无能为力。 Tā ràng wǒ bāngzhe zhǎo gōngzuò, wǒ shízài wúnéngwéilì.	彼は私に職探しの手助けを頼みましたが、私は実のところどうすることもできませんでした。
我很想把这件事做好，可就是无能为力。 Wǒ hěn xiǎng bǎ zhè jiàn shì zuòhǎo, kě jiùshì wúnéngwéilì.	私はこの件をうまく処理したいのですが、どうすることもできません。
我感到读书的乐趣无穷无尽。 Wǒ gǎndào dúshū de lèqù wúqióng wújìn.	読書の喜びは尽きることがないと思います。
他身上好像有无穷无尽的力量。 Tā shēnshang hǎoxiàng yǒu wúqióng wújìn de lìliàng.	彼の体には無尽蔵のエネルギーがあるように見えます。
老师对同学们的关怀无微不至。 Lǎoshī duì tóngxuémen de guānhuái wúwēibúzhì.	生徒たちへの先生の配慮は、隅々まで行き届いています。
父母给了孩子无微不至的关心。 Fùmǔ gěile háizi wúwēibúzhì de guānxīn.	両親は子どもに至れり尽くせりの愛情を注ぎこみました。

2355

无忧无虑

wú yōu wú lǜ

フ 憂いも心配事もまったくない

2356

物美价廉

wù měi jià lián

フ 物がよくて値段も安い

2357

喜闻乐见

xǐwénlèjiàn

フ 喜んで見たり聞いたりする、人々が大いに歓迎する

2358

相辅相成

xiāngfǔxiāngchéng

フ 互いに補完する、それぞれが助け合う

2359

想方设法

xiǎngfāngshèfǎ

フ あらゆる手を尽くす、思案をめぐらす

2360

小心翼翼

xiǎoxīnyìyì

フ（言動が）慎重である、注意深い

这些孩子每天无忧无虑，幸福极了。 Zhèxiē háizi měitiān wú yōu wú lǜ, xìngfújí le.	この子どもたちは毎日憂いにも心配事にも無縁で、とても幸せです。
看着他们无忧无虑的样子，我很欣慰。 Kànzhe tāmen wú yōu wú lǜ de yàngzi, wǒ hěn xīnwèi.	心配事がまったくない彼らの様子を見て、ほっとしました。
这些物美价廉的服装很快就卖完了。 Zhèxiē wù měi jià lián de fúzhuāng hěn kuài jiù màiwán le.	これらの高品質で低価格の服はすぐに売り切れました。
商场进了一批物美价廉的皮鞋。 Shāngchǎng jìnle yì pī wù měi jià lián de píxié.	ショッピングモールに品がよくて値段も安い革靴が入荷しました。
相声是群众喜闻乐见的一种艺术形式。 Xiàngsheng shì qúnzhòng xǐwénlèjiàn de yì zhǒng yìshù xíngshì.	中国漫才は大衆にたいへん好まれる芸術形式です。
他们用青年人喜闻乐见的方式推销产品。 Tāmen yòng qīngnián rén xǐwénlèjiàn de fāngshì tuīxiāo chǎnpǐn.	彼らは若者が喜ぶ方法で製品を売りさばいています。
这两个机构互相监督，相辅相成。 Zhè liǎng ge jīgòu hùxiāng jiāndū, xiāngfǔxiāngchéng.	この２つの機関はお互いを監督し、補完しています。
政治改革和经济发展的关系可以说相辅相成。 Zhèngzhì gǎigé hé jīngjì fāzhǎn de guānxi kěyǐ shuō xiāngfǔxiāngchéng.	政治改革と経済発展の関係は、相互に補完し合うと言えます。
我们正在想方设法解决他们的住宿问题。 Wǒmen zhèngzài xiǎngfāngshèfǎ jiějué tāmen de zhùsù wèntí.	私たちは彼らの宿泊問題を解決するのに四方八方手を尽くしているところです。
商场都在想方设法吸引顾客。 Shāngchǎng dōu zài xiǎngfāngshèfǎ xīyǐn gùkè.	ショッピングモールはあらゆる手をつくして顧客を引き付けようとしています。
他做什么事情都小心翼翼。 Tā zuò shénme shìqing dōu xiǎoxīnyìyì.	彼は何をするにしても注意深く慎重です。
老人小心翼翼地过马路。 Lǎorén xiǎoxīnyìyì de guò mǎlù.	老人は注意深く道路を渡りました。

2361
心甘情愿
xīngān qíngyuàn

フ 心から願う、喜んでする

≒ "甘心情愿 gānxīn qíngyuàn"

2362
欣欣向荣
xīnxīnxiàngróng

フ 草木がすくすくと成長する、勢いよく発展する

2363
新陈代谢
xīnchéndàixiè

フ 新陳代謝、新旧の事物が入れ替わる

2364
兴高采烈
xìnggāocǎiliè

フ 上機嫌な、大喜びの

2365
兴致勃勃
xìngzhì bóbó

フ 興味津々の

2366
悬崖峭壁
xuányá qiàobì

フ 断崖絶壁、険しい崖

≒ "悬崖绝壁 xuányá juébì"

是我心甘情愿留下来加班的，经理没有强迫我。 Shì wǒ xīngān qíngyuàn liúxialai jiābān de, jīnglǐ méiyǒu qiǎngpò wǒ.	自分が望んで残って残業していました、マネージャーが強要したわけではありません。
他虽是老手，却心甘情愿为年轻演员当配角。 Tā suīrán shì lǎoshǒu, què xīngān qíngyuàn wèi niánqīng yǎnyuán dāng pèijiǎo.	彼はベテランですが、若い役者のために脇役を進んで引き受けます。
春天来了，万物欣欣向荣。 Chūntiān lái le, wànwù xīnxīnxiàngróng.	春がやってきて、万物がすくすくと成長しています。
中国地的经济都呈现出欣欣向荣的景象。 Zhōngguó gèdì de jīngjì dōu chéngxiànchū xīnxīnxiàngróng de jǐngxiàng.	中国の各地域の経済すべてが急速な発展の様相を呈しています。
运动有利于人体的新陈代谢。 Yùndòng yǒulìyú réntǐ de xīnchéndàixiè.	運動は人体の新陳代謝に有益です。
协会任用年轻人，也是新陈代谢的过程。 Xiéhuì rènyòng niánqīng rén, yě shì xīnchéndàixiè de guòchéng.	協会が若者を登用することも、新旧の事物が入れ替わるプロセスです。
当我们听到这个好消息时，无不兴高采烈。 Dāng wǒmen tīngdào zhège hǎo xiāoxi shí, wúbù xìnggāocǎiliè.	このよい知らせを私たちが聞いたとき、大喜びしない人はいませんでした。
他兴高采烈地对周围的人讲起了自己的见闻。 Tā xìnggāocǎiliè dì duì zhōuwéi de rénjiǎngqǐle zìjǐ de jiànwén.	彼は上機嫌に周りの人々へ自分の見聞を話しだしました。
他们在兴致勃勃地谈论着，连吃饭都忘了。 Tāmen zài xìngzhì bóbó de tánlùnzhe, lián chīfàn dōu wàng le.	彼らは話に夢中になっていて、食事をとることさえも忘れていました。
当看到机器人时，他显得兴致勃勃。 Dāng kàndào jīqìrén shí, tā xiǎnde xìngzhì bóbó.	ロボットを見たとき、彼は興味津々に見えました。
山谷两边是悬崖峭壁。 Shāngǔ liǎngbiān shì xuányá qiàobì.	谷の両側は断崖絶壁です。
这段古代长城建在悬崖峭壁上，非常壮观。 Zhè duàn gǔdài Chángchéng jiànzài xuányá qiàobì shang, fēicháng zhuàngguān.	古代の長城のこの部分は険しい崖の上に建てられていて、眺めが非常に壮観です。

2367

雪上加霜

xuě shàng jiā shuāng

フ 雪の上に霜が加わる、災難が重なる

2368

循序渐进

xúnxùjiànjìn

フ (学習や仕事などを) 順を追って一歩一歩進める

2369

鸦雀无声

yāquèwúshēng

フ カラスもスズメも声を立てない、しんと静まりかえっている

2370

烟花爆竹

yānhuā bàozhú

フ 花火や爆竹

2371

一帆风顺

yìfānfēngshùn

フ 物事が順調に運ぶ、順風満帆

2372

一举两得

yìjǔliǎngdé

フ 一挙両得、一石二鳥

≒ "一箭双雕 yíjiànshuāngdiāo"

内乱使那里脆弱的经济雪上加霜。
Nèiluàn shǐ nàli cuìruò de jīngjì xuě shàng jiā shuāng.

内乱はそこの脆弱な経済をさらに悪化させました。

这场灾害对当地经济的影响可以说是雪上加霜。
Zhè cháng zāihài duì dāngdì jīngjì de yǐngxiǎng kěyǐ shuō shì xuěshàngjiāshuāng.

この災害が地域経済に与える影響は、泣きっ面に蜂と言えます。

学习外语是一个循序渐进的过程。
Xuéxí wàiyǔ shì yí ge xúnxùjiànjìn de guòchéng.

外国語学習は順を追って進んでいくプロセスがあります。

教学中，老师应遵守循序渐进的原则。
Jiàoxué zhōng, lǎoshī yīng zūnshǒu xúnxùjiànjìn de yuánzé.

ものを教えるとき、教師は順を追って一歩一歩進めるという原則を守らなければなりません。

教室里鸦雀无声，同学们都在认真看书。
Jiàoshì li yāquèwúshēng, tóngxuemen dōu zài rènzhēn kànshū.

教室はしんと静まりかえり、クラスメートたちは真剣に本を読んでいます。

等到表演开始时，台下果然鸦雀无声了。
Děngdào biǎoyǎn kāishǐ shí, tái xià guǒrán yāquèwúshēng le.

ショーが始まったときも、舞台の下はやはり静かでした。

公共场所，禁止燃放烟花爆竹。
Gōnggòng chǎngsuǒ, jìnzhǐ ránfàng yānhuā bàozhú.

公共の場所では、花火や爆竹を鳴らすことは禁止されています。

公安局查获了一批不合格的烟花爆竹。
Gōng'ānjú cháhuòle yì pī bù hégé de yānhuā bàozhú.

公安局は規格に合わない花火や爆竹を一式押収しました。

他从小到大一直一帆风顺，没经历过什么挫折。
Tā cóng xiǎo dào dà yìzhí yìfānfēngshùn, méi jīnglìguo shènme cuòzhé.

彼は小さいころからずっと順風満帆で、少しの挫折も経験したことがありません。

我现在明白了，干什么事都不会那么一帆风顺。
Wǒ xiànzài míngbai le, gàn shénme shì dōu bú huì nàme yìfānfēngshùn.

私は今理解しました、何をするにしてもすべてが順調に進むわけではないことを。

公司既发展了技术，又带来了效益，是一举两得。
Gōngsī jì fāzhǎnle jìshù, yòu dàiláile xiàoyì, shì yìjǔliǎngdé.

会社は技術も発展させ、利益も得られたので、一挙両得です。

她觉得在工作、育儿的方面开网店是一举两得。
Tā juéde zài gōngzuò, yù'ér de fāngmiàn kāi wǎng diàn shì yìjǔliǎngdé.

彼女はオンラインストアを開くことが仕事や育児の上で一挙両得だと考えています。

Track 325

2373 **一目了然** yímùliǎorán

フ 一目瞭然、一目見ればわかる

2374 **一如既往** yìrújìwǎng

フ これまでと何も変わらない

2375 **一丝不苟** yìsībùgǒu

フ 細かいところまでおろそかにしない、仕事が丁寧である

2376 **优胜劣汰** yōushèngliètài

フ 競争で強者が勝ち残り弱者が淘汰される、優勝劣敗

2377 **有条不紊** yǒutiáobùwěn

フ 秩序があって整然としている、乱れたところがない

2378 **与日俱增** yǔrìjùzēng

フ 日増しに増える、時とともに増え続ける

商品的价格标得很清楚，顾客也都一目了然。 Shāngpǐn de jiàgé biāode hěn qīngchu, gùkè yě dōu yīmùliǎorán.	商品の価格がわかりやすく表示されていて、顧客も一目でわかります。
通过观察大屏幕，指挥员对现场的情况一目了然。 Tōngguò guānchá dà píngmù, zhǐhuīyuán duì xiànchǎng de qíngkuàng yīmùliǎorán.	スクリーンを観察して、指揮者はその場の状況を一目で認識します。
我们会一如既往地支持你们。 Wǒmen huì yìrújìwǎng de zhīchí nǐmen.	これまでと変わらずにサポートさせていただきます。
两国仍会一如既往地开展合作与交流。 Liǎng guó réng huì yìrújìwǎng de kāizhǎn hézuò yú jiāoliú.	両国はこれまでと少しも変わらず、協力と交流を展開していく予定です。
我们要学习他这种一丝不苟的工作作风。 Wǒmen yào xuéxí tā zhè zhǒng yìsībùgǒu de gōngzuò zuòfēng.	私たちは彼の真摯な仕事への姿勢に学ぶ必要があります。
他一丝不苟地按照教练的要求做好了每个动作。 Tā yìsībùgǒu de ànzhào jiàoliàn de yāoqiú zuòhǎole měi ge dòngzuò.	彼は細心の注意を払って、コーチの要求に従いすべての動作をきちんと行いました。
他们建立了优胜劣汰机制，发挥了员工的积极性。 Tāmen jiànlìle yōushèngliètài jīzhì, fāhuīle yuángōng de jījíxìng.	彼らは、優勝劣敗に基づいたシステムを作り、従業員の積極性を十分に発揮させました。
动物界也存在着优胜劣汰的自然规律。 Dòngwùjiè yě cúnzàizhe yōushèngliètài de zìrán guīlǜ.	動物界にも優勝劣敗の自然の法則が存在します。
他做事向来有条不紊。 Tā zuòshì xiànglái yǒutiáobùwěn.	彼は仕事のやり方が常に秩序立っています。
谈判正在有条不紊地进行，很快就会有结果。 Tánpàn zhèngzài yǒutiáobùwěn de jìnxíng, hěn kuài jiù huì yǒu jiéguǒ.	交渉は秩序立って進んでおり、まもなく結果が出るはずです。
他的这种不满情绪与日俱增，最后终于爆发了。 Tā de zhè zhǒng bùmǎn qíngxù yǔrìjùzēng, zuìhòu zhōngyú bàofā le.	彼のこの不満は日を追うごとに高まる一方で、最後にはついに爆発しました。
人口不断增加，用水的压力也与日俱增。 Rénkǒu búduàn zēngjiā, yòngshuǐ de yālì yě yǔrìjùzēng.	人口は絶えず増加し続け、用水の圧力も日に日に高まっています。

2379
再接再厉
zàijiēzàilì
フ 努力を重ねる

2380
斩钉截铁
zhǎndīngjiétiě
フ 決断力のある、言動がてきぱきとしてためらいがない

2381
朝气蓬勃
zhāoqì péngbó
フ 気力がみなぎっている、張り切っている

2382
争先恐后
zhēngxiānkǒnghòu
フ 遅れまいと先を争う、われ先に～する

2383
知足常乐
zhīzú cháng lè
フ 満足することを知れば常に楽しい

2384
众所周知
zhòngsuǒzhōuzhī
フ 誰もが知っている、周知の

大家要再接再厉，争取更好的成绩。 Dàjiā yào zàijiēzàilì, zhēngqǔ gèng hǎo de chéngjì.	みなが努力を重ねて、よりよい結果を勝ち取らなくてはいけません。
他这样再接再厉，完成了一个又一个科研项目。 Tā zhèyàng zàijiēzàilì, wánchéngle yí ge yòu yí ge kēyán xiàngmù.	彼はこのように努力を重ねて、次々と科学研究のプロジェクトを完成させました。
他的回答非常坚决，斩钉截铁。 Tā de huídá fēicháng jiānjué, zhǎndīngjiétiě.	彼の回答は非常に断固としていて、てきぱきしています。
他斩钉截铁的态度给我们留下了深刻的印象。 Tā zhǎndīngjiétiě de tàidù gěi wǒmen liúxiàle shēnkè de yìnxiàng.	彼の断固とした態度は私たちに深い印象を残しました。
那是一支朝气蓬勃的队伍，很有干劲儿。 Nà shì yì zhī zhāoqì péngbó de duìwu, hěn yǒu gànjìnr.	それは志気の高い軍隊で、とても意欲があります。
年轻人应该朝气蓬勃地面对生活。 Niánqīng rén yīnggāi zhāoqì péngbó de miànduì shēnghuó.	若者は元気はつらつと人生に向き合うべきです。
课堂上同学们争先恐后地发言，气氛非常活跃。 Kètáng shang tóngxuémen zhēngxiānkǒnghòu de fāyán, qìfēn fēicháng huóyuè.	教室でクラスメートたちはわれ先に発言していて、雰囲気はとても活発です。
大家争先恐后地捐钱捐物，支援灾区。 Dàjiā zhēngxiānkǒnghòu de juān qián juān wù, zhīyuán zāiqū.	みなが先を争うようにお金や物資を寄付して、被災地を支援しました。
他抱着知足常乐的心态，整天乐呵呵的。 Tā bàozhe zhīzú cháng lè de xīntài, zhěng tiān yuè lèhēhē de.	彼は満足することを知っていて常に愉快な心持ちなので、一日中にこにこしています。
俗话说“知足常乐”，我现在活得挺舒服的。 Súhuà shuō “zhīzú cháng lè”, wǒ xiànzài huóde tǐng shūfu de.	「足るを知れば常に楽し」という格言の通り、今はとても気持ちよく過ごせています。
众所周知，中国的茶叶和丝绸闻名世界。 Zhòngsuǒzhōuzhī, Zhōngguó de cháyè hé sīchóu wénmíng shìjiè.	周知のとおり、中国の茶葉とシルクは世界中で有名です。
地球围绕太阳转，现在是众所周知的道理了。 Dìqiú wéirào tàiyáng zhuàn, xiànzài shì zhòngsuǒzhōuzhī de dàolǐ le.	地球が太陽の周りを回っていることは、今は周知の事実です。

2385 **自力更生**
zìlìgēngshēng
フ 他人に頼らず自力で事を行う

2386 **总而言之**
zǒng'éryánzhī
フ 要するに、概して言えば

2387 **甭**
béng
副 ～する必要はない

2388 **不妨**
bùfáng
副 ～してもかまわない、～しても悪くない

2389 **不禁**
bùjīn
副 思わず、～せずにはいられない

2390 **不愧**
búkuì
副 さすが～だけのことはある、～に恥じない

灾区人民主张自力更生，重建家园。 Zāiqū rénmín zhǔzhāng zìlìgēngshēng, chóngjiàn jiāyuán.	被災地の人々は、自力更生と故郷の再建を主張しています。
他们自力更生地进行农业建设，发展农业生产。 Tāmen zìlìgēngshēng de jìnxíng nóngyè jiànshè, fāzhǎn nóngyè shēngchǎn.	彼らは自分たちの力で農業建設を進め、農業生産を開発しています。
总而言之，是我不对，我道歉。 Zǒng'éryánzhī, shì wǒ búduì, wǒ dàoqiàn.	いずれにせよ、私が間違っていました。お詫びします。
不管过程如何艰难，总而言之，她的任务完成了。 Bùguǎn guòchéng rúhé jiānnán, zǒng'éryánzhī, tā de rènwu wánchéng le.	プロセスがどんなに大変であったにせよ、結局のところ彼女の仕事は完了しました。
甭说学生，连老师也不明白这个问题。 Béng shuō xuésheng, lián lǎoshī yě bù míngbai zhège wèntí.	学生は言うまでもなく、先生すらこの問題が分かりません。
你不妨先听听他的意见，再做决定。 Nǐ bùfáng xiān tīngting tā de yìjiàn, zài zuò juédìng.	あなたはまず彼の意見を聞いてから、決定してはどうですか。
我们不妨先买一点儿尝尝。 Wǒmen bùfáng xiān mǎi yìdiǎnr chángchang.	私たちはちょっと買って試してみてもかまいません。
听了这个故事，他不禁流下了眼泪。 Tīngle zhège gùshi, tā bùjīn liúxiàle yǎnlèi.	この話を聞いて、彼は思わず涙を流しました。
跟孩子们在一起，我不禁想回到童年。 Gēn háizimen zài yìqǐ, wǒ bùjīn xiǎng huídào tóngnián.	子どもたちと一緒にいると、私はつい子どもの頃に戻りたくなってしまいます。
他不愧为大力士，能举起这么重的东西。 Tā búkuì wéi dà lìshì, néng jǔqǐ zhème zhòng de dōngxi.	彼は力持ちなだけあって、こんなに重いものを持ち上げられます。
他不愧为世界冠军，动作就是标准。 Tā búkuì wéi shìjiè guànjūn, dòngzuò jiùshì biāozhǔn.	彼は世界チャンピオンだけあって、動作が正確です。

副詞

Track 328

2391
不免
bùmiǎn
副 ～せざるを得ない

2392
不时
bùshí
副 たびたび　名 思いがけないとき

2393
不由得
bùyóude
副 思わず　動 許さない、～させない

2394
不止
bùzhǐ
副（一定の数量・範囲に）とどまらない
動 ～し続ける、～がとまらない

2395
成心
chéngxīn
副 わざと、故意に

2396
纯粹
chúncuì
副 純粋に、全く　形 純粋な、混じりけのない

2397
大不了
dàbuliǎo
副 せいぜい、（否定を伴い）たいしたことない

他刚来中国，不免有些不习惯。 Tā gāng lái Zhōngguó, bùmiǎn yǒuxiē bù xíguàn.	彼は中国に来たばかりで、慣れないことがあるのは避けられません。
看到考试成绩这么差，他不免有些沮丧。 Kàndào kǎoshì chéngjì zhème chà, tā bùmiǎn yǒuxiē jǔsàng.	試験の成績がこんなに悪いのを見て、彼はがっかりせざるを得ませんでした。
他不时地打断我，问一些问题。 Tā bùshí de dǎduàn wǒ, wèn yìxiē wèntí.	彼はたびたび私を遮って、いくつか質問をしました。
几次见面后，两个人不由得对对方产生了好感。 Jǐ cì jiànmiàn hòu, liǎng ge rén bùyóude duì duìfāng chǎnshēngle hǎogǎn.	数回会った後、2人は知らず知らずお互いに好感を抱くようになりました。
他说得跟真的一样，不由得你不信。 Tā shuōde gēn zhēn de yíyàng, bùyóude nǐ bú xìn.	彼はまるで本当のように話すので、あなたは信じずにはいられません。
他不止一次地表示过这个意思。 Tā bùzhǐ yí cì de biǎoshìguo zhège yìsi.	彼は一度ならずこのような意思を示しました。
他咳嗽不止，都好几天了。 Tā késou bùzhǐ, dōu hǎojǐ tiān le.	彼は咳が止まらず、もう何日にもなります。
他成心找我的麻烦，跟我过不去。 Tā chéngxīn zhǎo wǒ de máfan, gēn wǒ guòbuqù.	彼はわざと私に面倒をかけ、困らせます。
在这里讨论这个问题纯粹是浪费时间。 Zài zhèli tǎolùn zhège wèntí chúncuì shì làngfèi shíjiān.	ここでこの問題を討論するのはまったく時間の無駄です。
他说的是纯粹的北京话。 Tā shuō de shì chúncuì de Běijīng huà.	彼が話すのは純粋な北京語です。
他觉得不买新衣服也没什么大不了。 Tā juéde bù mǎi xīn yīfu yě méi shénme dàbuliǎo.	彼は新しい服を買わなくてもたいしたことはないと思っています。
不及格的话，大不了再考一次。 Bù jígé dehuà, dàbuliǎo zài kǎo yí cì.	合格しなければ、もう1回受けるまでです。

2398	**大肆** dàsì	副 はばかりなく
2399	**大体** dàtǐ	副 だいたい
2400	**当场** dāngchǎng	副 その場で
2401	**当面** dāng//miàn	副 面と向かって
2402	**顿时** dùnshí	副 すぐに、たちまち
2403	**分明** fēnmíng	副 はっきりと、明らかに 形 明らかな、はっきりとした
2404	**公然** gōngrán	副 公然と ↔ "**暗地 àndì**" こっそりと、陰で
2405	**姑且** gūqiě	副 とりあえず、ひとまず
2406	**过于** guòyú	副 あまりにも、～すぎる

他们大肆破坏环境，受到了有关部门的惩罚。 Tāmen dàsì pòhuài huánjìng, shòudàole yǒuguān bùmén de chéngfá.	彼らはほしいままに環境破壊をしたので、関係部署の処罰を受けました。
我们的看法大体相同。 Wǒmen de kànfǎ dàtǐ xiāngtóng.	私たちの考えは大体同じです。
他当场演唱了这首外国民歌。 Tā dāngchǎng yǎnchàngle zhè shǒu wàiguó míngē.	彼はその場でこの外国民謡を歌いました。
他向我当面承认了错误。 Tā xiàng wǒ dāngmiàn chéngrènle cuòwù.	彼は私の前で間違いを認めました。
有话当面讲清楚，不要背后议论。 Yǒu huà dāngmiàn jiǎngqīngchu, búyào bèihòu yìlùn.	話があるなら面と向かってはっきり話しなさい。陰であれこれ言ってはいけません。
演出一结束，会场顿时响起了热烈的掌声。 Yǎnchū yì jiéshù, huìchǎng dùnshí xiǎngqǐle rèliè de zhǎngshēng.	公演が終わると、会場ではすぐに熱烈な拍手の音が起こりました。
他刚才分明在玩儿电脑游戏，可他就是不承认。 Tā gāngcái fēnmíng zài wánr diànnǎo yóuxì, kě tā jiùshì bù chéngrèn.	彼はさっき確かにコンピューターゲームをしていましたが、認めませんでした。
他是非分明，从不掩饰缺点和错误。 Tā shìfēi fēnmíng, cóng bù yǎnshì quēdiǎn hé cuòwù.	彼はものの良し悪しがはっきりとしていて、欠点や間違いを決して隠しません。
他公然窃取别人的劳动成果，最终受到了制裁。 Tā gōngrán qièqǔ biérén de láodòng chéngguǒ, zuìzhōng shòudàole zhìcái.	彼は露骨に他人の仕事の成果を盗み、最終的に制裁を受けました。
我姑且原谅你，希望你以后不再犯这样的错误。 Wǒ gūqiě yuánliàng nǐ, xīwàng nǐ yǐhòu bú zài fàn zhèyàng de cuòwù.	さしあたりあなたを許しますが、今後このような過ちを犯さないように。
你不必过于谨慎，大胆一些。 Nǐ búbì guòyú jǐnshèn, dàdǎn yìxiē.	あなたは慎重になりすぎる必要はありません。もう少し大胆になってください。

2407	**胡乱** húluàn	副 いい加減に、みだりに
2408	**及早** jízǎo	副 早いうちに、早目に
2409	**即将** jíjiāng	副 まもなく～する
2410	**将近** jiāngjìn	副 (数が) ～に近い
2411	**皆** jiē	副 みな、すべて、どちらも
2412	**接连** jiēlián	副 続けざまに、引き続いて 動 つなぎ合わせる
2413	**就近** jiùjìn	副 近所で、最寄りの所で
2414	**历来** lìlái	副 これまで 形 これまでの

我没有准备，只能胡乱讲几句。 Wǒ méiyǒu zhǔnbèi, zhǐ néng húluàn jiǎng jǐ jù.	私は準備ができておらず、あたふたと二言三言話すことしかできませんでした。
你不要胡乱怀疑别人。 Nǐ búyào húluàn huáiyí biérén.	むやみに人を疑わないでください。
幸亏我们及早控制了局面，否则后果很难设想。 Xìngkuī wǒmen jízǎo kòngzhìle júmiàn, fǒuzé hòuguǒ hěn nán shèxiǎng.	幸いにも私たちは早いうちに局面をコントロールできましたが、さもなければ結果は予想しがたいものになったでしょう。
天上乌云密布，预示着一场大雨即将来临。 Tiānshàng wūyún mìbù, yùshìzhe yì cháng dàyǔ jíjiāng láilín.	空を黒い雲が覆っているのは、まもなく大雨が降ることの前触れです。
我学汉语将近四年了。 Wǒ xué Hànyǔ jiāngjìn sì nián le.	私は中国語を学んでもうじき4年になります。
这件事已经人人皆知了。 Zhè jiàn shì yǐjīng rénrén jiē zhī le.	この件はすでにみなに知られています。
二人皆为美国留学生。 Èr rén jiē wéi Měiguó liúxuéshēng.	2人はどちらもアメリカの留学生です。
他的电话接连不断地响着。 Tā de diànhuà jiēlián búduàn de xiǎngzhe.	彼の電話はひっきりなしに鳴り続けています。
这种现象接连出现，不得不让人怀疑。 Zhè zhǒng xiànxiàng jiēlián chūxiàn, bù dé bú ràng rén huáiyí.	この現象は次々と現れていて、疑わずにはいられません。
我买东西从来都是就近买。 Wǒ mǎi dōngxi cónglái dōu shì jiùjìn mǎi.	私はいつも近所で買い物をします。
我们历来主张和平，反对战争。 Wǒmen lìlái zhǔzhāng hépíng, fǎnduì zhànzhēng.	私たちはこれまでずっと平和を主張し、戦争に反対しています。
春节放鞭炮是中国人历来的传统。 Chūnjié fàng biānpào shì Zhōngguó rén lìlái de chuántǒng.	春節に爆竹を鳴らすのは中国人の従来の伝統です。

No.	単語	ピンイン	意味
2415	屡次	lǚcì	副 何度も、しばしば
2416	明明	míngmíng	副 明らかに、はっきりと
2417	默默	mòmò	副 黙々と
2418	宁肯	nìngkěn	副 むしろ～したい ≒ "宁可 nìngkě"
2419	宁愿	nìngyuàn	副 むしろ～したい ≒ "宁可 nìngkě"
2420	偏偏	piānpiān	副 なんとしても、あくまでも、あいにく
2421	颇	pō	副 すこぶる
2422	恰巧	qiàqiǎo	副 ちょうどよい具合に、あいにく 解説 よい場合にも悪い場合にも使う

虽然屡次失败，但他没有放弃。 Suīrán lǚcì shībài, dàn tā méiyǒu fàngqì.	何度も失敗したにもかかわらず、彼はあきらめませんでした。
这件事明明是他做的，他却不承认。 Zhè jiàn shì míngmíng shì tā zuò de, tā què bù chéngrèn.	このことは明らかに彼がしたのにも関わらず、彼は認めません。
妹妹默默地看着窗外想心事。 Mèimei mòmò de kànzhe chuāngwài xiǎng xīnshì.	妹は黙りこくって窓の外を見て考え事をしています。
我宁肯自己吃亏，也不愿伤了感情。 Wǒ nìngkěn zìjǐ chīkuī, yě bú yuàn shāngle gǎnqíng. **我宁肯走着，也不坐他的车。** Wǒ nìngkěn zǒuzhe, yě bú zuò tā de chē.	私は自分が損をしてでも、感情を害したくありません。 私は彼の車に乗るくらいなら歩きます。
我宁愿不吃饭也要减肥。 Wǒ nìngyuàn bù chīfàn yě yào jiǎnféi.	私はご飯を抜いてでもダイエットします。
我不让他喝酒，他偏偏要喝。 Wǒ bú ràng tā hē jiǔ, tā piānpiān yào hē. **这些画都很好，你怎么偏偏选那一幅？** Zhèxiē huà dōu hěn hǎo, nǐ zěnme piānpiān xuǎn nà yì fú?	私は彼に酒を飲ませようとしませんでしたが、彼はどうしても飲もうとしました。 これらの絵はすべて素晴らしいですが、あなたはどうしてその1枚だけを選んだのですか？
这个地方颇具特色，所以很多人来参观。 Zhège dìfang pō jù tèsè, suǒyǐ hěn duō rén lái cānguān.	この場所は非常に特色があるので、多くの人が見学に来ます。
我正想给他打电话，他恰巧来了。 Wǒ zhèng xiǎng gěi tā dǎ diànhuà, tā qiàqiǎo lái le.	私が彼に電話しようと考えていたところに、彼はちょうど来ました。

2423 **任意** rènyì

副 自由に、勝手に 形 任意の

2424 **仍旧** réngjiù

副 依然として、やはり 動 元のままにする

2425 **日益** rìyì

副 日に日に、日増しに

2426 **擅自** shànzì

副 無断で、断りなしに

2427 **时常** shícháng

副 しょっちゅう

2428 **时而** shí'ér

副 ときどき

解説 **"时而～、时而…"** で「ときに～、ときに…」、「～たり、…たりする」の意味になる

2429 **势必** shìbì

副 きっと～するに違いない

这些书你任意看，看完了再放回去就行。 Zhèxiē shū nǐ rènyì kàn, kànwánle zài fànghuiqu jiù xíng.	これらの本は自由に読んでください、読み終わったら戻していただければ結構です。
树上的果实不能任意采摘。 Shù shang de guǒshí bù néng rènyì cǎizhāi.	木の果実は勝手に摘み取ってはいけません。
毕业20年了，我们仍旧保持着联系。 Bìyè èrshí nián le,, wǒmen réngjiù bǎochízhe liánxì.	卒業から20年経ちますが、私たちはいまだに連絡を取り合っています。
多年不见，他仍旧住在那个小屋里。 Duō nián bújiàn, tā réngjiù zhùzài nàge xiǎo wū li.	長年会っていませんでしたが、彼は依然としてあの小屋に住んでいます。
人们的消费水平日益提高。 Rénmen de xiāofèi shuǐpíng rìyì tígāo.	人々の消費レベルは日に日に高まっています。
士兵没经过批准，就擅自回家了。 Shìbīng méi jīngguò pīzhǔn, jiù shànzì huí jiā le.	兵士は許可をとらず、無断で帰宅しました。
我们时常在一起打篮球。 Wǒmen shícháng zài yìqǐ dǎ lánqiú.	私たちはよく一緒にバスケットボールをします。
远处时而传来孩子的笑声。 Yuǎnchù shí'ér chuánlai háizi de xiàoshēng.	遠いところからときどき子どもの笑い声が聞こえてきます。
他的脾气容易变，时而高兴时而生气。 Tā de píqi róngyì biàn, shí'ér gāoxìng shí'ér shēngqì.	彼は気分が変わりやすく、ご機嫌になったり怒ったりします。
这种做法势必会造成严重后果。 Zhè zhǒng zuòfǎ shìbì huì zàochéng yánzhòng hòuguǒ.	このやり方はきっと重大な結果をもたらすに違いありません。
收入没有了，他的生活势必会更加艰难。 Shōurù méiyǒu le, tā de shēnghuó shìbì huì gèngjiā jiānnán.	収入がなければ、彼の生活はきっとさらに大変になるに違いありません。

Track 333

2430	私自 sīzì	副 ひそかに、無断で
2431	随即 suíjí	副 すぐさま、ただちに
2432	索性 suǒxìng	副 いっそのこと、思い切って
2433	特意 tèyì	副 わざわざ、特に
2434	统统 tǒngtǒng	副 すべて、いっさいがっさい ≒ "通通 tōngtōng", "通统 tōngtǒng"
2435	万分 wànfēn	副 最高に、非常に
2436	唯独 wéidú	副 ただ、単に
2437	未免 wèimiǎn	副 ～と言わざるを得ない、～のきらいがある
2438	无非 wúfēi	副 ～にほかならない、～だけにしかならない

他们私自把这笔钱分掉了。 Tāmen sīzì bǎ zhè bǐ qián fēndiào le.	彼らはこのお金を無断で分配しました。
我得到消息后，随即就回到了家乡。 Wǒ dédào xiāoxi hòu, suíjí jiù huídàole jiāxiāng.	知らせを受け取った後、私はただちに故郷に戻りました。
他找不到车钥匙，后来索性不找了。 Tā zhǎobudào chē yàoshi, hòulái suǒxìng bù zhǎole.	彼は車のキーを見つけることができず、思い切って探すのをやめました。
我特意给她准备了一份生日礼物。 Wǒ tèyì gěi tā zhǔnbèile yí fèn shēngrì lǐwù.	私は彼女のために誕生日プレゼントを特別に用意しました。
他把桌子、椅子等统统换成新的了。 Tā bǎ zhuōzi、yǐzi děng tǒngtǒng huànchéng xīn de le.	彼はテーブルや椅子などをすべて新しいものに交換しました。
看到自己喜爱的明星在场，他惊喜万分。 Kàndào zìjǐ xǐ'ài de míngxīng zàichǎng, tā jīngxǐ wànfēn.	自分のお気に入りのスターがその場に居合わせているのを見て、彼はこの上なく喜んでいます。
我们都同意了，唯独他反对这个计划。 Wǒmen dōu tóngyì le, wéidú tā fǎnduì zhège jìhuà. **休息的时候唯独他一个人还在工作。** Xiūxi de shíhou wéidú tā yí ge rén hái zài gōngzuò.	私たちはみな同意しましたが、ただ彼だけはこの計画に反対しました。 休憩時間に、彼だけは働いていました。
这种看法未免有些片面。 Zhè zhǒng kànfǎ wèimiǎn yǒuxiē piànmiàn. **他刚来中国，未免有点儿不习惯。** Tā gāng lái Zhōngguó, wèimiǎn yǒudiǎnr bù xíguàn.	この見方は、いささか偏っていると言わざるを得ません。 彼は中国に来たばかりで、少し不慣れだと言わざるを得ません。
最坏的结果无非是再参加一次考试。 Zuì huài de jiéguǒ wúfēi shì zài cānjiā yí cì kǎoshì.	最悪の結果は再試験にほかなりません。

2439	**务必** wùbì	副 ぜひ、必ず
2440	**向来** xiànglái	副 今までずっと、これまで
2441	**一度** yídù	副 一度、ひとしきり
2442	**一向** yíxiàng	副 今までずっと、その後　名 ～のころ
2443	**依旧** yījiù	副 依然として、相変わらず　動 元のままである
2444	**亦** yì	副 ～もまた
2445	**毅然** yìrán	副 毅然として、きっぱりと
2446	**迎面** yíng//miàn	副 真正面から、面と向かって
2447	**预先** yùxiān	副 あらかじめ、前もって

今天的会请你务必参加。 Jīntiān de huì qǐng nǐ wùbì cānjiā.	本日の会議には必ずご参加ください。
他向来不抽烟不喝酒。 Tā xiànglái bù chōu yān bù hē jiǔ.	彼はこれまで喫煙も飲酒もしたことがありません。
我们一度失去了联系。 Wǒmen yídù shīqùle liánxì.	私たちは一時期連絡を取らなくなりました。
他一向不爱说话，见到陌生人就害羞。 Tā yíxiàng bú ài shuōhuà, jiàndào mòshēng rén jiù hàixiū.	彼は今までずっと話すのが苦手で、見知らぬ人に会うと恥ずかしがります。
多年不见，她依旧那么漂亮。 Duō nián bújiàn, tā yījiù nàme piàoliang.	長年会っていませんでしたが、彼女は相変わらずあんなにきれいです。
他书法很好，亦擅长绘画。 Tā shūfǎ hěn hǎo, yì shàncháng huìhuà.	彼は書道が得意で、絵画もまた得意です。
爱情可求，但亦不可强求。 Àiqíng kě qiú, dàn yì bùkě qiǎngqiú.	愛は求めることはできますが、強要することもまたできません。
为了开办公司，他毅然放弃了学业。 Wèile kāibàn gōngsī, tā yìrán fàngqìle xuéyè.	会社を始めるために、彼はきっぱりと勉強をあきらめました。
他迎面跑过来，还不停地喊着什么。 Tā yíngmiàn pǎoguolai, hái bù tíng de hǎnzhe shénme.	彼は真正面から走ってきて、さらにずっと何かを叫んでいます。
你预先打个电话，看他在不在家。 Nǐ yùxiān dǎ ge diànhuà, kàn tā zài bu zài jiā.	事前に電話をして、彼が家にいるかどうか確認してください。

副詞・量詞

2448 **愈** yù

副 ～すればするほど

コロ **"愈～愈…"** ～すればするほど…

2449 **暂且** zànqiě

副 しばらく、ひとまず

2450 **照样** zhàoyàng

副 相変わらず、いつものように

2451 **终究** zhōngjiū

副 結局のところ、最後には

2452 **逐年** zhúnián

副 年を追って、年一年と

2453 **专程** zhuānchéng

副 わざわざ

2454 **磅** bàng

量 ポンド

解説 ポンド・ヤード制の重量の単位で、1ポンドは約453.6グラム

2455 **串** chuàn

量 連、房

解説 車や糸などでつながっているものを数える

入冬了，天气愈来愈冷了。 Rù dōng le, tiānqì yù lái yù lěng le.	冬に入って、どんどん寒くなってきます。
愈是站得高，就愈看得远。 Yù shì zhànde gāo, jiù yù kànde yuǎn.	立つところが高ければ高いほど、遠くが見えます。
大家意见不统一，这个问题我们暂且不讨论了。 Dàjiā yìjiàn bù tǒngyī, zhège wèntí wǒmen zànqiě bù tǎolùn le.	みなの意見がまとまっていないので、この問題はひとまず議論をしないことにしました。
虽然已经是春天了，可是天气照样很冷。 Suīrán yǐjīng shì chūntiān le, kěshì tiānqì zhàoyàng hěn lěng.	もうすでに春ですが、相変わらず寒いです。
我相信，我的理想终究会实现的。 Wǒ xiāngxìn, wǒ de lǐxiǎng zhōngjiù huì shíxiàn de.	私の理想は最終的に実現できると信じています。
人民的生活水平在逐年提高。 Rénmín de shēnghuó shuǐpíng zài zhúnián tígāo.	人々の生活水準は年を追って向上しています。
为了看比赛，他专程从美国回到北京。 Wèile kàn bǐsài, tā zhuānchéng cóng Měiguó huídào Běijīng.	試合を観るために、彼はわざわざアメリカから北京に戻ってきました。
他的体重达到了 300 磅。 Tā de tǐzhòng dádàole sānbǎi bàng.	彼の体重は300ポンドに達しました。
他一下子喝了两磅牛奶。 Tā yíxiàzi hēle liǎng bàng niúnǎi.	彼は2ポンドの牛乳をすぐに飲みました。
窗户上挂着一串红辣椒。 Chuānghu shang guàzhe yí chuàn hóng làjiāo.	窓には赤唐辛子が1束ぶら下がっています。
他把珠子串成了一条项链。 Tā bǎ zhūzi chuànchéngle yì tiáo xiàngliàn.	彼は真珠を繋げてネックレスにしました。

量詞

2456
栋
dòng
量 棟
解説 建物を数える

2457
番
fān
量 回、倍
解説 思考などの回数を数える。動詞"翻"とセットで「～倍になる」という意味を表す

2458
副
fù
量 組、対

2459
毫米
háomǐ
量 ミリメートル

2460
卷
juǎn
量 巻き　動 巻く、巻きこむ
解説 巻いたものを数える

2461
立方
lìfāng
量 立方メートル　名 3乗、立方体

这里原来是一片空地，现在盖起了一栋栋房子。 Zhèli yuánlái shì yí piàn kòngdì, xiànzài gàiqǐle yí dòngdòng fángzi.	ここはもともと空き地でしたが、今は次々と家が建ち始めています。
这栋房子是木质结构的。 Zhè dòng fángzi shì mùzhì jiégòu de.	この家は木造建築です。
他认真考虑了一番，决定不做了。 Tā rènzhēn kǎolǜle yì fān, juédìng bú zuò le.	彼は一回真剣に考えて、やらないことに決めました。
今年我的收入翻了一番。 Jīnnián wǒ de shōurù fānle yì fān.	今年私の収入は倍になりました。
我新配了一副眼镜。 Wǒ xīn pèile yí fù yǎnjìng.	眼鏡を1組新調しました。
新总统已经任命了两位副总统。 Xīn zǒngtǒng yǐjīng rènmìngle liǎng wèi fù zǒngtǒng.	新大統領はすでに2人の副大統領を任命しました。
子弹只差几毫米就打到他了。 Zǐdàn zhǐ chà jǐ háomǐ jiù dǎdào tā le.	弾丸はあとほんの数ミリメートルで彼に当たるところでした。
这张纸的厚度是 0.2 毫米。 Zhè zhāng zhǐ de hòudù shì língdiǎnr'èr háomǐ.	この紙の厚さは0.2ミリメートルです。
我买了一卷纸。 Wǒ mǎile yì juǎn zhǐ.	私は1巻きの紙を買いました。
他卷起袖子，开始干起来。 Tā juǎnqǐ xiùzi, kāishǐ gànqilai.	彼は袖をまくり、やり始めました。
去年全世界共消耗天然气两千亿立方米。 Qùnián quánshìjiè gòng xiāohào tiānránqì liǎngqiānyì lìfāngmǐ.	昨年、全世界で合計2000億立方メートルの天然ガスが消費されました。
2 的立方等于 8。 Èr de lìfāng děngyú bā.	2の3乗は8です。

2462	**粒** lì	量 粒　名 粒、粒状のもの
2463	**枚** méi	量 枚、個 解説 小さく丸いものやロケット、硬貨などを数える
2464	**摄氏度** shèshìdù	量 度、℃
2465	**束** shù	量 束　動 縛る、くくる
2466	**艘** sōu	量 艘、艇
2467	**枝** zhī	量 枝、本　名 枝 解説 枝についた花など、あるいは枝状のものを数える

我们要节约粮食，一粒米都不应浪费。 Wǒmen yào jiéyuē liángshi, yí lì mǐ dōu bù yīng làngfèi.	私たちは食糧を節約する必要があり、1粒のコメも浪費すべきではありません。
果粒一会儿就沉淀下去了。 Guǒ lì yíhuìr jiù chéndiànxiaqu le.	果物の粒はたちまち沈んで行きました。
这三枚邮票很珍贵。 Zhè sān méi yóupiào hěn zhēnguì.	この3枚の切手はひじょうに貴重です。
这枚导弹击中了目标。 Zhè méi dǎodàn jīzhòng le mùbiāo.	このミサイルは目標に命中しました。
水烧开时可以达到100摄氏度。 Shuǐ shāokāi shí kěyǐ dádào yìbǎi shèshìdù.	水が沸騰すると、100℃に達します。
明天气温下降，最低温度在零下9摄氏度。 Míngtiān qìwēn xiàjiàng, zuìdī wēndù zài língxià jiǔ shèshìdù.	明日は気温が下がり、最低気温はマイナス9度になります。
我买了一束鲜花送给了女朋友。 Wǒ mǎile yí shù xiānhuā sònggěile nǚ péngyou.	1束の花を彼女に贈りました。
他把这些草捆成了一束一束的。 Tā bǎ zhèxiē cǎo kǔnchéngle yí shù yí shù de.	彼は草を縛って1つ1つの束にしていきました。
这艘船航行了十个小时才到达目的地。 Zhè sōu chuán hángxíngle shí ge xiǎoshí cái dàodá mùdìdì.	この船は10時間航行してようやく目的地に到着しました。
他看见远处开来了一艘军舰。 Tā kànjiàn yuǎnchù kāilaile yì sōu jūnjiàn.	彼は1隻の軍艦が遠くからやって来るのを見ました。
他为女朋友买了几枝花。 Tā wèi nǚ péngyou mǎile jǐ zhī huā.	彼は彼女のために花を何本か買いました。
大树树枝很多，非常茂盛。 Dà shù shùzhī hěn duō, fēicháng màoshèng.	大木は枝がたくさんあり、非常に茂っています。

量詞・接続詞

2468

株

zhū

量 株、本

解説 樹木・草・ウイルスなどを数える

2469

幢

zhuàng

量 棟

解説 建物を数える量詞で、書き言葉でよく用いられる

2470

不料

búliào

接 意外にも～、なんと～

2471

凡是

fánshì

接 ～はすべて、～はおよそ

2472

反之

fǎnzhī

接 そうでなければ～、これに反して～

2473

固然

gùrán

接 もとより～だが、もちろん～だが

门前的两株桃树都长高了。 Mén qián de liǎng zhū táoshù dōu zhǎnggāo le.	門の前にある2本の桃の木は大きく成長しました。
这几株幼苗很快就会长大。 Zhè jǐ zhū yòumiáo hěn kuài jiù huì zhǎngdà.	このいくつかの苗木はすぐに育ちます。
远处那幢楼是我们的宿舍。 Yuǎnchù nà zhuàng lóu shì wǒmen de sùshè.	遠くのあの建物が私たちの寮です。
一幢幢高楼大厦很快就建起来了。 Yí zhuàngzhuang gāolóu dàshà hěn kuài jiù jiànqilai le.	どの高層ビルももうじき建築が始まります。
本来想去爬山，不料下雨了。 Běnlái xiǎng qù páshān, búliào xià yǔ le.	もともと登山に行きたかったのですが、なんと雨が降ってきました。
他平时很小心的，不料这次居然出了车祸。 Tā píngshí hěn xiǎoxīn de, búliào zhè cì jūrán chūle chēhuò.	彼はいつもは注意深いのですが、意外にも今回交通事故を起こしてしまいました。
凡是见过她的人，都说她漂亮。 Fánshì jiànguo tā de rén, dōu shuō tā piàoliang.	彼女を見た誰もが彼女は美しいと言います。
凡是看过这部电影的人，都被感动了。 Fánshì kànguo zhè bù diànyǐng de rén, dōu bèi gǎndòng le.	この映画を見た人はみんな感動しました。
做事要认真，反之就容易出错。 Zuòshì yào rènzhēn, fǎnzhī jiù róngyì chūcuò.	物事を行うときは真剣でなければいけません、でなければ間違いを犯しやすくなります。
管理得好就会提高效益，反之效益就会降低。 Guǎnlǐde hǎo jiù huì tígāo xiàoyì, fǎnzhī xiàoyì jiù huì jiàngdī.	管理が優れていれば効率は向上しますが、さもなければ効率が低下するでしょう。
学习固然重要，但身体也不能忽视。 Xuéxí gùrán zhòngyào, dàn shēntǐ yě bù néng hūshì.	学ぶことはもとより大切ですが、体調もおろそかにできません。
考试能通过固然好，通不过也没关系。 Kǎoshì néng tōngguò gùrán hǎo, tōngbuguò yě méi guānxi.	試験に合格できるのはもちろんよいことですが、不合格でも問題ではありません。

接続詞

2474 **即便** jíbiàn
接 たとえ～としても
解説 書き言葉で多く用いられる
≒ "即使 jíshǐ"

2475 **进而** jìn'ér
接 ひいては～、さらには～

2476 **况且** kuàngqiě
接 その上、まして

2477 **连同** liántóng
接 ～を含めて、～といっしょに

2478 **免得** miǎnde
接 ～しないように…する、…することで～しないようにする

2479 **尚且** shàngqiě
接 ～でさえ…なのに
コロ **"～尚且…、何况…"**「～でさえ…なのに、…ではなおさらだ」

他可能不会来了，即便来了也不会准时。 Tā kěnéng bú huì lái le, jíbiàn láile yě bú huì zhǔnshí.	彼は来ないかもしれませんし、たとえ彼が来たとしても時間通りではありません。
你们这样做即便成功了，也没有任何意义。 Nǐmen zhèyàng zuò jíbiàn chénggōng le, yě méiyǒu rènhé yìyì.	あなたたちがこのようにやるなら、成功したとしてもなんの意味もありません。
他们通过调查，进而制订了下一步的计划。 Tāmen tōngguò diàochá, jìn'ér zhìdìngle xià yí bù de jìhuà.	彼らは調査を行って、さらに次の段階の計画を定めました。
首先要摆脱贫困，进而再过上富裕的日子。 Shǒuxiān yào bǎituō pínkùn, jìn'ér zài guòshàng fùyù de rìzi.	まず貧困を脱し、その上で豊かな暮らしをしなくてはなりません。
这件衣服质量好，况且又不贵，你就买了吧。 Zhè jiàn yīfu zhìliàng hǎo, kuàngqiě yòu bú guì, nǐ jiù mǎi le ba.	この服は良質で、その上高くないので、買いなさい。
下雨了，况且你又病了，就别去了。 Xià yǔ le, kuàngqiě nǐ yòu bìng le, jiù bié qù le.	雨が降って、ましてやあなたは病気になったんですから、行かないでください。
请你把报名表连同体检表一起交给我们。 Qǐng nǐ bǎ bàomíngbiǎo liántóng tǐjiǎnbiǎo yìqǐ jiāogěi wǒmen.	申込書を健康診断書といっしょに私たちに提出してください。
他把贷款连同利息都还清了。 Tā bǎ dàikuǎn liántóng lìxī dōu huánqīng le.	彼はローンと利息をいっしょに返済しました。
到学校后打个电话，免得家里人担心。 Dào xuéxiào hòu dǎ ge diànhuà, miǎnde jiāli rén dānxīn.	学校に着いた後に電話をかけて、家族を心配させないようにしてください。
这个字很多中国人尚且不认识，何况外国人呢? Zhège zì hěn duō Zhōngguó rén shàngqiě bú rènshi, hékuàng wàiguó rén ne?	この字は多くの中国人でさえ知りません、ましてや外国人なら？
他戴着眼镜尚且看不清楚，更别提不戴眼镜了。 Tā dàizhe yǎnjìng shàngqiě kànbuqīngchu, gèng biétí bú dài yǎnjìng le.	メガネをかけてもよく見えないのに、メガネをかけなければ言わずもがなです。

接続詞・代名詞

2480
倘若
tǎngruò
接 もし～ならば、かりに～ならば

2481
以便
yǐbiàn
接 ～するために、～できるように

2482
以免
yǐmiǎn
接 ～しないで済むように…する、…することで～しないようにする

2483
以至
yǐzhì
接 ～に至るまで、さらには

2484
以致
yǐzhì
接 (そのため) ～の結果になる

2485
本人
běnrén
代 (話し手が自分を指して) 私、本人

倘若发生地震，首先不要惊慌。 Tǎngruò fāshēng dìzhèn, shǒuxiān búyào jīnghuāng.	もし地震が発生したら、まず慌てないことです。
倘若发生紧急情况，你就打这个电话。 Tǎngruò fāshēng jǐnjí qíngkuàng, nǐ jiù dǎ zhège diànhuà.	もし緊急事態が発生したら、ここに電話をかけてください。
留个电话吧，以便今后联系。 Liú ge diànhuà ba, yǐbiàn jīnhòu liánxì.	電話を残してください、あとで連絡ができるように。
他们及时总结了经验,以便做好今后的工作。 Tāmen jíshí zǒngjiéle jīngyàn, yǐbiàn zuòhǎo jīnhòu de gōngzuò.	彼らはその都度経験をまとめて、今後の仕事をうまくやれるようにしました。
医生建议我们戴口罩,以免感染上这种病。 Yīshēng jiànyì wǒmen dài kǒuzhào, yǐmiǎn gǎnrǎnshàng zhè zhǒng bìng.	医師はマスクをつけるよう私たちに勧めています、この病気に感染しないように。
你最好给家里打个电话，以免家人着急。 Nǐ zuìhǎo gěi jiāli dǎ ge diànhuà, yǐmiǎn jiārén zháojí.	あなたは家に電話をかけた方がいいです、家族を心配させないように。
学好汉语需要两年、三年以至更长时间。 Xuéhǎo Hànyǔ xūyào liǎng nián, sān nián yǐzhì gèng cháng shíjiān.	中国語をマスターするには2年、3年ないしさらに長い時間がかかります。
这个问题太难了，以至教授都回答不了。 Zhège wèntí tài nán le, yǐzhì jiàoshòu dōu huídábuliǎo.	この質問は難しすぎて、教授でさえ答えることができないくらいです。
他开车开得太快，以致发生了事故。 Tā kāichē kāide tài kuài, yǐzhì fāshēngle shìgù.	彼は運転が速すぎて、事故を起こしました。
他没按要求做，以致出现了错误。 Tā méi àn yāoqiú zuò, yǐzhì chūxiànle cuòwù.	彼は要求通りにやらなかったので、間違いが起こりました。
本人今年 25 岁。 Běnrén jīnnián èrshiwǔ suì.	私は今年25歳です。
我们需要请他本人到这里。 Wǒmen xūyào qǐng tā běnrén dào zhèli.	私たちは彼本人にここに来ていただく必要があります。

代名詞

2486 **本身** bĕnshēn
代 自体

2487 **大伙儿** dàhuŏr
代 みなさん

2488 **人家** rénjia
代 ほかの人、あの人、私
関 "人家 rénjiā"「住家、人の住む家」

2489 **若干** ruògān
代 若干の、いくらかの、いくつかの

2490 **啥** shá
代 なに
≒ "什么 shénme" 何
発音 旧読では"shà"となる

2491 **咋** ză
代 なぜ、どうして
≒ "怎么 zĕnme" どうして、なぜ
解説 方言で使われる

2492 **诸位** zhūwèi
代 各位、みなさま

电视本身没有毛病，可能是信号出了问题。 Diànshì běnshēn méiyǒu máobìng, kěnéng shì xìnhào chūle wèntí.	テレビ自体には問題なく、おそらく電波に問題があります。
我叫大伙儿来，一块出出主意。 Wǒ jiào dàhuǒr lái, yíkuài chūchu zhǔyi.	私はみなさんを呼んできて、一緒に案を出しました。
人家都明白了，我还糊涂呢。 Rénjia dōu míngbai le, wǒ hái hútu ne.	ほかの人はみんなわかったのに、私はまだわけがわかりません。
我想去那家公司工作，可人家不要我。 Wǒ xiǎng qù nà jiā gōngsī gōngzuò, kě rénjia búyào wǒ.	私はあの会社で働きたいのですが、むこうは私を望んでいません。
若干年前我见过他。 Ruògān nián qián wǒ jiànguo tā.	数年前に、彼に会いました。
我有若干问题想向教授请教。 Wǒ yǒu ruògān wèntí xiǎng xiàng jiàoshòu qǐngjiào.	教授に教えていただきたい問題がいくつかあります。
这个商店啥都有卖的。 Zhège shāngdiàn shá dōu yǒu mài de.	この店はなんでも売っています。
他家里很富，真是要啥有啥。 Tā jiāli hěn fù, zhēnshi yào shá yǒu shá.	彼の家は裕福で、欲しいものは本当になんでもあります。
今天他咋没来上课啊? Jīntiān tā zǎ méi lái shàngkè a?	今日、彼はなぜ授業に来なかったのですか。
你们都咋啦? 怎么都不说话? Nǐmen dōu zǎ la? Zěnme dōu bù shuōhuà?	あなたたちどうしたの？　どうして話さないの？
诸位，我先走一步了。 Zhūwèi, wǒ xiān zǒu yí bù le.	みなさま、一足お先に失礼いたします。
对于这个问题，不知诸位有什么看法。 Duìyú zhège wèntí, bùzhī zhūwèi yǒu shénme kànfǎ.	この問題についてみなさまがどういった意見をお持ちかわかりません。

助詞・感嘆詞・介詞

2493
而已
éryǐ
助 ～のみ、～ばかり

2494
啦
la
助 状況の変化を表す"了"と感情を表す"啊"が合わさった語気助詞
解説 "啦 lā"は擬音語として多く用いられる

2495
嘛
ma
助 確認や催促の意志を表す、文中に切れ目を入れる

2496
哇
wa
助 ああ、あっ、ね
≒ "啊"
解説 "啊"の直前の母音がu,ao,ouである場合に用いられる

2497
嗨
hāi
感 やあ、ええ、ほら

2498
嘿
hēi
感 ねえ、どうだい、おや

2499
哦
ò
感 ああ

2500
鉴于
jiànyú
介 ～に照らして、～にかんがみて
接 ～であることを考慮して

我不过随便说说而已，你别当真。 Wǒ búguò suíbiàn shuōshuo éryǐ, nǐ bié dàngzhēn.	私はついでに話しただけですから、本気にしないでください。
他的汉语说得太好啦！ Tā de Hànyǔ shuōde tài hǎo la!	彼の中国語はとても上手です！
你别忘啦，我们下午有考试。 Nǐ bié wàng la, wǒmen xiàwǔ yǒu kǎoshì.	忘れないでください。私たちは午後に試験があります。
我当然了解他啦，我们是好朋友嘛。 Wǒ dāngrán liǎojiě tā la, wǒmen shì hǎo péngyou ma.	私は当然彼のことをわかっています､私たちはよい友達ですから。
至于以后嘛，谁也不知道。 Zhìyú yǐhòu ma, shéi yě bù zhīdào.	それより後になると、誰もわかりません。
天气真好哇！ Tiānqì zhēn hǎo wa!	天気が本当にいいですね！
原来他会跳舞哇！ Yuánlái tā huì tiàowǔ wa!	彼はダンスができたんですね。
嗨，大家好！ Hāi, dàjiā hǎo!	やあ、みなさんこんにちは！
嘿，好久不见。 Hēi, hǎojiǔ bújiàn.	ねえ、久しぶりだね。
嘿，竟然有这种事！ Hēi, jìngrán yǒu zhè zhǒng shì!	ねえ、まさかこんなことがあるのですか！
哦，原来是这样。 Ò, yuánlái shì zhèyàng.	ああ、なんだそういうことでしたか。
哦，我现在想起来了。 Ò, wǒ xiànzài xiǎngqilai le.	ああ、私は今思い出しました。
鉴于他家的经济情况，学校免去了他的学费。 Jiànyú tā jiā de jīngjì qíngkuàng, xuéxiào miǎnqule tā de xuéfèi.	彼の家の経済状況をかんがみて、学校は彼の学費を免除しました。
鉴于他已经认错，你们就原谅他吧。 Jiànyú tā yǐjīng rèncuò, nǐmen jiù yuánliàng tā ba.	彼がすでに間違いを認めている点を考慮して、あなたがたは彼を許してあげてください。

試験にでる固有名詞と呼称（特例词）

シラバスでは、指定されている語句以外にも紹介されている語句があります。本ページでは、著名な映画のタイトルや曲名、地名や中国に多い人名といった、試験にでる固有名詞と呼称（特例词）をご紹介いたします。

内容	特例詞
映画名	霸王别姬
絵の名称	富春山居图
化合物	饱和脂肪酸
化合物	胆固醇
化合物	蛋白质
化合物	矿物质
化合物	碳水化合物
化合物	叶绿素
戯曲名	牡丹亭
戯曲名	天仙配
戯曲名	黄梅戏
京劇名	贵妃醉酒
芸術	宋词
建築物	奥林匹克公园
建築物	城隍庙
建築名	苏州园林
呼称	丞相
詩歌名	孔雀东南飞
磁器名	景泰蓝
詩集名	兰亭集
詩詞名	楚辞
植物名	牡丹
書籍名	古文观止
書籍名	聊斋志异
書籍名	骆驼祥子
書籍名	水浒传
書籍名	说文解字
書籍名	天工开物

内容	特例詞
書籍名	易经
書籍名	资治通鉴
人名	关羽
人名	鲁班
人名	孟子
人名	王羲之
人名	祖冲之
スポーツ	蹴鞠
戦争名	赤壁之战
組織名	联合国天文组织
大学名	复旦大学
地名	八达岭长城
地名	茶马古道
地名	承德
地名	敦煌石窟
地名	桂林
地名	黄果树瀑布
地名	钱塘江
地名	丝绸之路
動物名	凤凰
動物名	恐龙
動物名	蜻蜓
動物名	鲨鱼
番組名	百家讲坛
文化遺産	秦始皇陵兵马俑
文章名	岳阳楼记
民族名	蒙古族
民族名	藏族

作文対策語句 100

６級ではおよそ 1000 字の問題文を約 400 字に要約する作文問題が登場します。作文ですぐに使える語句 100 を選定し掲載したほか、２種類の問題文と要約文を収録しています。問題文と要約文に学んだ語句すべてが使用されているので、例文や解答例を見て使い方もきちんと学ぶことができます。

要約作文①：語句①

2501	**推出** tuīchū	動 世に出す
2502	**独特** dútè	形 ユニークな
2503	**口感** kǒugǎn	名 口当たり
2504	**卖点** màidiǎn	名 セールスポイント
2505	**喜爱** xǐ'ài	動 好む
2506	**热销** rè xiāo	動 よく売れる
2507	**委托** wěituō	動 委託する
2508	**代理** dàilǐ	動 代理をつとめる
2509	**营销** yíngxiāo	名 マーケティング
2510	**企划** qǐhuà	動 企画する

我们需要推出新品种，满足消费者的需要。 Wǒmen xūyào tuīchū xīn pǐnzhǒng,mǎnzú xiāofèizhě de xūyào.	私たちは新しい品種を世に出して、消費者のニーズを満足させる必要があります。
这幅美术作品展现出了独特的艺术手法。 Zhè fú měishù zuòpǐn zhǎnxiàn chūle dútè de yìshù shǒufǎ.	この美術作品では、独特の芸術的技法が展開されています。
茶叶要久泡口感才能好。 Cháyè yào jiǔ pào kǒugǎn cái néng hǎo.	お茶の葉は口当たりがよくなるまで、お湯に長くつけておく必要があります。
性价比高是这款产品的最大卖点。 Xìngjiàbǐ gāo shì zhè kuǎn chǎnpǐn de zuìdà màidiǎn.	コストパフォーマンスの高さがこの商品の最大のセールスポイントです。
看到自己喜爱的明星在场，他惊喜万分。 Kàn dào zìjǐ xǐ'ài de míngxīng zàichǎng, tā jīngxǐ wànfēn.	お気に入りのスターがその場にいるのを見て、彼はこの上なく驚き喜びました。
这款手机十分热销，已经供不应求了。 Zhè kuǎn shǒujī shífēn rè xiāo, yǐjīng gōngbúyìngqiú le.	この携帯電話は非常に人気があり、すでに供給が需要に追い付いていません。
请放心，你委托的事我们一定办好。 Qǐng fàngxīn, nǐ wěituō de shì wǒmen yídìng bàn hǎo.	心配しないでください、あなたが頼んだことは私たちが必ずきちんとやりますから。
经理出差了，我代理了一段他的职务。 Jīnglǐ chūchāi le, wǒ dàilǐle yí duàn tā de zhíwù.	マネージャーは出張中なので、私がしばらくの間彼の職務を代行しました。
他在大学专攻网络营销，毕业后竟当农户了。 Tā zài dàxué zhuāngōng wǎngluò yíngxiāo, bìyè hòu jìng dāng nónghù le.	彼は大学でウェブマーケティングを専攻しましたが、卒業後はなんと農家になりました。
这次企划规模很大，不能失败。 Zhè cì qǐhuà guīmó hěn dà, bù néng shībài.	このプロジェクトの規模は大きく、失敗できません。

要約作文①：語句②

2511	**破碎** pòsuì	動 こなごなになる
2512	**屏幕** píngmù	名 スクリーン、画面
2513	**灵感** línggǎn	名 インスピレーション
2514	**出示** chūshì	動 呈示する
2515	**智能** zhìnéng	形 スマートな コロ "**智能手机 zhìnéng**" スマートフォン
2516	**免费** miǎnfèi	動 無料にする、費用を免除する
2517	**换取** huànqǔ	動 交換によって手に入れる
2518	**破坏** pòhuài	動 破壊する
2519	**引发** yǐnfā	動 引き起こす、もたらす
2520	**热议** rèyì	名 ホットな話題

他把破碎的玻璃片小心拾起，放在纸袋子里。 Tā bǎ lù shang pòsuì de bōli piàn xiǎoxīn shí qǐ, fàng zài zhǐdàizi li.	彼は壊れたガラス片を注意深く拾い上げ、紙袋の中に入れました。
商场外的大型屏幕上打出了节日促销的广告。 Shāngchǎng wài de dàxíng píngmù shang dǎchūle jiérì cùxiāo de guǎnggào.	ショッピングモールの外の大型スクリーンに、祝日セールの広告が表示されました。
每当突然来了灵感，他就马上开始创作。 Měi dāng tūrán láile línggǎn, tā jiù mǎshàng kāishǐ chuàngzuò.	インスピレーションを突然感じたときはいつでも、彼はすぐに創作を始めます。
警察出示了逮捕证后，将他带走了。 Jǐngchá chūshìle dàibǔ zhèng hòu, jiāng tā dàizǒu le.	警察は逮捕状を見せた後、彼を連れ去りました。
为了发展学生的智能，老师设计了这个游戏。 Wèile fāzhǎn xuésheng de zhìnéng, lǎoshī shèjìle zhège yóuxì.	生徒の知性を高めるために、教師はこのゲームを設計しました。
两年内这台冰箱可以免费维修。 Liǎng nián nèi zhè tái bīngxiāng kěyǐ miǎnfèi wéixiū.	この冷蔵庫は2年間無料で修理できます。
总经理以 15% 的股份换取 30 亿元。 Zǒng jīnglǐ yǐ 15% de gǔfèn huànqǔ 30 yì yuán.	社長は株式の15%を30億元に交換しました。
这种病毒可以破坏白细胞结构。 Zhè zhǒng bìngdú kěyǐ pòhuài báixìbāo jiégòu.	このウイルスは白血球の構造を破壊する可能性があります。
强烈的地震引发了巨大的灾害。 Qiángliè de dìzhèn yǐnfāle jùdà de zāihài.	強烈な地震は大災害を引き起こしました。
第一个黑洞的照片在世界上引起了热议。 Dì yī gè hēidòng de zhàopiàn zài shìjiè shang yǐnqǐle rèyì.	初めてのブラックホールの写真は、世界で話題になっています。

要約作文①：語句③

2521	荒诞 huāngdàn	形 でたらめな、いい加減な
2522	无稽 wújī	形 少しの根拠もない
2523	分享 fēnxiǎng	動 シェアする
2524	否定 fǒudìng	形 否定的な
2525	认为 rènwéi	動 ～と思う
2526	负面 fùmiàn	形 負面的な、マイナスの
2527	案例 ànlì	名 例、ケース
2528	新奇 xīnqí	形 目新しい
2529	提供 tígōng	動 提供する
2530	话题 huàtí	名 話題

有时现实比小说更加荒诞。 Yǒushí xiànshí bǐ xiǎoshuō gèngjiā huāngdàn.	時に現実はフィクションよりもさらにでたらめです。
她给我讲了一些荒诞无稽的故事。 Tā gěi wǒ jiǎngle yìxiē huāngdàn wújī de gùshi.	彼女は私にいくつかの馬鹿げた話をしました。
分享很神奇，它使快乐增大，它使悲伤减小。 Fēnxiǎng hěn shénqí, tā shǐ kuàilè zēng dà, tā shǐ bēishāng jiǎn xiǎo.	共有することは不思議で、喜びを増やし、悲しさを減らしてくれます。
经理为什么下了否定的判断，我不能理解。 Jīnglǐ wèishénme xiàle fǒudìng de pànduàn, wǒ bù néng lǐjiě.	マネージャーがなぜ否定的な判断をしたのか、私には理解できません。
他认为现在是赚钱的最好时机。 Tā rènwéi xiànzài shì zhuànqián de zuì hǎo shíjī.	彼は今がお金を稼ぐのに最適な時機だと考えています。
网络无所不有，负面的消息也太多了。 Wǎngluò wú suǒ bù yǒu, fùmiàn de xiāoxi yě tài duō le.	ネットにはどんなものもあり、否定的な情報も多すぎます。
这起案例充分说明公司制度上还有漏洞。 Zhè qǐ ànlì chōngfèn shuōmíng gōngsī zhìdù shang hái yǒu lòudòng.	この例は、会社のシステムに抜け穴があることを十分に示しています。
小孩子对一切事物都感到新奇。 Xiǎo háizi duì yíqiè shìwù dōu gǎndào xīnqí.	子どもはすべてのものが目新しく感じます。
学校给我们提供了开会的场所。 Xuéxiào gěi wǒmen tígōngle kāihuì de chǎngsuǒ.	学校は私たちに会議を行う場所を提供しました。
他机灵地避开了这些敏感的话题。 Tā jīling de bìkāile zhèxiē mǐngǎn de huàtí.	彼はこれらの敏感な話題を巧みに避けました。

要約作文①：語句④

346

No.	語句	ピンイン	意味
2531	**顺带**	shùndài	副 ついでに
2532	**推广**	tuīguǎng	動 推し広める
2533	**促销**	cùxiāo	動 商品の販売を促す
2534	**干涉**	gānshè	動 干渉する
2535	**排除**	páichú	動 排除する
2536	**风险**	fēngxiǎn	名 リスク
2537	**因素**	yīnsù	名 要素
2538	**效果**	xiàoguǒ	名 効果
2539	**爽口**	shuǎngkǒu	形 口当たりがよい
2540	**聚集**	jùjí	動 集まる

这些农场生产低成本的肉，顺带做牛奶。 Zhèxiē nóngchǎng shēngchǎn dī chéngběn de ròu, shùndài zuò niúnǎi.	これらの農場は低コストの肉を生産していて、ついでに牛乳を作っています。
这种做法要迅速推广到各个学校。 Zhè zhǒng zuòfǎ yào xùnsù tuīguǎng dào gège xuéxiào.	このやり方は、すべての学校に迅速に推し広める必要があります。
商场的促销活动不断刺激着人们的购买欲望。 Shāngchǎng de cùxiāo huódòng búduàn cìjīzhe rénmen de gòumǎi yùwàng.	ショッピングモールでの販促キャンペーンは、絶えず人々の購買意欲を刺激しています。
这是他的个人生活，我们不能干涉。 Zhè shì tā de gèrén shēnghuó, wǒmen bù néng gānshè.	これは彼の私生活で、私たちは干渉できません。
战士们顺利地排除了地雷。 Zhànshìmen shùnlì de páichúle dìléi.	兵士たちは順調に地雷を取り除きました。
买股票是有一定风险的。 Mǎi gǔpiào shì yǒu yídìng fēngxiǎn de.	株の購入には一定のリスクがあります。
具有人格魅力是他成功的主要因素。 Jùyǒu réngé mèilì shì tā chénggōng de zhǔyào yīnsù.	人としての魅力があることが、彼の成功の主な要因です。
这一政策已实施两年了，效果显著。 Zhè yí zhèngcè yǐ shíshī liǎng nián le, xiàoguǒ xiǎnzhù.	この政策はすでに2年間実施され、その効果は顕著です。
泉水是清凉的，甘甜爽口，舒爽身心。 Quánshuǐ shì qīngliáng de, gāntián shuǎngkǒu, shū shuǎng shēnxīn.	泉の水は爽やかで、甘くて口当たりもよく、さわやかで、心身ともにリフレッシュできます。
很多人聚集在广场庆祝节日。 Hěn duō rén jùjí zài guǎngchǎng qìngzhù jiérì.	多くの人が広場に集まって、祭りを祝いました。

要約作文①：語句⑤

2541	**无意** wúyì	副 無意識に、思わず
2542	**举措** jǔcuò	名 動き、ふるまい
2543	**享受** xiǎngshòu	動 享受する、味わう
2544	**乐观** lèguān	形 楽観的な
2545	**契机** qìjī	名 きっかけ
2546	**拘泥** jūnì	動 こだわる
2547	**导致** dǎozhì	動 導く、引き起こす
2548	**独一无二** dúyīwú'èr	フ 他にはない
2549	**扩散** kuòsàn	動 拡散する
2550	**知名度** zhīmíngdù	名 知名度

他无意中流露出了想离职的想法。 Tā wúyì zhōng liúlùchūle xiǎng lízhí de xiǎngfǎ.	彼は思わず退職したいという考えを話してしまいました。
他在外事活动中举措失当，被调离外事部门。 Tā zài wàishì huódòng zhōng jǔcuò shīdàng, bèi diàolí wàishì bùmén.	彼は外交活動中において措置を誤り、渉外部から離れました。
他享受了一顿丰盛的晚餐。 Tā xiǎngshòule yí dùn fēngshèng de wǎncān.	彼は豪勢な晩餐を楽しみました。
他对旅游市场的前景持乐观态度。 Tā duì lǚyóu shìchǎng de qiánjǐng chí lèguān tàidu.	彼は観光市場の見通しについて楽観的に捉えています。
遇到他成为了我来中国的契机。 Yùdào tā chéngwéile wǒ lái Zhōngguó de qìjī.	彼との出会いが、私が中国に来るきっかけになりました。
他做事一向大刀阔斧，不拘小节。 Tā zuòshì yíxiàng dàdāokuòfǔ, bù jū xiǎojié.	物事をやるとき彼は昔から思い切りがよく、些細なことにはこだわりません。
他的错误决定导致公司受了很大损失。 Tā de cuòwù juédìng dǎozhì gōngsī shòule hěn dà sǔnshī.	彼の間違った決定は会社に多大な損失をもたらしました。
大熊猫是世界上独一无二的珍稀动物。 Dà xióngmāo shì shìjiè shang dúyīwú'èr de zhēnxī dòngwu.	ジャイアントパンダは世界で唯一無二の珍しい動物です。
没想到这种病毒扩散得这么快。 Méi xiǎngdào zhè zhǒng bìngdú kuòsàn de zhème kuài.	このウイルスがこんなに早く広がるとは思っていませんでした。
她在这儿的知名度很高，男女老幼都认识她。 Tā zài zhèr de zhīmíngdù hěn gāo, nánnǚ lǎo yòu dōu rènshi tā.	彼女はここでの知名度は高く、老若男女がみな彼女を知っています。

要約作文①：問題文①

缩写。
(1) 仔细阅读下面这篇文章，时间为 10 分钟，阅读时不能抄写、记录。
(2) 10 分钟后，监考收回阅读材料，请你将这篇文章缩写成一篇短文，字数为 400 左右，时间为 35 分钟。
(3) 标题自拟。只需复述文章内容，不需加入自己的观点。

要約しなさい。
(1) 下にあるこの文章を細かく読みなさい。時間は 10 分間で，閲読中に書き写したり、記録してはいけません。
(2) 10 分後、試験官は閲読資料を回収します。この文章を要約して、短文を書いてください。字数は 400 字程度で、時間は 35 分間です。
(3) タイトルは自分でつけなさい。文章の内容を復述するのみで、自分の見方や見解を加えてはいけません。

問題文①

有一家快餐店决定销售一种新感觉饮料。把水果、饼干、巧克力豆和冰块压制成碎粒后一起掺入冰淇淋中，口感松脆的同时，喝起来清凉爽口，因此被命名为“碎碎乐”。它既不是冰摇饮料也不是奶昔，而是作为一种可以饮用的甜品，并且也是能让顾客说“好喝”的自信的商品。

然而，“碎碎乐”虽然是人气商品，但到了冬季销售额却不可避免地下降了。由于“碎碎乐”这一商品名称还不被大众所知，因此店家想先制定一个企划，即使在寒冷的时期也能让更多的顾客了解到这种冷饮。

于是，商品促销负责人决定将这一企划委托给一家“足智多谋”的广告代理商。接受委托的广告代理商的四名职员聚集在餐厅，并互相提出了自己的想法。

广告代理商中的一名职员无意中拿出了智能手机，而另一名职员注意到那部智能手机的屏幕严重破裂，随即灵光一闪，说道："（屏幕）碎了…碎了…碎碎乐！"于是他们整理企划，提出方案后，提案者也都连声答应了。

就这样快餐店决定进行一项促销活动。如果顾客在店里出示屏幕破碎的智能手机，就可以免费得到一杯"碎碎乐"。

不仅是广告代理商的职员，就连促销负责人也注意到了身边有很多人都持有屏幕破碎的智能手机。他想：如果在不幸运的人身上发生幸福的事情，那么这就会成为话题，商品的名字也会声名远播。

举行活动的当天，虽然下着雨，但是开门时刻店铺前已经排起了长队。顾客里有的人拿着碎屏的智能手机和朋友一起来享受快乐。可是，店方的举措并不止于此。

令人惊讶的是，为了让顾客在店里也能弄碎智能手机，他们在店内设置了一把锤子。这样的话，理论上只要有智能手机就能参加这项活动。当时有人把那个场面拍成视频并上传到了SNS，无意中通过视频宣传推广了这项活动。而且，也没有出现负责人所担心的"弄坏东西有什么好玩的"这样的否定意见。

商品促销负责人本来很乐观地认为，在店里打破屏幕的人最多也就一个吧。据说实际上有 20 人左右，他们拿着已经不使用的旧手机，在店里砸坏了。

持有碎屏智能手机的人周围都会有一两个人，"你的屏幕碎了，去参加这个活动吧！""这不就是为你创造的活动吗？"因此这个活动还为人们之间的交流创造了契机。

然而促销负责人意识到的是，尽量不要干涉提案内容。因为从本公司的角度来着想的话，会拘泥于商品本身，过分考虑风险导致企划变得无趣。而让广告代理商在某种程度上自由展开，就能创造出很优秀的提案。

这件企划以独一无二的角度提供话题，并将信息成功扩散，最终也提高商品的知名度了。

あるファーストフード店が新感覚のドリンクを販売することにした。果物やクッキー、チョコチップと氷を砕いたものをアイスクリームと一緒に入れていたので、サクサクとした食感とひんやり冷たい飲みくちが特徴的で、「クラッシャーズ」と名付けられていた。シェイクでもスムージーでもない飲めるスイーツとして、顧客に「美味しい」と言ってもらえている、自信のある商品だった。

しかしながら、「クラッシャーズ」は人気商品ではあったものの、冬の季節には売上がどうしても下がってしまっていた。「クラッシャーズ」という商品名も世間一般には知られていなかったため、まずは、冷たい飲み物を寒い時期でも多くの顧客に知ってもらえるような企画を立てたいと店は考えていた。

そこで、プロモーションの担当者は、面白いアイディアを出してくれる見込みのあった広告代理店に依頼し、企画の提案をお願いすることにした。依頼を受けた広告代理店の社員は4人レストランに集まってアイディアを出しあうことになった。

広告代理店の社員の1人がスマートフォンを何気なく取り出すと、そのスマートフォンの画面がひどく割れていることに別の社員が気がつき、そしてひらめいた。「割れてる…クラッシュしてる…クラッシャーズ！」と。企画をまとめて、提案すると、提案者も二つ返事だった。

そうして行うことになったキャンペーンが、画面がクラッシュ（割れている）しているスマートフォンを店頭で見せれば、「クラッシャーズ」が1つ無料でもらえるというイベントだ。

広告代理店の社員だけでなく、担当者もまた、割れたスマートフォンを持っている人が身近に多いことに目をつけた。不運に見舞われた人に幸せな出来事が起これば、それが話題になり、商品名も広まるのではないかと考えたのだ。

当日、キャンペーンを行う日は雨が降っていたにもかかわらず、開始時刻には長蛇の列が。顧客には割れたスマートフォンを片手に友だちと来て、楽しんでもらうことができた。ただ、彼らの施策はそれだけではなかった。

彼らは驚くべきことに、店頭でもスマートフォンが割れるよう、店内にハンマーを置いたのだ。理論上では、スマートフォンを持ってさえいれば企画に参加することができるようになった。その場で動画を撮って、SNS上にアップロードする人もいたため、意図せずして動画でもキャンペーンを拡散することができた。また、担当者が心配していた、「モノを壊して何が楽しいんだ」というような否定的な意見もなかった。

プロモーションの担当者も、店頭で画面を割るのはせいぜい1人だろうとたかをくくっていた。実際にはなんと20人ほどが、今は使っていない古いスマートフォンを持参して、店頭で割っていたという。

割れている携帯を持っている人は周りに一人や二人はいるものだが、このキャンペーンは「君、画面割れてるんだからこのイベント行きなよ！」「これってあなたのためのイベントじゃない？」という風にコミュニケーションが生まれるきっかけを作った。

担当者が意識したのは、提案に対してあまり口をはさみすぎないということだった。自社目線で考えると、商品にこだわったり、リスク面を考えすぎて、企画が面白くなくなってしまうことがあると考えていたのだ。広告代理店にある程度自由にやってもらうことで、良い企画を生み出すことができた。

他にはない切り口で話題を提供することで、情報の拡散に成功し、そして商品の知名度を上げることができたのだ。

要約文（解答例）①  348

出示破碎的智能手机屏幕就可以得到一杯饮品

一家快餐店推出了一款新感觉饮料叫“碎碎乐”。它以不同于其他饮料的独特口感为卖点，广受喜爱。为了让这款饮料在寒冷的冬季也能热销，快餐店决定委托广告代理商制作营销方案。在讨论企划方案的时候，一名职员从同事的破碎手机屏幕中得到灵感，最终提出了“出示破碎智能手机屏幕即可免费换取一杯碎碎乐”活动方案。不仅如此，他们还在店内准备了锤子，以便顾客破坏自己的手机。活动一经推出，便引发了热议。人们不仅不觉得这个活动荒诞无稽，还和朋友一起分享。一开始负责人还担心会有人提出否定意见，也认为不会真的有几个人用锤子砸碎手机。事实上，不仅没有出现负面评论，到店里砸碎已经不使用的手机的顾客也不在少数。从广告营销上看，这是一件优秀的案例，因为它从新奇的角度为商品提供话题，顺带着推广了商品。另一方面，从商品促销负责人的角度来看，正是因为他不干涉（插手）广告企划，使这个企划排除了产品本身和风险因素的影响，才能获得如此成功的效果。

バラバラに割れたスマートフォン画面を見せるともらえる飲み物

あるファーストフード店が「クラッシャーズ」という新感覚ドリンクを販売することにした。「クラッシャーズ」は他のドリンクと違うユニークな飲みくちがセールスポイントで、人気があった。このドリンクを寒い冬にも良く売れるようにするため、(その) 店は広告代理店に企画の提案をお願いすることに決めた。企画案を検討している時、1人の社員が同僚の壊れた携帯電話の画面からひらめき、最終的に壊れたスマートフォンの画面を見せると、無料で「クラッシャーズ」がもらえるというイベント案を打ち出した。これだけでなく、彼らは店内にもハンマーを準備し、それは顧客が自分の携帯を割りやすいようにするためだった。イベントを開始すると、すぐホットな話題となった。(人々は) このイベントが荒唐無稽だと思わなかっただけでなく、さらには友達と一緒に(ネットで) シェアをした。最初、担当者は否定的な意見が出るのではないかと心配し、また本当にハンマーで携帯を割る人も何人もいないだろうと思っていた。実際は、否定的にとりざたされることなく、店の中で既に使っていない携帯を割る顧客も少数ではなかった。マーケティングという点から見ると、これは優れた例で、なぜなら目新しい切り口で商品の話題を提供するついでに商品を広めるからだ。一方、商品をプロモーションする担当者から見ると、広告企画に口を出さないことこそ、この企画で商品自体とリスク要因の影響を排除し、このような成功 (の結果) を収めることが出来たのだ。

要約作文②：語句①

349

2551	引领 yǐnlǐng	動 リードする、牽引する
2552	传奇 chuánqí	形 偉大な
2553	波折 bōzhé	名 紆余曲折
2554	至今 zhìjīn	名 いまなお
2555	追随 zhuīsuí	動 追随する、注目を集める
2556	寒微 hánwēi	形 貧しい
2557	遭遇 zāoyù	動（ひどい目に）遭う
2558	精湛 jīngzhàn	形 精巧な
2559	设计 shèjì	動 設計する
2560	简洁 jiǎnjié	形 簡潔である

歌是一种时尚，能引领现代的潮流。 Gē shì yì zhǒng shíshàng, néng yǐnlǐng xiàndài de cháoliú.	歌は時代の流行であり、現代のトレンドを牽引しています。
他的经历很具有传奇色彩。 Tā de jīnglì hěn jùyǒu chuánqí sècǎi.	彼の経歴は伝説的です。
这十年里我的生活波折很大,真是一言难尽！ Zhè shí nián li wǒ de shēnghuó bōzhé hěn dà, zhēnshi yìyánnánjìn!	この10年間私の人生は変化が激しく、一言では言い表せません！
儒家的许多观点至今仍有现实意义。 Rújiā de xǔduō guāndiǎn zhìjīn réng yǒu xiànshí yìyì.	多くの儒教の考え方には、いまだに実際的な意義があります。
我们要分清对错,不能马首是瞻,盲目追随。 Wǒmen yào fēnqīng duì cuò,bù néng mǎshǒushìzhān, mángmù zhuīsuí.	私たちは正しいか間違っているかを区別する必要があり、ただ人に追従したり、盲目的に追随してはいけません。
出身寒微的杰克从小就想成为大富翁。 Chūshēn hánwēi de Jiékè cóngxiǎo jiù xiǎng chéngwéi dà fùwēng.	貧しい家庭に生まれたジャックは、小さいころからお金持ちになりたいと思っていました。
前年他遭遇过一场车祸，失去了双腿。 Qiánnián tā zāoyùguo yì cháng chēhuò, shīqùle shuāng tuǐ.	おととし彼は自動車事故に遭い、両足を失いました。
他为对手精湛的棋艺而心悦诚服。 Tā wèi duìshǒu jīngzhàn de qíyì ér xīnyuèchéngfú.	彼は対戦相手の深みのある将棋の技術に心から感服しました。
这些时装都是他设计的。 Zhèxiē shízhuāng dōu shì tā shèjì de.	これらのファッションはすべて彼がデザインしたものです。
写文章要简洁明了，不能拖泥带水。 Xiě wénzhāng yào jiǎnjié míngliǎo, bù néng tuōnídàishuǐ.	文章は簡潔に書いてください、だらだらと回りくどくしてはいけません。

要約作文②：語句②

2561	**优雅** yōuyǎ	形 優雅である
2562	**开设** kāishè	動 開業する
2563	**舒适** shūshì	形 心地よい、快適な
2564	**趋势** qūshì	名 トレンド、趨勢
2565	**繁琐** fánsuǒ	形 煩わしい
2566	**束缚** shùfù	動 縛る
2567	**解放** jiěfàng	動 解放する
2568	**颠覆** diānfù	動 ひっくり返す
2569	**精神** jīngshén	名 精神、真意
2570	**随后** suíhòu	名 その後

礼仪小姐姿态优雅，表情自然大方。 Lǐyí xiǎojiě zītài yōuyǎ, biǎoqíng zìrán dàfang.	礼儀の正しい女性は姿が上品で、表情はゆったりとして自然です。
我最近开设了许多经营电脑和软件的公司。 Wǒ zuìjìn kāishèle xǔduō jīngyíng diànnǎo hé ruǎnjiàn de gōngsī.	私は最近、多くのコンピュータとソフトウェアを取り扱う会社を開設しました。
温和的阳光照进了屋子里，很舒适。 Wēnhé de guāngzhào jìnle wūzi li, hěn shūshì.	柔らかい日の光が部屋に入って、とても快適です。
近年来，垃圾邮件在互联网上有泛滥的趋势。 Jìnnián lái,lājī yóujiàn zài hùliánwǎng shang yǒu fànlàn de qūshì.	近年、スパムメールがインターネット上に氾濫している傾向にあります。
搬家的手续繁琐复杂，不一而足。 Bānjiā de shǒuxù fánsuǒ fùzá, bù yī ér zú.	引っ越しの手続きは複雑でややこしく、しかも1度だけではありません。
封建观念束缚了人们的创造精神，所以要破除。 Fēngjiàn guānniàn shùfùle rénmen de chuàngzào jīngshén, suǒyǐ yào pòchú.	封建的な概念は人々の創造的な精神を縛っているので、それを捨て去らなくてはいけません。
我们要进一步解放思想，发展经济。 Wǒmen yào jìnyíbù jiěfàng sīxiǎng, fāzhǎn jīngjì.	私たちはさらに物事を大胆に考えて、経済を発展させなければなりません。
企图颠覆政权的反动势力已经被消灭了。 Qǐtú diānfù zhèngquán de fǎndòng shìlì yǐjīng bèi xiāomiè le.	政権の転覆を企てた反動勢力はすでに撲滅されました。
他有顽强的精神，坚韧的毅力。 Tā yǒu wánqiáng de jīngshén, jiānrèn de yìlì.	彼には頑強な精神と粘り強い根気があります。
姐姐刚才回家，随后又马上出门了。 Jiějie gāngcái huí jiā, suíhòu yòu mǎshàng chūménle.	私の妹はたった今家に帰ってきて、その後またすぐに出かけました。

要約作文②：語句③

2571 **扩张** kuòzhāng
動 拡張する、拡大する

2572 **从此** cóngcǐ
名 ここから、そのときから

2573 **名声大振** míngshēng dàzhèn
フ 名声が轟く

2574 **罢工** bàgōng
名 ストライキ

2575 **面临** miànlín
動 面する、直面する

2576 **时尚** shíshàng
動 時代の好み、流行

2577 **重返** chóngfǎn
動 再び戻る

2578 **经久不衰** jīngjiǔ bù shuāi
フ 長い間衰えない

2579 **象征** xiàngzhēng
動 象徴する

2580 **独立** dúlì
動 独立する、独り立ちする

这个公司一直在不断地扩张。 Zhège gōngsī yìnzhí zài búduàn de kuòzhāng.	この会社は絶え間なくずっと拡大を続けています。
他 15 岁离开家乡，从此再也没有回去。 Tā 15 suì líkāi jiāxiāng, cóngcǐ zài yě méiyǒu huíqu.	彼は15歳のときに故郷を離れて、それから二度と戻りませんでした。
他在作家界中作为科幻小说家名声大振。 Tā zài zuòjiā jiè zhōng zuòwéi kēhuàn xiǎoshuōjiā míngshēng dàzhèn.	彼は文学界でSF作家として名が知られています。
他们掀起了一场罢工运动。 Tāmen xiānqǐle yì cháng bàgōng yùndòng.	彼らはストライキを起こしました。
我们面临着经费不足的问题。 Wǒmen miànlínzhe jīngfèi bùzú de wèntí.	私たちは経費不足の問題に直面しています。
时尚与古典并存是北京的一大特色。 Shíshàng yǔ gǔdiǎn bìngcún shì Běijīng de yí dà tèsè.	今の流行と古典が併存しているのが北京の一大特色です。
他计划帮助贫穷的女孩重返校园。 Tā jìhuà bāngzhù pínqióng de nǚhái chóng fǎn xiàoyuán.	彼は貧しい女の子が学校に戻れるよう助ける計画を立てています。
情爱是一个古老而经久不衰的话题。 Qíng'ài shì yí gè gǔlǎo ér jīngjiǔ bù shuāi de huàtí.	愛情は昔から長らく続いている話題です。
长城象征着中华民族坚强的精神。 Chángchéng xiàngzhēngzhe zhōnghuá mínzú jiānqiáng de jīngshén.	万里の長城は中華民族の頑強な精神を象徴しています。
这是我第一次独立完成这项工作。 Zhè shì wǒ dì yī cì dúlì wánchéng zhè xiàng gōngzuò.	単独でこの仕事を終わらせたのは今回が初めてです。

要約作文②：語句④

2581	铭记 míngjì	動 心に刻む
2582	永远 yǒngyuǎn	副 永遠に
2583	经历 jīnglì	動 ～を経験する　名 経歴
2584	生离死别 shēnglísǐbié	フ 生き別れと死に別れ
2585	支离破碎 zhīlípòsuì	フ ばらばらになること、離散、支離滅裂
2586	凭借 píngjiè	動 ～に頼る　介 ～によって
2587	磨练 móliàn	動 ～を磨く
2588	发布 fābù	動 発表する
2589	实用 shíyòng	形 実用的な
2590	剥夺 bōduó	動 ～を奪う

老师的教诲我铭记在心。 Lǎoshī de jiàohuì wǒ míngjì zàixīn.	先生の教えを私は胸に刻んでいます。
妈妈转过头哭泣的那一幕，他永远也忘不了。 Māmā zhuǎnguo tóu kūqì de nà yí mù, tā yǒngyuǎn yě wàngbuliǎo.	母親が頭を向けて泣いたあの場面を、彼は永遠に忘れることができません。
他经历艰难曲折的磨炼后，终于成功了。 Tā jīnglì jiānnán qūzhé de móliàn hòu, zhōngyú chénggōng le.	彼は曲折と困難を経験し自らを鍛えたあと、ようやく成功しました。
回想起四年前的生离死别，老人仍旧十分悲伤。 Huíxiǎng qǐ sì nián qián de shēnglísǐbié, lǎorén réngjiù shífēn bēishāng.	4年前の生死の別れを思い出すと、老人は依然としてとても悲しくなります。
我的自行车不知被谁搞得支离破碎了。 Wǒ de zìxíngchē bùzhī bèi shéi gǎode zhīlípòsuì le.	私の自転車を誰にバラバラにされたのかわかりません。
在烹饪大赛上，他凭借一道特色菜得了冠军。 Zài pēngrèn dàsài shang, tā píngjiè yí dào tèsè cài déle guànjūn.	料理大会で、彼は名物料理で優勝しました。
我相信一个人的成长，必须通过磨练。 Wǒ xiāngxìn yí gè rén de chéngzhǎng, bìxū tōngguò móliàn.	私は人が成長するには必ず訓練を経なくてはいけないと思います。
气象台今天发布了台风警告。 Qìxiàngtái jīntiān fābùle táifēng jǐnggào.	気象台は今日台風警報を発表しました。
这种箱子非常实用，能装很多东西。 Zhè zhǒng xiāngzi fēicháng shíyòng, néng zhuāng hěn duō dōngxi.	この箱は非常に実用的で、たくさんのものを入れることができます。
财产可以被人掠夺，勇气却不会被人剥夺的。 Cáichǎn kěyǐ bèi rén lüèduó, yǒngqì què bú huì bèi rén bōduó de.	財産は略奪される可能性がありますが、勇気は奪われません。

要約作文②：語句⑤

2591	注重 zhùzhòng	動 重要視する
2592	暂时 zànshí	副 一時的に
2593	发挥 fāhuī	動 発揮する
2594	担任 dānrèn	動 ～を担う、担当する
2595	开张 kāizhāng	動 営業を始める
2596	定制 dìngzhì	形 オーダーメイドの
2597	塑造 sùzào	動 形作る
2598	依靠 yīkào	動 ～に頼る
2599	活跃 huóyuè	形 活発な、活動的な
2600	褪色 tuì//sè	動 色があせる

中国向来注重发展农业生产。 Zhōngguó xiànglái zhùzhòng fāzhǎn nóngyè shēngchǎn.	中国は常に農業生産の発展に焦点を当ててきました。
美妙的旋律让他暂时忘掉了一切。 Měimiào de xuánlǜ ràng tā zànshí wàngdiàole yíqiè.	美しいメロディーは彼に一時すべてを忘れさせました。
他建立了优胜劣汰机制，发挥了员工的积极性。 Tā jiànlìle yōushèngliètài jīzhì, fāhuīle yuángōng de jījíxìng.	彼は優勝劣敗の仕組みを確立して、従業員の積極性を最大限に発揮させました。
他出国担任过两年乒乓球教练。 Tā chūguó dānrènguo liǎng nián pīngpāngqiú jiàoliàn.	彼は海外で2年間卓球のコーチをしていました。
我明天要去领营业执照，我的公司就要开张了。 Wǒ míngtiān yào qù lǐng yíngyè zhízhào, wǒ de gōngsī jiù yào kāizhāng le.	明日営業許可証を取得すれば、私の会社はいよいよ開店します。
新定制的演出服也派上了用场，这还算够意思。 Xīn dìngzhì de yǎnchūfú yě pàishàngle yòngchang, zhè hái suàn gòuyìsi.	新しいオーダーメイドのステージ衣装も重宝していて、とても面白いです。
这篇小说塑造了一个英雄形象。 Zhè piān xiǎoshuō sùzàole yí gè yīngxióng xíngxiàng.	この小説が英雄のイメージを形成しました。
很多工作我们必须依靠当地群众才能开展。 Hěn duō gōngzuò wǒmen bìxū yīkào dāngdì qúnzhòng cái néng kāizhǎn.	多くの仕事は進めるのに地元の人々に頼らなければなりません。
课堂上同学们争先恐后地发言，气氛非常活跃。 Kètáng shang tóngxuémen zhēngxiānkǒnghòu de fāyán, qìfēn fēicháng huóyuè.	教室で同級生たちは先を争うように発言していて、とても活気があります。
他身穿一套褪色的衣服，不起眼。 Tā shēn chuān yí tào tuìsè de yīfu, bù qǐyǎn.	彼は色あせた服を着ていて、目立ちません。

要約作文②：問題文①

缩写。
(1) 仔细阅读下面这篇文章，时间为 10 分钟，阅读时不能抄写、记录。
(2) 10 分钟后，监考收回阅读材料，请你将这篇文章缩写成一篇短文，字数为 400 左右，时间为 35 分钟。
(3) 标题自拟。只需复述文章内容，不需加入自己的观点。

要約しなさい。
(1) 下にあるこの文章を細かく読みなさい。時間は 10 分間で，閲読中に書き写したり、記録してはいけません。
(2) 10 分後、試験官は閲読資料を回収します。この文章を要約して、短文を書いてください。字数は 400 字程度で、時間は 35 分間です。
(3) タイトルは自分でつけなさい。文章の内容を復述するのみで、自分の見方や見解を加えてはいけません。

問題文①

以香水、套装、礼服而闻名的高级品牌“香奈儿”是自由女性的象征。而在短短的一代时间里建立起这一庞大时尚帝国的是一位成长在修道院的法国女性。经历过与母亲的生离死别、家庭的支离破碎，以及员工罢工和第二次世界大战等波折，面临着种种困难，她竟凭借非凡的时尚才能吸引了众多女性的可可·香奈儿女士，她的人生是怎样的呢?

1883 年 8 月 19 日，嘉柏丽尔·博耐尔·香奈儿，又名可可·香奈儿女士，出生于法国的西南部。年仅 12 岁时母亲病故，她开始了在孤儿院和修道院的生活。虽然她境遇并不好，但在修道院时磨练出一手精湛的针线技巧，不久便开始在穆朗的洋货店当针线女工。由于给富人朋友们设计制作的帽子简洁优雅

获得了好评，1909 年她正式开始了商业活动。

1910 年，在巴黎开业的帽子店“香奈儿时尚”在时尚女性之间成为话题，瞬时成为热门店铺，几年后她又开了自己的第一家精品店，并发布了运动服饰系列，因而大获成功。

当时法国女性之间，流行用束身衣裹住的大裙子，戴上有大装饰物的帽子这种非常不实用的风格。香奈儿认为，正是这种束缚剥夺了女性的自由，所以她决定制作注重功能的时装。香奈儿的时装不仅便于移动，而且还具有高雅的气质，因此，得到了女性的压倒性支持。

例如，香奈儿用运动衫素材制作的套装，因其简洁舒适而受到女性支持，就连她们的生活方式也发生了颠覆性的改变。另外，她将作为丧服的黑色礼服重新制作成“适合任何场合，最大限度发挥女性魅力”的衣服，更被美国版《vogue》杂志盛赞为“现代女性的新制服”。

1930 年，香奈儿前往好莱坞，担任电影服装等的工作，在世界上名声大振。1935 年，她的时尚帝国已经发展到拥有 4000 名员工，并在巴黎开设了 5 家精品店。

于是虽然香奈儿成为了一大时尚品牌，但由于受到员工罢工和第二次世界大战的影响，于1939年暂时退出商界。1954年，她从流亡的瑞士回到巴黎，71 岁时重新开张了高级定制时装屋，并再次创造出了衣服、皮包、香水等至今仍留存的人气商品。1971 年 1 月 10 日，香奈儿女士去世，享年 87 岁。

香奈儿塑造了那个时代女性的生活方式——不依靠男性生活，而是拥有活跃、自由精神的新独立女性形象。正如她所说，“我不喜欢我的人生，所以我创造了我的人生”，她塑造了自由女性的生活方式。这种风格至今都没有褪色，并作为女性们向往的品牌受到人们的喜爱。

香水やスーツ、ドレスで有名な、自由な女性を象徴する高級ブランド「シャネル」。一大ファッションブランドをわずか1代で築き上げたのは、修道院出身の1人のフランス人女性だった。母親との死別、一家離散、従業員のストライキや二度の世界大戦など、数々の困難と直面しながらも、常識を超えたファッションで多くの女性を魅了してきた、ココ・シャネルの人生とはどのようなものだろうか。

ココ・シャネルこと、ガブリエル・ボヌール・シャネルは、1883年8月19日、フランスの南西部で生まれる。わずか12歳になるころ母親が病死し、孤児院や修道院で暮らすことになる。決して恵まれた境遇ではなかったが、修道院にいたころに針子としてのスキルを磨き、やがてムーランの洋品店で針子として働きはじめる。裕福な友人たちに作った帽子のデザインが好評を博し、1909年に本格的にビジネスをスタートさせた。

1910年、パリにオープンした帽子店「シャネル・モード」が、おしゃれに敏感な女性の間で話題になり、瞬く間に人気店となり、その数年後には自身のブティックの第1号店をオープン。スポーツウェアのコレクションを発表し、大成功をおさめる。

当時のフランス女性のファッションは、大きなスカートにコルセットできつくしめたウェスト、そして大きな飾りのついた帽子をかぶっていて、とても機能的とは言えないスタイルだった。その締めつけこそが女性から自由を奪っていると感じていたシャネルは、機能性を重視したおしゃれな洋服を作ろうと考えた。動きやすいだけではなく、その中に上品さを残したことで、シャネルの服は女性たちから圧倒的な支持を得る。

例えば、ジャージ素材のスーツを作ると、シンプルで動きやすいと女性から支持され、彼女らのライフスタイルすらも大きく変えてしまった。また、喪服として扱われていた黒のドレスを「あらゆる場面で着回せて、女性の魅力を最大限に生かす」ものとして作り直すと、アメリカ版「ヴォーグ」が「世界中の人が着るドレス」と称賛した。

その後1930年代にハリウッドへ渡り、映画の衣装などを担当することで、世界にその名を大きく知られることになった。1935年には従業員4000人を抱えるまでに成長し、パリに5つのブティックを構えた。

こうしてシャネルは一大ファッションブランドとなるが、従業員のストライキや第二次世界大戦の影響を受け、1939年にビジネスを一時撤退する。1954年、亡命していたスイスからパリに戻り、71歳のときにクチュールハウスを再びオープン。服やバッグ、香水など今もなお残る人気商品を再び生み出していった。そして1971年1月10日、87歳でシャネルはこの世を去った。

シャネルはその時代の女性たちの生き方そのもの——男性に頼って生きるのではなく、活動的で自由な精神をもつという新しい自立した女性像——を作り上げた。「私は自分の人生が気に入らなかったの。だから自分で人生を創造したの」という言葉どおり、彼女は自由な女性の生き方を創造したのだ。そのスタイルは、今も決して色あせることなく生き続け、女性たちの憧れのブランドとして愛されている。

要約文 (解答例) ①　Track 354

可可・香奈儿女士的一生

世界潮流的引领者，传奇人物香奈儿女士，她的一生虽然历经波折，但她的精神和她的品牌一样，至今仍受到人们的喜爱和追随。1883 年 8 月 19 日，可可・香奈儿女士出生于法国西南部一个寒微的家庭。童年时遭遇母亲病故，在修道院生活的她磨练出了精湛的针工技巧。因其设计的帽子简洁优雅广受当时巴黎时尚女性的好评，1910 年，香奈儿开设了女帽店“香奈儿时尚”。与此同时，香奈儿制作的服装也一反当时流行趋势，使用舒适优雅而又实用的素材设计，不仅将女性们从繁琐束缚的服装中解放出来，更颠覆了女性的生活方式，因此受到了广大女性的压倒性支持而大获成功。随后，香奈儿前往好莱坞担任电影服装工作，从此名声大振。然而，由于受到员工罢工和第二次世界大战的影响，她暂时退出商界。1954 年，71 岁高龄的香奈儿重返高级女装界并掀起了第二次时尚革命，她设计的时装配饰等商品经久不衰，至今仍在热卖。象征独立自由女性的香奈儿精神，和香奈儿一样永远会被世人铭记。

ココ・シャネルの一生

世界のトレンドをリードする、偉大な人物であるシャネル。彼女の生涯は紆余曲折を経るものであったが、彼女の精神は彼女のブランドと同じように、今も変わらず人々に愛されている。1883年8月19日、ココ・シャネルはフランス南西部の貧しい家庭に生まれる。子供の頃、母親が病気になり、修道院生活の彼女は精巧な針子のスキルを身につけた。そのデザインした帽子がシンプルで優雅だったため、当時のパリの淑女に広く好評を得て、1910年、シャネルは女性用帽子店シャネル・モードを開業した。それと同時に、シャネルが制作した服は当時の流行に全く反するものであり、着心地がよく優雅で実用的な素材とデザインを用い、女性たちを煩わしい締め付ける服装から解放しただけでなく、さらに女性の生き方までも覆し、それにより幅広い女性の評価を得て大成功をおさめた。その後、シャネルはファッションでの活動領域をハリウッド映画まで拡大し、そこから名声が轟くようになった。しかしながら、従業員のストライキと第二次世界大戦の影響で、彼女の一時的にビジネス界を離れた。1954年、71歳で高齢のシャネルは高級婦人服店に戻ると再びファッション革命が巻き起こり、彼女が設計した服やアクセサリーなどの商品は長い間衰えることなく、今も変わらず売れている。自立した自由な女性を象徴するシャネルの精神はシャネルと同じく永遠に世間の人々に深く刻まれていくだろう。

Z

●日本語監修者

楊 達　Yo Tatsushi

早稲田大学文学学術院教授、中国語教育総合研究所所長。専門は中国語文法と第二言語習得の研究。NHKラジオ「レベルアップ 中国語」、NHK テレビ「中国語会話」元講師。
著作は『「NHK まいにち中国語」ワークブック CD ムック リスニング・マスター！聞けて話せる中国語』（NHK 出版）、『【DVD付】動画ではじめる！ゼロからカンタン中国語 改訂版』（共著、旺文社）、「耳タン 中国語［単語］」シリーズ（学研マーケティング） など多数。

カバーデザイン　花本浩一
本文デザイン・DTP　有限会社トライアングル
イラスト　杉本智恵美
音声制作　有限会社スタジオグラッド
編集協力　古屋順子
ナレーション　李洵 / 呉志剛 / 都さゆり

原作：新 HSK5000 词分级词典（六级）
原著作者：李禄興
原著 ISBN：9787561940686

新HSK6級
必ず☆でる単 スピードマスター

令和２年（2020年）10 月 10 日　初版第 1 刷発行
令和６年（2024年）3 月 10 日　第 3 刷発行

日本語版監修者 楊 達
発 行 人　福田富与
発 行 所　有限会社 Ｊリサーチ出版
〒166-0002 東京都杉並区高円寺北 2-29-14-705
電 話　03-6808-8801（代） FAX 03-5364-5310
編集部　03-6808-8806
https://www.jresearch.co.jp
印 刷 所　萩原印刷株式会社

ISBN978-4-86392-497-0